Angewandte Optimierung mit IBM ILOG CPLEX Optimization Studio

Stefan Nickel · Claudius Steinhardt ·
Hans Schlenker · Wolfgang Burkart ·
Melanie Reuter-Oppermann

Angewandte Optimierung mit IBM ILOG CPLEX Optimization Studio

Modellierung von Planungs- und
Entscheidungsproblemen des
Operations Research mit OPL

2. Auflage

Stefan Nickel
Institut für Operations Research
Karlsruher Institut für Technologie
Karlsruhe, Deutschland

Claudius Steinhardt
Business Analytics und Management Science
Universität der Bundeswehr München
Neubiberg, Deutschland

Hans Schlenker
München, Deutschland

Wolfgang Burkart
Analytics & Optimization
Universität Augsburg
Augsburg, Deutschland

Melanie Reuter-Oppermann
Wirtschaftsinformatik
Technische Universität Darmstadt
Darmstadt, Deutschland

ISBN 978-3-662-62184-4   ISBN 978-3-662-62185-1   (eBook)
https://doi.org/10.1007/978-3-662-62185-1

Die Deutsche Nationalbibliothek verzeichnet diese Publikation in der Deutschen Nationalbibliografie; detaillierte bibliografische Daten sind im Internet über http://dnb.d-nb.de abrufbar.

Springer Gabler ist ein Imprint der eingetragenen Gesellschaft Springer-Verlag GmbH, DE und ist ein Teil von Springer Nature.
Die Anschrift der Gesellschaft ist: Heidelberger Platz 3, 14197 Berlin, Germany

Vorwort

Das vorliegende Buch ist aus einem Kurs entstanden, den wir seit dem Jahr 2012 im fortgeschrittenen Bachelorstudium für Studierende der Betriebswirtschaftslehre, der (Wirtschafts-)Mathematik, der (Wirtschafts-)Informatik und des Wirtschaftsingenieurwesens am Karlsruher Institut für Technologie, an der Universität Augsburg sowie an der Universität der Bundeswehr München gehalten und kontinuierlich weiterentwickelt haben.

Das Buch liefert einen fundierten Einstieg in die Arbeit mit dem IBM ILOG CPLEX Optimization Studio und insbesondere in den Umgang mit der Modellierungssprache OPL zur Modellierung linearer und ganzzahliger linearer Optimierungsprobleme. Es richtet sich sowohl an Praktiker, die mit der Modellierung und Optimierung von Planungs- und Entscheidungsproblemen befasst sind, als auch an Lehrende und Studierende an Universitäten und Hochschulen zur Verwendung in entsprechenden Vorlesungs- und Kursangeboten. Dabei werden keine Vorkenntnisse der mathematischen Grundlagen der Optimierung vorausgesetzt, wenngleich ein auf dem Buch basierender Kurs gut als Ergänzung oder Bestandteil einer einführenden Veranstaltung in das Operations Research gehalten werden kann.

Teil 1 des Buchs gliedert sich in zehn aufeinander aufbauende Lerneinheiten, ergänzt um eine Auswahl kleinerer Aufgaben jeweils am Kapitelende zur Einübung der erlernten Inhalte. Teil 2 enthält eine Reihe von zusätzlichen, größeren Anwendungsstudien, bei deren Darstellung ein besonderes Augenmerk auf umfassende, didaktisch aufbereitete Lösungsvorschläge gelegt wurde. Ausführliche Hinweise zum Aufbau des Buchs finden sich in Kapitel 1.4. Über die buchbegleitende Website

www.opl-buch.de

sind ergänzende Materialien – etwa Aufgabenlösungen und sämtliche Programm-Codes – abrufbar.

Der Kurs wurde in enger Abstimmung mit IBM Deutschland entwickelt. Stellvertretend möchten wir an dieser Stelle Herrn Dr. Martin Mähler und Herrn Michael Neuffer für die wohlwollende Unterstützung des Buchprojekts ausdrücklich danken. Ferner möchten wir uns bei Herrn Michael Bursik sowie Frau Dr. Isabella Hanser vom Verlag Springer Gabler für die sehr gute Zusammenarbeit bedanken. Für die Unterstützung im Rahmen der Erstellung des Manuskripts und insbesondere das Korrekturlesen danken wir zudem herzlich den wissenschaftlichen Mitarbeitern und Hilfskräften der drei beteiligten Lehrstühle.

Für das Buch sind eine englische Übersetzung und regelmäßige Aktualisierungen geplant.

Karlsruhe, München, Augsburg, im Januar 2020
Stefan Nickel
Claudius Steinhardt
Hans Schlenker
Wolfgang Burkart
Melanie Reuter-Oppermann

Prof. Dr. Stefan Nickel

Karlsruher Institut für Technologie (KIT)
Institut für Operations Research (IOR)
Lehrstuhl für Diskrete Optimierung und Logistik
Direktor FZI – Forschungszentrum Informatik
Direktor KSRI – Karlsruhe Service Research Institute
Kaiserstraße 89
76133 Karlsruhe
stefan.nickel@kit.edu

Prof. Dr. Claudius Steinhardt

Universität der Bundeswehr München
Lehrstuhl für Allgemeine Betriebswirtschaftslehre,
insbesondere Business Analytics & Management Science
Werner-Heisenberg-Weg 39
85577 Neubiberg
claudius.steinhardt@unibw.de

Dr. Hans Schlenker

Wallbergstraße 28
81539 München
hans.schlenker@gmx.de

Dr. Wolfgang Burkart

Universität Augsburg
Institut für Statistik und mathematische Wirtschaftstheorie
Lehrstuhl für Analytics & Optimization
Universitätsstraße 16
86159 Augsburg
wolfgang.burkart@wiwi.uni-augsburg.de

Dr. Melanie Reuter-Oppermann

Technische Universität Darmstadt
Fachgebiet Wirtschaftsinformatik | Software & Digital Business
Hochschulstraße 1
64289 Darmstadt
oppermann@is.tu-darmstadt.de

Inhaltsverzeichnis

Abkürzungsverzeichnis

AK	Ausführungskonfiguration
bzw.	beziehungsweise
bzgl.	bezüglich
CPLEX(-Solver)	Solver für mathematische Optimierungsprobleme
CPLEX Optimization Studio	IBM ILOG CPLEX Optimization Studio
ct	constraint (Bedingung)
d. h.	das heißt
DB	Deckungsbeitrag
ebd.	ebenda
etc.	et cetera
EUR	Euro
evtl.	eventuell
f.	folgend
ff.	fortfolgend
GB	Gigabyte
ggf.	gegebenenfalls
inkl.	inklusive
NB	Nebenbedingung
o. g.	oben genannt
OPL	Optimization Programming Language
S.	Seite
Sek.	Sekunden
Studio	grafische Oberfläche der Software IBM ILOG CPLEX Optimization Studio
USD	US-Dollar
vgl.	vergleiche
vs.	versus
u. a.	unter anderem
z. B.	zum Beispiel
ZF	Zielfunktion

Teil 1

Lektionen

Einleitung

Big Data, Künstliche Intelligenz, Business Analytics, Data Science, Industrie 4.0 – es gibt wohl kaum ein größeres Unternehmen, das sich heute nicht mit diesen oder verwandten Themen befasst, um in der „digitalen Welt" wettbewerbsfähig zu bleiben oder gar gänzlich neuartige Geschäftsmodelle umzusetzen. Alle diese Themen sind eng damit verbunden, dass Unternehmen nach neuen Wegen suchen, die immensen Datenmengen, die heute zur Verfügung stehen, gewinnbringend im Hinblick auf unternehmerische Entscheidungen auszunutzen und dabei möglichst „intelligent" und automatisiert vorzugehen. Und dabei sind alle Planungs- und Entscheidungsebenen – von strategisch bis operativ – wie auch sämtliche betriebliche Funktionsbereiche – seien es Unternehmensführung, Finanzen, Marketing oder Operations – betroffen.

Allerdings ist es in den meisten Fällen nicht damit getan, die vorhandenen Daten mit möglichst modernen Data-Mining-Verfahren – etwa aus dem Maschinellen Lernen oder der Statistik – intelligent auszuwerten, um beispielsweise Auffälligkeiten und Muster zu erkennen oder Prognosen abzuleiten. Denn letztlich geht es darum, dass ganz konkrete Entscheidungen getroffen werden müssen – und diese können selbst mit der intelligentesten Analyse an der Hand nach wie vor komplex und für den Einzelnen nicht überblickbar sein. Häufig scheitert es bereits daran, dass nicht alle Entscheidungsalternativen explizit betrachtet und gegeneinander evaluiert werden können, weil ihre Anzahl sehr oder gar unendlich groß ist. Entsprechend eines modernen Verständnisses der Business Analytics ist daher die deskriptive und prädiktive Herangehensweise eng mit präskriptiven Methoden zu verknüpfen (Prescriptive Analytics) – also letztlich dem datenbasierten, automatisierten Generieren konkreter Handlungsempfehlungen in komplexen unternehmerischen Entscheidungssituationen. Genau zu diesem Zweck der systematischen Entscheidungsunterstützung hat sich mit dem „Operations Research" bereits über die letzten rund 80 Jahre hinweg an der Schnittstelle zwischen Wirtschaftswissenschaften, Mathematik und Informatik ein heute hochentwickeltes methodisches Teilgebiet etabliert.

© Springer-Verlag GmbH Deutschland, ein Teil von Springer Nature 2021
S. Nickel et al., *Angewandte Optimierung mit IBM ILOG CPLEX Optimization Studio*, https://doi.org/10.1007/978-3-662-62185-1_1

1.1 Modellierung und Optimierung von Planungs- und Entscheidungsproblemen

Im Operations Research kommen im Rahmen der Entscheidungsunterstützung haupt-sächlich Techniken der mathematischen Optimierung zum Einsatz – etwa der linearen oder ganzzahligen linearen Optimierung. Dabei wird auf ein abstraktes Abbild, ein „Modell" der Realität, zurückgegriffen. Je nach Komplexität der zugrundeliegenden Fragestellung trägt dieses auf strukturiert-vereinfachende Weise auch dem Umstand Rechnung, dass häufig nicht alle potenziell relevanten Zusammenhänge und Zielset-zungen berücksichtigt und gegebenenfalls nicht alle entscheidungsrelevanten Daten erfasst werden können oder sollen. Das Gebiet ist heute relevanter denn je, da insbe-sondere die hohe Rechenleistung, die große Speicherkapazität sowie die Verfügbarkeit feingranularer Daten in der Unternehmensrealität auch in großem Stil Optimierungs-techniken sinnvoll anwendbar machen, die noch vor wenigen Jahren nur „in der Theo-rie" existierten, und gleichzeitig immer komplexere und detailliertere Modelle ermög-lichen.

Im Rahmen der Optimierung werden zur Beantwortung einer unternehmerischen Fragestellung – im Operations Research auch als *Planungs-* oder *Entscheidungsproblem* bezeichnet – die beiden Aspekte *Modellierung* und *Lösung* unterschieden. Die reale Problemstellung muss zunächst in eine mathematisch-formale Beschreibung trans-formiert und abstrahiert werden (Modellierung). Das resultierende Modell (auch Op-timierungsmodell) ist so formuliert, dass es in Form von Variablen auch Größen ent-hält, die beeinflussbar sind. Anschließend werden für das Modell unter Verwendung entsprechender Verfahren möglichst gute oder gar optimale Werte der sogenannten Entscheidungsvariablen unter Berücksichtigung der Zielsetzung ermittelt (Lösung). Die Entscheidungsvariablen werden in die Realität rücküberführt und zur Anwendung gebracht.

1.2 Softwareeinsatz und IBM ILOG CPLEX Optimization Studio

Sowohl für die Modellierung als auch die Lösung von Planungs- und Entscheidungs-problemen stehen heute zahlreiche leistungsfähige Softwarepakete zur Verfügung. Wäh-rend in der Vergangenheit ein Schwerpunkt auf der individuellen Entwicklung maßge-schneiderter, problemangepasster Lösungsmethoden lag, machen es die heutigen Rechnerleistungen sowie Fortschritte in der Optimierungstechnik möglich, dass viele Probleme mit den generischen Standardmethoden, die in solcher Software implemen-tiert sind, gelöst werden können. Folglich kann sich die Entwicklungsarbeit oft auf den Aspekt der Modellierung konzentrieren.

Dieses Buch beschäftigt sich mit einem in Wissenschaft und Praxis verbreiteten Vertreter solcher Softwarepakete zur Modellierung und Lösung linearer und ganzzahliger linearer Optimierungsmodelle, dem *IBM ILOG CPLEX Optimization Studio* (kurz: *CPLEX Optimization Studio*). Ausgangspunkt für die Entwicklung des CPLEX Optimization Studios war die Lösungskomponente bzw. der *Solver CPLEX*, der seit dem Ende der 1980er Jahre fortwährend weiterentwickelt wird. Insbesondere in den letzten beiden Jahrzehnten konnten hier deutliche Effizienzsteigerungen erreicht werden, aus denen zusammengenommen mit der schneller werdenden Hardware immense Laufzeitvorteile resultieren. So gibt es eindrucksvolle Beispiele für Modelle, zu deren Lösung CPLEX im Jahr 1998 auf einem damals aktuellen Computer einen ganzen Tag gerechnet hat, die auf einem heute aktuellen Computer in weniger als 5 Sekunden bis zur Optimalität gelöst werden können. Ebenso ist es heute möglich, Modellinstanzen zu lösen, deren Lösbarkeit noch vor 20 Jahren völlig undenkbar schien.

Das CPLEX Optimization Studio ergänzt CPLEX sowie einen alternativen Solver – der auf Techniken des Constraint Programming beruht, in diesem Buch aber nicht behandelt wird – um komfortable Modellierungsmöglichkeiten. Im Kern steht dabei die Modellierungssprache *OPL*. Sie wurde in den 1990er Jahren im Wesentlichen von Pascal Van Hentenryck erfunden und entwickelt. OPL steht für *Optimization Programming Language* und ermöglicht eine intuitive Modellentwicklung in rein beschreibender Form, die sich einerseits nahe an der üblichen mathematischen Formulierung orientiert, andererseits auch für den Nicht-Mathematiker leicht zugänig ist. Nicht zuletzt deswegen wird es – neben der ursprünglichen rein akademischen Verwendung sowie in Prototypen – mittlerweile in vielen produktiven Anwendungen im Unternehmensumfeld eingesetzt. Dabei werden Probleme aus den verschiedensten Bereichen adressiert, etwa aus der Produktion, dem Marketing oder der Logistik.

1.3 Einleitendes Beispiel

Zur Vermittlung eines ersten Eindrucks, welche grundsätzliche Gestalt die mithilfe des CPLEX Optimization Studios zu lösenden Planungs- und Entscheidungsprobleme aufweisen, wird zunächst ein einleitendes Fallbeispiel aus dem Kontext der Produktion und Verteilung von Fahrrädern präsentiert. Das Beispiel ist fiktiv und auf das Wesentliche reduziert, dennoch aber in vielen Aspekten realitätsnah. So liegen in einigen realen Anwendungen – etwa bei Herstellern von u. a. Automobilen – ganz ähnliche Aufgabenstellungen vor und es werden ähnliche Modelle zur Lösung verwendet. Das Beispiel setzt mit der Fahrradproduktion gleichzeitig den einheitlichen Kontext, der in fast allen Beispielen und Fallbeispielen in diesem Buch aufgegriffen wird.

Einleitendes Beispiel:
Integrierte Produktions- und Transportplanung

„RideEasy" ist eine weltweit agierende Firma, die Fahrräder produziert. Dazu betreibt sie insgesamt 5 Werke in den 5 Regionen Nordamerika (kurz: NA), Südamerika (SA), Europa (EU), Afrika (AF) und Asien (AS).

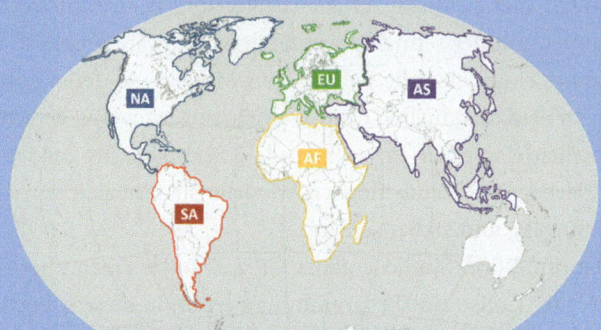

Im Angebot hat sie 3 verschiedene Fahrradtypen, die in den Werken produziert werden sollen und in den Regionen nachgefragt werden. Für die Produktion werden insgesamt 5 Maschinen benötigt. Maschinen 3, 4 und 5 sind nur für spezielle Fahrradtypen erforderlich. Jede Region hat für die Planungsperiode eine bekannte Nachfrage nach unterschiedlichen Fahrradtypen, die jeweils aus allen vorhandenen Werken bedient werden kann. Dabei fallen Transportkosten an. Die Nachfrage muss nicht komplett befriedigt werden, sodass sich der erzielte Verkaufserlös aus der tatsächlich bedienten Nachfrage ergibt. Alle erforderlichen Details (Maschinenkapazitäten, Maschinenbedarfe je Fahrradtyp, Nachfrage, Stückverkaufserlöse, Transportkostensätze etc.) wurden ermittelt und stehen in ausführlichen Listen zur Verfügung.

Die Problemstellung besteht nun in der Planung, in welchem Werk wie viele Fahrräder welchen Modells produziert werden sollen. Gleichzeitig ist festzulegen, welche Region mit welchen Fahrradtypen von welchem Werk in welchem Umfang zu beliefern ist. Dabei soll der erzielbare Gesamtdeckungsbeitrag maximiert werden.

Im Rahmen der Produktionsplanung muss der Planer eine Reihe von Entscheidungen treffen. Ergebnis ist ein Produktionsplan als „Summe" aller konkret getroffenen Entscheidungen – d. h. der Festlegung, an welchem Standort welche Fahrradtypen in welchen Stückzahlen hergestellt werden sollen. Erschwert wird die Aufgabe durch die integrierte Betrachtung der Transporte. Diese gehen mit der Produktion einher: Wenn auf einem Markt Fahrradtypen nachgefragt werden, ohne dass vor Ort ein Werk existiert, oder zwar ein Werk existiert, dieses aber nicht genügend Produktionskapazität aufweist, um alle nachgefragten Fahrradtypen herzustellen, so müssen diese Fahrradtypen in einem anderen Werk hergestellt und dann in den Zielmarkt transportiert werden. Dafür fallen entsprechend Transportkosten an. Alternativ kann es auch sinnvoll sein, die Nachfrage nicht oder nur teilweise zu bedienen.

Das zentrale Ziel der vereinfachten Produktionsplanung aus dem Beispiel besteht in der Maximierung des Gesamtdeckungsbeitrags, d. h. der Differenz aus Erlösen und variablen Kosten. Erlös wird erzielt durch den Verkauf, d. h. durch den erzielten Stückerlös multipliziert mit der Absatzmenge, die sich wiederum als Minimum aus Nachfrage und im jeweiligen Markt bereitgestellten Mengeneinheiten ergibt. Kosten fallen im Beispiel durch Produktion sowie durch Transporte an. Diese sind gegenläufig: Entscheidungen, welche die (globalen) Produktionskosten reduzieren, erzeugen häufig höhere Transportkosten, und umgekehrt.

Schließlich müssen dabei auch noch die Restriktionen der Planung mit einbezogen werden. Insbesondere sind im vereinfachten Beispiel die gegebenen Produktionskapazitäten als limitierender Faktor zu berücksichtigen: es können nicht mehr Produkte hergestellt werden, als es die verfügbaren Ressourcen, in diesem Fall die Maschinen, zulassen.

Insgesamt erkennt man, dass es sich selbst bei diesem kleinen Beispiel um eine komplexe Planungsaufgabe mit vielen Interdependenzen handelt, für die in der Regel nicht einfach „durch scharfes Hinsehen" ein konkreter Produktionsplan mit maximal möglichem Deckungsbeitrag ermittelt werden kann. In diesem Buch werden daher Möglichkeiten vermittelt, derartige Probleme mit OPL in ein Modell zu überführen und dann konkrete Modellausprägungen (im Folgenden als Modellinstanzen bezeichnet) zu lösen – d. h. unter Verwendung konkreter Werte für vorhandene Größen wie Erlöse, Kapazitäten etc. eine optimale Lösung für die Aufgabenstellung zu ermitteln. Wie später näher ausgeführt ist, werden dabei die Zielsetzung formal über eine Zielfunktion und die Restriktionen über Nebenbedingungen in Form von (Un-)Gleichungen abgebildet.

1.4 Inhalt des Buchs

Dieses Buch liefert einen fundierten Einstieg in die Arbeit mit dem CPLEX Optimization Studio und insbesondere den Umgang mit der Modellierungssprache OPL zur Modellierung linearer und ganzzahliger linearer Optimierungsmodelle. Dabei werden die zentralen Sprachelemente von OPL vermittelt und deren Einsatz an Beispielen demonstriert. Die Darstellung setzt bewusst keine Vorkenntnisse der mathematischen Grundlagen von linearer und ganzzahliger linearer Optimierung voraus und stellt diese auch nicht in den Mittelpunkt. Umgekehrt werden für den interessierten Leser bzw. den Leser mit Vorkenntnissen die jeweils entsprechenden formal-mathematischen Notationsweisen an geeigneten Stellen in abgesetzten Kästen diskutiert. Ebenso erfolgt im Rahmen dieses einführenden Buchs keine systematische Besprechung der Lösungsverfahren der linearen und/oder (gemischt-)ganzzahligen linearen Optimierung, wie sie etwa in CPLEX implementiert sind. Dennoch kann ein frühzeitiges Verständnis für die Art der Modellierung hilfreich sein, wenn verschiedene Modellierungsmöglichkeiten für dasselbe Problem denkbar sind, da die Art der Modellierung entscheidenden Einfluss auf die spätere Lösungsgeschwindigkeit haben kann. Entsprechende Beispiele werden an verschiedenen Stellen im Rahmen des Buchs diskutiert, um diesbezüglich eine grundlegende Intuition zu vermitteln. Im Rahmen des Buchs werden ausschließlich sogenannte lineare Modelle verwendet.

Interessierte Leser seien für ausführlichere Darstellungen der mathematisch-methodischen Grundlagen auf die umfassenden Einführungswerke in das Operations Research von Domschke et al. (2015) und Nickel et al. (2014) verwiesen.

Das Buch gliedert sich in zwei Teile. Teil 1 beinhaltet die Lektionen. Kapitel 2 bis 5 vermitteln dabei zunächst die elementaren Grundlagen, um mit der Modellierungsarbeit starten zu können. Darauf aufbauend beinhalten die Kapitel 6 bis 10 tendenziell eher fortgeschrittene Konzepte und Modellierungstechniken. Jedem Kapitel, in dem Sprachelemente besprochen werden, wird ein eigenes Fallbeispiel vorangestellt. Zu dessen Bearbeitung sind die jeweils zu erlernenden Sprachelemente erforderlich, sodass am Ende des jeweiligen Kapitels die Lösung entwickelt und präsentiert werden kann. Um einen einheitlichen inhaltlichen Bezug zu schaffen, bewegen sich alle Fallbeispiele thematisch im fiktiven Rahmen der „Fahrradproduktion", wie sie in Kapitel 1.3 eingeführt wurde. Auch die weiteren in den Kapiteln enthaltenen Beispiele orientieren sich überwiegend an diesem Kontext. Ergänzt werden die Kapitel um kleine Aufgaben am Kapitelende zur Einübung der erlernten Konzepte, die überwiegend die in den jeweiligen Kapiteln behandelten Beispiele aufgreifen. Die zugehörigen Lösungen sind auf der Website zum Buch verfügbar.

Teil 2 des Buchs beinhaltet eine Reihe von zusätzlichen, größeren Anwendungsstudien, zu deren Bearbeitung viele der in Teil 1 erlernten Inhalte zur Anwendung kommen. Dabei werden – erneut im Kontext der Fahrradproduktion – verschiedene typische Themenbereiche des Operations Research – wie etwa die Standortplanung, Transportplanung, Bestellmengenplanung oder das Revenue Management – abgedeckt. Ein besonderes Augenmerk wird auf ausführliche, didaktisch aufbereitete Lösungsvorschläge gelegt. Diese diskutieren teilweise auch die mathematischen Modellierungen für die zu lösenden Probleme bzw. zeigen verschiedene, alternative Lösungsansätze mit ihren Vor- und Nachteilen auf.

Das Buch richtet sich gleichermaßen an Praktiker wie an Studierende und kann auch zum Selbststudium verwendet werden. In der Lehre an Universitäten und Hochschulen eignet es sich insbesondere für einführende Veranstaltungen im fortgeschrittenen Bachelorstudium in wirtschaftswissenschaftlichen und mathematischen Studiengängen sowie in der Informatik. Entsprechendes Kursmaterial, das die einzelnen Lektionen des Buchs aufgreift, kann von Dozierenden über die buchbegleitende Website angefragt werden. Dort finden sich auch für alle Leser die Lösungen zu den Aufgaben aus Teil 1 und sämtliche Programmcode-Beispiele im entsprechenden Dateiformat sowie weiteres Material zum Herunterladen.

IBM ILOG CPLEX Optimization Studio

2

Dieses Kapitel liefert eine Einführung in die grafische Entwicklungsumgebung (engl. *Integrated Development Environment*), welche die zentrale Komponente zur Modellentwicklung darstellt und im Folgenden auch als *Studio* (im engeren Sinne) bezeichnet wird. Es wird erläutert, wie *CPLEX Optimization Studio* auf einem Computer installiert und das *Studio* gestartet wird, welche grundlegenden Funktionalitäten und Teilkomponenten dort zur Verfügung stehen und wie man Projekte erstellt, Optimierungsmodelle hinzufügt und die eigentliche Optimierung durchführt. Nach dem Studium dieses Kapitels sollte die Software insoweit beherrschbar sein, dass alle Beispiele, die im vorliegenden Buch beschrieben sind, importiert bzw. nachimplementiert und ausgeführt werden können. Insofern ermöglicht dieses Kapitel kompakt einen schnellen und zielgerichteten Einstieg, deckt aber keineswegs alle Funktionalitäten des Studios ab. Zum Erlernen der weiteren Funktionalitäten und als Referenz empfiehlt sich die Lektüre der elektronischen Hilfetexte, die direkt aus dem Studio heraus abrufbar sind (vgl. Kapitel 2.4).

2.1 Technischer Rahmen und Installation

Das *CPLEX Optimization Studio* wird von IBM in verschiedenen Lizenz- bzw. Ausstattungsversionen angeboten. Neben der Vollversion existieren eine *Community Edition* sowie eine akademische Version. Die *Community Edition* stellt IBM kostenfrei als Download zur Verfügung. Sie ist technisch auf kleinere Optimierungsmodelle beschränkt, reicht aber für viele in diesem Buch behandelten Beispiele und Aufgaben aus. Die akademische Version entspricht im Funktionsumfang der Vollversion und wird von IBM im Rahmen der *IBM Academic Initiative* akademischen Einrichtungen für Forschung und Lehre kostenlos zur Verfügung gestellt. Alle drei Lizenzvarianten decken die

Entwicklung von Modellen und Anwendungen in unterschiedlichsten Kontexten ab. Darüber hinaus gibt es für den produktiven Einsatz noch sogenannte *Deployment-Lizenzen* für Server und mittelgroße Rechner. Die Darstellungen im vorliegenden Buch orientieren sich an der zum Zeitpunkt der Manuskriptfertigstellung aktuellen Versionsnummer 12.9, die für alle genannten Ausstattungsversionen gilt.

CPLEX Optimization Studio ist für die Betriebssysteme Windows, Linux und macOS verfügbar. Dabei ist der Funktionsumfang der Linux- und macOS-Version gegenüber der Windows-Version eingeschränkt, die meisten Teilkomponenten sind jedoch identisch. Unterschiede finden sich zudem bei der Bedienung – wie etwa dem Start des Studios. Die Darstellung in diesem Buch bezieht sich stets auf die deutschsprachige Windows-Version 10. Für die Installation unter Windows 10 wird das .exe-Installationsprogramm des CPLEX Optimization Studios benötigt. Ein Doppelklick startet dann das selbsterklärende Installationsprogramm.

Standardmäßig startet das *Studio* in der im Betriebssystem voreingestellten Sprache, beispielsweise auf Deutsch. Den Erläuterungen im vorliegenden Buch liegt die Einstellung der deutschen Sprache zugrunde. Um eine Erleichterung des Verständnisses der in der Software enthaltenen Hilfetexte zu erreichen, die derzeit lediglich auf Englisch verfügbar sind, wird bei den zentralen Begriffen auch die englische Übersetzung angegeben. Allerdings ist es auch möglich, das Studio in englischer Sprache zu starten (siehe Tipp 1).

Tipp 1   *Umstellung der Sprachversion*

Zur Umstellung in die englische Sprache muss die Datei „oplide.ini" bearbeitet und angepasst werden. Diese befindet sich im Installationsverzeichnis, dessen Pfad bei der Installation festgelegt wurde, unter:

```
<Installationspfad>\opl\oplide\oplide.ini
```

In diese Datei müssen mithilfe eines Texteditors am Anfang folgende Zeilen eingefügt werden:

```
-nl
en
```

Nach dem Speichern der Datei erfolgt der nächste Neustart des Studios in englischer Sprache.

2.2 Programmstart

Nachdem *CPLEX Optimization Studio* wie zuvor beschrieben installiert wurde, kann das *Studio* in Windows 10 über das Start-Menü als Desktop-App ausgeführt werden. Dazu ist im Verzeichnis *CPLEX Optimization Studio 12.9.0* der Eintrag *CPLEX Studio IDE 12.9.0* aufzurufen (siehe Abb. 2.1).

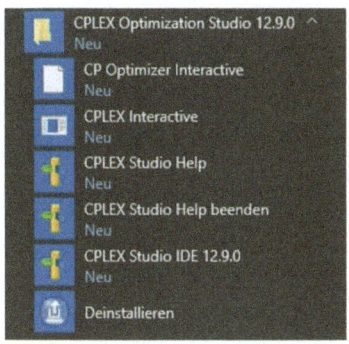

Abb. 2.1 *Studio*-Eintrag im Startmenü

Nach dem ersten Start zeigt das Programmfenster des Studios den *Willkommensbildschirm* (*Welcome Screen*, siehe Abb. 2.2). Dieser Bildschirm wird nur beim ersten Starten des Studios angezeigt, später wird das Studio immer im zuletzt verwendeten Layout gestartet. Der Willkommensbildschirm kann jedoch weiterhin aus dem Programm-Menü heraus unter „Hilfe > Willkommen" geöffnet werden.

Der Willkommensbildschirm bietet über die vier angezeigten Symbole verschiedene Einstiegsmöglichkeiten in das *Studio*. Ein Klick auf das erste Symbol („Weltkugel") öffnet eine bestimmte Seite aus dem integrierten Hilfesystem (vgl. Kapitel 2.4), die sich an

Abb. 2.2 Der Willkommensbildschirm des Studios

Operations-Research-erfahrene Nutzer richtet, die bisher noch nicht mit dem *Studio* gearbeitet haben. Für diese wird hier beispielbasiert ein Schnelleinstieg in die Software ermöglicht. Das zweite Symbol („Notiz") ruft innerhalb des Hilfesystems einen Ordner mit verschiedenen Lernprogrammen (*Tutorials*) auf. Fallbeispielbasiert werden hier verschiedene Funktionalitäten des *Studios* wie auch ausgewählte Elemente von OPL eingeführt. Das dritte Symbol („Objekte") führt ebenfalls in das Hilfesystem und dort zu ausführlichen Erläuterungen zu einigen Beispielen (*Samples*). Die Beispielmodelle selbst befinden sich unter <Installationspfad>\opl\examples\opl und können bequem aufgerufen bzw. importiert werden (vgl. Kapitel 2.3.1). Das vierte Symbol („Stern") informiert über neue Funktionen (*What's new*) und führt zu aktuellen Beiträgen in einem entsprechenden Online-Forum. Ein Klick auf den Pfeil oben rechts schließt den Willkommensbildschirm und öffnet den Arbeitsplatz (*Workbench*). Dieser ist beim ersten Starten noch leer (siehe Abb. 2.3).

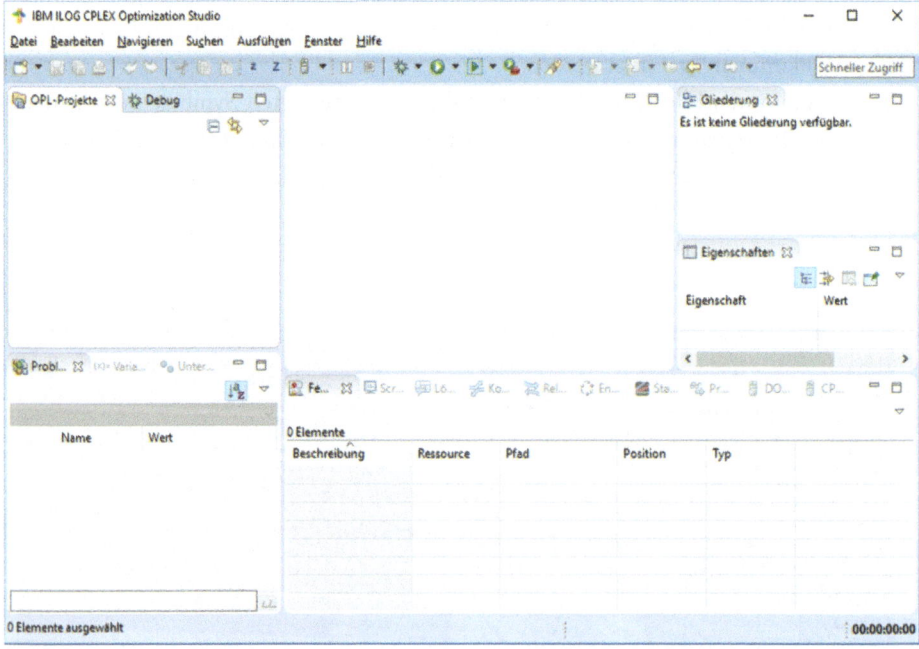

Abb. 2.3 Arbeitsplatz des Studios nach dem ersten Start

2.3 Erste Schritte

Die Arbeit mit dem *Studio* ist in sogenannten *OPL-Projekten* organisiert. Ein *OPL-Projekt* ist eine Menge von Dateien, die zusammengefasst werden – beispielsweise weil sie zu einem oder mehreren Modellen für ein bestimmtes Optimierungsproblem gehören. Im

Studio werden die Projekte üblicherweise in einem sogenannten *Arbeitsbereich* (*Workspace*) verwaltet, der einem bestimmten Arbeitsverzeichnis auf der Festplatte entspricht. Es ist allerdings auch möglich, Projekte außerhalb des Arbeitsbereichs und somit an unterschiedlichen Orten auf der Festplatte abzulegen.

> **Tipp 2   Eclipse-Plattform**
>
> Das Studio baut auf der Eclipse-Plattform auf, einer generischen Entwicklungsumgebung. Viele der hier vorgestellten Konzepte – wie Projekte, das Arbeiten mit Fenstern, Editoren usw. – sind Standards aus Eclipse. Im Internet finden sich viele Ausführungen zum Arbeiten mit Eclipse, die somit auch für das Studio gelten.

2.3.1 Ein Beispiel-Projekt importieren

Wie bereits erwähnt, enthält das CPLEX Optimization Studio eine Reihe von Beispielen. Die entsprechenden Beispiel-Projekte können im Studio komfortabel in den eigenen Arbeitsbereich importiert werden, wie Abb. 2.4 illustriert.

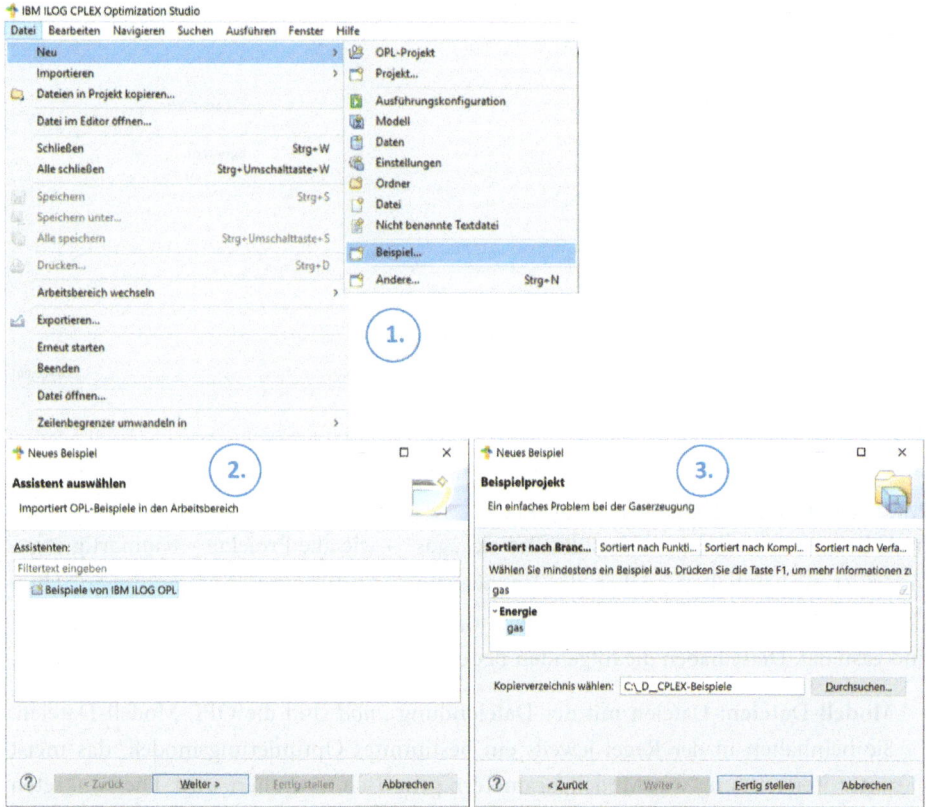

Abb. 2.4 Drei Schritte zum Import eines Beispiels in den eigenen Arbeitsbereich

Der Import eines Beispiels erfolgt in 3 Schritten. Im Programm-Menü ist „Datei > Neu > Beispiel" oder „Datei > Importieren > Beispiel" aufzurufen. Anschließend öffnet sich ein Fenster, in dem man „Beispiele von IBM ILOG OPL" auswählt und auf „Weiter" klickt. Nun kann das zu importierende Beispiel ausgewählt werden. Dazu kann entweder der Katalog-Baum oder das Suchfeld verwendet werden. Repräsentativ soll hier nun ein Beispiel zur Optimierung in der Gasproduktion importiert werden. Dazu wird in das Suchfeld der Begriff „gas" eingegeben, das Beispiel ausgewählt, das Speicherziel festgelegt (in der Regel der Arbeitsbereich) und mit „Fertig stellen" bestätigt. Damit wird das Beispiel „gas" importiert und im Fenster OPL-Projekte (*OPL Projects*) oben links werden die Elemente des neuen Projekts angezeigt (siehe Abb. 2.5).

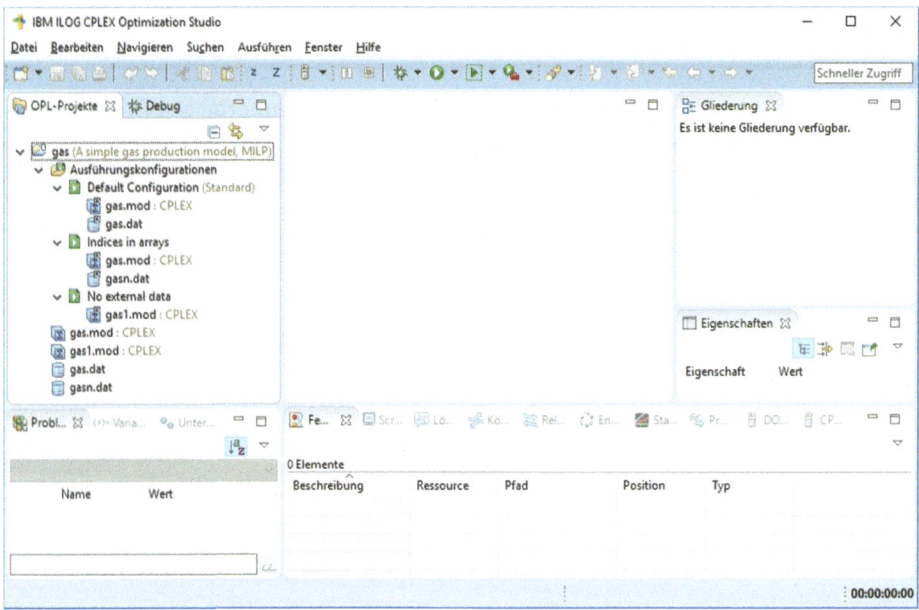

Abb. 2.5 Studio nach Beispiel-Import

2.3.2 Die Bestandteile eines Projekts

In Abb. 2.5 ist zu erkennen, dass das Projekt „gas" – wie alle Projekte – baumartig organisiert ist. Es beinhaltet – neben der Verzweigung „Ausführungskonfigurationen" (*Run Configurations*) – auf der obersten Ebene die vier Dateien gas.mod, gas1.mod, gas.dat und gasn.dat. Diese haben die folgenden Bedeutungen:

- **Modell-Dateien**: Dateien mit der Dateiendung *.mod* sind die OPL-Modell-Dateien. Sie beinhalten in der Regel jeweils ein bestimmtes Optimierungsmodell, das meist unter Verwendung von Modellparametern generisch formuliert wird. Die konkreten Werte für die verwendeten Modellparameter, d. h. die Daten, können ebenfalls an separater Stelle in der Modell-Datei definiert werden.

- **Daten-Dateien**: OPL ermöglicht alternativ auch die Trennung von Modellen und Daten, was große Vorteile bringt, wenn dasselbe Modell mit mehreren alternativen Parameterkonfigurationen ausgeführt werden soll – also verschiedene Modellinstanzen gebildet werden sollen. Dateien mit der Dateiendung *.dat* enthalten entsprechend solche Daten (vgl. Kapitel 7).

- **Ausführungskonfigurationen**: Die Projektstruktur ermöglicht es, dass mehrere Elemente eines Optimierungsmodells über mehrere Modell-Dateien verteilt sein können. Ebenso können Daten in mehreren Daten-Dateien definiert sein. Ferner können unterschiedliche Datensätze – z. B. mit unterschiedlichen Werten für Nachfrage und Kosten – durch mehrere unterschiedliche, alternativ zu verwendende Daten-Dateien repräsentiert sein. Um nun eine zu lösende Modellinstanz zu definieren, wird eine *Ausführungskonfiguration* verwendet. Sie fasst eine konkrete Teilmenge der im Projekt vorhandenen Dateien zusammen. In Abb. 2.5 ist zur Veranschaulichung der Projekt-Baum des Projekts „gas" aufgeklappt, darin der Eintrag „Ausführungskonfigurationen" und darin wiederum unter anderem der Eintrag „No external Data". Diese Ausführungskonfiguration beinhaltet nur die Modell-Datei „gas1.mod", die ohne separate Daten-Datei verwendet werden kann. Die anderen beiden Konfigurationen „Default Configuration" und „Indices in arrays" beinhalten jeweils die Modell-Datei „gas.mod", aber unterscheiden sich in den verwendeten Daten-Dateien (gas.dat bzw. gasn.dat). Es ist hervorzuheben, dass die Elemente einer Ausführungskonfiguration keine Kopien der entsprechenden Dateien aus der obersten Baum-Ebene sind, sondern lediglich darauf verweisen.

- **Einstellungs-Dateien**: Darüber hinaus gibt es noch OPL-Einstellungs-Dateien mit der Dateiendung *.ops*, mit denen insbesondere technische Konfigurationen des verwendeten Solvers vorgenommen werden können, die für das Projekt bei der Modelllösung zur Anwendung kommen sollen. Im vorliegenden Beispiel sowie insgesamt im Rahmen dieses einführenden Lehrbuchs sind stets die Standard-Einstellungen zu Grunde gelegt, sodass Einstellungs-Dateien nicht benötigt werden.

Tipp 3   Verzeichnis eines Projekts auf der Festplatte

Jedes Projekt wird im Hintergrund auf der Festplatte des Computers in einem eigenen Verzeichnis gespeichert, üblicherweise also in Unterverzeichnissen des Arbeitsbereichs. Der Pfad des Projektverzeichnisses kann nach einem Rechtsklick auf das jeweilige Projekt im Fenster „OPL-Projekte" im erscheinenden Kontext-Menü unter „Eigenschaften > Ressource > Position" angezeigt werden.

2.3.3 Eine Modellinstanz lösen

Zur Lösung einer Modellinstanz, d. h. zur eigentlichen Optimierung mit dem Solver CPLEX, wählt man im Fenster „OPL-Projekte" die entsprechende Ausführungskonfiguration aus und klickt mit der rechten Maustaste darauf. Im daraufhin erscheinenden

Kontext-Menü wird durch „Ausführen" (*Run this*) die Optimierung gestartet. Abb. 2.6 illustriert das Vorgehen für das ausgewählte Beispiel unter Verwendung der Ausführungskonfiguration „No external data". Die Elemente des Studios zur Darstellung und Auswertung des Optimierungsergebnisses werden in Kapitel 2.3.5 behandelt.

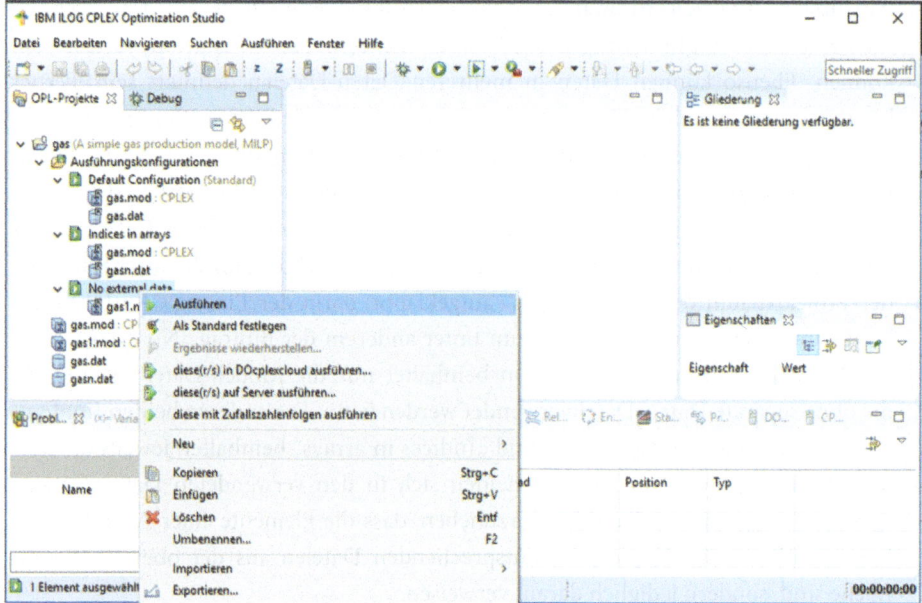

Abb. 2.6   Ausführungskonfiguration starten

Tabelle 2.1 zeigt die unterschiedlichen Dateien und ihre Rolle im Kontext des Lösungsprozesses einer Modellinstanz, wobei die Verwendung von Daten- und Einstellungs-Dateien wie erläutert optional ist.

Tabelle 2.1   Ausführung einer Optimierung mit CPLEX Optimization Studio

Schritt	Involvierte Datei
1. Modell laden	Modell-Datei (.mod)
2. Daten laden	Daten-Datei (.dat)
3. Daten Preprocessing	Modell-Datei (.mod)
4. Ausführung Optimizer (CPLEX / CPO)	Einstellungs-Datei (.ops)
5. Daten Postprocessing	Modell-Datei (.mod)
6. Ergebnisse veröffentlichen	Daten-Datei (.dat)

Tipp 4   oplrun.exe

Für große Modelle oder Modelle mit vielen Daten ist es häufig sinnvoll, die Modell-lösung außerhalb des Studios durchzuführen. Damit kann CPLEX mehr Hauptspei-cher verwenden. Auch läuft die Optimierung selbst schneller ab als innerhalb des Studios, weil weniger sogenannte Debugging-Information (Information zur Su-che und Behebung von Fehlern im Programmcode) erzeugt wird. Zu diesem Zweck gibt es das Programm „oplrun.exe". Dieses ist aus einem Windows-Kom-mandozeilen-Fenster zu starten. Dort wechselt man in das Verzeichnis des Pro-jekts „gas" (vgl. Tipp 3), und gibt dort „oplrun gas1.mod" ein. Damit startet das Programm oplrun.exe für das Modell gas1.mod und erzeugt die Ausgabe von Abb. 2.7.

Die Ausgabe kann auch direkt in eine Datei zur Protokollierung geschrieben werden („Log-Datei"), indem der Aufruf „>>" gefolgt vom Dateinamen hinzuge-fügt wird (z. B. „oplrun gas1.mod >> log.txt"). Ferner ist es möglich, mithilfe einer Windows-Stapelverarbeitungsdatei („Batch-Datei") mehrere Testfälle automatisiert hintereinander ablaufen zu lassen.

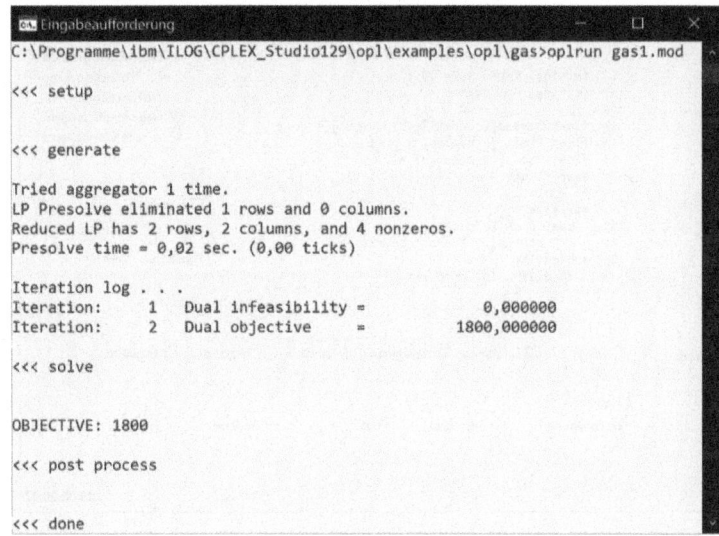

Abb. 2.7 Ausführung von oplrun in einem Windows-Kommandozeilenfenster (cmd.exe)

2.3.4 Komponenten des Studios

Nach der Optimierung sind die einzelnen Elemente des Studios mit Daten und Inhalten gefüllt. Abb. 2.8 zeigt die Standard-Anordnung der zugehörigen Fenster. Die Anordnung lässt sich jedoch – beispielsweise per Drag-and-Drop – flexibel ändern und weitere Ele-mente bzw. Fenster können über das Programm-Menü unter „Fenster > Ansicht anzei-gen" hinzugefügt werden. Die ursprüngliche Anzeige und Anordnung erhält man über „Fenster > Perspektive zurücksetzen".

Tipp 5   Fenster schnell vergrößern und verkleinern

Das Studio umfasst viele Elemente, die häufig gleichzeitig angezeigt werden sollen. Dadurch werden manche Fenster zu klein, um damit vernünftig zu arbeiten. Einzelne Teilfenster des Studios lassen sich daher temporär durch Doppelklicken des Fenster-Titels auf die gesamte Größe des Hauptfensters vergrößern. Wenn man also beispielsweise das Fenster „gas1.mod" doppelklickt, wird es größer. Der umgekehrte Effekt ist durch nochmaliges Doppelklicken des Fenstertitels zu erzielen.

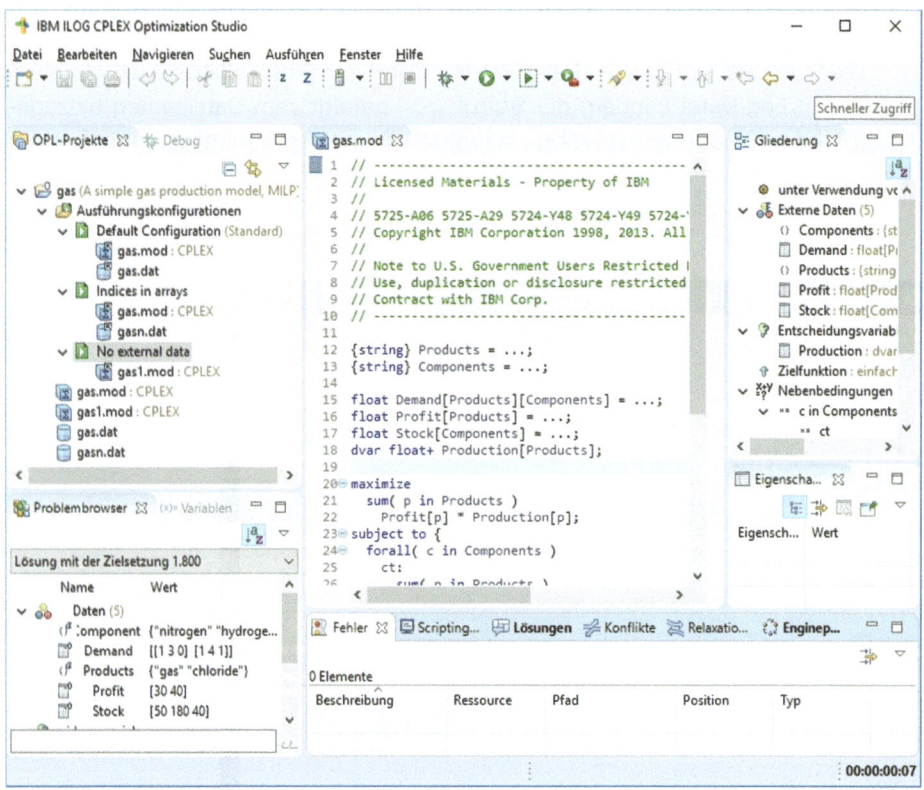

Abb. 2.8 Studio nach Ausführung einer Optimierung

Im Einzelnen werden standardmäßig die folgenden Elemente angezeigt:

- **OPL-Projekte:** Im Fenster „OPL-Projekte" werden alle Projekte angezeigt, die jemals in diesen Arbeitsbereich importiert oder in diesem erstellt wurden. Die Projekte können hier verwaltet und einzelne Dateien durch Doppelklick zur Bearbeitung geöffnet werden. Es öffnet sich dann der jeweils passende Editor im Fenster „Modell-Editor". Ferner können etwa über einen Rechtsklick und die Funktion „Löschen" im sich öffnenden Kontext-Menü Projekte aus diesem Fenster entfernt werden. Dabei kann ausgewählt werden, ob auch der zugehörige Projektordner von der Festplatte gelöscht werden soll oder nicht.

- **Modell-Editor**: Im Modell-Editor (Fenster oben in der Mitte) können alle zu einem Projekt gehörenden Dateien bearbeitet werden. Für Modell-Dateien steht dabei ein Text-Editor zur Verfügung, der moderne Funktionen wie farbiges *Syntax-Highlighting* unterstützt. Es lassen sich beliebig viele Dateien parallel öffnen, wobei alle geöffneten Dateien über entsprechende Reiter (horizontal von links nach rechts) schnell zugreifbar bleiben.

- **Gliederung**: Im Fenster „Gliederung" (*Outline*) wird die Struktur des Modells bzw. der Daten der aktuell bearbeiteten Datei in einem Baum dargestellt. Hier erhält der Entwickler eine Übersicht über sein Modell und kann schnell auf die Definitionen der einzelnen Modellbestandteile zugreifen. Durch Klicken auf einen Eintrag springt der Modell-Editor an die entsprechende Textstelle der Datei.

- **Problembrowser**: Der „Problembrowser" zeigt *nach* der Lösung einer Modellinstanz die Elemente des Optimierungsmodells an. Dies beinhaltet neben einer systematischen Darstellung der (Eingabe-)Daten (*Data*) und der Nebenbedingungen (*Constraints*) auch die durch die Optimierung ermittelten optimalen Werte der Entscheidungsvariablen (*Decision variables*) sowie – in der Dropdown-Liste oben unter „Lösung mit Zielsetzung" (*Solution objective*) – den zugehörigen optimalen Zielfunktionswert.

- **Modell- und Ergebnisanalyse und Laufzeit**: Unten rechts zeigt eine Reihe von Fenstern hauptsächlich nach der Optimierung unterschiedliche (Ausführungs-)Informationen an (vgl. folgendes Kapitel 2.3.5).

2.3.5 Modelle und Ergebnisse analysieren

Wie in Abb. 2.8 gezeigt, stellt das Studio nach der Optimierung eine Reihe von Informationen bereit, die es dem Entwickler erlauben, den Optimierungsprozess und die Ergebnisse zu analysieren. Die entsprechenden Fenster sind über Reiter zu aktivieren.

Die jeweilige Titelzeile dieser Reiter wird fett-gedruckt dargestellt, wenn das zugehörige Fenster neue Informationen anzeigt, und ist deshalb für den Nutzer von Interesse. Wenn der Titel hingegen normal-gedruckt dargestellt ist, hat der Optimierungslauf hierfür keine (neuen) Informationen erzeugt. Im Einzelnen sind die folgenden Elemente abrufbar:

- **Fehler**: Das Fenster „Fehler" (*Problems*) repräsentiert das einzige der erläuterten Elemente, das schon während der Modellerstellung wichtig ist. Denn hier werden im Programmcode gemachte Syntax-Fehler unmittelbar – also bereits vor einer Modellausführung mit einer entsprechenden Ausführungskonfiguration – angezeigt und erläutert. Ein Doppel-Klick auf die jeweilige Fehlermeldung springt zur fehlerhaften Stelle innerhalb des Modell-Editors. Ferner werden während der Modelllösung auftretende Fehler – wie etwa Speicherüberlauf, Datenzugriffsfehler etc. – angezeigt.

- **Scriptingprotokoll**: Im Fenster „Scriptingprotokoll" (*Scripting Log*) kann während der Modelllösung eine Ausgabe mit der Scripting-Sprache *ILOG Script* erzeugt werden (vgl. hierzu Kapitel 5 und Kapitel 9).

- **Lösungen:** Das Fenster „Lösungen" (*Solutions*) zeigt nach der Optimierung Informationen zur ermittelten Lösung sowie zum Lösungsvorgang in textueller Form an.

- **Konflikte und Relaxationen:** Wenn die Nebenbedingungen des Optimierungsmodells inkonsistent sind, sodass keine Lösung existiert, kann CPLEX automatisch eine minimale Teilmenge von inkonsistenten Nebenbedingungen erzeugen. Das bedeutet, dass das Weglassen einer der angezeigten Bedingungen die Inkonsistenz beheben würde – es sei denn, es liegen mehrere unabhängige Inkonsistenzen vor (vgl. Kapitel 8). Diese Teilmenge wird dann im Fenster „Konflikte" (*Conflicts*) angezeigt. Wenn Konflikte existieren, kann CPLEX auch eine ausreichende, minimale erforderliche Änderung der Nebenbedingungen bzw. der Schranken ermitteln, die das Problem wiederum lösbar machen. Diese wird hier im Fenster „Relaxationen" (*Relaxations*) angezeigt.

- **Engineprotokoll, Statistik, Profiler und CPLEX-Server:** Die vier verbleibenden Elemente liefern überwiegend technische Informationen für den fortgeschrittenen Anwender. Das Fenster „Engineprotokoll" (*Engine log*) liefert eine textuelle Ausgabe von Informationen des CPLEX-Solvers während des Lösungsprozesses. Das Fenster „Statistik" (*Statistics*) enthält eine tabellarische Darstellung einiger Kennzahlen des Optimierungsmodells – wie Anzahl Variablen, Constraints etc. – sowie eine grafische Darstellung von Laufzeit versus Lösungsqualität. Der „Profiler" liefert eine interaktive Tabelle zur Analyse von Laufzeiten, Speicherbedarf und Ähnlichem während der unterschiedlichen Phasen der Optimierung. Im Falle, dass mehrere CPLEX-Server vorhanden und konfiguriert sind, können diese über das Fenster „CPLEX-Server" (*CPLEX servers*) verwaltet werden. Dadurch können etwa auch Optimierungs-Aufgaben auf entfernten Servern ausgeführt werden.

Detaillierte Informationen zu allen Elementen sind über die Hilfe abrufbar (vgl. Kapitel 2.4).

2.3.6 Weitere Funktionen

Neben der Möglichkeit, ein Beispielprojekt zu importieren (vgl. Kapitel 2.3.1) und als Basis für die eigene Modellierung zu verwenden, kann natürlich ein neues Projekt angelegt werden (siehe Abb. 2.9).

Dazu ist im Programm-Menü „Datei > Neu > OPL-Projekt" aufzurufen. In dem sich öffnenden Fenster sind dann der gewünschte Projektname (in Abb. 2.9 der Name „G1-ILOG") sowie der Speicherort – standardmäßig ist dies der Arbeitsbereich – festzulegen. Zusätzlich kann über das Setzen der entsprechenden Häkchen bereits je eine Modell-,

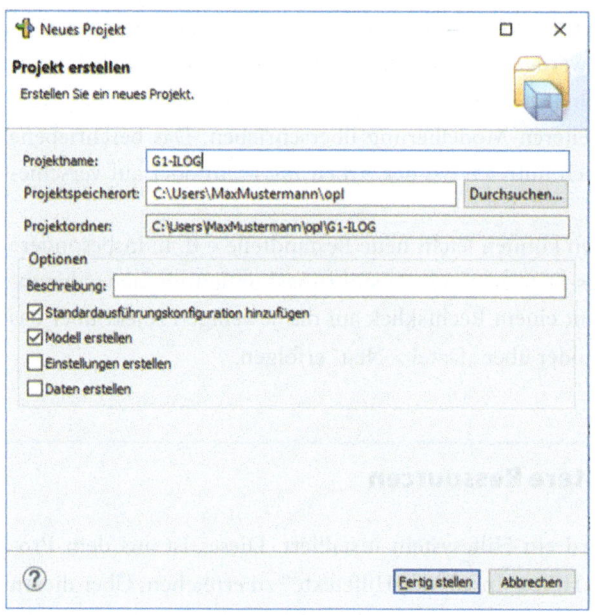

Abb 2.9   Neues Projekt erstellen

Daten- und Einstellungs-Datei sowie eine Ausführungskonfiguration hinzugefügt werden. Ein Klick auf „Fertig stellen" legt das Projekt an.

Ein bereits vorhandenes Projekt wird im Programm-Menü durch „Datei > Importieren > vorhandene OPL-Projekte" aufgerufen (siehe Abb. 2.10). Anschließend ist
unter „Stammverzeichnis auswählen" das Verzeichnis auf der Festplatte auszuwählen, in
dem sich das gesuchte Projektverzeichnis befindet. Unter „Projekte" erscheinen dann

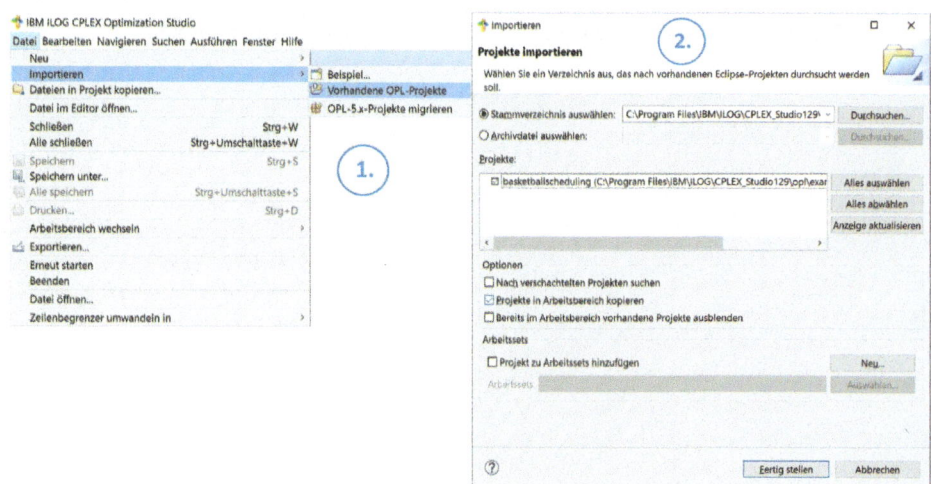

Abb. 2.10   Ein existierendes Projekt importieren

automatisch alle dort auffindbaren Projekte. Nach Auswahl des zu importierenden Projekts kann außerdem festgelegt werden, ob das Projekt in den Arbeitsbereich kopiert oder das Originalverzeichnis beibehalten werden soll. In letzterem Fall wird das Ausgangsprojekt im Rahmen der weiteren Modellierung überschrieben. Das beschriebene Importieren von Projekten ist auch hilfreich bei der Arbeit im Team oder auf verschiedenen Rechnern.

Bereits hinzugefügten Projekten können leicht neue Bestandteile – d. h. insbesondere Modell-, Daten- und Einstellungs-Dateien sowie Ausführungskonfigurationen – hinzugefügt werden. Dies kann etwa mit einem Rechtsklick auf das jeweilige Projekt über das zugehörige Kontext-Menü (*Neu*) oder über „Datei > Neu" erfolgen.

2.4   Hilfesystem und weitere Ressourcen

Zusammen mit der Software wird ein Hilfesystem installiert. Dieses ist aus dem Programm-Menü des *Studios* unter „Hilfe > Inhalt der Hilfetexte" zu erreichen. Über diesen Menübefehl öffnet sich die zentrale Hilfeseite (siehe Abb. 2.11). Man beachte, dass die komplette Hilfe des Studios für CPLEX und OPL in englischer Sprache vorliegt. Weitere Texte zum *Eclipse*-Arbeitsbereich im Allgemeinen und auch zur *JavaScript*-Sprache sind in Deutsch verfügbar (die Scripting-Sprache ILOG Script in CPLEX Optimization Studio ist sehr stark an JavaScript angelehnt – vgl. Kapitel 5 und Kapitel 9).

Zur weiteren Lektüre sei an dieser Stelle die ausführliche Beschreibung des Studios empfohlen. Sie befindet sich in der Hilfe unter „IDE and OPL > CPLEX Studio IDE" (siehe Abb. 2.12).

Im Internet gibt es eine ganze Reihe von Seiten zu CPLEX, OPL usw., nicht nur auf der Website des Herstellers IBM. Hier sei besonders auf die Online-Foren von *IBM Developerworks* verwiesen, wo Fragen gestellt und diskutiert werden können.

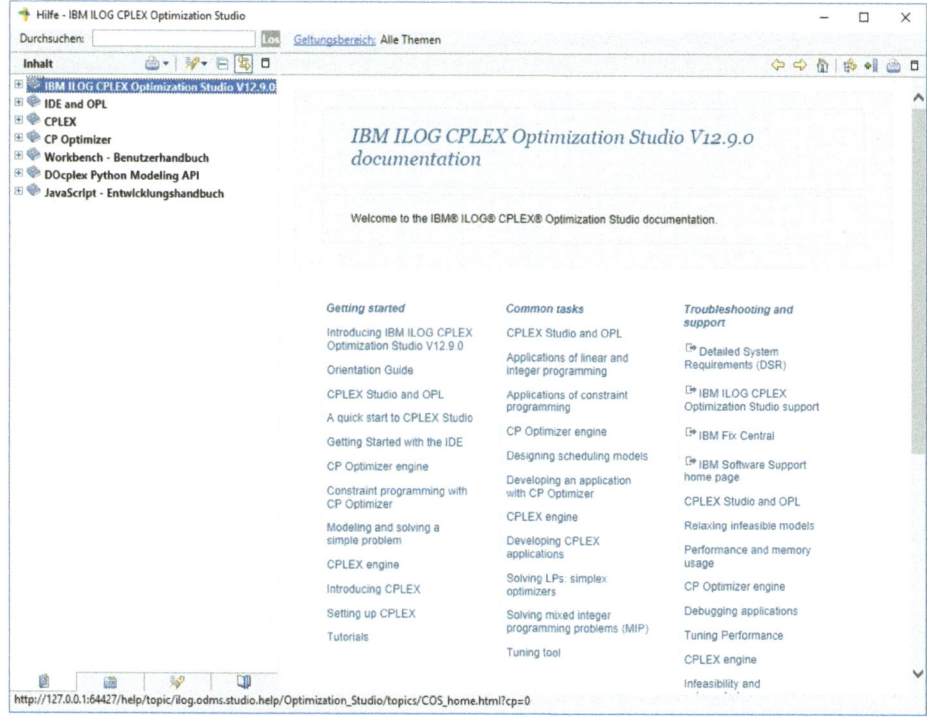

Abb. 2.11 Die Einstiegsseite des Hilfesystems

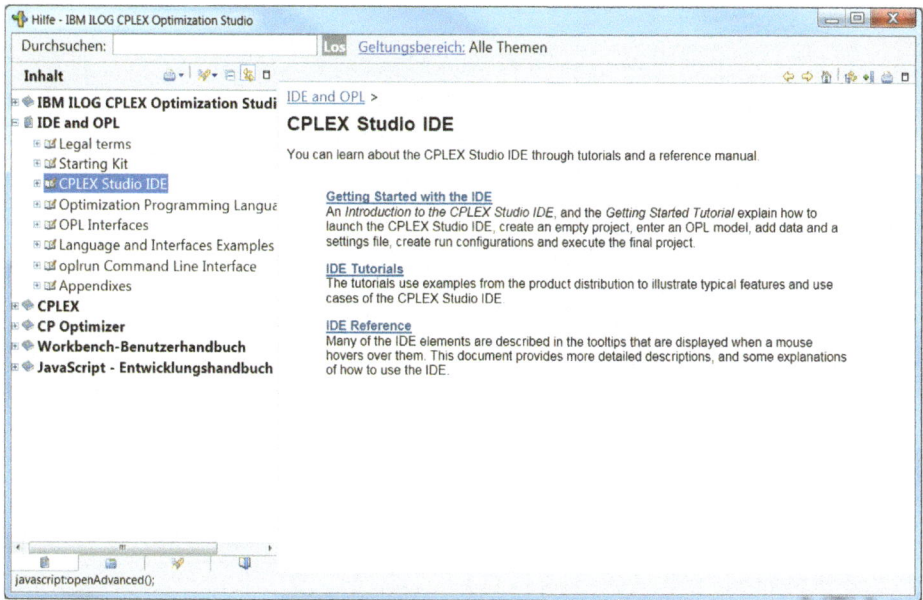

Abb. 2.12 Hilfe-Seite mit detaillierter Beschreibung des Studios

Der Aufbau einer Modell-Datei

3

Wie bereits in Kapitel 2 beschrieben, erfolgt die Formulierung eines Optimierungsmodells in einer sogenannten Modell-Datei (Dateiendung .mod). In dieser wird das zu lösende Optimierungsproblem durch ein mathematisches Modell beschrieben. Zur Modellbeschreibung dient die ILOG-eigene Programmiersprache OPL. Dabei werden entsprechende OPL-Anweisungen („Befehle") in Textform aneinandergereiht in die Modell-Datei geschrieben. Dies kann mithilfe des Studios als Entwicklungsumgebung (vgl. Kapitel 2) erfolgen.

OPL ist eine rein deklarative Programmiersprache, sodass im Gegensatz zu imperativen Programmiersprachen – wie beispielweise Java, Python oder C – lediglich die Beschreibung des zu lösenden (Optimierungs-)Problems erforderlich ist. Die Abläufe zur Lösung des Problems, d. h. zur eigentlichen Optimierung, müssen hingegen nicht explizit programmiert werden. Dies erfolgt automatisch durch den CPLEX-Solver auf Basis der definierten Modell-Datei.

Zusätzlich existiert ergänzend zu OPL die imperative Programmiersprache *ILOG Script* (früher OPL Script), mit der unter anderem auch in die Abläufe zur Lösung des Problems eingegriffen werden kann. Die Grundlagen von ILOG Script werden in Kapitel 5 behandelt.

Eine Modell-Datei besteht üblicherweise aus den folgenden vier aufeinanderfolgenden Bestandteilen:

- Deklaration und Initialisierung der Modellparameter
- Deklaration der Entscheidungsvariablen
- Zielfunktion
- Nebenbedingungen

Alle Elemente der Modell-Datei, die *vor* der Zielfunktion stehen, werden *vor* der Optimierung ausgeführt – im sogenannten *Preprocessing*. Dabei spielt die Reihenfolge der

© Springer-Verlag GmbH Deutschland, ein Teil von Springer Nature 2021
S. Nickel et al., *Angewandte Optimierung mit IBM ILOG CPLEX Optimization Studio*, https://doi.org/10.1007/978-3-662-62185-1_3

einzelnen Zu- und Anweisungen eine wichtige Rolle, da diese sukzessive ausgewertet werden (siehe etwa Aufbau von Beispiel 3.5, Beispiel 3.8 etc. und Kapitel 7.1). Grundsätzlich werden im Preprocessing häufig Eingabedaten validiert oder so umgewandelt, dass man damit das eigentliche Modell (leichter) aufbauen kann. In Kapitel 6.3 und Kapitel 6.4 wird behandelt, dass man im Preprocessing auch zusätzliche Datentypen erzeugen kann, die den Aufbau des Modells und damit seine Gesamtlaufzeit erheblich beschleunigen können. Häufig kommt im Preprocessing auch ILOG Script (vgl. Kapitel 5 und 9) zur Anwendung.

Alle Elemente der Modell-Datei, die *nach* der Zielfunktion stehen, werden *nach* der Optimierung ausgeführt – im sogenannten *Postprocessing*. Auch hier werden die Sprachelemente der Reihe nach abgearbeitet. Typische Schritte im Rahmen des Postprocessings sind die Umwandlung von Variablenwerten in fachliche Lösungswerte, Ausgabe der Ergebnisse, Ausgaben von Status-Informationen des Solvers oder von Entscheidungsvariablen oder Nebenbedingungen. Auch im Postprocessing kommt häufig ILOG Script zur Anwendung.

In den folgenden Unterkapiteln werden die Bedeutung der Bestandteile einer Modell-Datei erläutert und die grundlegenden Sprachkonstrukte und Schlüsselwörter eingeführt. Die direkte Anwendung des Erklärten findet anhand des folgenden Fallbeispiels statt. Die vollständige Lösung hierzu findet sich am Ende des Kapitels in Beispiel 3.16.

RideEasy Fallbeispiel 1: Produktionsprogramm in Nordamerika   Ride Easy

Im ersten Fallbeispiel wird ausschließlich das Nordamerika-Werk der Firma „RideEasy" betrachtet. In diesem Werk sollen die beiden Fahrradtypen U-A (Fahrradtyp 1) und U-B (Fahrradtyp 2) hergestellt werden. Dazu werden drei Maschinen M1, M2 und M3 benötigt. In Tabelle 3.1 sind für die einzelnen Maschinen die innerhalb des Planungszeitraums zur Verfügung stehende Maschinenzeit (Kapazität) sowie je Fahrradtyp die Maschinenzeitbedarfe zur Herstellung eines Fahrrads (Bedarf U-A und Bedarf U-B) abgebildet. Die Nachfrage nach den beiden Fahrradtypen für den Planungszeitraum sowie die Stück-Deckungsbeiträge – im Folgenden *DB* genannt – sind in Tabelle 3.2 enthalten. Gesucht ist das optimale, d. h. das erlösmaximierende, Produktionsprogramm unter den gegebenen Maschinenrestriktionen, wobei die Nachfrage nicht voll bedient werden muss.

Tabelle 3.1   Maschinenkapazität und -bedarfe für Fallbeispiel 1

Maschine	Kapazität [h]	Bedarf U-A [h/Fahrrad]	Bedarf U-B [h/Fahrrad]
M1	120	0.2	0.4
M2	140	0.3	0.2
M3	110	0.5	0.5

Tabelle 3.2 Nachfragemenge und DBs für Fallbeispiel 1

Produkt	Nachfrage [Fahrräder]	DB [EUR/Fahrrad]
U-A	300	110
U-B	200	140

3.1 Deklaration und Initialisierung der Modellparameter

Am Anfang der Modell-Datei werden die Modellparameter (oder auch Inputparameter, Parameter, Datenelemente, Daten) des Optimierungsmodells *deklariert* und *initialisiert*. Unter Modellparametern sind dabei die Bestandteile eines Modells zu verstehen, die fixe und vom Benutzer vorzugebende Werte repräsentieren – wie etwa Deckungsbeiträge, Kapazitäten, Zeitbedarfe oder Ähnliches. Damit diese Werte in einem bereits formulierten Modell leicht verändert werden können, ohne jede einzelne Zeile des Modells einzeln abändern zu müssen, werden Parameter üblicherweise in Form von Platzhaltern eingebunden. Die Deklaration und Belegung dieser Platzhalter mit konkreten Werten erfolgt an zentraler Stelle zu Beginn der Modell-Datei. Die Platzhalter werden in den späteren Bestandteilen, wie der Zielfunktion und den Nebenbedingungen (vgl. Kapitel 3.3 und 3.4), aufgegriffen. In diesem Zusammenhang wird auch von Modularisierung gesprochen.

Modellparameter sind durch die zugehörigen Platzhalterbezeichner eindeutig beschrieben. Bezeichner dürfen dabei weder Leerzeichen noch Sonderzeichen oder Umlaute enthalten. Sie können sowohl Groß- als auch Kleinschreibung beinhalten. Zu beachten ist hierbei, dass Platzhalterbezeichner „case sensitive" sind. Ein Platzhalterbezeichner „parameter" ist somit nicht identisch mit dem Platzhalterbezeichner „Parameter".

3.1.1 Deklaration

Parameter müssen vor ihrer Nutzung zunächst deklariert werden, d. h., ihnen wird ein Datentyp zugeteilt. Hierbei stehen die in Tabelle 3.3 dargestellten elementaren Datentypen zur Verfügung: ganze Zahlen, reelle Zahlen und Zeichenketten. Der Datentyp wird mithilfe des entsprechenden Schlüsselworts, das dem Platzhalterbezeichner voranzustellen ist, festgelegt.

Tabelle 3.3 Elementare Datentypen für Modellparameter

Schlüsselwort	Beschreibung
`int`	Ganzzahl
`float`	Reelle Zahl
`string`	Zeichenkette

Ganze und reelle Zahlen (Gleitkommazahlen) werden mit dem Schlüsselwort `int` bzw. `float` deklariert. Sie können sowohl positive als auch negative Werte annehmen. Zeichenketten werden mit dem Schlüsselwort `string` deklariert.

3.1.2 Initialisierung

Neben der Deklaration müssen Modellparameter außerdem durch den Nutzer initialisiert, d. h., mit einem konkreten Wert belegt werden. Die Wertezuweisung erfolgt mithilfe des „="-Operators. Auf der rechten Seite ist dabei der konkrete Wert anzugeben. Deklaration und Initialisierung der Modellparameter können in einer Zeile geschehen. Dabei ist der folgenden allgemeinen Syntax zu folgen:

```
Datentyp Bezeichner = Wert;
```

Beispiel 3.1 zeigt die Deklaration und Initialisierung einiger ganzzahliger Modellparameter.

Beispiel 3.1

```
1 int nf1 = 300;     //Nachfrage nach Fahrradtyp 1
2 int nf2 = 200;     //Nachfrage nach Fahrradtyp 2
3 int kap1 = 120;    //Gesamtmaschinenzeit Maschine M1 im Planungszeitraum
4 int kap2 = 140;    //Gesamtmaschinenzeit Maschine M2 im Planungszeitraum
5 int kap3 = 110;    //Gesamtmaschinenzeit Maschine M3 im Planungszeitraum
```

Ebenfalls in Beispiel 3.1 zu sehen sind *Kommentare* im Programmcode: Ab der Zeichenfolge „//" werden bei der Interpretation des Modells alle Zeichen in der Zeile ignoriert. Das erlaubt das Einfügen von Anmerkungen, ohne dabei die OPL-Syntax zu zerstören. Mehrzeilige Kommentare sind durch die öffnende Zeichenfolge „/*" in Verbindung mit der schließenden Zeichenfolge „*/" möglich.

Zu beachten ist, dass in Beispiel 3.1 sowie in allen weiteren Programmcode-Beispielen am Anfang jeder Zeile zur besseren Les- und Referenzierbarkeit die Zeilennummer angegeben ist. Die Zeilennummern sind nicht Teil des Programmcodes und dürfen somit auch nicht in ein OPL-Modell eingegeben werden.

Bei der Initialisierung von ganzzahligen Modellparametern kann die größtmögliche in OPL zu realisierende ganze Zahl mit dem Schlüsselwort `maxint` (= $(2^{63} - 1)$ für 64-Bit-Betriebssysteme) erzeugt werden, wie Beispiel 3.2 illustriert. Ein analoges Schlüsselwort für die kleinste ganze Zahl existiert nicht, hier kann jedoch `-maxint` verwendet werden.

Beispiel 3.2

```
1 int nf3 = maxint; //Ein Produkt mit sehr großer Nachfrage
```

Bei der Initialisierung reeller Modellparameter wird zur Abtrennung der Nachkommastellen ein Punkt verwendet, wie die Deklaration und Initialisierung in Beispiel 3.3 zeigt.

Beispiel 3.3

```
1 float bedarf11 = 0.2;  //Bedarf von Fahrradtyp 1 an Maschinenzeit
2                        // auf Maschine M1
3 float bedarf12 = 0.3;  //Bedarf von Fahrradtyp 1 an Maschinenzeit auf M2
4 float bedarf13 = 0.5;  //Bedarf von Fahrradtyp 1 an Maschinenzeit auf M3
5 float bedarf21 = 0.4;  //Bedarf von Fahrradtyp 2 an Maschinenzeit auf M1
6 float bedarf22 = 0.2;  //Bedarf von Fahrradtyp 2 an Maschinenzeit auf M2
7 float bedarf23 = 0.5;  //Bedarf von Fahrradtyp 2 an Maschinenzeit auf M3
8 float db1 = 110;        //Deckungsbeitrag je Einheit von Fahrradtyp 1
9 float db2 = 140;        //Deckungsbeitrag je Einheit von Fahrradtyp 2
```

In OPL existiert des Weiteren die vordefinierte Konstante „unendlich", die mit dem Schlüsselwort `infinity` ausschließlich beim Datentyp `float` verwendet werden kann (siehe Beispiel 3.4).

Beispiel 3.4

```
1 //Ein Fahrradtyp mit größtmöglichem negativen Deckungsbeitrag
2 float db3 = -infinity;     //=> Keine Produktion
```

Statt durch eine unmittelbare Wertzuweisung kann die Initialisierung von ganzen und reellen Zahlen auch mithilfe eines arithmetischen Ausdrucks erfolgen. Die grundlegend verfügbaren Operatoren sind Tabelle 3.4 zu entnehmen. Dabei können innerhalb der Ausdrücke auch in vorangegangenen Anweisungen bereits initialisierte Modellparameter verwendet werden (siehe Beispiel 3.5).

Tabelle 3.4 Grundlegende arithmetische Operatoren

Operation	Beschreibung
x+y	Addition
x-y	Subtraktion
x*y	Multiplikation
x/y	Division
x div y	Ganzzahlige Division (ohne Rest)
x%y oder x mod y	Rest bei ganzzahliger Division
minl(x1,…,xn)	Minimum
maxl(x1,…,xn)	Maximum
abs(x)	Betrag
ln(x)	Natürlicher Logarithmus
exp(x)	Natürliche Exponentialfunktion

Beispiel 3.5

```
1 int nf1 = 300;          //Nachfrage nach Typ 1
2 int nf2 = nf1 - 100;    //Nachfrage nach Typ 2 in Abhängigkeit von Typ 1
3 float bedarf11 = 0.2;   //Bedarf an Maschinenzeit von Typ 1 auf M1
4 float bedarf12 = 0.3;   //Bedarf an Maschinenzeit von Typ 1 auf M2
5 float bedarf13 = bedarf11 + bedarf12;     //Bedarf an Maschinenzeit
6                                           //von Typ 1 auf M3
```

Bei der Initialisierung von Zeichenketten ist die zugewiesene Zeichenkette in Anführungszeichen („") einzuschließen. Ferner müssen innerhalb der Zeichenkette einige Zeichen analog zu anderen Programmiersprachen über sogenannte *Escape-Sequenzen* eingegeben werden, sodass sie vom übrigen Programmcode unterschieden werden können. Wichtige Beispiele für Escape-Sequenzen sind in Tabelle 3.5 enthalten. Um eine Zeichenkette zu initialisieren, die sich über mehrere Programmcode-Zeilen erstreckt, müssen Zeilenumbrüche durch einen Backslash (\) gekennzeichnet werden. Beispiel 3.6 zeigt exemplarisch die häufigsten Anwendungen von Escape-Sequenzen.

Tabelle 3.5   Wichtige Escape-Sequenzen innerhalb von Zeichenketten

Escape-Sequenz	Beschreibung
\t	Tabulator
\n	neue Zeile
\"	Anführungszeichen
\\	Backslash (\)

Beispiel 3.6

```
1 string textbaustein = "Die Nachfrage nach Fahrradtyp \"U-A\" beträgt:";
2 //ist identisch zu
3 string textbaustein2 = "Die Nachfrage nach \
4 Fahrradtyp \"U-A\" beträgt:";
```

Parameter können ausschließlich in der Modell-Datei deklariert werden. Die Initialisierung kann daraufhin auch in einem ILOG-Script-Block stattfinden – was in späteren Beispielen veranschaulicht wird.

Wenn dasselbe Modell mit mehreren alternativen Parameterkonfigurationen ausgeführt werden soll oder wenn Projekte etwas umfangreicher sind, ist es von Vorteil, die eigentlichen Werte der Modellparameter in einer separaten Daten-Datei (Dateiendung .dat) zu verwalten. Bei dieser Trennung von Modell und Daten erfolgt die Initialisierung lediglich über die Zuweisung des Platzhalters „...", wobei aus der Verknüpfung mit der entsprechenden Daten-Datei die echten Werte im Rahmen des Lösungsprozesses automatisch eingebunden werden (vgl. Kapitel 7).

Neben den in diesem Kapitel behandelten elementaren Datentypen existieren noch weitere, sogenannte zusammengesetzte Datentypen. Diese werden in Kapitel 4 und Kapitel 6 behandelt.

3.2 Deklaration der Entscheidungsvariablen

Im zweiten Block der Modell-Datei werden üblicherweise die Entscheidungsvariablen des Modells deklariert. Die Entscheidungsvariablen sind die „Stellschrauben" des Optimierungsmodells – d. h. die Größen, über deren Werte im Rahmen der Optimierung entschieden wird, um die gewünschte Zielsetzung zu erreichen. Die Werte von Entscheidungsvariablen werden im Gegensatz zu Modellparametern dementsprechend nicht durch den Nutzer, sondern im Rahmen der Optimierung durch CPLEX bestimmt. Die resultierenden Werte der Entscheidungsvariablen können nach Durchführung der Optimierung dem Problembrowser des Studios entnommen werden (vgl. Kapitel 2.3.4, Abb. 2.8).

Wie Modellparameter werden auch Entscheidungsvariablen durch eindeutige Bezeichner beschrieben. Diese dürfen analog zu Parametern weder aus Leer- noch Sonderzeichen oder Umlauten bestehen, ansonsten aber beliebig Groß- und Kleinschreibung enthalten.

Analog zu Modellparametern müssen Entscheidungsvariablen vor ihrer Nutzung deklariert werden. Hierzu stehen die folgenden elementaren Datentypen zur Verfügung: ganze Zahlen (`int`), reelle Zahlen (`float`) und ein binärer Datentyp (`boolean`), welcher nur die Werte 0 oder 1 annehmen darf (siehe Tabelle 3.6). Festgelegt wird der Datentyp mithilfe des entsprechenden Schlüsselworts, gefolgt von dem Variablenbezeichner. Zusätzlich muss das Schlüsselwort `dvar` (für *decision variable*) vorangestellt werden, um Entscheidungsvariablen von Modellparametern abzugrenzen.

Tabelle 3.6 Elementare Datentypen für Entscheidungsvariablen

Schlüsselwort	Beschreibung
`int`	Ganzzahl
`int+`	Nichtnegative Ganzzahl
`float`	Reelle Zahl
`float+`	Nichtnegative reelle Zahl
`boolean`	Binär (Wert 0 oder 1)

Die Deklaration der ganzzahligen und reellwertigen Entscheidungsvariablen erfolgt analog zu den Ausführungen aus Kapitel 3.1 für Modellparameter (siehe Beispiel 3.7).

Beispiel 3.7

```
1 dvar int menge1;  //Geplante produzierte Mengeneinheiten von Fahrradtyp1
2 dvar int menge2;  //Geplante produzierte Mengeneinheiten von Fahrradtyp2
```

Bei Entscheidungsvariablen ist es zusätzlich möglich, im Vorhinein den *Wertebereich* der Variablen weiter einzuschränken. Dies erfolgt durch das Schlüsselwort *in*, gefolgt von der Angabe des (abgeschlossenen) Intervalls, in welchem die Werte liegen dürfen. Ober- und Untergrenze sind dabei durch „. .“ zu trennen (siehe Beispiel 3.8).

Beispiel 3.8

```
1 int nf1 = 300;              //Nachfrage nach Fahrradtyp 1 (Parameter)
2 dvar int menge1 in 0..nf1;  //Die Produktionsmenge muss kleiner
3                             // gleich der Nachfrage sein
4 dvar float inputmenge in 2.2..3.2;
```

Als Kurzschreibweise zum häufig benötigten Ausschluss negativer Zahlen ist es bei int und float außerdem möglich, direkt int+ bzw. float+ als Schlüsselwörter zu verwenden, wie Beispiel 3.9 illustriert.

Beispiel 3.9

```
1 dvar float+ produktion;
2 //ist identisch zu
3 dvar float produktion2 in 0..infinity;
4
5 dvar int+ produktion3;
6 //ist identisch zu
7 dvar int produktion4 in 0..maxint;
```

Zur Deklaration binärer Entscheidungsvariablen ist das Schlüsselwort boolean zu verwenden. Letztlich handelt es sich dabei um eine Kurzschreibweise einer im Wertebereich entsprechend eingeschränkten ganzzahligen Variablen (siehe Beispiel 3.10).

Beispiel 3.10

```
1 dvar boolean entscheidung;
2 //ist identisch zu
3 dvar int entscheidung2 in 0..1;
```

3.3 Zielfunktion

Die Zielfunktion beschreibt die Zielsetzung des Optimierungsmodells in Form einer mathematischen Funktion in Abhängigkeit von einer oder mehreren Entscheidungsvariablen. Zur Bildung der Funktionsvorschrift können Entscheidungsvariablen und/oder gegebenenfalls Modellparameter durch arithmetische Operatoren miteinander verknüpft werden. Eine Übersicht der grundlegenden Operatoren ist in Tabelle 3.4 (Kapitel 3.1.2) enthalten.

Die in CPLEX verfügbaren Lösungsverfahren sind vorwiegend auf lineare Modelle ausgelegt. Daher ist bei der Modellierung der Zielfunktion darauf zu achten, dass diese linear im Hinblick auf die Entscheidungsvariablen formuliert ist. So ist beispielsweise bei zwei Entscheidungsvariablen var1, var2 und dem Modellparameter param der Ausdruck var1*param zulässig. Das Produkt aus mehreren Entscheidungsvariablen var1*var2 oder die natürliche Exponentialfunktion exp(var1) würden jedoch zu einer nichtlinearen Zielfunktion führen. Allerdings sind auch bestimmte nichtlineare Operatoren im Zusammenhang mit Entscheidungsvariablen möglich, insofern sie linearisiert werden können. Die Linearisierung wird intern von CPLEX für den Nutzer unsichtbar im Rahmen der Optimierung vorgenommen. Dies gilt etwa für die Operatoren abs, minl und maxl (siehe Tabelle 3.4 in Kapitel 3.1.2 sowie Kapitel 4.4.2).

Die Zielfunktion kann minimiert oder maximiert werden. Die Optimierungsrichtung wird durch das vorangestellte Schlüsselwort minimize bzw. maximize bestimmt. Wird nach Fertigstellung der Modell-Datei die eigentliche Optimierung gestartet, ermittelt CPLEX die Werte für die Entscheidungsvariablen derart, dass der Ausdruck der Zielfunktion kleinst- bzw. größtmöglich wird. Beispiel 3.11 zeigt im Kontext von Fallbeispiel 1 die Aufstellung einer Maximierungszielfunktion mit den Entscheidungsvariablen menge1 und menge2 und den Zielfunktionskoeffizienten db1 und db2.

Beispiel 3.11

```
1 include "beispiel_3.01.mod";
2 include "beispiel_3.03.mod";
3 include "beispiel_3.07.mod";
4
5 maximize db1*menge1 + db2*menge2;        //DB-Maximierung
```

Tipp 6   Studio-Ausgabe bei unbeschränktem Modell

Beispiel 3.11 ist ein unbeschränktes Modell, d. h. nicht durch Nebenbedingungen in Richtung wachsender Zielfunktionswerte beschränkt (der Zielfunktionswert geht gegen unendlich). Im Problembrowser erscheint die etwas irreführende Ausgabe „Lösung mit der Zielsetzung 0E0". Die Anzeigen im Lösungen-Fenster und im Statistik-Fenster sind mit „solution (unbounded) with objective 0" und dem Hinweis auf eine unbeschränkte Lösung etwas hilfreicher.

Tipp 7   include-Befehl in Modelldateien

Durch include-Befehle lassen sich andere (bereits vorhandene) Modelldateien in die aktuelle Modelldatei integrieren. In den ersten drei Zeilen von Beispiel 3.11 geschieht dies mit drei Modelldateien, die sich im selben Projekt-Ordner wie die aktuelle Modelldatei befinden. Der Pfad für eine zu inkludierende Modelldatei lässt sich grundsätzlich relativ (wie hier) oder absolut (Beispiele dazu finden sich in Kapitel 10.2) angeben.

Gerade wenn Zielfunktionen sehr komplex sind und aus mehreren logisch unterscheidbaren Bestandteilen bestehen, kann es für die Übersichtlichkeit hilfreich sein, einzelne Terme auszugliedern. Derartige Terme – sogenannte Entscheidungsausdrücke oder *Decision Expressions* – werden mit dem Schlüsselwort `dexpr` definiert. Die Definition erfolgt in der Modell-Datei in der Regel zwischen der Deklaration der Entscheidungsvariablen und der Definition der Zielfunktion. Analog zu einer Parameterinitialisierung werden dabei durch Verwendung des „="-Operators einer benannten Decision Expression Terme zugewiesen, die aus Parametern und Entscheidungsvariablen arithmetisch gebildet werden (siehe Beispiel 3.12).

Beispiel 3.12

```
1 include "beispiel_3.01.mod";
2 include "beispiel_3.03.mod";
3 include "beispiel_3.07.mod";
4
5 dexpr float gesamtdb1 = db1*menge1;
6 dexpr float gesamtdb2 = db2*menge2;
7
8 maximize gesamtdb1 + gesamtdb2;          //DB-Maximierung
```

Abschließend ist anzumerken, dass ein Modell bzw. eine Modell-Datei nicht zwingend eine Zielfunktion enthalten muss. Dies ist der Fall, wenn kein Optimierungsmodell, sondern lediglich ein *Zulässigkeitsproblem* gelöst werden soll. Das bedeutet, dass bei gegebenen Nebenbedingungen (vgl. Kapitel 3.4) lediglich eine beliebige *zulässige Lösung* ermittelt werden soll – also eine Kombination aus Werten für die Entscheidungsvariablen, sodass alle Nebenbedingungen gleichzeitig eingehalten werden.

3.4 Nebenbedingungen

Nebenbedingungen geben die einzuhaltenden Restriktionen für eine gültige Lösung des Modells an. Die Nebenbedingungen werden innerhalb eines `subject-to`-Blocks beschrieben. Dabei sind alle Nebenbindungen in die geschweiften Klammern `{}` hinter `subject to` einzufassen. Anstatt des zusammengesetzten Schlüsselworts `subject to` kann auch `constraints` verwendet werden.

Tabelle 3.7   Relationale Vergleichsoperatoren für Nebenbedingungen

Operator	Beschreibung
x==y	gleich
x!=y	ungleich
x<=y	kleiner oder gleich
x>=y	größer oder gleich

Die häufigste Form der Nebenbedingung ist aus mathematischer Sicht eine Gleichung oder Ungleichung. Ihre Formulierung erfolgt über relationale Operatoren, welche in Tabelle 3.7 dargestellt sind. Dabei werden – wie in der Zielfunktion durch Anwendung arithmetischer Operatoren aus Tabelle 3.4 – mithilfe von Entscheidungsvariablen und Modellparametern zunächst Terme gebildet, die dann über den entsprechenden relationalen Operator zur Gleichung oder Ungleichung verknüpft werden. Beispiel 3.13 zeigt die Anwendung im Kontext von Fallbeispiel 1.

Beispiel 3.13

```
1 include "beispiel_3.11.mod";
2
3 subject to {
4     bedarf11*menge1 + bedarf21*menge2 <= kap1; //Zeitrestriktion M1
5     bedarf12*menge1 + bedarf22*menge2 <= kap2; //Zeitrestriktion M2
6     bedarf13*menge1 + bedarf23*menge2 <= kap3; //Zeitrestriktion M3
7     menge1 <= nf1;            //Nachfragerestriktion Fahrradtyp1
8     menge2 <= nf2;            //Nachfragerestriktion Fahrradtyp2
9 }
```

Wie bei der Zielfunktion ist auf die Linearität der Terme zu achten. Des Weiteren ist zu beachten, dass „<"- oder „>"-Operatoren („echt kleiner" bzw. „echt größer") allgemein bei der Formulierung linearer und ganzzahliger linearer Optimierungsmodelle und somit in CPLEX nicht verwendet werden können. Im Gegensatz zum Pre- und Postprocessing (vgl. einleitender Text von Kapitel 3, Kapitel 5.1 und Kapitel 9.2) ist im Nebenbedingungssystem die Reihenfolge der Nebenbedingungen unerheblich.

Wenn für ein und denselben beliebigen Ausdruck sowohl eine *untere Schranke* (lb) als auch eine *obere Schranke* (ub) vorgegeben sind, können die beiden erforderlichen Nebenbedingungen in einer Programmzeile vereint werden (siehe Beispiel 3.14). Diese knappe Schreibweise ist allerdings nur zulässig, wenn untere und obere Schranken keine Entscheidungsvariablen oder Entscheidungsausdrücke sind, sondern rein auf Basis von Modellparametern gebildet werden. Anderenfalls ist auf die zweizeilige Schreibweise zurückzugreifen.

Beispiel 3.14

```
1 int nf1 = 300;
2 dvar int menge1;
3
4 subject to {
5     0 <= 2*menge1 <= 2*nf1;
6 }
```

Neben den arithmetischen Operatoren ist es in OPL im Rahmen von Nebenbedingungen auch möglich mit logischen Verknüpfungen zu arbeiten. Diese werden im Rahmen der Modelllösung intern und für den Benutzer unsichtbar in entsprechende lineare Ausdrücke umgewandelt. Logische Verknüpfungen werden in Kapitel 8.1 behandelt.

Nebenbedingungen können in OPL zur besseren Identifikation benannt werden. Dazu ist ein beliebig wählbarer Name der Nebenbindung voranzustellen und mit „:" abzuschließen (siehe Beispiel 3.15).

Beispiel 3.15

```
1 include "beispiel_3.11.mod";
2
3 subject to {
4    mr1: bedarf11*menge1 + bedarf21*menge2 <= kap1;//Zeitrestriktion M1
5    mr2: bedarf12*menge1 + bedarf22*menge2 <= kap2;//Zeitrestriktion M2
6    mr3: bedarf13*menge1 + bedarf23*menge2 <= kap3;//Zeitrestriktion M3
7    nfr1: menge1 <= nf1;           //Nachfragerestriktion Fahrradtyp1
8    nfr2: menge2 <= nf2;           //Nachfragerestriktion Fahrradtyp2
9 }
```

Neben der größeren Übersichtlichkeit des Programmcodes besteht der Vorteil von benannten Nebenbedingungen darin, dass diese im Problembrowser (vgl. Kapitel 2.3.4, Abb. 2.8) übersichtlich dargestellt werden können. Nach der Optimierung werden hierbei zusätzlich der Schlupf und der Sensitivitätsbereich (obere und untere Schranke) angezeigt. Ferner kann auf benannte Nebenbedingungen bzw. deren Schlupf und die Schattenpreise während des *Postprocessings* zugegriffen werden (vgl. Kapitel 9.2). Außerdem können benannte Bedingungen – falls das Ausgangsproblem unzulässig sein sollte – relaxiert werden (vgl. Kapitel 2.3.5). Relaxiert bedeutet, dass eine entsprechende Nebenbedingung aufgeweicht oder weggelassen wird (zu den Begriffen Relaxation, Schattenpreis, Schlupf und Sensitivitätsbereich vgl. z. B. Domschke et al. (2015) und Nickel et al. (2014)).

3.5   Lösung Fallbeispiel 1

Beispiel 3.16 beinhaltet die Lösung des zu Kapitelbeginn eingeführten Fallbeispiels 1. Es setzt sich zusammen aus den Bestandteilen, die in Beispiel 3.1, Beispiel 3.3, Beispiel 3.7, Beispiel 3.11 und Beispiel 3.13 eingeführt wurden. Zu beachten ist, dass anstelle der letzten beiden Nebenbedingungen auch eine entsprechende Einschränkung des Wertebereichs bei der Deklaration der Entscheidungsvariablen menge1 und menge2 vorgenommen werden kann – d. h. etwa dvar int menge1 in 0..nf1 für menge1 (siehe Beispiel 3.8).

Beispiel 3.16 (Lösung von Fallbeispiel 1)

```
 1 //1. Deklaration der Modellparameter
 2 int nf1 = 300;          //Nachfrage nach Fahrradtyp 1
 3 int nf2 = 200;          //Nachfrage nach Fahrradtyp 2
 4 int kap1 = 120;         //Gesamtmaschinenzeit von M1 im Planungszeitraum
 5 int kap2 = 140;         //Gesamtmaschinenzeit von M2 im Planungszeitraum
 6 int kap3 = 110;         //Gesamtmaschinenzeit von M3 im Planungszeitraum
 7
 8 float bedarf11 = 0.2; //Bedarf von Fahrradtyp 1 an Maschinenzeit auf M1
 9 float bedarf12 = 0.3; //Bedarf von Fahrradtyp 1 an Maschinenzeit auf M2
10 float bedarf13 = 0.5; //Bedarf von Fahrradtyp 1 an Maschinenzeit auf M3
11 float bedarf21 = 0.4; //Bedarf von Fahrradtyp 2 an Maschinenzeit auf M1
12 float bedarf22 = 0.2; //Bedarf von Fahrradtyp 2 an Maschinenzeit auf M2
13 float bedarf23 = 0.5; //Bedarf von Fahrradtyp 2 an Maschinenzeit auf M3
14 float db1 = 110;        //Deckungsbeitrag je Einheit von Fahrradtyp 1
15 float db2 = 140;        //Deckungsbeitrag je Einheit von Fahrradtyp 2
16
17 //2. Deklaration der Entscheidungsvariablen
18 dvar int+ menge1;//Geplante produzierte Mengeneinheiten von Fahrradtyp1
19 dvar int+ menge2;//Geplante produzierte Mengeneinheiten von Fahrradtyp2
20
21 //3. Zielfunktion
22 maximize db1*menge1 + db2*menge2; //DB-Maximierung
23
24 //4. Nebenbedingungen
25 subject to {
26    bedarf11*menge1 + bedarf21*menge2 <= kap1; //Zeitrestriktion M1
27    bedarf12*menge1 + bedarf22*menge2 <= kap2; //Zeitrestriktion M2
28    bedarf13*menge1 + bedarf23*menge2 <= kap3; //Zeitrestriktion M3
29    menge1 <= nf1;        //Nachfragerestriktion Fahrradtyp1
30    menge2 <= nf2;        //Nachfragerestriktion Fahrradtyp2
31 }
```

Mit einer optimalen Lösung menge1 = 20 und menge2 = 200 ergibt sich der optimale Zielfunktionswert 30 200 [EUR].

Hinweise zur mathematischen Modellierung

Der obige OPL-Programmcode kann auch als *mathematisches Optimierungsmodell*
dargestellt werden (zu mathematischen Optimierungsmodellen vgl. z. B. Domschke et
al. (2015), Kapitel 1.2; Nickel et al. (2014), Kapitel 1; Winston (2004), Kapitel 3.1).

   Ein mathematisches Optimierungsmodell besteht grundsätzlich aus einer Zielfunktion und einem Nebenbedingungssystem. Während die Definition der Entscheidungsvariablen im OPL-Programmcode vor Zielfunktion und Nebenbedingungen
erfolgt, wird beim mathematischen Modell jede Entscheidungsvariable mit zugehöri-
gem Wertebereich explizit im Nebenbedingungssystem aufgeführt. Die zugehörige
mathematische Schreibweise für das OPL-Modell im Fallbeispiel (Beispiel 3.16) besteht somit aus einer Zielfunktion und 7 Nebenbedingungen:

Maximiere $db_1 \cdot menge_1 + db_2 \cdot menge_2$ (Zielfunktion)

unter den Nebenbedingungen

$$bedarf_{11} \cdot menge_1 + bedarf_{21} \cdot menge_2 \leq kap_1$$
$$bedarf_{12} \cdot menge_1 + bedarf_{22} \cdot menge_2 \leq kap_2$$
$$bedarf_{13} \cdot menge_1 + bedarf_{23} \cdot menge_2 \leq kap_3$$
$$menge_1 \leq nf_1$$
$$menge_2 \leq nf_2$$
$$menge_1 \geq 0 \text{ und ganzzahlig}$$
$$menge_2 \geq 0 \text{ und ganzzahlig}$$

Die verwendeten Bezeichner

$menge_1, menge_2$ geplante produzierte Mengeneinheiten von Fahrradtyp 1 bzw. 2

sind die Entscheidungsvariablen. Die übrigen Bezeichner sind die Modellparameter
mit der folgenden Bedeutung:

db_1, db_2	Deckungsbeitrag je Einheit von Fahrradtyp 1 bzw. 2
$bedarf_{11}, bedarf_{12}, bedarf_{13}$	Bedarf an Maschinenzeit von Fahrradtyp 1 auf Maschine M1 bzw. M2 bzw. M3
$bedarf_{21}, bedarf_{22}, bedarf_{23}$	Bedarf an Maschinenzeit von Fahrradtyp 2 auf Maschine M1 bzw. M2 bzw. M3
nf_1, nf_2	Nachfrage nach Fahrradtyp 1 bzw. 2
kap_1, kap_2, kap_3	Gesamtmaschinenzeit von Maschine M1 bzw. M2 bzw. M3 im Planungszeitraum

In diesem Zusammenhang soll nochmals auf die vorliegende Linearität der Modellformulierung hingewiesen werden. Die Entscheidungsvariablen werden nicht multi-
plikativ miteinander verknüpft und sind nicht mit (von Eins verschiedenen) Expo-

nenten versehen. Auch sonstige nichtlineare Konstrukte (vgl. Kapitel 3.3) treten nicht auf. Aufgrund der geforderten Ganzzahligkeit der Entscheidungsvariablen handelt es sich hier um ein sogenanntes *ganzzahliges lineares Programm*.

Zusätzlich soll hier die Definition eines *linearen Programms* – kurz *LP* – in allgemeiner Form angeführt werden (vgl. Domschke et al. (2015), Kapitel 1.2). Verwendet werden die Variablen x_j (für $j = 1, \ldots, p$), die Koeffizienten a_{ij} (für $i = 1, \ldots, m$ und $j = 1, \ldots, p$) und die Koeffizienten b_i (für $i = 1, \ldots, m$):

Zu maximieren (oder zu minimieren) ist eine lineare Zielfunktion

$$F\big(x_1, \ldots, x_p\big) = c_1 x_1 + \cdots + c_p x_p$$

unter Einhaltung m linearer Nebenbedingungen der Form

$$a_{i1}x_1 + \cdots + a_{ip}x_p \leq b_i \quad \text{für } i = 1, \ldots, m_1$$
$$a_{i1}x_1 + \cdots + a_{ip}x_p \geq b_i \quad \text{für } i = m_1 + 1, \ldots, m_2$$
$$a_{i1}x_1 + \cdots + a_{ip}x_p = b_i \quad \text{für } i = m_2 + 1, \ldots, m$$

und meist unter Einhaltung der sogenannten *Nichtnegativitätsbedingungen*

$$x_j \geq 0 \qquad \text{für (einige oder alle) } j = 1, \ldots, p$$

Als *zulässige Lösung* des LP wird ein Punkt oder Vektor $\boldsymbol{x} = \big(x_1, \ldots, x_p\big)$ bezeichnet, der alle Nebenbedingungen einhält. Als *optimale Lösung* des LP wird eine zulässige Lösung $\boldsymbol{x}^*$ bezeichnet, wenn kein zulässiges $\boldsymbol{x}$ mit größerem (bei einem Maximierungsproblem) bzw. mit kleinerem (bei einem Minimierungsproblem) Zielfunktionswert als $F(\boldsymbol{x}^*)$ existiert.

In Abhängigkeit weiterer Einschränkungen der Wertebereiche der Entscheidungsvariablen werden lineare Programme noch weiter spezifiziert. Sind die Wertebereiche jeweils Teilmengen der ganzen Zahlen, spricht man von *ganzzahligen linearen Programmen* (integer linear programs – kurz ILP), bei ausschließlich binären Variablen von *binären linearen Programmen* (binary linear programs – BLP). In der Praxis ist häufig mindestens eine Variable reellwertig und mindestens eine ganzzahlig bzw. binär, wobei es sich dann um ein *gemischt-ganzzahliges lineares Programm* (mixed integer linear program – MILP) handelt. Man beachte, dass ein MILP im Gegensatz zu einem LP im Allgemeinen schwer lösbar ist. Deshalb ist es auch für eine Umsetzung mit OPL grundsätzlich erstrebenswert, zu reinen LP-Formulierungen zu gelangen, d.h. binäre und/oder ganzzahlige Variablen möglichst zu vermeiden.

3.6 Aufgaben

1. Was sind die vier Hauptbestandteile einer Modell-Datei?
2. Was versteht man unter dem Deklarieren und was unter dem Initialisieren eines Parameters?
3. Worin unterscheiden sich die elementaren Datentypen `int`, `float` und `string`?
4. Was sind Entscheidungsausdrücke und wann bietet sich deren Einsatz an?
5. Was sind Zielfunktion und Nebenbedingungen eines Optimierungsmodells?
6. Finden Sie alle Fehler in der folgenden Modell-Datei:

```
 1 //1. Deklaration der Modellparameter
 2 anlaufkosten1 = 3.0;
 3 anlaufkosten2 = 0.0;
 4 int gewinn1 = 2.0;
 5 int gewinn2 = 3.0;
 6 float kapa1 = 0.2;
 7 float kapa2 = 0.4;
 8 int maxAnzahl1 == 3;
 9 int maxAnzahl2 == 2;
10
11 //2. Deklaration der Entscheidungsvariablen
12 dvar int+ x1;    //Anzahl Produkte für Kunde 1
13 dvar int+ x2;    //Anzahl Produkte für Kunde 2
14 boolean y1;
15 boolean y2;
16
17 //3. Zielfunktion
18 max (gewinn1*x1 - anlaufkosten1*y1)+(gewinn2*x2 - anlaufkosten2*y2);
19
20 //4. Nebenbedingungen
21 subject to {
22    kapa1*x1 + kapa2*x2 < 1;
23    x1 <= maxAnzahl1*y1;
24    x2 <= maxAnzahl2*y2;
25 }
```

7. Ändern Sie die Modell-Datei aus Beispiel 3.16 so ab, dass Zielfunktion und Nebenbedingungen ohne arithmetische Operatoren auskommen.

Betrachten Sie erneut das Produktionsplanungsproblem aus Beispiel 3.16, welches nun um einen zusätzlichen dritten Fahrradtyp erweitert werden soll. Der Stück-Deckungsbeitrag des Produkts ist 90 Geldeinheiten und die Nachfrage auf dem Markt beträgt 100 Stück. Für die Fertigung des neuen Typs werden 0.3 Zeiteinheiten auf Maschine M1 und 0.9 Zeiteinheiten auf Maschine M2 benötigt. Maschine M3 wird nicht genutzt.

8. Betrachten Sie zunächst die Lösung des ursprünglichen Beispiel 3.16. Können Sie durch „scharfes Hinsehen" bereits feststellen, ob und in welcher Menge das dritte Fahrradmodell produziert wird?

9. Erstellen Sie nun die um den dritten Fahrradtyp erweiterte Modell-Datei und lassen Sie das Planungsproblem durch CPLEX lösen.

10. Wie bewerten Sie den Aufwand für die Erweiterung des Modells um ein weiteres Produkt?

Zusammengesetzte Datentypen und zugehörige Sprachelemente

4

Häufig liegen bei einer Problemstellung viele gleichartige Modellparameter vor. Durch deren Zusammenfassung mithilfe von zusammengesetzten Datentypen kann der Programmieraufwand deutlich reduziert und die Lesbarkeit des Programmcodes verbessert werden. Darüber hinaus lassen sich mit diesen fortgeschrittenen Datentypen leicht generische Formulierungen aufbauen. So können Modelle erstellt werden, bei denen etwa die Anzahl der Parameter einer bestimmten Art nicht von vornherein feststehen muss. Die entsprechende Festlegung oder Veränderung der Parameteranzahl ist komfortabel an wenigen Stellen im Programmcode möglich. Auch Modellerweiterungen sind so leichter umsetzbar.

In diesem Kapitel werden die in OPL verfügbaren Datentypen *Zahlenbereiche* (*Ranges*), *Felder* (*Arrays*) und *Mengen* (*Sets*) sowie die wichtigsten dazugehörigen Operationen behandelt. Anhand des folgenden Fallbeispiels 2 werden die jeweiligen Erklärungen analog zum vorherigen Kapitel veranschaulicht. Die vollständige Lösung des Fallbeispiels ist am Ende des Kapitels in Beispiel 4.27 enthalten.

RideEasy **Fallbeispiel 2:**
Flexibilisierung des Produktionsprogramms

Es wird erneut die Problemstellung zur Produktionsplanung für das Nordamerika-Werk aus Fallbeispiel 1 betrachtet. Der Werksleiter hat den Entwurf des Optimierungsmodells geprüft und ist nach dessen Lösung vorgegangen. Allerdings hat sich bereits nach einer Woche aufgrund einer Marktanalyse herausgestellt, dass noch ein weiterer Fahrradtyp U-C (Fahrradtyp 3) potentiell hergestellt werden könnte, für den auch Nachfrage in Nordamerika besteht (siehe Tabelle 4.1 und Tabelle 4.2). Er bittet um Anpassung der Optimierung und weist vorsorglich darauf hin, dass auch in naher Zukunft noch weitere Anpassungen im Hinblick auf die benötigten Maschinen sowie die produzierbaren Fahrradtypen notwendig werden könnten. Unter den gegebenen Umständen soll daher ein Ansatz gewählt werden, das Modell von vornherein in „allgemeinerer Form" aufzustellen.

© Springer-Verlag GmbH Deutschland, ein Teil von Springer Nature 2021
S. Nickel et al., *Angewandte Optimierung mit IBM ILOG CPLEX Optimization Studio*, https://doi.org/10.1007/978-3-662-62185-1_4

Tabelle 4.1 Maschinenkapazitäten und -bedarfe für Fallbeispiel 2

Maschine	Kapazität [h]	Bedarf U-A [h/Fahrrad]	Bedarf U-B [h/Fahrrad]	Bedarf U-C [h/Fahrrad]
M1	120	0.2	0.4	0.3
M2	140	0.3	0.2	0.6
M3	110	0.5	0.5	0.7

Tabelle 4.2 Nachfragemengen und Deckungsbeiträge für Fallbeispiel 2

Produkt	Nachfrage [Fahrräder]	DB [EUR/Fahrrad]
U-A	300	110
U-B	200	140
U-C	150	156

4.1 Zahlenbereiche (Ranges)

In Kapitel 3.2 wurde bereits die Einschränkung des Wertebereichs von Entscheidungsvariablen behandelt. Dies war ein erstes Beispiel für die Verwendung von Zahlenbereichen. Unabhängig von Entscheidungsvariablen kann ein Zahlenbereich aber auch im Deklarationsteil einer Modell-Datei analog zu den anderen Parametern definiert und dann mehrfach (wieder)verwendet werden. Es wird dann auch von einem *benannten* Zahlenbereich gesprochen. Dazu wird das Schlüsselwort *range* verwendet. Zahlenbereiche werden in der Regel zu drei Zwecken benötigt:

- Definition der bereits kennengelernten Wertebereiche von Entscheidungsvariablen (vgl. Kapitel 3.2)
- Deklarationen von Feldgrößen (vgl. Kapitel 4.2)
- Definition von Laufbereichen für Aggregatoperatoren (vgl. Kapitel 4.4)

Beispiel 4.1

```
1 int nProdukte = 3;  //Gesamtzahl Produkte
2 int nMaschinen = 3; //Gesamtzahl Maschinen
3
4 range produkte = 1..nProdukte;//Zahlenbereich von 1 bis Anzahl Produkte
5 range maschinen = 1..nMaschinen;//Zahlenbereich bis Anzahl Maschinen
```

In Beispiel 4.1 werden zunächst zwei Parameter vom Typ int zur Erfassung der Gesamtzahl an Produkten bzw. Maschinen definiert (nProdukte bzw. nMaschinen).

Darauf aufbauend erfolgt die Definition von benannten Zahlenbereichen (produkte bzw. maschinen), welche die Indizes der Produkte bzw. Maschinen von 1 bis zur jeweiligen Gesamtzahl umfassen.

Einmal definierte bzw. benannte Zahlenbereiche (hier: produkte bzw. maschinen) können mehrfach im Modell verwendet werden. Sie ermöglichen eine leichte Anpassbarkeit des Programmcodes an veränderte Parameterwerte „an nur einer Stelle". In Beispiel 4.1 wird aber noch ein zusätzlicher Schritt in Richtung einer „generischen Modellierung" vorgenommen: Sollte eine spätere, veränderte Problemstellung eine andere Gesamtzahl an Maschinen und/oder Produkten (nProdukte bzw. nMaschinen) erfordern, müssen lediglich die beiden int-Modellparameter (in den Zeilen 1 und 2) entsprechend korrigiert werden – die Zahlenbereiche passen sich automatisch an.

Natürlich ist es auch möglich, einen Zahlenbereich etwa mit 0 oder einer anderen unteren Grenze zu beginnen. Intervallgrenzen können aber auch mithilfe mathematischer Ausdrücke festgelegt werden, wie Beispiel 4.2 zeigt.

Beispiel 4.2

```
1 int nFarbvarianten = 2;          //Anzahl Farbvarianten
2 int nSchaltungsvarianten = 3;    //Anzahl Schaltungsvarianten
3
4 range produkte = 1..nFarbvarianten*nSchaltungsvarianten;
```

Standardmäßig beinhalten Zahlenbereiche nur ganze Zahlen. Allerdings können durch Verwendung des zusammengesetzten Schlüsselworts *range float* auch Zahlenbereiche für Fließkommazahlen definiert werden. Dabei können die Intervallgrenzen selbst Nachkommastellen beinhalten. Diese Zahlenbereiche finden jedoch ausschließlich zur Festlegung von Wertebereichen bei Entscheidungsvariablen des Typs float Verwendung (vgl. Kapitel 3.2).

4.2 Felder (Arrays)

Ein *Feld* ist ein geordneter Datentyp, der zur Erzeugung eines zusammengesetzten Datenelements verwendet wird, das mehrere Elemente des gleichen Datentyps enthält. Ein einzelnes Element kann durch Angabe des zugehörigen Index angesprochen werden. Die im Feld abgelegten Elemente können dabei von den Datentypen int, float, string oder von den später noch behandelten Datentypen *Menge* oder *Tupel* sein. Felder sind generell ein weit verbreiteter, klassischer Datentyp, der in allen gängigen Programmiersprachen existiert und unter der englischen Bezeichnung *Array* bekannt ist. In OPL existieren mehrere Möglichkeiten, die Deklaration und Initialisierung von Feldern vorzunehmen.

4.2.1 Definition und explizite Initialisierung von Feldern sowie Feldzugriff

Die explizite Initialisierung eines Feldes erfolgt analog zu der Vorgehensweise für elementare Datentypen (vgl. Kapitel 3.1), wie Beispiel 4.3 zeigt.

Beispiel 4.3

```
1 include "beispiel_4.01.mod";
2
3 //Nachfrage nach Produkt 1 bis nProdukte:
4 int nachfrage[produkte] = [300, 200, 150];
5 //Deckungsbeitrag der Produkte von 1 bis nProdukte:
6 int db[produkte] = [110, 140, 156];
7 //Kapazität der Maschinen 1 bis nMaschinen:
8 int kapazitaet[maschinen] = [120, 140, 110];
```

Im Beispiel werden die drei Felder nachfrage, db und kapazitaet deklariert und initialisiert (Zeile 4 bzw. 6 bzw. 8). Dazu wird zunächst der Datentyp der Elemente des jeweiligen Feldes angegeben (im Beispiel jeweils int). Es folgt die gewünschte Bezeichnung des Feldes (im Beispiel nachfrage, db und kapazitaet) sowie unmittelbar dahinter in eckigen Klammern der Laufbereich für den Index (im Beispiel produkte in den Zeilen 4 und 6 sowie maschinen in Zeile 8). Über den Laufbereich wird auch die Größe des Feldes festgelegt, d. h. die Anzahl der enthaltenen Elemente. Im Normalfall ist der Laufbereich wie hier ein Zahlenbereich (vgl. Kapitel 4.1), es kann aber etwa auch eine Menge verwendet werden (vgl. Kapitel 4.3). Zur (expliziten) Initialisierung werden die einzelnen Elemente in der gewünschten Reihenfolge in eckigen Klammern aufgezählt. Wichtig ist, dass die Größe eines Feldes – und somit die Anzahl der Elemente, die darin abgelegt werden sollen – nur einmal initial im Rahmen der Felddefinition festgelegt werden kann und später unveränderlich ist. Tabelle 4.3 veranschaulicht die Belegung der Felder nachfrage und db.

Tabelle 4.3 Beispielhafte Darstellung der Felder nachfrage und db in Tabellenform

Index (produkte)	Feld nachfrage	Feld db
1	300	110
2	200	140
3	150	156

Nach der Initialisierung kann auf einzelne Elemente des Feldes über die Feldbezeichnung gefolgt von dem Indexwert des jeweiligen Elements zugegriffen werden, wie Beispiel 4.4 illustriert.

Beispiel 4.4

```
1 include "beispiel_4.03.mod";
2
3 int dbDreirad = db[3];
```

Der `int`-Parameter `dbDreirad` wird hierbei mit dem an Index 3 im Feld `db` abgelegten Wert (= 156) initialisiert.

4.2.2 Felder von Entscheidungsvariablen

In OPL können auch Felder von Entscheidungsvariablen verwendet werden. Die Syntax zu deren Definition ist vollständig analog zur Syntax bei der Verwendung elementarer Datentypen aus Kapitel 3.2, wie Beispiel 4.5 zeigt.

Beispiel 4.5

```
1 include "beispiel_4.01.mod";
2
3 //Geplante produzierte Mengeneinheiten der Fahrradtypen:
4 dvar int+ menge[produkte];
```

Hierbei wird `menge` als Feld von Entscheidungsvariablen über den Zahlenbereich **produkte** erstellt. Das bedeutet, dass es für jedes Produkt eine ganzzahlige Entscheidungsvariable gibt, welche die Anzahl der zu produzierenden Einheiten beschreibt.

4.2.3 Mehrdimensionale Felder

Ein Feld kann auch auf Basis eines mehrdimensionalen Index angelegt werden. Dies wird in Beispiel 4.6 illustriert.

Beispiel 4.6

```
1 include "beispiel_4.01.mod";
2
3 float maschinenbedarf[produkte, maschinen] = [   [0.2, 0.3, 0.5],
4                                                  [0.4, 0.2, 0.5],
5                                                  [0.3, 0.6, 0.7]];
6 //identisch zu
7 float maschinenbedarf2[produkte][maschinen] = [   [0.2, 0.3, 0.5],
8                                                   [0.4, 0.2, 0.5],
9                                                   [0.3, 0.6, 0.7]];
```

Es lässt sich erkennen, dass bei der Deklaration mehrdimensionaler Felder alle Laufbereiche hintereinander in eckigen Klammern anzugeben sind, wobei zwei alternative Schreibweisen möglich sind: `[produkte, maschinen]` (Zeile 3) vs. `[produkte][maschinen]` (Zeile 7). Die verschiedenen Laufbereiche können dabei unterschiedlich viele Indizes enthalten und auch die Art der Laufbereiche – Zahlenbereich oder Menge – darf variieren. Die Syntax der Initialisierung macht deutlich, dass mehrdimensionale Felder in OPL als verschachtelte eindimensionale Felder umgesetzt sind, bei denen die einzelnen Elemente eines eindimensionalen Feldes jeweils wiederum eindimensionale Felder sind usw.

Eine analoge Syntax wird auch beim Zugriff auf Elemente mehrdimensionaler Felder verwendet. Auch hier existieren zwei alternative Schreibweisen (siehe Beispiel 4.7).

Beispiel 4.7

```
1 include "beispiel_4.06.mod";
2
3 float maschinenbedarf12 = maschinenbedarf[1][2];
4 float maschinenbedarf122 = maschinenbedarf[1, 2];
5
6 assert maschinenbedarf12 == maschinenbedarf122;//prüft Wahrheitsgehalt
```

Tipp 8   Arbeiten mit dem *assert*-Befehl

Der assert-Befehl (siehe Beispiel 4.7) überprüft, ob der darauffolgende Ausdruck wahr ist. Ist das nicht der Fall, wird im *Fehler*-Fenster des Studios folgende Fehlermeldung angezeigt: „Die Modellzusicherung ist fehlgeschlagen." Das Arbeiten mit assert-Befehlen ermöglicht so eine frühzeitige Erkennung von inhaltlichen Fehlern, ähnlich wie bei einer testgesteuerten Programmierung. Durch die Benennung von Nebenbedingungen (siehe Beispiel 3.15 in Kapitel 3.4) kann in diesem Zusammenhang die Ausgabe von Fehlermeldungen präzisiert werden.

4.2.4 Weitere Möglichkeiten zur Initialisierung von Feldern

Neben der expliziten Initialisierung von Feldern besteht eine weitere Möglichkeit der Initialisierung darin, die einzelnen Elemente indirekt in Abhängigkeit vom jeweiligen Wert des Laufindex auszudrücken. In diesem Zusammenhang wird auch von einem *generischen Feld* gesprochen.

Beispiel 4.8

```
1 include "beispiel_4.01.mod";
2
3 int kapazitaet[i in maschinen] = 100*i;
4 //identisch zur expliziten Initialisierung
5 int kapazitaet2[maschinen] = [100, 200, 300];
```

Wie in Beispiel 4.8 ersichtlich wird, ist im Unterschied zur expliziten Initialisierung bei einem generischen Feld in den eckigen Klammern auf der linken Seite ein Laufindex einzuführen (Laufindex i in Zeile 3). Dieser kann dann auf der rechten Seite in der Initialisierung als Platzhalter eingebunden werden. In Beispiel 4.8 wird dieser mit 100 multipliziert, um den Wert des jeweiligen Feldelements zu erhalten. Grundsätzlich sind hier beliebige mathematische Verknüpfungen (siehe Tabelle 3.4 in Kapitel 3.1), die Einbindung von logischen Ausdrücken (vgl. Kapitel 8.1) oder auch Zugriffe auf weitere Datentypen möglich.

Generische Felder werden beispielsweise verwendet, wenn die Reihenfolge der Laufbereiche – d. h. die Reihenfolge der Dimensionen mehrdimensionaler Felder – vertauscht werden soll, wie Beispiel 4.9 illustriert.

Beispiel 4.9

```
1 include "beispiel_4.06.mod";
2
3 float produktbedarf[m in maschinen, p in produkte] = maschinenbedarf[p, m];
```

Die dritte Initialisierungsmöglichkeit besteht in Form von sogenannten *generisch indizierten Feldern*. Im Gegensatz zu generischen Feldern erfolgt die Initialisierung nicht zwangsläufig in aufsteigender Reihenfolge des Zahlenbereichs, sondern erlaubt noch mehr Flexibilität. Die Initialisierung kann auf Basis eines oder mehrerer gänzlich anderer Laufindizes erfolgen, wie Beispiel 4.10 zeigt.

Beispiel 4.10

```
1 include "beispiel_4.01.mod";
2
3 int kapazitaet[maschinen] = [(j+1): (20*j+10) | j in 0..2];
4 //Inhalt des Feldes nach der Initialisierung: [10, 30, 50]
```

Zur Initialisierung werden in eckigen Klammern sowohl der Index als auch der zugehörige Wert eines Elements des Feldes aufgeführt und mit einem Doppelpunkt voneinander abgetrennt. Im Beispiel sind dies etwa j+1 für den Index und 20*j+10 für den Wert. Dabei wird im Beispiel ein Platzhalter mit der Bezeichnung j eingebunden. Nach dem anschließenden senkrechten Strich wird dessen Laufbereich angegeben. Die eigentliche Initialisierung erfolgt nun durch automatische Bildung aller zulässigen Belegungen der Platzhalter. Für jede Belegung werden Index und Wert ausgerechnet und das Feld an der entsprechenden Stelle im Rahmen des Lösungsprozesses „befüllt". Tabelle 4.4 veranschaulicht die Belegung des Feldes kapazitaet, wobei die zweite und dritte Spalte dessen finale Belegung nach der Initialisierung liefern. In Spalte 2 ist hierbei der Index und in Spalte 3 der zugehörige Wert abgebildet.

Tabelle 4.4 Berechnungsergebnis zu Beispiel 4.10 (generisch indiziertes Feld)

j	j+1	20*j+10
0	1	10
1	2	30
2	3	50

Für den Fall, dass bei der Initialisierung eines Feldes ein Element oder mehrere Elemente nicht berücksichtigt werden, erfolgt deren Belegung mit einem Default-Wert (bei Ganzzahlen 0), wie Beispiel 4.11 illustriert.

Beispiel 4.11

```
1 include "beispiel_4.01.mod";
2
3 int kapazitaet[maschinen] = [(k*2+1): (k+10) | k in 0..1];
4 //Inhalt des Feldes nach der Initialisierung: [10, 0, 11]
```

Es ist selbständig dafür Sorge zu tragen, dass ein bestimmter Feldindex durch den Initialisierungsausdruck nicht mehrfach belegt wird. In einem solchen Fall wird keine Fehlermeldung erzeugt, sondern es wird der im Rahmen des internen Initialisierungsprozesses letzte ermittelte Wert für den betreffenden Index im Feld gespeichert und somit etwaig bereits zuvor gespeicherte Werte überschrieben.

Allgemein können sowohl für den Index als auch den Wert jeweils beliebige Ausdrücke unter Verwendung von beliebig vielen Platzhaltern verwendet werden (vgl. hierzu Kapitel 4.2.4).

Es existieren auch mehrdimensionale generisch indizierte Felder. Bei diesen sind die Klammern entsprechend zu schachteln (siehe Beispiel 4.12).

Beispiel 4.12

```
1 include "beispiel_4.01.mod";
2
3 float maschinenbedarf[produkte, maschinen] =
4     [p: [m: (p*m+10)] | p in produkte, m in maschinen];
5 //Inhalt des Feldes nach der Initialisierung:
6 // [[11, 12, 13], [12, 14, 16], [13, 16, 19]]
```

Generisch indizierte Felder kommen insbesondere dann zum Einsatz, wenn ein Feld auf Basis einer oder mehrerer sogenannter *Tupelmengen* initialisiert werden soll, etwa um effiziente Zugriffsstrukturen zu erstellen. Hier lassen sich häufig aufwändige Initialisierungen etwa durch ILOG Script vermeiden. Entsprechende weiterführende Informationen sind in Kapitel 6.2 enthalten.

4.2.5 Platzhalter, Laufbereiche und Filter

Das Konzept der Platzhalter, wie es bei den generischen Feldern sowie den generisch indizierten Feldern Verwendung findet (vgl. Kapitel 4.2.4), ist ein allgemeines Konzept in OPL. Es kommt beispielsweise auch bei den sogenannten Aggregatoperatoren und dem forall-Quantor (vgl. Kapitel 4.4 und 4.5) zum Einsatz. Für jeden Platzhalter ist, wie in Beispiel 4.12 für die Platzhalter p und m, in aufzählender Schreibweise jeweils der Laufbereich anzugeben. Dieser kann – wie in den bisherigen Beispielen – ein Zahlenbereich sein, es ist aber auch die Verwendung einer Menge möglich (vgl. Kapitel 4.3). Im Rahmen des Lösungsprozesses werden dann alle möglichen Belegungen der Platzhalter erzeugt. Liegt mehreren Platzhaltern derselbe Laufbereich zugrunde, ist eine verkürzte Syntax möglich. So kann „p in produkte, q in produkte" durch „p,q in produkte" verkürzt ausgedrückt werden.

Zusätzlich lassen sich die Laufbereiche der verwendeten Platzhalter weiter einschränken. Dazu wird nach der Angabe der Laufbereiche ein Doppelpunkt gesetzt, dem ein sogenannter *Filter* folgt. Dieser wird in Form einer Bedingung ausgedrückt, die für die Belegung der Platzhalter gelten muss. Dabei können mathematische bzw. logische Operatoren und Ausdrücke verwendet und verknüpft (siehe Tabelle 3.4 in Kapitel 3.1 sowie Kapitel 8.1) sowie Elemente aus anderen Datentypen einbezogen werden. Diese müssen jedoch in der Modell-Datei in einer vorangehenden Zeile bereits initialisiert worden sein. Beispiel 4.13 zeigt die Anwendung eines komplexeren Filters auf die Laufbereiche von Platzhaltern eines generisch indizierten Feldes.

Beispiel 4.13

```
1 include "beispiel_4.03.mod";
2
3 float maschinenbedarf[produkte, maschinen] =
4   [p: [m: (p*m+10)] | p in produkte, m in maschinen:
5     (p <= m) && (kapazitaet[m] > 110)];
6 //Inhalt des Feldes nach der Initialisierung:
7 // [[11, 12, 0], [0, 14, 0], [0, 0, 0]]
```

In OPL existiert – unter Verwendung des Schlüsselworts *ordered* – eine vereinfachte Schreibweise für den in der Anwendung häufig benötigten Filter, dass zu erzeugende Belegungskombinationen von aus demselben Laufbereich stammenden Platzhaltern geordnet sein sollen. So kann „p,q in produkte: p < q" verkürzt durch „ordered p,q in produkte" ausgedrückt werden.

4.3 Mengen (Sets)

Wie Felder sind auch Mengen Sammlungen von Elementen des gleichen Datentyps. Im Gegensatz zu Feldern lassen sich ihre Elemente jedoch nicht mit Indizes direkt ansprechen und sie enthalten keine Duplikate. Auch können sie keine Entscheidungsvariablen enthalten. Ein besonders wichtiger Vertreter von Mengen in OPL sind sogenannte Tupelmengen. Diese werden in Kapitel 6.2 behandelt.

4.3.1 Definition und explizite Initialisierung von Mengen

Die Schreibweise in OPL für die Definition von Mengen ist angelehnt an die übliche mathematische Schreibweise unter der Verwendung von geschweiften Klammern.

Beispiel 4.14

```
1 {string} produkte = {"Fahrradtyp 1", "Fahrradtyp 2", "Dreirad"};
2 //identisch zu
3 setof(string) produkte2 = {"Fahrradtyp 1", "Fahrradtyp 2", "Dreirad"};
```

In Beispiel 4.14 wird eine Menge `produkte` definiert, die als Elemente verschiedene Produktbezeichnungen enthält. Dabei wird der gewünschte Datentyp der Mengenelemente in geschweiften Klammern angegeben (`string` in Zeile 1). Allgemein kommen als Datentypen die elementaren Typen aus Kapitel 3 sowie Felder oder die später noch behandelten Tupel in Frage. Eine alternative Schreibweise besteht in der Verwendung von `setof()` (Zeile 3). Die anschließende explizite Initialisierung der Menge erfolgt jeweils durch kommaseparierte Aufzählung der einzelnen Elemente in geschweiften Klammern.

4.3.2 Weitere Möglichkeiten zur Initialisierung von Mengen

Eine Menge kann in OPL auch auf Grundlage eines Zahlenbereichs initialisiert werden. Hierfür steht die Funktion `asSet()` zur Verfügung. In den Klammern wird dabei der Zahlenbereich in expliziter Form oder ein Bezeichner eines bereits definierten benannten Bereichs (vgl. Kapitel 4.1) angegeben. In Beispiel 4.15 sind beide Möglichkeiten illustriert.

Beispiel 4.15

```
1 {int} produktNummernMenge = asSet(1..3);
2 //identisch zu
3 range produkte = 1..3;
4 {int} produktNummernMenge2 = asSet(produkte);
5 //Inhalt beider Mengen nach Initialisierung: {1, 2, 3}
```

Eine dritte Möglichkeit besteht in der Initialisierung generischer Mengen. Dies wird in Beispiel 4.16 anhand der Menge `produktNummernTeilmenge` illustriert.

Beispiel 4.16

```
1 {int} produktNummernMenge = {1, 2, 3, 4, 5, 6, 7, 8, 9, 10};
2 {int} produktNummernTeilmenge = {2*p | p in produktNummernMenge: p<6};
3 //Inhalt von produktNummernTeilmenge nach der Initialisierung:
4 // {2, 4, 6, 8, 10};
```

Man erkennt, dass in den geschweiften Klammern zunächst ein Platzhalter bzw. allgemein ein Ausdruck von einem oder mehreren Platzhaltern für ein Mengenelement einzuführen ist. Im Beispiel ist dies der Ausdruck `2*p` auf Basis des Platzhalters p. Für den bzw. die Platzhalter muss dann – analog zur Initialisierung generisch indizierter Felder – nach einem senkrechten Strich die Festlegung von Laufbereichen und Filtern erfolgen (vgl. Kapitel 4.2.5). Im Beispiel wird hier festgelegt, dass der Platzhalter p als Laufbereich die Menge `produktNummernMenge` verwenden soll. Der Filter gibt dabei an, dass aus dem Laufbereich nur Werte kleiner als 6 zu verwenden sind.

4.3.3 Mengen als Laufbereiche

An Beispiel 4.16 wird deutlich, dass Platzhalter nicht nur aus Zahlenbereichen wählbar sind, sondern der Laufbereich auch eine Menge sein kann (im Beispiel die Menge `produktNummernMenge`, die als Laufbereich für den Platzhalter p bei der Initialisierung der Menge `produktNummernTeilmenge` verwendet wird). Ebenso lassen sich Mengen auch als Indexlaufbereiche von Feldern verwenden. Handelt es sich dabei nicht um eine Zahlenmenge, sondern etwa um eine Menge von Zeichenketten (vgl. Beispiel 4.17), so spricht man auch von einem *assoziativen Feld*.

Beispiel 4.17

```
1 {string} produkte = {"Fahrradtyp 1", "Fahrradtyp 2", "Dreirad"};
2 int db[produkte] = [110, 140, 156];
3 int deckungsbeitrag1 = db["Fahrradtyp 1"];
```

> *Tipp 9   Zahlenbereiche vs. Mengen als Laufbereiche*
>
> Grundsätzlich sind Zahlenbereiche als Laufbereiche gegenüber Mengen zu bevorzugen, weil hierbei von OPL intern nur die Bereichsgrenzen explizit gespeichert werden müssen, bei Mengen hingegen jedes einzelne Element. Mengen kommen dann als Laufbereiche in Betracht, wenn sie noch weitergehend manipuliert werden sollen – etwa durch Anwendung von Filtern (vgl. Kapitel 4.2.4) oder Mengenoperationen (vgl. Kapitel 4.3.5).

4.3.4 Geordnete Mengen

Im Gegensatz zum mathematischen Mengenbegriff – demzufolge Mengen keine Ordnung besitzen – folgen Mengen in OPL intern einer eindeutigen Ordnung, die sich auch auf die Programmausführung auswirken kann. Standardmäßig werden Mengenelemente intern entsprechend ihrer Reihenfolge im Initialisierungsausdruck abgelegt. Bei der Definition kann zur Verdeutlichung zusätzlich das Schlüsselwort `ordered` vorangestellt werden. Sollen die Elemente stattdessen in ihrer natürlichen Ordnung – bei Zahlen aufsteigend und bei Zeichenketten lexikographisch – gespeichert werden, so ist das Schlüsselwort `sorted` voranzustellen. Mit dem Schlüsselwort `reversed` wird die umgekehrte Reihenfolge – absteigend, bzw. umgekehrt lexikographisch – erzeugt. Beispiel 4.18 veranschaulicht die drei beschriebenen Möglichkeiten.

Beispiel 4.18

```
 1 {int} produktNummernMenge = {3, 2, 1, 9, 8, 6, 14, 8, 13, 10};
 2 //Menge gespeichert als: {3, 2, 1, 9, 8, 6, 14, 13, 10}
 3
 4 ordered {int} produktNummernMenge2 = {3, 2, 1, 9, 8, 6, 14, 8, 13, 10};
 5 //Menge ebenfalls gespeichert als: {3, 2, 1, 9, 8, 6, 14, 13, 10}
 6
 7 sorted {int} produktNummernMenge3 = {3, 2, 1, 9, 8, 6, 14, 8, 13, 10};
 8 //Menge gespeichert als: {1, 2, 3, 6, 8, 9, 10, 13, 14}
 9
10 reversed {int} produktNummernMenge4 = {3, 2, 1, 9, 8, 6, 14, 8, 13, 10};
11 //Menge gespeichert als: {14, 13, 10, 9, 8, 6, 3, 2, 1}
```

Dabei wird des Weiteren nochmals verdeutlicht, dass Mengen keine Duplikate enthalten. So wird bei allen vier Mengen das zweite Auftauchen der Zahl 8 im Initialisierungsausdruck bei der Speicherung ignoriert.

4.3.5 Mengenoperationen und Mengenfunktionen

In OPL existiert für Mengen eine Reihe von Operationen. Zunächst gibt es die klassischen aus der Mengenlehre bekannten binären Mengenoperationen, wie etwa die Vereinigung oder den Schnitt zweier Mengen, deren Ergebnis wiederum eine Menge darstellt.

Tabelle 4.5 Binäre Mengenoperationen

Operation	Beschreibung
A union B	Vereinigungsmenge von A und B
A inter B	Schnittmenge von A und B
A diff B	Differenzmenge von A und B
A symdiff B	Differenz zwischen der Vereinigungsmenge von A und B und der Schnittmenge von A und B

Diese Operatoren können etwa bei der expliziten Initialisierung von Mengen oder bei der Angabe von Laufbereichen verwendet werden, wie Beispiel 4.19 illustriert.

Beispiel 4.19

```
 1 {string} produkteAsien =
 2     {"Fahrradtyp 1", "Fahrradtyp 2", "Rikscha", "Dreirad"};
 3 {string} produkteEuropa =
 4     {"Fahrradtyp 1", "Dreirad", "Fahrradtyp 2", "Tandem"};
 5
 6 {string} alleProdukte = produkteEuropa union produkteAsien;
 7 //Inhalt von alleProdukte nach der Initialisierung:
 8 // {"Fahrradtyp 1", "Fahrradtyp 2", "Rikscha", "Dreirad", "Tandem"}
 9
10 {string} gemeinsameProdukte = produkteEuropa inter produkteAsien;
11 //Inhalt von gemeinsameProdukte nach der Initialisierung:
12 // {"Fahrradtyp 1", "Fahrradtyp 2", "Dreirad"}
13
14 {string} erwachsenenProdukte =
15    {p | p in produkteAsien union produkteEuropa: p != "Dreirad"};
16 //Inhalt von erwachsenenProdukte nach der Initialisierung:
17 // {"Fahrradtyp 1", "Fahrradtyp 2", "Tandem", "Rikscha"}
```

Hierbei wird die Menge alleProdukte als Vereinigungsmenge der Ausgangsmengen produkteAsien und produkteEuropa initialisiert (Zeile 6). Entsprechend gibt die Menge gemeinsameProdukte als Schnittmenge die Produkte wieder, die auf beiden Kontinenten verkauft werden (Zeile 10). Die Menge erwachsenenProdukte wird als generische Menge initialisiert (Zeilen 14 und 15). Die Mengenoperation findet sich im Rahmen der Angabe des Laufbereichs für den Platzhalter p wieder.

Eine Übersicht der wichtigsten binären Mengenoperationen in OPL liefert Tabelle 4.5. Man beachte, dass bei sortierten Ausgangsmengen (vgl. Kapitel 4.3.4) auch das Ergebnis der binären Mengenoperation entsprechend sortiert ist.

Im Zusammenhang mit Mengen gibt es eine Reihe von Funktionen. Die wichtigsten Vertreter sind in Tabelle 4.6 zusammengefasst. Es ist zu beachten, dass die meisten der Funktionen von der in Kapitel 4.3.4 bereits erläuterten internen Ordnung der Mengen abhängen. So lässt sich beispielsweise mit der Funktion `item()` das Element an einer bestimmten vorgegebenen Position im Hinblick auf die Speicherreihenfolge ermitteln. Das erste Element einer Menge hat dabei, wie bei allen anderen Funktionen, die Position 0. Beispiel 4.20 veranschaulicht neben der Funktion `item()` auch die Verwendung der Funktionen `card()` und `ord()`.

Beispiel 4.20

```
1 {string} produkte = {"Fahrradtyp 1", "Fahrradtyp 2", "Dreirad"};
2 int nProdukte = card(produkte);
3 //Wert von nProdukte: 3
4
5 string erstesProdukt = item(produkte, 0);
6 //Wert von erstesProdukt: "FahrradTyp 1"
7
8 int positionDreirad = ord(produkte, "Dreirad");
9 //Wert von positionDreirad: 2
```

Werden Mengen als Laufbereiche verwendet, so können Funktionen genutzt werden, um komplexere Filter zu formulieren. In diesem Zusammenhang besteht auch bei Mengen die Möglichkeit der Kurzschreibweise mithilfe des Schlüsselworts `ordered`, die in Kapitel 4.2.4 für Felder erläutert wurde. Allerdings bezieht sich die Ordnung dabei nicht auf die Werte, welche die Elemente der Menge annehmen, sondern auf die Position, an der das jeweilige Element in der Menge abgespeichert ist. Dies hat einen Einfluss auf die Reihenfolge der Erzeugung der Platzhalter, wie Beispiel 4.21 zeigt.

Beispiel 4.21

```
 1 {int} produktNummernMenge1 = {3, 2, 1};
 2 {int} produktNummernMenge2 = {1, 2, 3};
 3 {int} mengeBerechnet1 = {p div q | p,q in produktNummernMenge1:
 4       ord(produktNummernMenge1, p) < ord(produktNummernMenge1, q)};
 5 //äquivalent zu
 6 {int} mengeBerechnet2 =
 7       {p div q | ordered p,q in produktNummernMenge1};
 8 //Inhalt von mengeBerechnet1 sowie von mengeBerechnet2:
 9 // {1, 3, 2} (ergibt sich durch: 3 div 2, 3 div 1 und 2 div 1)
10
11 //Im Vergleich dazu
12 {int} mengeBerechnet3 =
13       {p div q | ordered p,q in produktNummernMenge2};
14 //Inhalt von mengeBerechnet3:
15 // {0} (ergibt sich durch: 1 div 2, 1 div 3 und 2 div 3)
```

Es existieren einige weitere nützliche Funktionen für Mengen, etwa um den Nachfolger oder Vorgänger eines bestimmten Elements einer Menge zu erhalten. Diesbezüglich wird auf die Hilfe des Studios verwiesen.

Tabelle 4.6 Wichtige Mengenfunktionen

Funktion	Eingaben	Beschreibung	Ergebnis
card(S)	S: Menge	Liefert die Anzahl der Elemente der Menge (Kardinalität, Mächtigkeit).	Integerwert
item(S, i)	S: Menge i: Integerwert	Liefert das Element an der i-ten Position von Menge S.	Mengenelement
ord(S, s)	S: Menge s: Element aus S	Liefert die Position des Elements s in der Menge S.	Integerwert
first(S), last(S)	S: Menge	Liefert das erste/letzte Element der Menge.	Mengenelement

4.4 Aggregatoperatoren

Werden Modellparameter unter Verwendung von Feldern und Mengen abgebildet, so können mithilfe von Aggregatoperatoren Zielfunktion und Nebenbedingungen auf generische Weise aufgebaut werden. Dadurch ist es möglich, mit derselben Modellformulierung verschiedene konkrete Modellinstanzen zu erzeugen, die sich nicht nur in den Werten, sondern auch in der Anzahl der Modellparameter unterscheiden können. Anpassungen sind dann nur noch im Rahmen der Initialisierung zu Beginn der Modell-Datei nötig.

4.4.1 Summenbildung

Der am häufigsten benötigte Aggregatoperator ist die Summenbildung. Sie entspricht dem mathematischen Summenoperator Σ. Die Summenbildung wird verwendet, um eine Reihe gleichartiger Elemente, die in der Regel in einem Feld oder in einer Tupelmenge (vgl. Kapitel 6.2) abgelegt sind, aufzuaddieren. Dazu wird das Schlüsselwort sum() verwendet, wobei in den Klammern der Laufbereich für einen oder mehrere Platzhalter angegeben wird. Nach der Klammer steht der Ausdruck, der aufaddiert werden soll und der dabei die Platzhalter einbezieht. Beispiel 4.22 und Beispiel 4.23 illustrieren die Verwendung der Summenbildung.

Beispiel 4.22

```
1 int nProdukte = 3;
2 range produkte = 1..nProdukte;
3 int nachfrage[produkte] = [300, 200, 150];
4 int gesamtnachfrage1 = nachfrage[1] + nachfrage[2] + nachfrage[3];
5 //äquivalent zu
6 int gesamtnachfrage2 = sum(p in produkte) nachfrage[p];
```

Beispiel 4.23

```
1 include "beispiel_4.03.mod";
2
3 //Geplante produzierte Mengeneinheiten der Fahrradtypen:
4 dvar int+ menge[produkte];
5
6 maximize sum(p in produkte) db[p]*menge[p];
```

In Beispiel 4.22 wird der Vorteil des Summenoperators im Zusammenhang mit Feldern deutlich. Statt die zu addierenden Feldelemente einzeln abzurufen und zu addieren (vgl. Zeile 4) ist es sinnvoller, den Summenoperator zu verwenden und über die Menge der Feldindizes „laufen zu lassen" (vgl. Zeile 6). Der Vorteil besteht nicht nur in der eleganteren kurzen Formulierung, sondern auch im generischen Charakter. Denn ändert sich etwa die Anzahl der Produkte, so sind lediglich der Modellparameter nProdukte sowie das Feld nachfrage entsprechend anzupassen.

Beispiel 4.23 beschreibt die Verwendung des Summenoperators bei der Formulierung einer Zielfunktion im direkten Kontext von Fallbeispiel 2. Es wird deutlich, dass die Zielfunktion – im Gegensatz zur Formulierung von Fallbeispiel 1 aus Kapitel 3 – nun dahingehend generisch ist, dass auch bei einer Modifikation des Parameters nProdukte – und Belegung der entsprechenden zusätzlichen Einträge im Feld db[] – keine Veränderung an der Zielfunktion erfolgen muss.

Tipp 10   Laufbereich von Summenoperatoren

Bei der Angabe des Laufbereichs von Summenoperatoren können auch die in Kapitel 4.2.4 dargestellten weiteren Sprachelemente verwendet werden – etwa das Filtern mit nachgestelltem Doppelpunkt. Ist der Laufbereich leer – d. h. entweder ein Zahlenbereich, bei dem die obere Grenze kleiner als die untere ist, oder eine leere Menge – dann ergibt die Summe entsprechend der mathematischen Definition den Wert 0.

4.4.2 Weitere Aggregatoperatoren

Neben der Summenbildung existieren in OPL noch die Aggregatoperatoren prod zur Multiplikation – analog zum mathematischen Operator $\prod$ – sowie min und max zur Identifizierung des Minimums bzw. Maximums von gegebenen Elementen. Die Syntax entspricht dabei der Syntax von sum. Sind die zugrunde liegenden Zahlenbereiche leer, so liefert prod den Wert 1, min den Wert 0 und max ebenfalls den Wert 0. Beispiel 4.24 veranschaulicht die Verwendung der Operatoren min und max.

Beispiel 4.24

```
1 include "beispiel_4.03.mod";
2
3 int hoechsterDeckungsbeitrag = max(p in produkte) db[p]; // = 156
4 int kleinsteNachfrage = min(p in produkte) nachfrage[p]; // = 150
```

Es ist zu beachten, dass der Operator prod lediglich zur Produktbildung über Modellparameter und nicht über Entscheidungsvariablen verwendet werden kann, da andernfalls eine nichtlineare Modellformulierung resultieren würde. Er findet daher im Rahmen von Zielfunktion oder Nebenbedingungen in der Regel keine Verwendung.

Die Operatoren min und max führen zwar prinzipiell auch zu einer nichtlinearen Modellformulierung, diese wird jedoch programmintern linearisiert. Sie sind daher im Zusammenhang mit Entscheidungsvariablen auch in Zielfunktion oder Nebenbedingungen verwendbar. Die programminterne Reformulierung erzeugt allerdings zusätzliche Hilfsvariablen, die zulasten der Laufzeit-Performanz der Modelllösung gehen können. Zur Illustration sei angenommen, dass der Werksleiter in Fallbeispiel 2 nicht den Gesamtdeckungsbeitrag, sondern den kleinsten mit allen Produkten erzielbaren Deckungsbeitrag maximieren möchte. Die Zielfunktion verändert sich somit zu:

```
maximize min(p in produkte) db[p]*menge[p];
```

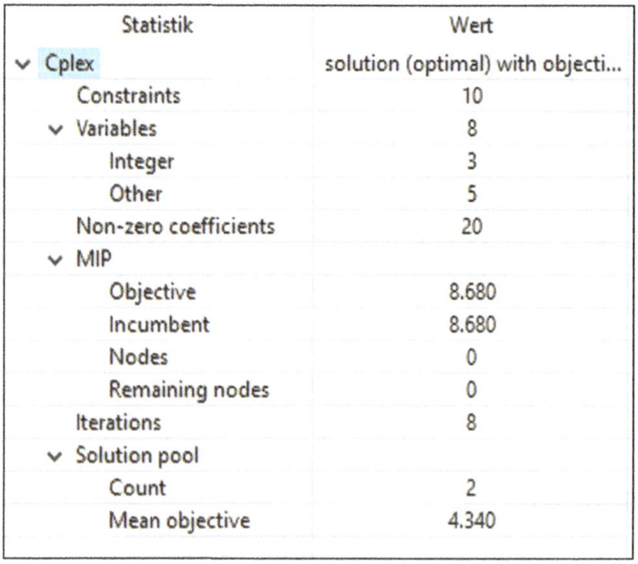

Statistik	Wert
∨ Cplex	solution (optimal) with objecti...
Constraints	10
∨ Variables	8
Integer	3
Other	5
Non-zero coefficients	20
∨ MIP	
Objective	8.680
Incumbent	8.680
Nodes	0
Remaining nodes	0
Iterations	8
∨ Solution pool	
Count	2
Mean objective	4.340

Abb. 4.1 Statistik-Ausgabefenster aus CPLEX Optimization Studio

Abb. 4.1 zeigt für dieses Beispiel, welches im Modell selbst nur drei Entscheidungsvariablen aufweist, den Auszug aus der Registerkarte „Statistik" des Studios nach der Modelllösung. Dort werden 8 Modellvariablen angezeigt. Es kann deshalb sinnvoll sein, auf die Operatoren min und max zu verzichten und stattdessen bei der Modellformulierung selbst eine Linearisierung vorzunehmen, um eine problemangepasste, möglichst kleine Zahl an Hilfsvariablen zu erhalten (vgl. hierzu auch die Ausführungen zur Linearisierung logischer Operatoren in Kapitel 8.1.4). Im Beispiel ergibt sich etwa eine Formulierung mit nur 4 Variablen und 9 (gegenüber ursprünglich 10) Nebenbedingungen, indem unter Zuhilfenahme einer zusätzlichen float-Variable y die Zielfunktion zu maximize y geändert und dann über entsprechende Nebenbedingungen sichergestellt wird, dass y kleiner gleich den jeweiligen Produktdeckungsbeiträgen sein muss (y <= db[1]*menge[1]; y <= db[2]*menge[2]; y <= db[3]*menge[3];). Aufgrund der Optimierungsrichtung der Zielfunktion bildet y auf diese Weise das Minimum der drei Deckungsbeiträge ab. Die Statistik des Studios zählt dabei je eine Variable für die drei Mengen und eine für die Variable y.

Ferner sei abschließend noch auf den Unterschied zu den Operatoren minl und maxl hingewiesen. Diese stellen keine Aggregatoperatoren dar, können aber ebenfalls im Rahmen der Zielfunktion zur Berechnung des Minimums bzw. Maximums aus einer expliziten Liste von reellwertigen oder ganzzahligen Ausdrücken verwendet werden (vgl. Kapitel 3.1.2, Tabelle 3.4).

4.5 Der forall-Quantor

Neben den Aggregatoperatoren ist der forall-Quantor das zweite Instrument, um generische Modellformulierungen zu erstellen. Er entspricht dem mathematischen Allquantor (∀) und wird in OPL insbesondere dann eingesetzt, wenn mehrere gleichartige Nebenbedingungen formuliert werden sollen, die sich nur in den konkreten Werten für die enthaltenen Modellparameter unterscheiden. Beispiel 4.25 zeigt die Verwendung im Kontext des zu Kapitelbeginn eingeführten Fallbeispiels 2.

Beispiel 4.25

```
1 include "beispiel_4.03.mod";
2
3 //Geplante produzierte Mengeneinheiten der Fahrradtypen:
4 dvar int+ menge[produkte];
5 float maschinenbedarf[produkte, maschinen] = [[0.2, 0.3, 0.5],
6                                                [0.4, 0.2, 0.5],
7                                                [0.3, 0.6, 0.7]];
8
9 subject to {
10
11    forall(m in maschinen) sum(p in produkte)
12       maschinenbedarf[p, m]*menge[p] <= kapazitaet[m];
13
```

```
14    //entspricht:
15    //sum(p in produkte) maschinenbedarf[p,1]*menge[p] <= kapazitaet[1];
16    //sum(p in produkte) maschinenbedarf[p,2]*menge[p] <= kapazitaet[2];
17    //sum(p in produkte) maschinenbedarf[p,3]*menge[p] <= kapazitaet[3];
18
19    forall(p in produkte) menge[p] <= nachfrage[p];
20 }
```

Es ist zu sehen, dass analog zu den Aggregatoperatoren (vgl. Kapitel 4.4) innerhalb der Klammern nach dem Schlüsselwort `forall` ein Laufbereich für einen oder mehrere Platzhalter anzugeben ist (Zeilen 11 und 19). Hierbei sind auch Filter möglich (vgl. Kapitel 4.2.5). Nach der Klammer erfolgt der Ausdruck, der für jede mögliche Belegung aufgestellt werden soll. Wie im Beispiel erkennbar, ist es etwa üblich, dass Nebenbedingungen auf Basis von (mehrdimensionalen) Feldern formuliert werden, wobei die möglichen Belegungen der Platzhalter den möglichen Feldindizes entsprechen.

Das Beispiel macht ferner deutlich, dass die Verwendung des `forall`-Quantors nicht nur Platz spart, sondern eine generische Formulierung ermöglicht, die beispielsweise bei Veränderung der Anzahl benötigter Maschinen (`nMaschinen`) und Belegung der daraus resultierenden zusätzlichen Einträge in den Feldern `kapazitaet[]` sowie `maschinenbedarf[,]` keinerlei Anpassungen des Nebenbedingungssystems erfordern würde.

Bei der Anwendung von Aggregatoperatoren (vgl. Kapitel 4.4) oder dem `forall`-Quantor im Zusammenhang mit Feldern ist die Reihenfolge der Abarbeitung der Felddimensionen, die durch die Formulierung der Laufbereiche bestimmt wird, von großer Bedeutung für die Performanz des Modellaufbaus. Dies wird durch Beispiel 4.26 verdeutlicht.

Beispiel 4.26

```
1 include "beispiel_4.06.mod";
2
3 float summeMaschinenbedarfe1 =
4    sum(p in produkte, m in maschinen) maschinenbedarf[p][m];
5 //ist effizienter als
6 float summeMaschinenbedarfe2 =
7    sum(m in maschinen, p in produkte) maschinenbedarf[p][m];
```

Aufgrund der internen sequentiellen Ablage des gesamten Feldinhaltes im Speicher – entsprechend der Reihenfolge in der Darstellung `[[0.2, 0.3, 0.5], [0.4, 0.2, 0.5], [0.3, 0.6, 0.7]]` – ist die Berechnung von `summeMaschinenbedarfe1` im Beispiel effizienter als die Berechnung von `summeMaschinenbedarfe2`. Bei Letzterer werden aufgrund der Reihenfolge in der Formulierung des Laufbereichs im Rahmen der Belegung der Platzhalter für jedes (feste) `m in maschinen` alle `p in produkte` durchlaufen. Dies impliziert in Bezug auf die Speicherstruktur ein ständiges „Springen", etwa für Maschine 1 von dem Wert 0.2 zum Wert 0.4 zum Wert 0.3.

Bei summeMaschinenbedarfe1 hingegen ist es umgekehrt, sodass für ein bestimmtes Produkt p die „Position" von maschinenbedarf[p] festgehalten werden kann, und dann der Reihe nach die Maschinen durchlaufen werden. Speichertechnisch impliziert dies, dass von vorne nach hinten alle Werte ohne „Sprünge" durchlaufen werden, also für Produkt 1 etwa 0.2, 0.3 und 0.5. Dieser Sachverhalt ist dem programmiererfahrenen Leser auch von der Programmierung in üblichen höheren Programmiersprachen bekannt.

4.6 Lösung Fallbeispiel 2

Beispiel 4.27 beinhaltet abschließend die vollständige, generische Lösung des zu Kapitelbeginn eingeführten Fallbeispiels 2. Es setzt sich zusammen aus den Bestandteilen, die in Beispiel 4.1, Beispiel 4.3, Beispiel 4.5, Beispiel 4.6 und Beispiel 4.25 eingeführt wurden.

Beispiel 4.27 (Lösung von Fallbeispiel 2)

```
 1 //1. Deklaration und Initialisierung der Modellparameter
 2 int nProdukte = 3;
 3 range produkte = 1..nProdukte;
 4
 5 int nMaschinen = 3;
 6 range maschinen = 1..nMaschinen;
 7
 8 int nachfrage[produkte] = [300, 200, 150];
 9 int db[produkte] = [110, 140, 156];
10 int kapazitaet[maschinen] = [120, 140, 110];
11
12 float maschinenbedarf[produkte, maschinen] = [[0.2, 0.3, 0.5],
13                                                [0.4, 0.2, 0.5],
14                                                [0.3, 0.6, 0.7]];
15
16 //2. Deklaration der Entscheidungsvariablen
17 dvar int+ menge[produkte];//Geplante Mengeneinheiten der Fahrradtypen
18
19 //3. Zielfunktion
20 maximize sum(p in produkte) db[p]*menge[p];
21
22 //4. Nebenbedingungen
23 subject to {
24     forall(m in maschinen)
25         sum(p in produkte) maschinenbedarf[p, m]*menge[p] <= kapazitaet[m];
26
27     forall(p in produkte) menge[p] <= nachfrage[p];
28 }
```

Mit einer optimalen Lösung menge1 = 6, menge2 = 200 und menge3 = 10 ergibt sich als optimaler Zielfunktionswert 30 220 [EUR].

Hinweise zur mathematischen Modellierung

Felder (Arrays) werden in mathematischen Modellen durch indizierte Symbole repräsentiert, wie z. B. die Nachfrage nach den Produkten 1 bis 3 eines Unternehmens durch nf_1, nf_2, nf_3. Zur Darstellung mehrdimensionaler Informationen werden mehrere Indizes verwendet, wie etwa im Fallbeispiel beim Maschinenbedarf je Produkt und Maschine:

$$bedarf_{11} \quad bedarf_{12} \quad bedarf_{13}$$
$$bedarf_{21} \quad bedarf_{22} \quad bedarf_{23}$$
$$bedarf_{31} \quad bedarf_{32} \quad bedarf_{33}$$

Die Index-Werte werden dabei jeweils einer (normalerweise durch Großbuchstaben symbolisierten) Menge entnommen, hier der Menge der Produkte $\mathcal{P} = \{1, 2, 3\}$ und der Menge der Maschinen $\mathcal{M} = \{1, 2, 3\}$.

Eine Summenbildung erfolgt mithilfe des Summenzeichens $\sum$. Für die Summe der Zahlen nf_1, nf_2, nf_3 schreibt man:

$$\sum_{p=1}^{3} nf_p = nf_1 + nf_2 + nf_3$$

Man bezeichnet p als Summationsindex (Laufindex), welcher von der unteren Grenze (1) bis zur oberen Grenze (3) läuft. Doppelt indizierte Zahlen können durch eine Doppelsumme zusammengefasst werden:

$$\sum_{p=1}^{3} \sum_{m=1}^{3} bedarf_{pm} = \quad bedarf_{11} + bedarf_{12} + bedarf_{13}$$
$$+ bedarf_{21} + bedarf_{22} + bedarf_{23}$$
$$+ bedarf_{31} + bedarf_{32} + bedarf_{33}$$

Das Pendant zum *forall*-Quantor in OPL ist der mathematische Allquantor $\forall$. Die Programmcode-Zeile im Fallbeispiel

```
forall(p in produkte) menge[p] <= nachfrage[p];
```

würde in einem mathematischen Modell folgendermaßen formuliert:

$$menge_p \leq nf_p \qquad \forall p \in \mathcal{P}$$

Statt „$\forall p \in \mathcal{P}$" wird oft „für $p = 1, …, 3$" oder verkürzt „$\forall p$" geschrieben. Die Zeilen 24 und 25 im Fallbeispiel

```
forall(m in maschinen)
    sum(p in produkte) maschinenbedarf[p,m]*menge[p]
        <= kapazitaet[m];
```

sähen in einem mathematischen Modell also wie folgt aus:

$$\sum_{p=1}^{3} bedarf_{mp} \cdot menge_p \leq kap_m \qquad \forall m \in \mathcal{M}$$

(vgl. dazu z. B. Domschke et al. (2015), Kapitel 2; Nickel et al. (2014), Kapitel 1; Winston (2004), Kapitel 3).

4.7 Aufgaben

1. Grenzen Sie die zusammengesetzten Datentypen Menge und Feld voneinander ab.
2. Was sind die Vorteile der Verwendung von zusammengesetzten Datentypen?
3. Im Zusammenhang mit Mengen haben Sie die Schlüsselwörter `ordered` und `sorted` kennengelernt. Worin unterscheiden sich diese?
4. Worin unterscheiden sich explizite und generische Felder?
5. Betrachten Sie die folgenden Zahlenfolgen. Initialisieren Sie generische Felder, welche genau diese Elemente enthalten:

feldA	-1	2	5	8	11	14	17	20	23	26	29
feldB	4	7	12	19	28	39	52	67	84	103	124
feldC	0	3	0	0	5	0	0	7	0	0	9
feldD	2	7	12	-3	2	7	12	-3	2	7	12
feldE	1	0	4	0	8	0	16	0	0	0	0

6. Gegeben seien die drei Mengen `menge1`, `menge2` und `menge3`. Nutzen Sie die im Kapitel vorgestellten Mengenoperationen, um die farblich markierte Teilmenge darzustellen:

a)

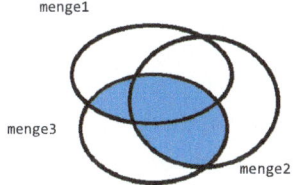

b)

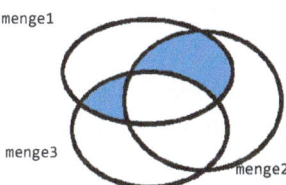

7. Betrachten Sie die folgenden zwei Mengen:

```
{int} menge1 = {7, 8, 3, 15, 13};
{int} menge2 = {3, 6, 20, 8, 2, 13, 17};
```

Bestimmen Sie die Ergebnisse der folgenden Operationen:

a) `int zahlA = card(menge1);`
b) `reversed {int} menge3 = menge1 union menge2;`
   `int arrayB[i in 1..5] = item(menge3, i-1);`
c) `sorted {int} menge4 = menge1 symdiff menge2;`
   `sorted {int} mengeC = {q mod p | ordered p,q in menge4};`

8. RideEasy hat eine Werbeagentur damit beauftragt, die einzusetzenden Werbemedien sowie die Häufigkeit ihrer Verwendung für die neue Werbekampagne zu bestimmen. Es gibt drei verschiedene Werbemedien: Werbung auf Straßenbahnen, Online-Werbung und Radiospots.

RideEasy ist an der optimalen Anzahl zu schaltender Spots bzw. Anzeigen für jedes Medium interessiert, sodass die Gesamtreichweite maximal wird. Es wird geschätzt, dass die Werbeaktivitäten mit den in der folgenden Tabelle angegebenen überschneidungsfreien Reichweiten und Kosten der Einzelmedien einhergehen:

Werbemedium	Reichweite	Kosten
Verkehrsmittelwerbung (je Straßenbahn)	20 000 Menschen	15 000 EUR
Online-Werbung (je Website)	120 000 Menschen	6000 EUR
Radiospots (je Ausstrahlung)	9000 Menschen	4000 EUR

Die Agentur muss folgende Bedingungen berücksichtigen:

- Das maximal verfügbare Budget für Werbeaktivitäten beläuft sich auf 100 000 EUR.
- Es soll maximal in vier Straßenbahnen geworben werden.
- Im Internet sollen Anzeigen auf maximal zehn Websites geschaltet werden.
- Der Radiosender bietet Zeit für höchstens sieben Ausstrahlungen.
- Die Werbeagentur verfügt über Zeit- und Personalkapazitäten, welche die Produktion von maximal 15 Werbungen über die Werbemedien zulassen.

Optimieren Sie das Problem für die Werbeagentur, indem Sie zunächst eine Modellierung des Problems mit OPL formulieren und diese anschließend mit CPLEX lösen. Gewährleisten Sie durch die Nutzung entsprechender Datentypen, dass bei evtl. Hinzukommen weiterer Werbemedien das Modell ohne großen Aufwand angepasst werden kann.

9. Um auf die teilweise sehr speziellen Bedürfnisse der Kunden eingehen zu können, bietet RideEasy, abweichend vom Standarddesign, eine individualisierte Ausgestaltung der Fahrräder an. Diese Flexibilität bedeutet jedoch einen zusätzlichen Entwicklungsaufwand und eine teilweise Neugestaltung des Produktionsplans. Kürzlich gingen Bestellungen von drei Kunden bei RideEasy ein. Da die Räder dringend benötigt werden, ist die Frist für deren Auslieferung sehr eng bemessen. Unglücklicherweise sind die Produktionskapazitäten jedoch durch frühere Bestellungen bereits nahezu ausgelastet und es stehen lediglich 150 Maschinenstunden für die drei Aufträge zur Verfügung. Da RideEasy nicht alle Bestellungen annehmen kann, muss sich die Firmenleitung nun entscheiden, ob sie den Auftrag eines Kunden annimmt und wenn ja, wie viele Räder sie für den Kunden herstellen soll. Die für die Entscheidung relevanten Daten sind in der folgenden Tabelle angegeben.

	Kunde		
	1	2	3
Anlaufkosten in EUR pro Kunde	300	200	0
Verkaufsgewinn in EUR pro Rad	200	300	80
Kapazitätsverbrauch pro Rad in h	3	6	3
Maximale Radanzahl	30	20	50

Anlaufkosten fallen für einen Kunden nur einmalig an, sobald ein Rad für diesen Kunden gefertigt wird (eine Ausnahme stellt Kunde 3 dar, für den keine Anlaufkosten entstehen). In der letzten Zeile wird die maximale Anzahl von Rädern angegeben, die von jedem der Kunden nachgefragt wurde. Die Kunden akzeptieren es auch, wenn weniger als die nachgefragte Anzahl ausgeliefert wird. RideEasy will nun wissen, wie viele Fahrräder für jeden Kunden hergestellt werden sollen (wenn überhaupt), sodass der gesamte Gewinn – d. h. Verkaufsgewinne minus Anlaufkosten – maximiert wird.

Helfen Sie RideEasy, indem Sie zunächst eine Modellierung des Problems mit OPL formulieren und diese anschließend mit CPLEX lösen. Gewährleisten Sie durch die Nutzung entsprechender Datentypen, dass bei evtl. Hinzukommen weiterer Kundenanfragen das Modell ohne großen Aufwand angepasst werden kann.

10. RideEasy plant die Markteinführung seiner Räder auf dem europäischen Markt und hat drei potentielle Standorte für die Eröffnung von neuen Werken ermittelt, welche die Nachfrage von drei wichtigen Großkunden decken sollen. Die folgende Tabelle zeigt die Kapazität der möglichen Standorte, die Nachfrage der einzelnen Kunden und die Kosten, die entstehen, wenn ein gefertigtes Rad von Werk i zu Kunde j transportiert wird.

	Kunde 1	Kunde 2	Kunde 3	Kapazität
Werk 1	10 EUR	15 EUR	12 EUR	1800
Werk 2	17 EUR	14 EUR	20 EUR	1400
Werk 3	15 EUR	10 EUR	11 EUR	1300
Nachfrage	1200	800	800	

Weiterhin sind die folgenden, fixen Kosten für die Eröffnung der einzelnen Standorte bekannt:

Werk 1	8000 EUR
Werk 2	10 000 EUR
Werk 3	9000 EUR

Welche Werke sollte RideEasy eröffnen und durch welche Standorte sollten die einzelnen Kunden beliefert werden, sodass die gesamte Nachfrage zu minimalen Kosten bedient werden kann? Modellieren Sie das Problem in OPL und lösen Sie es mit CPLEX.

Einführung in ILOG Script

OPL ist eine deklarative Modellierungssprache zur Definition von Optimierungsmodellen. Wie in den bisherigen Kapiteln dargestellt, werden hierfür etwa Datentypen, Ein- und Ausgabedaten und Entscheidungsvariablen definiert und beispielsweise durch Entscheidungsausdrücke, die Zielfunktion oder Nebenbedingungen zueinander in Beziehung gesetzt. Es werden jedoch keine Algorithmen, also Berechnungsvorschriften, definiert.

Manche Aufgaben im Rahmen der Aufstellung und Lösung eines Optimierungsmodells lassen sich nicht oder nicht ausschließlich durch OPL abbilden. Deshalb bietet OPL mit *ILOG Script* eine eingebettete imperative Sprache an. ILOG Script erweitert die Modellierungssprache OPL um Möglichkeiten zur Vorverarbeitung von Eingabedaten, zur Nachverarbeitung von Optimierungsergebnissen, zur Ein- und Ausgabe von Text, zum Setzen von Einstellungen für die Berechnung durch CPLEX, zum Aufruf von externem (z. B. Java-) Programmcode und zu vielem mehr. Im Vergleich zum (OPL-)Optimierungsmodell, bei dem Zielfunktion und Nebenbedingungen ineinandergreifen und simultan zu betrachten sind, wird hier Zeile für Zeile sequentiell abgearbeitet.

Anhand des folgenden Fallbeispiels 3 werden die jeweiligen Erklärungen analog zum vorherigen Kapitel veranschaulicht. Die vollständige Lösung des Fallbeispiels ist am Ende des Kapitels in Beispiel 5.11 enthalten.

RideEasy Fallbeispiel 3: Aufbereitung der Produktionsdaten

RideEasy

Im Folgenden wird erneut die Problemstellung zur Produktionsplanung für das Nordamerika-Werk aus Fallbeispiel 2 (vgl. Kapitel 4) betrachtet. Dabei sollen drei Produkte (U-A, U-B und U-C) hergestellt werden, für die bereits entsprechende Anfragen vorliegen (siehe Tabelle 4.2). Für die Herstellung stehen drei Maschinen zur Verfügung (M1, M2 und M3). Je Maschine ist eine ver-

---

© Springer-Verlag GmbH Deutschland, ein Teil von Springer Nature 2021
S. Nickel et al., *Angewandte Optimierung mit IBM ILOG CPLEX Optimization Studio*, https://doi.org/10.1007/978-3-662-62185-1_5

fügbare Kapazität in Stunden gegeben und für jedes Produkt, wie viel Zeit für eine Einheit auf der jeweiligen Maschine benötigt wird (in Stunden pro Fahrrad, siehe Tabelle 4.1).

Die Eingabedaten sollen nun zusätzlich zu Testzwecken vom Programm textuell ausgegeben werden. Außerdem soll die Summe aller Bestellungen (in Stück und als Geldwert) berechnet und ebenfalls ausgegeben werden. Zusätzlich liegen die Eingangsdaten in Euro-Beträgen vor (DB in Tabelle 4.2). Diese sollen in US-Dollar umgerechnet werden. Schließlich sollen die Optimierungsergebnisse vom Programm als Text ausgegeben werden.

5.1   Aufbau und grundlegende Sprachelemente von ILOG Script

ILOG Script ist eine Variante der Script-Sprache JavaScript – eingebettet in OPL in Form sogenannter *ILOG-Script-Blöcke*. Jeder ILOG-Script-Block besteht aus einer Folge von *Anweisungen*, die der Reihe nach ausgeführt werden. Anweisungen stehen entweder jede für sich in einer eigenen Zeile oder durch Semikolon getrennt in derselben Zeile. ILOG-Script-Anweisungen sind beispielsweise die Deklaration einer Variablen, die Berechnung und Zuweisung eines Werts zu einer Variablen, Kontrollstrukturen (z. B. bedingte Verzweigungen, Schleifen) oder Funktionsaufrufe (z. B. zur Textausgabe). Einige grundlegende Anweisungen von ILOG Script werden in den folgenden Unterkapiteln beschrieben, wobei darauf hingewiesen sei, dass nicht *alle* Anweisungen beschrieben werden, sondern nur eine Auswahl dargestellt wird. In den Kapiteln 9 und 10 werden fortgeschrittene Anwendungen von ILOG Script behandelt.

Es gibt drei verschiedene Arten von ILOG-Script-Blöcken. Der am häufigsten verwendete Block beginnt mit dem Schlüsselwort *execute*, optional gefolgt von einer Benennung. Der Block selbst wird dann in geschweifte Klammern eingefasst. Zusätzlich gibt es noch zwei Spezialfälle für ILOG-Script-Blöcke: *main* und *prepare*. Ein durch das Schlüsselwort `main` gekennzeichneter Block innerhalb einer OPL-Modell-Datei enthält Anweisungen, die den Kontrollfluss der Modelllösung beschreiben. Eine Einführung in die Arbeit mit derartigen Blöcken wird in Kapitel 10 gegeben. In einer Daten-Datei (vgl. Kapitel 7) kann ein ILOG-Script-Block stehen, der durch das Schlüsselwort `prepare` gekennzeichnet ist, und mit dem Daten bereits vor dem Laden in die Modell-Datei vorverarbeitet werden können (im vorliegenden Buch nicht näher behandelt).

Die `execute`-Blöcke dürfen an verschiedenen Stellen eines OPL-Modells stehen – etwa ganz am Anfang des Modells, zwischen Datendeklarierungen, Initialisierungen und der Zielfunktion, und am Ende des Modells nach den Nebenbedingungen. Innerhalb der Nebenbedingungen und zwischen Zielfunktion und Nebenbedingungen darf hingegen kein ILOG-Script-Block stehen.

Tabelle 5.1 Grundlegende Schlüsselwörter und Funktionen von ILOG Script

Schlüsselwort / Funktion	Beschreibung
`execute Name {}`	Definiert einen ILOG-Script-Block innerhalb eines OPL-Modells. Der Block kann optional benannt werden.
`write(s)`	Gibt einen Text aus.
`writeln(s)`	Gibt einen Text inkl. Zeilenumbruch aus.
`cplex.getObjValue()`	Gibt den optimalen Zielfunktionswert nach der Optimierung wieder.

Alle ILOG-Script-Blöcke, die *vor* der Zielfunktion stehen, werden *vor* der Optimierung ausgeführt – also im *Preprocessing*. Die Anweisungen innerhalb der Blöcke werden dabei sequenziell ausgeführt. Alle ILOG-Script-Blöcke, die *nach* den Nebenbedingungen stehen, werden *nach* der Optimierung – also im *Postprocessing* – ausgeführt.

Beispiel 5.1 zeigt, wie mehrere Script-Blöcke innerhalb einer Modell-Datei positioniert sein können. Tabelle 5.1 fasst die im Beispiel verwendeten, häufig gebrauchten Sprachelemente zusammen.

Beispiel 5.1

```
 1 execute Textausgabe {
 2     writeln("START");
 3 }
 4 int auftrag = 10;
 5 execute {
 6     writeln(auftrag);
 7 }
 8 dvar int+ produktion;
 9 execute {
10     writeln(produktion);
11 }
12 minimize produktion;
13 //zwischen Zielfunktion und NBs darf kein execute-Block stehen
14 subject to {
15     //im subject-to-Block darf kein execute-Block stehen
16     produktion >= auftrag;
17 }
18 execute {
19     writeln("Produktion: ", produktion);  //Produktionsmenge
20     writeln("Optimaler Zielfunktionswert: ", cplex.getObjValue());
21     writeln("ENDE");
22 }
```

Ausgabe im Scriptingprotokoll-Fenster zu Beispiel 5.1:

```
START
10
[a IloNumVar]
// solution (optimal) with objective 10
Produktion: 10
Optimaler Zielfunktionswert: 10
ENDE
```

Man beachte zunächst, dass beim ersten Block (Zeilen 1 bis 3) – im Gegensatz zu den anderen Blöcken – von der Möglichkeit der Benennung (hier: „Textausgabe") Gebrauch gemacht wurde. Mithilfe der nützlichen Anweisung bzw. Funktion `writeln()` (kurz für „write line") kann Text im Scriptingprotokoll-Fenster des CPLEX Optimization Studios geschrieben werden, gefolgt von einem Zeilenumbruch, sodass eine etwaige nächste Textausgabe am Anfang einer neuen Zeile beginnt. Die Anweisung `write()` – im Beispiel nicht dargestellt – führt alternativ keinen Zeilenumbruch durch. In Zeile 2 wird zunächst das Wort „START" ausgegeben. In Zeile 6 erkennt man, dass in ILOG Script auf die Datenelemente des umgebenden OPL-Modells zugegriffen werden kann, in diesem Fall auf das Element `auftrag`, dessen Wert (10) hier textuell ausgegeben wird. Allgemein können sowohl mit `writeln()` als auch mit `write()` verschiedene Modellelemente – wie OPL-Datenelemente, Entscheidungsvariablen sowie die im folgenden Kapitel behandelten ILOG-Script-Variablen – textuell ausgegeben werden. Ferner zeigen die Zeilen 19 und 20, dass Kommentare in ILOG Script genau wie in OPL formuliert werden (vgl. Kapitel 3.1.2). In Zeile 20 wird im Rahmen des Postprocessings zudem mithilfe der Funktion `cplex.getObjValue()` auf den Zielfunktionswert der bei der Optimierung ermittelten Lösung zugegriffen. Kapitel 9.2 geht genauer auf spezielle Möglichkeiten des Pre- und Postprocessings mit ILOG Script ein. Ebenso erkennt man in den Zeilen 19 und 20, dass bei der Verwendung von `writeln()` – wie auch bei `write()` – mehrere hintereinander auszugebene Textbestandteile kommasepariert als Argumente der Funktion angegeben werden können.

5.2   OPL-Datenelemente und ILOG-Script-Variablen

In ILOG Script besteht die Möglichkeit des Zugriffs auf die Datenelemente des umgebenden OPL-Modells unmittelbar über ihre OPL-Bezeichnung. So kann auf Datenelemente einfachen Datentyps, wie etwa Skalare, aber auch auf zusammengesetzte Datenelemente, wie etwa Felder oder Mengen, zugegriffen werden. Es ist sogar möglich, den Wert (oder Inhalt) eines OPL-Datenelements nochmals zu ändern, was in OPL selbst nicht möglich ist.

Zusätzlich zu den OPL-Datenelementen können in einem ILOG-Script-Block auch neue Datenelemente erzeugt werden. Diese heißen dort – wie in imperativen Programmiersprachen üblich – *Variablen*. Dabei handelt es sich aber nicht um OPL-Entscheidungsvariablen, sondern lediglich um lokale Datenelemente. Auf sie kann aus OPL heraus nicht zugegriffen werden.

Beispiel 5.2 zeigt, wie ILOG-Script-Variablen deklariert und initialisiert werden. Die Deklaration beginnt mit dem Schlüsselwort var, dann folgt unmittelbar der Variablenname und gegebenenfalls noch die Initialisierung (Zeile 2). Man beachte, dass Variablen in ILOG Script im Gegensatz zu OPL-Datenelementen keinen expliziten Datentyp erhalten. Vielmehr wird der Datentyp implizit automatisch festgelegt und kann sich sogar zwischen unterschiedlichen Anweisungen ändern, wie das Beispiel zeigt (Zeile 4).

Beispiel 5.2

```
1 execute {
2    var anzahl = 1;
3    writeln(anzahl); //Ausgabe: 1
4    anzahl = "viele";
5    writeln(anzahl); //Ausgabe: viele
6 }
```

ILOG-Script-Variablen sind nur innerhalb des aktuellen ILOG-Script-Blocks gültig, wie Beispiel 5.3 zeigt. Wenn ein Datenelement über mehrere Blöcke hinweg verwendet werden soll, dann muss es als OPL-Datenelement deklariert sein. Dieses kann dann – wie Beispiel 5.4 illustriert – in allen ILOG-Script-Blöcken verwendet werden.

Beispiel 5.3

```
1 execute {
2    var anzahl = 1;
3 }
4 execute {
5    writeln(anzahl); //erzeugt Fehler, weil "anzahl" nicht definiert ist
6 }
```

Beispiel 5.4

```
1 int anzahl = 0;
2 execute {
3    anzahl = 1;
4 }
5 execute {
6    writeln(anzahl); //Ausgabe: 1
7 }
```

Beispiel 5.5 zeigt abschließend das Zusammenspiel der Verwendung und Veränderung von OPL-Daten in ILOG Script und ILOG-Script-Variablen für einfache (skalare) Daten (anzahl), Mengen (produkte) und Felder (preis). Man beachte besonders die Zeilen 7 und 12. In Zeile 7 wird in ILOG Script die OPL-Funktion card() verwendet, welche die Kardinalität einer Menge zurückgibt. OPL-Funktionen können in ILOG Script durch vorangestelltes „Opl." genutzt werden. Umgekehrt können ILOG-Script-Funktionen nicht in OPL-Programmcode verwendet werden. Häufig gibt es aber in ILOG Script auch funktional entsprechende Methoden. So wird etwa in Zeile 12 des Beispiels die Eigenschaft size des Datenelements produkte verwendet. Dieses liefert exakt dasselbe Resultat – nämlich die Anzahl der vorhandenen Elemente einer Menge – wie die Konstruktion mit Opl.card() in Zeile 7. Gleichzeitig gibt das Beispiel bereits einen Eindruck, wie Mengen in ILOG-Script durch das Hinzufügen und Löschen von Elementen verändert werden können (Zeilen 6 und 10). In Kapitel 5.3.3 werden die wichtigsten der eingebauten ILOG-Script-Funktionen für OPL-Wertebereiche, OPL-Felder und OPL-Mengen beschrieben.

Beispiel 5.5

```
1 {string} produkte = {"U-A", "U-B", "M-100", "M-200"};
2 float preis[produkte] = [1800, 2000, 600, 900];
3 int anzahl = card(produkte);
4 execute {
5    writeln(anzahl);        //Ausgabe: 4
6    produkte.remove("U-A");
7    anzahl = Opl.card(produkte);
8    writeln(anzahl);        //Ausgabe: 3
9    var neuesProdukt = "U-X";
10   produkte.add(neuesProdukt);
11   preis[neuesProdukt] = 5000;
12   anzahl = produkte.size;
13   writeln(anzahl);        //Ausgabe: 4
14 }
```

5.3   Weitere Sprachelemente

5.3.1 Kontrollstrukturen

Als imperative Programmiersprache bietet ILOG Script *bedingte Verzweigungen* an, mit denen der Programmablauf basierend auf einer Bedingung unterschiedlich verzweigt werden kann. In Beispiel 5.6, Variante 1, beginnt eine bedingte Verzweigung mit dem Schlüsselwort *if*, gefolgt von einer Bedingung, die in Klammern geschrieben wird (Zeile 3). Dann folgt eine Anweisung. Diese Anweisung wird genau dann ausgeführt, wenn die Bedingung *wahr* ist. Nach dieser Anweisung kann *optional* noch das Schlüsselwort *else* folgen, wiederum gefolgt von einer Anweisung, die genau dann ausgeführt wird, wenn die ursprüngliche Bedingung *falsch* ist. Wie Variante 2 ab Zeile 9 in Beispiel 5.6

zeigt, kann jeweils anstelle einer Anweisung (im `if`- oder im `else`-Zweig) auch ein Block von Anweisungen stehen.

Beispiel 5.6

```
 1 int anzahl = 10;
 2 execute { //Variante 1: je Zweig genau eine Anweisung
 3    if (anzahl > 100)
 4       writeln("viele");
 5    else
 6       writeln("wenige");
 7 }
 8 execute { //Variante 2: je Zweig ein eigener Block ("{}")
 9    if (anzahl > 1000) {
10       writeln("sehr");
11       writeln("viele");
12    } else {
13       writeln("eher");
14       writeln("wenige");
15    }
16 }
```

Neben bedingten Verzweigungen bietet ILOG Script auch die Kontrollstruktur der *Schleifen* an. Beispiel 5.7 zeigt unterschiedliche Schleifenkonstruktionen. Schleifen beginnen immer mit einem der Schlüsselwörter *for* oder *while*. Die erste Schleife in Beispiel 5.7 (Zeile 4 bis 5) iteriert über alle Elemente einer Menge. Die Laufvariable p – die Bezeichnung kann hier beliebig festgelegt werden – wird nacheinander mit allen Elementen der Menge `produkte` belegt und jeweils die Anweisung `writeln(p)` ausgeführt. Die zweite Schleife (Zeile 6 bis 7) iteriert über alle Werte des Zahlenbereichs `bereich` und führt entsprechend die Anweisung aus. Die `write`-Anweisung kann dabei aus mehreren Elementen zusammengesetzt sein, die z. B. durch „+" miteinander verbunden werden (vgl. Kapitel 5.3.4). Bei der dritten Schleife (Zeile 9 bis 10) wird explizit eine Laufvariable `i` initialisiert, bei jedem Durchgang geprüft, und schließlich auch bei jedem Durchgang durch die Anweisung `i++`, die gleichbedeutend mit `i = i + 1` ist, verändert. Man beachte, dass im Beispiel mit der ILOG-Script-Konstruktion `bereich.LB` bzw. `bereich.UB` auf die Untergrenze (*Lower Bound*) bzw. Obergrenze (*Upper Bound*) der Range `bereich` zugegriffen wird (siehe auch Kapitel 5.3.3). Die vierte Schleife (Zeile 12 bis 15) schließlich ist äquivalent zur dritten Schleife, nur wurde diese mit der Konstruktion `while (Bedingung)` erzeugt – Initialisierung, Bedingungsprüfung und Veränderung der Laufvariable funktionieren zur Laufzeit-Performanz bei der vierten Schleife genau wie bei der dritten Schleife. Auch bei Schleifen kann – analog zu bedingten Verzweigungen – anstelle einer einzelnen Anweisung ein Block von Anweisungen stehen, wie die vierte Schleife zeigt.

Beispiel 5.7

```
1 {string} produkte = {"U-A", "U-B", "M-100", "M-200"};
2 range bereich = 0..9;
3 execute {
4    for (var p in produkte)        //Schleife über Menge
5        writeln(p);
6    for (var i in bereich)         //Schleife über Range
7        write(i + " "); writeln();
8    //Schleife mit Initialisierung, Bedingung und Veränderung
9    for (var i = bereich.LB; i <= bereich.UB; i++)
10       write(i + " "); writeln();
11   var i = bereich.LB;
12   while (i <= bereich.UB) {       //Schleife: while (Bedingung)
13       write(i + " ");
14       i = i + 1;                  //äquivalent zu "i++"
15   }
16 }
```

Ausgabe im Scriptingprotokoll-Fenster zu Beispiel 5.7:

```
U-A
U-B
M-100
M-200
0 1 2 3 4 5 6 7 8 9
0 1 2 3 4 5 6 7 8 9
0 1 2 3 4 5 6 7 8 9
```

Tabelle 5.2 Grundlegende Kontrollstrukturen in ILOG Script

Schlüsselwort / Funktion	Beschreibung
if (b) {a1} else {a2}	Bedingte Verzweigung: Wenn Bedingung b gilt, dann wird a1 ausgeführt, sonst a2. Der else-Teil ist optional.
for (e in m) {a}	Schleife: Für alle Elemente e aus der Menge m wird a ausgeführt. In der Regel verwendet a die Laufvariable e.
for (a;b;c) {d}	Schleife: a initialisiert die Schleife. Solange Bedingung b gilt, wird die Schleife ausgeführt. c ist eine Anweisung die *nach* jedem Schleifendurchlauf ausgeführt wird. d steht für die Anweisung/en in jeder Iteration der Schleife. Beispiel: for (var i=0; i<10; i++) {writeln(i);}
while (b) {a}	Schleife: Solange die Bedingung b gilt, wird a ausgeführt.

Man beachte, dass die im Beispiel verwendeten Laufvariablen nur innerhalb der jeweiligen Schleife gültig sind. Auch unabhängig von Schleifen können innerhalb eines ILOG-Script-Blocks geschachtelt mehrere Anweisungen zu einem weiteren Block zusammengefasst werden. Ein solcher *Anweisungsblock* beginnt mit einer geschweiften Klammer, dann folgen eine oder mehrere Anweisungen (in einer oder mehreren Zeilen), und er endet mit einer geschweiften Klammer. Innerhalb des Anweisungsblocks eingeführte ILOG-Script-Variablen haben dann ebenfalls nur dort Gültigkeit. Die Syntax der bedingten Verzweigung sowie der Schleifentypen sind in Tabelle 5.2 nochmals zusammengefasst.

5.3.2 Mathematische Operatoren und Funktionen
Tabelle 5.3 beschreibt alle arithmetischen, relationalen, bitweisen und Verschiebe-Operatoren in ILOG Script. Man beachte, dass sich manche ILOG-Script-Operatoren von den entsprechenden OPL-Operatoren (siehe Kapitel 3.1.2) unterscheiden. So gibt es in ILOG Script etwa keinen `div`-Operator, und der Operator ^ hat in ILOG Script eine andere Semantik als in OPL.

Tabelle 5.3 Arithmetische, relationale, bitweise und Verschiebe-Operatoren in ILOG Script

Operation	Beschreibung
`x=y`	Zuweisung: `x` (muss eine Variable sein) erhält den Wert von `y` (z. B. ein arithmetischer Ausdruck).
`x+=y`, `x-=y`, `x*=y`, `x/=y`	Abkürzende Schreibweisen für: `x=x+y`, `x=x-y`, `x=x*y`, `x=x/y`
`x++`, `x--`	Abkürzende Schreibweisen für: `x+=1`, `x-=1`
`x+y`, `x-y`, `x*y`, `x/y`	Addition, Subtraktion, Multiplikation, Division
`-x`	Negation
`x%y`	Rest bei Ganzzahl-Division (Modulo)
`x==y`, `x!=y`	Gleichheit, Ungleichheit zweier Zahlen
`x<y`, `x<=y`, `x>y`, `x>=y`	Vergleich zweier Zahlen
`x&y`, `x|y`, `x^x`, `~x`	Bitweise Operationen auf ganzen Zahlen: Und, Oder, exklusives Oder, Negation
`x<<y`, `x>>y`, `x>>>y`	Verschiebe-Operationen auf ganzen Zahlen: Links-Shift, Rechts-Shift, Rechts-Shift ohne Vorzeichen

Zusätzlich zu diesen Operationen bietet ILOG Script noch eine Reihe höherer Funktionen, die in Tabelle 5.4 aufgeführt sind.

Tabelle 5.4 Höhere mathematische Funktionen in ILOG Script

Funktion	Beschreibung
`Math.abs(x)`	Absolutwert von x
`Math.min(x,y)`	Minimum von x und y
`Math.max(x,y)`	Maximum von x und y
`Math.ceil(x)`	Kleinste ganze Zahl >= x
`Math.floor(x)`	Größte ganze Zahl <= x
`Math.round(x)`	Nächste ganze Zahl zu x
`Math.sqrt(x)`	Quadratwurzel von x

`Math.sin(x),`
`Math.cos(x),`
`Math.tan(x),`
`Math.asin(x),`
`Math.acos(x),`
`Math.atan(x)`
	Trigonometrische Funktionen

`Math.exp(x)`	Exponentialfunktion (e^x)
`Math.log(x)`	Natürlicher Logarithmus
`Math.pow(x,y)`	x^y
`Math.random()`	Pseudo-Zufallszahl zwischen 0 (inklusive) und 1 (exklusive)

Man beachte, dass ILOG Script andere eingebaute Funktionen enthält als OPL. Wiederholt sei hier erwähnt, dass OPL-Funktionen (wie beispielsweise `card()`) in ILOG Script durch vorangestelltes „`Opl.`" genutzt werden können, wie Beispiel 5.5 illustriert. Umgekehrt können ILOG-Script-Funktionen nicht im OPL-Programmcode verwendet werden. Kapitel 5.3.5 zeigt, wie auch eigene ILOG-Script-Funktionen definiert werden können.

5.3.3 Zahlenbereiche, Felder und Mengen

OPL-Zahlenbereiche (`range`) besitzen in ILOG Script einige auswertbare Eigenschaften, die in Tabelle 5.5 aufgeführt sind. In Beispiel 5.8 werden diese veranschaulicht.

Tabelle 5.5 Eigenschaften von OPL-Zahlenbereichen in ILOG Script

Eigenschaft	Beschreibung
`b.LB`	Untere Grenze (lower bound) des Zahlenbereichs b
`b.size`	Anzahl Elemente im Zahlenbereich b (nicht definiert für `float range`)
`b.UB`	Obere Grenze (upper bound) des Zahlenbereichs b

Beispiel 5.8

```
 1 range ganzeZahlen = 1..10;
 2 execute {
 3    writeln(ganzeZahlen.LB + " " + ganzeZahlen.UB + " "
 4       + ganzeZahlen.size);
 5 }
 6 range float floatZahlen = 1.5..10.5;
 7 execute {
 8    writeln(floatZahlen.LB + " " + floatZahlen.UB + " "
 9       + floatZahlen.size);
10 }
```

Beispiel 5.8 erzeugt folgende Ausgabe:

```
 1 10 10
 1.5 10.5 undefined
```

Auch für OPL-Felder und für OPL-Mengen (wie {float} oder {string}) steht in ILOG Script eine Reihe von Eigenschaften und Funktionen zur Verfügung, die in Tabelle 5.6 bzw. Tabelle 5.7 aufgeführt werden. Entsprechende Anwendungsbeispiele wurden bereits in Beispiel 5.5 und Beispiel 5.7 illustriert.

Tabelle 5.6   Eigenschaften und Funktionen von OPL-Feldern in ILOG Script

Eigenschaft bzw. Funktion	Beschreibung
f.size	Eigenschaft: Anzahl der Elemente der Indexmenge des Feldes f
f[i]	Feld-Operator: Zugriff auf das i-te Element des Feldes f

Tabelle 5.7   Eigenschaften und Funktionen von OPL-Mengen in ILOG Script

Eigenschaft bzw. Funktion	Beschreibung
m.size	Eigenschaft: Anzahl der Elemente der Menge m
m.clear()	Leert die Menge m.
m.add(elmt)	Fügt das neue Element elmt hinzu.
m.contains(elmt)	Prüft, ob elmt in m enthalten ist.
m.remove(elmt)	Löscht das Element elmt aus m.

Man beachte hier nochmals, dass sowohl OPL-Wertebereiche als auch OPL-Mengen und sogar OPL-Felder als Indexmengen für ILOG-Script-for-Schleifen verwendet werden können. Im Falle eines Feldes wird hierbei die Indexmenge des Feldes herangezogen. Beispiel 5.7 enthält einige konkrete Anwendungsfälle.

5.3.4 Zeichenkettenverarbeitung

ILOG Script bietet viele nützliche Operatoren und Funktionen zur Verarbeitung von Zeichenketten (siehe Tabelle 5.8). Einer der Operatoren, der Operator „+" zur Verbindung von zwei Zeichenketten (sogenannte Konkatenation), wurde bereits in Beispiel 5.8 verwendet. Durch ihn kann darüber hinaus auch eine Zeichenkette mit einer ILOG-Script-Variable, die keine Zeichenkette repräsentiert, verknüpft werden. Das Ergebnis wird dann automatisch in eine Zeichenkette umgewandelt.

Umgekehrt gibt es Funktionen zur Umwandlung einer Zeichenkette in eine Zahl. Die Funktion `parseInt(s)` liefert die ganze Zahl, die durch die Zeichenkette s beschrieben ist – `parseFloat(s)` liefert entsprechend die Fließkommazahl.

Für eine gegebene Zeichenkette s liefert `s.length` die Anzahl der enthaltenen Zeichen. Man beachte, dass `s.length` ohne Klammern geschrieben wird, weil `length` keine Methode, sondern eine Eigenschaft der Zeichenkette s ist (siehe Tabelle 5.8).

Die Methode `s.substring(von,bis)` liefert einen Ausschnitt der Zeichenkette s, beginnend beim Index `von` – das erste Zeichen in s hat dabei den Index 0 – und endet unmittelbar vor dem Zeichen mit dem Index `bis`. `"abcdef".substring(0,3)`

Tabelle 5.8 ILOG-Script-Operatoren, Eigenschaften von und Funktionen für Zeichenketten

Operator / Eigenschaft / Funktion	Beschreibung
`s+t`	Konkatenation der Zeichenketten s und t
`s==t, s!=t`	Gleichheit bzw. Ungleichheit von s und t
`s<t, s<=t, s>t, s>=t`	Lexikalischer Vergleich von s und t
`s.length`	Eigenschaft: Anzahl der Zeichen in s
`s.charAt(i)`	Gibt das i-te Zeichen der Zeichenkette s zurück.
`s.indexOf(t)`	Sucht die Zeichenkette t innerhalb der Zeichenkette s und gibt deren Index zurück bzw. -1, wenn nicht gefunden.
`s.lastIndexOf(t)`	Wie `indexof()`, nur wird s vom Ende ausgehend durchsucht.
`s.split(t)`	Zerlegt s anhand der Trennzeichenkette t in Teilketten; gibt ein Feld zurück.
`s.substring(i,j)`	Schneidet aus s einen Teil heraus, beginnend beim i-ten Zeichen, bis zum `(j-1)`-ten Zeichen.
`s.toLowerCase()`	Wandelt s in Kleinbuchstaben um.
`s.toUpperCase()`	Wandelt s in Großbuchstaben um.
`parseFloat(s)`	Wandelt s in eine Fließkommazahl um.
`parseInt(s)`	Wandelt s in eine ganze Zahl um.
`eval(s)`	Interpretiert s als ILOG-Script-Programmcode, führt ihn aus und gibt das Ergebnis zurück.

ergibt also "abc", "abcdef".substring(3,5) ergibt "de". Die Methode s.charAt(position) liefert das Zeichen an der Stelle position (siehe Tabelle 5.8).

Die Methode s.indexOf(suche) durchsucht die Zeichenkette s nach (dem ersten Auftreten) der Zeichenkette suche und liefert deren Position zurück, bzw. -1, wenn suche nicht in s enthalten ist. "abcdef".indexOf("abc") ergibt demnach 0, "abcdef".indexOf("de") ergibt 3, wohingegen "abcdef".indexOf("A") den Rückgabewert -1 liefert. s.lastIndexOf(suche) funktioniert analog zu s.indexOf(suche), nur dass hierbei die Suche nicht vom Beginn, sondern vom Ende der Zeichenkette ausgehend stattfindet.

Die Methoden s.toLowerCase() und s.toUpperCase() geben jeweils eine neue Zeichenkette zurück, in der alle Zeichen aus s in Kleinbuchstaben bzw. Großbuchstaben umgewandelt sind.

Die Methode s.split(trenner) zerlegt eine Zeichenkette anhand der Trennzeichenkette trenner, und liefert ein (ILOG-Script-)Feld aller getrennten Komponenten zurück. So ergibt var f = "abc,d,ef".split(",") ein Feld f mit den drei Elementen f[0]="abc", f[1]="d", f[2]="ef" (siehe auch Beispiel 5.9).

Die Funktion eval(s) interpretiert die Zeichenkette s als ILOG-Script-Ausdruck, wertet diesen aus und gibt das Ergebnis zurück. Das kann sehr hilfreich sein, wenn beispielsweise Eingabedaten Formeln enthalten, die ausgewertet werden müssen – etwa zur Bestimmung von Produktionskosten. Die Verwendung der Funktion wird – zusammen mit der Methode zur Zeichenkettenzerlegung – in Beispiel 5.9 veranschaulicht.

Beispiel 5.9

```
1 {string} produkte = {"U-A", "U-B", "M-100", "M-200"};
2 {string} preise = {"U-A:100", "U-B:1000/3", "M-100:300+50",
3                    "M-200:2*300"};
4 float preis[produkte];
5 execute {
6    for (var p in preise) {
7    //p ist eine Zeichenkette der Form "produkt:preisformel"
8    // diese wird zerlegt, ihre Komponenten im Feld feld gespeichert
9       var feld = p.split(":");
10      var produkt = feld[0];
11      var formel = feld[1];
12      preis[produkt] = eval(formel);   //Schreiben des OPL-Feldes preis
13   }
14   writeln(preis); //Ausgabe im Scriptingprotokoll: [100 333.33 350 600]
15 }
```

5.3.5 Definition eigener Funktionen

ILOG Script erlaubt – anders als OPL – neben den eingebauten Funktionen auch die Definition von eigenen, anwendungsspezifischen Funktionen. Dies wird in Beispiel 5.10 demonstriert. Es enthält zwei ILOG-Script-Blöcke: Im ersten Block wird eine neue Funktion trim() definiert, die im zweiten Block dann verwendet wird, um eine

Textausgabe dadurch zu formatieren, dass vorangehende und nachfolgende Leerzeichen gelöscht werden. Man erkennt, dass eigene Funktionen wie folgt definiert werden: Dem Schlüsselwort `function` folgt in Zeile 3 der Name der neuen Funktion (hier: `trim`) zusammen mit der Liste der Funktionsparameter (hier nur ein Parameter: `s`), und anschließend ein Block von Anweisungen (Zeilen 4 bis 8). Dabei muss (mindestens) eine `return`-Anweisung enthalten sein, um die Funktion zu beenden und einen Wert zurückzugeben (hier: Zeile 8). Die neu definierte Funktion kann dann genau wie eingebaute Funktionen in ILOG-Script-Programmcode verwendet werden (Zeilen 12 bis 16). Die (nicht zwangsläufige) Aufteilung auf zwei Script-Blöcke zeigt auf, dass einmal definierte Funktionen – im Gegensatz zu ILOG-Script-Variablen – auch in späteren Script-Blöcken verwendet werden können.

Tabelle 5.9 ILOG-Script-Sprachelemente zur Definition neuer Funktionen

Schlüsselwort	Beschreibung
`function`	definiert eine neue ILOG-Script-Funktion
`return`	innerhalb einer Funktionsdefinition: beendet die Funktion und gibt einen Wert zurück

Beispiel 5.10

```
 1 execute {
 2    //trim() entfernt Leerzeichen von beiden Enden der Zeichenkette s
 3    function trim(s) {
 4       var a = 0;          //Index des ersten Nicht-Leerzeichens in s
 5       while (s.charAt(a) == " ") a++;
 6       var z = s.length-1; //Index des letzten Nicht-Leerzeichens in s
 7       while (s.charAt(z) == " ") z--;
 8       return s.substring(a, z+1);
 9    }
10 }
11 execute {
12    writeln(trim("U-A"));
13    writeln(trim(" U-A"));
14    writeln(trim("U-A "));
15    writeln(trim(" U-A "));
16    writeln(trim("  U-A  "));
17 }
```

Beispiel 5.10 erzeugt folgende Ausgabe (auch rechts von „U-A" befindet sich jeweils kein Leerzeichen):

```
U-A
U-A
U-A
U-A
U-A
```

5.4　Lösung Fallbeispiel 3

Unter Verwendung der in diesem Kapitel eingeführten ILOG-Script-Grundlagen zeigt Beispiel 5.11 eine vollständige Lösung von Fallbeispiel 3 vom Beginn des Kapitels. In den Zeilen 6 bis 10 erfolgt in einem **execute**-Block die Umrechnung der Deckungsbeiträge von EUR in USD. Zur Iteration über die Menge **produkte** – einem zuvor deklarierten und initialisierten OPL-Datenelement – wird eine **for**-Schleife verwendet. Nach der Optimierung wird der in den Zeilen 26 bis 31 hinzugefügte **execute**-Block ausgeführt. In Zeile 27 erfolgt die textuelle Ausgabe des Zielfunktionswerts, in den Zeilen 28 bis 30 wird – erneut unter Verwendung einer **for**-Schleife – über alle Produkte iteriert und unter anderem jeweils die optimale Produktionsmenge textuell ausgegeben. In Zeile 29 erfolgt die Konkatenation verschiedener Elemente (vgl. Kapitel 5.3.4) zur Erzeugung einer Textzeile, die dann per **writeln** in das Scriptingprotokoll ausgegeben wird.

Beispiel 5.11 (Lösung von Fallbeispiel 3)

```
 1 {string} produkte = {"U-A", "U-B", "U-C"};
 2 {string} maschinen = {"M1", "M2", "M3"};
 3 int nachfrage[produkte] = [300, 200, 150];
 4 float db[produkte] = [110, 140, 156];
 5 float dollarkurs = 1.25;
 6 execute { //Umrechnung DB von EUR in USD
 7    for (var p in produkte) {
 8       db[p] = dollarkurs*db[p];
 9    }
10 }
11 int kapazitaet[maschinen] = [120, 140, 110];
12 float maschinenbedarf[produkte, maschinen] = [[0.2, 0.3, 0.5],
13                                               [0.4, 0.2, 0.5],
14                                               [0.3, 0.6, 0.7]];
15
16 dvar int+ menge[produkte]; //Geplante Produktion
17 maximize sum(p in produkte) db[p]*menge[p];
18
19 subject to {
20    forall(m in maschinen) sum(p in produkte)
21       maschinenbedarf[p, m]*menge[p] <= kapazitaet[m];
22    forall(p in produkte)
23       menge[p] <= nachfrage[p];
24 }
25
26 execute { //Ausgabe Ergebnisse
27    writeln("Gesamt DB: $" + cplex.getObjValue());
28    for (var p in produkte) {
29       writeln("Produkt: " + p + " Produktion: " + menge[p]);
30    }
31 }
```

Mit einer optimalen Lösung `menge1 = 6`, `menge2 = 200` und `menge3 = 10` ergibt sich der optimale Zielfunktionswert 37 775 [USD].

Beispiel 5.11 erzeugt folgende Ausgabe im Scriptingprotokoll-Fenster:

```
// solution (optimal) with objective 37775
Gesamt DB: $37775
Produkt: U-A Produktion: 6
Produkt: U-B Produktion: 200
Produkt: U-C Produktion: 10
```

5.5 Aufgaben

1. Grenzen Sie OPL-Datenelemente von ILOG-Script-Variablen ab.
2. Durch welchen Befehl können Sie die Anzahl der Elemente einer Menge in OPL bzw. ILOG Script ermitteln?
3. Finden Sie alle Fehler in dem folgenden Beispielprogrammcode. Wie sieht daraufhin die generierte Ausgabe im Scriptingprotokoll aus?

```
1 {int} produkte = {1, 2, 3, 4, 5};
2 int anzahl = card(produkte);
3
4 int menge[anzahl] = [3, 7, 6, 5, 4];
5
6 execute Vorabberechnungen{
7     var zaehler = 0;
8     for (i in anzahl)
9         zaehler += menge[i];
10
11    if (anzahl < 25)
12        writeln("Nur wenige Produkte sind zu beachten.");
13    else if (anzahl = 25)
14        writeln("Es sind genau 25 Produkte zu beachten.");
15    else
16        writeln("Es sind viele Produkte zu beachten.");
17
18    writeln("Die durchschnittliche Menge pro Produkt beträgt:
19                (zaehler/anzahl)");
20    writeln("Teile die Produktanzahl auf 5 neue Produkte"
21               + "zu gleichen Teilen auf.")
22
23    produkte.clear();
24
25    var abbruch == false;
26    var neu = 0;
```

```
27    while (abbruch is not true){
28        neu++;
29        produkte = add(neu);
30        if (card(produkte) == anzahl) {
31            abbruch = true;
32        }
33    }
34    writeln();
35    writeln("Produkt     Anzahl");
36    writeln("_____");
37    for (var i = 1; i <= anzahl; i++) {
38        menge[i] = zaehler/anzahl;
39        writeln("   ", i, "              ", produkte[i]);
40    }
41 }
```

4. Wie lassen sich Funktionen aus OPL in ILOG Script und umgekehrt nutzen?

5. Nennen und erläutern Sie die drei beschriebenen Möglichkeiten, eine Schleife aufzu-
   bauen.

Modellierung mit Tupeln 6

Mit den in den bisherigen Kapiteln beschriebenen Sprachelementen können kleine bis mittelgroße OPL-Modelle aufgebaut werden, die auch eine generische Parametrisierung erlauben. Häufig müssen in praktischen Anwendungen jedoch sehr große Datenmengen verarbeitet werden, die durch zusammenhängende und komplexe Datentypen gekennzeichnet sind. Mit den Sprachelementen und Techniken, die im Folgenden vorgestellt werden, können grundsätzlich hunderttausende oder gar Millionen von Datensätzen verarbeitet werden. Die Beschränkungen ergeben sich dann in der Regel nur noch durch die Effizienz der Modellierung.

Das zentrale Sprachelement für komplexe Datentypen in OPL ist das sogenannte *Tupel*. Dabei handelt es sich um einen strukturierten Datentyp, der mehrere Datenelemente auch unterschiedlicher Typen in einem Datenelement zusammenfasst. Dies ist ein zentraler Unterschied zu den Datentypen aus Kapitel 4, bei welchen beispielsweise ein Feld ausschließlich gleichartige Elemente zusammenfasst. Die Modellierung auf Basis von Tupeln ist ein wesentliches Charakteristikum von OPL. Sie unterscheidet sich zentral von der klassischen Vorgehensweise der Modellierung ausschließlich auf Basis von etwa Zahlenbereichen und Feldern. Daher wird das Thema in diesem Kapitel sehr ausführlich behandelt, um einen umfassenden Eindruck von den vielfältigen und häufig recht eleganten Möglichkeiten, die sich durch eine tupelbasierte Modellierung ergeben, aufzuzeigen. Insbesondere werden Analogien zur Strukturierung von Daten in Datenbanken, Tabellenkalkulationen oder auch objektorientierten Programmiersprachen aufgezeigt.

Die Erläuterungen in den Teilkapiteln erfolgen im erweiterten Kontext des folgenden Fallbeispiels. Auf dieser Basis beinhaltet schließlich das Kapitel 6.4 mehrere alternative Lösungsmöglichkeiten.

© Springer-Verlag GmbH Deutschland, ein Teil von Springer Nature 2021
S. Nickel et al., *Angewandte Optimierung mit IBM ILOG CPLEX Optimization Studio*, https://doi.org/10.1007/978-3-662-62185-1_6

RideEasy Fallbeispiel 4: Erweiterung des Produktprogramms

RideEasy plant, auf die zunehmend individuellen Kundenbedürf-
nisse zu reagieren und die Breite und Tiefe des angebotenen Produktprogramms deutlich auszubauen. In diesem Zusammenhang besteht für RideEasy die Möglichkeit, mehrere Konkurrenzfirmen zu akquirieren und so über zahlreiche weitere weltweit verteilte
Werke zu verfügen. Die Produktionsplanung würde somit deutlich komplexer.

Durch die potenzielle Akquise könnten in Zukunft 100 000 Produktvarianten (Produkte) an 100 verschiedenen Standorten (Werken) produziert werden (die zugehörigen
Datensätze sind auf der Website zum Buch verfügbar). Der Produktionsvorstand hat
für jedes Produkt definiert, an welchen Standorten – unter Berücksichtigung von vorhandenen Genehmigungen, zur Verfügung stehenden Maschinen etc. – dieses grundsätzlich hergestellt werden kann bzw. darf (Produktionsoptionen). Jedes Werk verfügt
über eine maximale aggregierte Produktionskapazität für die Gesamtheit aller in der
Planungsperiode herstellbaren Produktvarianten. Darüber hinaus ist für jedes Produkt
die (zu erfüllende) Nachfrage ermittelt worden. Je nach Produktionsstandort fallen für
jede Variante unterschiedliche Produktionskosten je hergestelltem Fahrrad an.

Zur Entscheidung über die Akquise soll im Rahmen einer mittelfristigen Produktionsplanung nun – unter Berücksichtigung der Produktionsoptionen – die Produktion
so auf die Werke verteilt werden, dass alle Nachfragen erfüllt werden. Dabei müssen
nicht alle herzustellenden Mengeneinheiten einer Produktvariante am selben Standort
produziert werden. Die Zielsetzung besteht darin, die Gesamtproduktionskosten zu
minimieren. Auslieferungskosten sowie Kundenstandorte sind zu vernachlässigen.

6.1 Der Datentyp Tupel

Ein Tupel in OPL fasst mehrere Datenelemente zu einem komplexen Datenelement
zusammen. Das Konzept basiert auf dem mathematischen Tupelbegriff. Demzufolge ist
ein Tupel eine Zusammenfassung von n ($n \in \mathbb{N}^+$) Elementen zu einer Liste, wobei die
Reihenfolge (bzw. Position) der Elemente innerhalb des Tupels eine Rolle spielt. Ein
Tupel wird mathematisch als expliziter Ausdruck einer Relation zwischen Elementen
aufgefasst. Informationstechnisch entspricht ein Tupel einer Zeile einer Tabelle – etwa in
einer Tabellenkalkulations-Datei oder in einer relationalen Datenbank. Ferner bestehen
enge Bezüge zu strukturierten Datentypen in höheren Programmiersprachen – etwa dem
„struct" aus den Sprachen C und C++ – sowie Ähnlichkeiten zu Klassen aus der objektorientierten Programmierung. Für Leser mit fortgeschrittenen Programmierkenntnissen
sei jedoch darauf hingewiesen, dass für Tupel in OPL im Gegensatz zur objektorientierten Programmierung weder Vererbung noch Objektmethoden existieren.

Tabelle 6.1 OPL-Sprachelemente für Tupel

Schlüsselwort	Beschreibung
tuple	Definition Datentyp
.	Punkt-Operator
<>	Tupelinitialisierung

6.1.1 Definition, Deklaration und Initialisierung

Auch wenn Tupel in der Regel als Datentypen bezeichnet werden, so handelt es sich dabei letztlich zunächst nur um eine generische Konstruktion, die eine weitere Konkretisierung erfordert. Denn vor der Deklaration und Initialisierung von Tupeln muss zunächst die (eigene) Definition des zugrundeliegenden *Tupeltyps* erfolgen. Diese legt den genauen Aufbau für entsprechende Tupel fest – d. h. aus welchen weiteren Datenelementen sie sich zusammensetzen und welche Datentypen diese jeweils aufweisen. Grundsätzlich wird somit unterschieden in Tupeltypen – also im Modell definierten strukturierten Datentypen – und deren konkreten Instanzen, den eigentlichen Datenelementen vom jeweiligen Tupeltyp, kurz, den Tupeln.

Beispiel 6.1

```
1 tuple Produkt {
2     string name;
3     int nachfrage;
4 }
5 Produkt p = <"U-A",300>;
6
7 string produktName = p.name;
8 int produktNachfrage = p.nachfrage;
```

In Beispiel 6.1 wird zunächst der neue Tupeltyp Produkt definiert (Zeilen 1 bis 4). Dieser fasst die beiden Datenelemente name und nachfrage zusammen. Die Elemente von Tupeln (bzw. Tupeltypen) werden in OPL benannt – in Beispiel 6.1 mit name bzw. nachfrage – und nicht etwa nummeriert. Tupelelemente werden auch *Attribute* genannt. Die Elemente (oder Attribute) eines Tupels können – wie im Beispiel – elementare Datentypen sein (wie float, int, oder string, vgl. Kapitel 3), aber auch Elemente zusammengesetzter Datentypen wie Felder, Mengen (vgl. Kapitel 4) oder wiederum Tupel. Entscheidungsvariablen (dvar) oder -ausdrücke (dexpr) (vgl. Kapitel 3.2 und 3.3) können hingegen nicht als Tupelelemente verwendet werden.

> Tipp 11   *Felder und Mengen als Tupelelemente*
>
> In der Praxis spielen Felder oder Mengen als Elemente von Tupeln kaum eine Rolle. Das liegt insbesondere daran, dass die resultierenden verschachtelten Strukturen in der Regel nicht kompatibel mit externen Datenquellen wie etwa Tabellenkalkulations-Dateien (vgl. Kapitel 7.3) sind. Ferner bestehen einige technische Einschränkungen. So sind beispielsweise keine Felder des Datentyps string und

keine mehrdimensionalen Felder als Tupelelemente verwendbar. Des Weiteren sind die resultierenden Strukturen immer auch alternativ durch andere Konstrukte darstellbar. An dieser Stelle wird daher nicht weiter auf Felder und Mengen als Tupelelemente eingegangen und bei Interesse auf die Hilfe des Studios verwiesen.

Beispiel 6.1 zeigt eine Möglichkeit, wie eine einzelne Instanz – d. h. ein Tupel – eines bestimmten Tupeltyps erzeugt werden kann (Zeile 5). Durch die Deklaration (`Produkt p`) wird das Tupel mit der Bezeichnung p (vom Tupeltyp `Produkt`) erstellt. Durch die Initialisierung (`= <"U-A",300>`) erhalten die beiden Attribute von p konkrete Werte. Das Attribut `name` erhält den Wert `"U-A"`, das Attribut `nachfrage` den Wert `300`. Die Reihenfolge der in den eckigen Klammern angegebenen Werte muss dabei genau der Reihenfolge in der Definition des Tupeltyps `Produkt` entsprechen.

Danach wird in Beispiel 6.1 gezeigt, wie auf den Inhalt – d. h. auf die Werte der einzelnen Attribute eines Tupels – zugegriffen werden kann (Zeilen 7 bis 8). Die Attribute eines Tupels werden dazu mit dem sogenannten *Punkt-Operator* – in der Form `tupel.attribut` – referenziert. Dazu werden die Werte der Tupelelemente beispielhaft den beiden Modellparametern `produktName` und `produktNachfrage` – beide von einfachem, elementarem Datentyp – zugewiesen. Tabelle 6.1 fasst die zentralen OPL-Sprachelemente für Tupel zusammen.

6.1.2 Verknüpfung von Tupeln

Im Gegensatz zu Mengen und Feldern (vgl. Tipp 11) spielen Tupel als Elemente von Tupeln eine wichtige Rolle. Beispiel 6.2 illustriert eine Möglichkeit, wie Tupel als Attribute anderer Tupel deklariert und initialisiert werden können.

Beispiel 6.2

```
 1 tuple Produkt {
 2    string name;
 3    int nachfrage;
 4 }
 5
 6 tuple Auftrag {
 7    int auftragsnummer;
 8    Produkt produkt;
 9    int menge;
10 }
11
12 Auftrag a = <1,<"U-A",300>,10>;
13
14 int auftragANummer = a.auftragsnummer;
15 string auftragAProduktName = a.produkt.name;
16 float auftragAProduktNachfrage = a.produkt.nachfrage;
17 int auftragAMenge = a.menge;
18
19 Produkt p = <"U-B",200>;
20 Auftrag b = <2,p,15>;
```

Im Beispiel enthält der Tupeltyp `Auftrag` als ein Attribut ein Element des Typs `Produkt` (Zeile 8). Dadurch wird jedem Auftrag (genau) ein bestimmtes Produkt zugeordnet. Auf Basis der Tupeldefinitionen wird nun ein verschachteltes Datenelement a – d. h. ein konkreter Auftrag – erzeugt (Zeile 12). Da das Attribut `produkt` des Tupels a wiederum selbst ein Tupel ist, referenziert etwa `a.produkt.nachfrage` direkt das Attribut `nachfrage` des Attributs `produkt` von a. Insgesamt besitzt das Datenelement a somit die folgenden Elemente: `a.auftragsnummer` (Wert 1), `a.produkt` (Tupel des Typs Produkt) – wobei auf die Unterelemente mit `a.produkt.name` (Zeichenkette „U-A") und `a.produkt.nachfrage` (Wert 300) zugegriffen werden kann – und `a.menge` (Wert 10). Grundsätzlich ist eine solche Verschachtelungshierarchie beliebig tief aufbaubar und über die hintereinandergeschaltete Verwendung des Punkt-Operators direkt zugreifbar.

Eine alternative Möglichkeit der Erzeugung von verschachtelten Tupeln wird am Ende von Beispiel 6.2 bei Datenelement b aufgezeigt (Zeilen 19 bis 20). Hier wird zunächst das entsprechende Tupel vom Typ `Produkt` mit Namen p deklariert und initialisiert. Anschließend wird p bei der Initialisierung des Auftrags b verwendet.

Die bisherigen Sprachelemente erlauben offensichtlich nur die isolierte Modellierung konkreter Tupel und die explizite Verknüpfung mit einzelnen weiteren Tupeln. Realistische Modelle behandeln in der Regel eine große Anzahl von Aufträgen, Produkten, Produktionen etc. Dazu verwendet man Mengen von Tupeln, die in OPL eine sehr wichtige Rolle spielen und in Kapitel 6.2 behandelt werden.

6.1.3 Tupel in ILOG Script

Wie in Kapitel 5.2 ausgeführt, können OPL-Datenelemente auch in ILOG Script verwendet werden. Sie werden dort ebenfalls direkt über ihre OPL-Bezeichnung referenziert. Im Zusammenhang mit Tupeln wird dort auch der Punkt-Operator zum Zugriff auf Tupelelemente unterstützt.

Beispiel 6.3

```
1 tuple Produkt {
2    string name;
3    int nachfrage;
4 }
5 tuple Auftrag {
6    int auftragsnummer;
7    Produkt produkt;
8    int menge;
9 }
10 Auftrag a = <1,<"U-A",300>,10>;
11
12 execute {
13    writeln(a);
14    writeln(a.auftragsnummer);
```

```
15    writeln(a.produkt);
16    writeln(a.produkt.name);
17    writeln(a.produkt.nachfrage);
18    writeln(a.menge)
19 }
```

In Beispiel 6.3 werden zunächst wieder die Tupeltypen Produkt und Auftrag definiert und anschließend das Tupel a erzeugt (Zeilen 1 bis 10). Dieses wird im darauffolgenden ILOG-Script-Block (Zeilen 12 bis 19) verwendet, indem sowohl a selbst als auch Teile von a mittels writeln (vgl. Kapitel 5.1) textuell im Scriptingprotokoll ausgegeben werden:

```
<1 <"U-A" 300> 10>
1
<"U-A" 300>
U-A
300
10
```

Es lässt sich erkennen, dass komplexe Datenelemente – im Beispiel das Element a bzw. a.produkt – in ILOG Script komplett strukturiert ausgegeben werden. Ein wesentlicher Unterschied zwischen OPL und ILOG Script besteht darin, dass in ILOG Script die Notation „<>" zur Initialisierung von Tupeln nicht existiert. Beispiel 6.4 zeigt, wie stattdessen vorgegangen werden kann. Es ist ersichtlich, dass das Tupel q vom Typ Produkt im Gegensatz zu Tupel p in OPL zwar deklariert, aber zunächst nicht initialisiert wird (Zeilen 5 bis 6). Im anschließenden ILOG-Script-Block werden zu Beginn beide Tupel textuell ausgegeben (Zeilen 8 bis 9, siehe die zugehörige Ausgabe unten). Wie zu sehen ist, ist Tupel q zwar existent, enthält aber nur Default-Werte für die Attribute („" bzw. 0). Anschließend werden den Attributen von q erstmalig Werte zugewiesen (q.name = "U-B"; q.preis = 200;), die von der anschließenden textuellen Ausgabe korrekt dargestellt werden (Zeilen 10 bis 12).

Beispiel 6.4

```
1 tuple Produkt {
2     string name;
3     int nachfrage;
4 }
5 Produkt p = <"U-A",300>;
6 Produkt q;
7 execute {
8     writeln(p);
9     writeln(q);
10    q.name = "U-B";
11    q.nachfrage = 200;
12    writeln(q);
13 }
```

Beispiel 6.4 verdeutlicht außerdem, dass in ILOG Script der Punkt-Operator auch für die Zuweisung von Attributwerten und nicht nur – wie in OPL – zum Zugriff auf die Attribute verwendet werden kann. Vielmehr ist es in ILOG Script möglich, einmal zugewiesene Attributwerte beliebig oft zu ändern.

Ausgabe im Scriptingprotokoll-Fenster zu Beispiel 6.4:

```
<"U-A" 300>
<"" 0>
<"U-B" 200>
```

Beispiel 6.5 verdeutlicht abschließend einen weiteren wichtigen Aspekt von Tupeln, der im Zusammenhang mit ILOG Script zum Tragen kommt. Die Tupel p und q werden zunächst ausgegeben (Zeilen 8 bis 9, siehe zugehörige Ausgabe unten) und anschließend wird das Tupel q mit dem „=“-Operator komplett mit dem Tupel p „überschrieben“, was die anschließende Ausgabe zeigt (Zeilen 10 bis 11). Wichtig in diesem Zusammenhang ist zu verstehen, dass Tupel in OPL, genau wie Objekte in der objektorientierten Programmierung, der sogenannten *Referenzsemantik* folgen und somit durch den „=“-Operator keine Kopie erzeugt wird. Das bedeutet, dass beide Platzhalter p und q faktisch im Hintergrund dasselbe Tupel referenzieren. Im Beispiel wird dies dadurch deutlich, dass q.name (also nicht p.name) auf den Wert "U-C" gesetzt wird und die anschließende Ausgabe von p ebenfalls den veränderten Inhalt <"U-C" 300> anzeigt (Zeilen 12 bis 14).

Beispiel 6.5

```
1 tuple Produkt {
2     string name;
3     int nachfrage;
4 }
5 Produkt p = <"U-A",300>;
6 Produkt q = <"U-B",200>;
7 execute {
8     writeln(p);
9     writeln(q);
10    q = p;
11    writeln(q);
12    q.name = "U-C";
13    writeln(q);
14    writeln(p);
15 }
```

Ausgabe im Scriptingprotokoll-Fenster zu Beispiel 6.5:

```
<"U-A" 300>
<"U-B" 200>
<"U-A" 300>
<"U-C" 300>
<"U-C" 300>
```

6.2 Tupelmengen

Wie bereits in Kapitel 4.3 sowie in Kapitel 6.1 angemerkt, können Tupel in Mengen zusammengefasst werden (sogenannte *Tupelmengen*). Tabelle 6.2 fasst einige OPL-Sprachelemente für Tupelmengen zusammen. Informationstechnisch kann man sich eine Tupelmenge als eine Tabelle etwa in einer Tabellenkalkulations-Datei oder in einer Datenbank vorstellen. Jede Zeile der Tabelle entspricht einem einzelnen Tupel, und die gesamte Tabelle der Menge der Zeilen bzw. Tupel. Die Typen der einzelnen Spalten der Tabelle – d. h. das Tabellenschema – bestehen genau aus dem zugehörigen Tupeltyp der enthaltenen Tupel. Aufgrund dieser Analogien können Tupelmengen besonders leicht aus externen Datenquellen wie Tabellenkalkulationen befüllt werden, wie in Kapitel 7.3 deutlich werden wird. Unter anderem deshalb sind Tupel und Tupelmengen auch bei der Modellierung mit OPL von besonderer Bedeutung.

Tabelle 6.2 OPL-Sprachelemente für Tupelmengen

Schlüsselwort	Beschreibung
`key`	Definition Schlüsselattribut
`with`	Verknüpfung von Tupelmengen
`item(menge, schlüssel)`	OPL-Funktion zum Zugriff auf einzelne Elemente von Mengen

6.2.1 Initialisierung, Filterung und Laufbereiche

Tabelle 6.3 stellt beispielhaft eine Daten-Tabelle dar, die aus drei Spalten (*Region*, *Name* und *Kapazitaet*) und fünf Datenzeilen (ohne die Titelzeile) besteht. Jede der Datenzeilen kann in OPL durch ein Tupel beschrieben werden. Der zugehörige Tupeltyp enthält die Attribute *Region*, *Name* und *Kapazitaet*. Die ganze Tabelle kann somit als eine Tupelmenge mit fünf enthaltenen Tupeln aufgefasst werden. Beispiel 6.6 zeigt die entsprechende Umsetzung in OPL unter Verwendung der Tupelmenge `werke` (Zeile 14). Da eine Tupelmenge technisch ein Spezialfall einer Menge ist, erklärt sich die Syntax und Verwendung unmittelbar aus den Ausführungen zu Mengen aus Kapitel 4.3. Außerdem wird in Beispiel 6.6 noch eine Menge `produkte` der angebotenen Produkte erzeugt (Zeile 12), wobei die zugrunde liegende Tupeldefinition der bisherigen aus Kapitel 6.1 entspricht.

Tabelle 6.3 Beispieldaten der Tupelmenge `werke`

Region	Name	Kapazitaet
NA	Nordamerika-Werk	200
SA	Südamerika-Werk	150
EU	Europa-Werk	300
AF	Afrika-Werk	180
AS	Asien-Werk	100

Beispiel 6.6

```
 1 tuple Produkt {
 2     string name;
 3     int nachfrage;
 4 }
 5
 6 tuple Werk {
 7     string region;
 8     string name;
 9     int kapazitaet;
10 }
11
12 {Produkt} produkte = {<"U-A",300>, <"U-B",200>, <"U-C",100>};
13
14 {Werk} werke = {
15       <"NA","Nordamerika-Werk",200>, <"SA","Südamerika-Werk",150>,
16       <"EU","Europa-Werk",300>, <"AF","Afrika-Werk",180>,
17       <"AS","Asien-Werk",100>
18 };
```

Wie bei Mengen im Allgemeinen können im Zusammenhang mit Tupelmengen auch Filter (vgl. Kapitel 4.2.5) verwendet werden, um abgeleitete Mengen zu erzeugen. So wird in Beispiel 6.7 die Menge amerikaWerke als Menge vom Typ Werk definiert. Sie ist eine abgeleitete Menge, da sie eine Teilmenge der Menge werke darstellt, für deren Elemente eine bestimmte Bedingung gilt – in diesem Fall die Werke in Nord- oder Südamerika. Diese Bedingung wird über Filter entsprechend den Ausführungen aus Kapitel 4.3.2 zur Initialisierung generischer Mengen formuliert. Die beiden senkrechten Striche „||" stehen dabei für ein logisches Oder, wie es auch von Kapitel 5.3.2 aus ILOG Script bereits bekannt ist. Eine ausführliche Erklärung zu logischen Operatoren in OPL erfolgt in Kapitel 8.1.

Beispiel 6.7

```
 1 include "beispiel_6.06.mod";
 2
 3 {Werk} amerikaWerke =
 4    {w | w in werke: w.region=="NA" || w.region=="SA"};
 5 Werk suedamerikaWerk = first({w | w in werke: w.region == "SA"});
```

Steht im Vorhinein fest, dass durch einen Filter genau ein Tupel aus einer Tupelmenge herausgesucht wird, so ist es häufig wünschenswert, das Ergebnis nicht als (einelementige) Menge, sondern direkt als Tupel abzuspeichern. Hierfür stellt OPL selbst keine explizite Funktionalität zur Verfügung. Ein gängiger Workaround besteht darin, auf die Ergebnismenge die Funktion first() (vgl. Kapitel 4.3.5) anzuwenden, um das erste (und einzige) Element herauszusuchen. Dies wird in Zeile 5 von Beispiel 6.7 illustriert. Alternativ können mit ILOG Script die Methoden find() und get() verwendet werden, um ein einzelnes Element herauszusuchen und als Tupel abzulegen (siehe Tabelle 6.5 in Kapitel 6.2.5).

Bei der Iteration über Tupelmengen – wie sie in Beispiel 6.7 bei der Initialisierung von amerikaWerke mittels `w in werke` erfolgt – existiert in OPL eine nützliche alternative Vorgehensweise. So können anstelle eines einzelnen Platzhalters für ein Tupelelement der Menge (im Beispiel w) auch Tupel von Attribut-Platzhaltern verwendet werden. Der Aufbau des Tupels muss dabei unter Berücksichtigung der Attributreihenfolge dem Aufbau des zugrundeliegenden Tupeltyps entsprechen. Die Bezeichnung der Platzhalter ist beliebig. In Beispiel 6.8 wird das Vorgehen demonstriert. Das Tupel von Attributplatzhaltern ist hier `<r,n,k>`. Die resultierende Menge ist identisch zu amerikaWerke aus Beispiel 6.7.

Beispiel 6.8

```
1 include "beispiel_6.06.mod";
2
3 {Werk} amerikaWerke = {<r,n,k> | <r,n,k> in werke: n=="NA" || n=="SA"};
```

Durch diese alternative Vorgehensweise entstehen zum einen häufig übersichtlichere Modelle, zum anderen ergeben sich laufzeittechnische Vorteile im Zusammenhang mit der Anwendung bestimmter Filter-Techniken, die als *Slicing* bezeichnet werden (vgl. Kapitel 6.3.1). Das Vorgehen ist grundsätzlich immer dann verwendbar, wenn Tupelmengen als Laufbereich eingesetzt werden sollen, was neben der Initialisierung generischer Mengen, also etwa auch bei der Initialisierung generischer oder generisch indizierter Felder sowie bei Aggregatoperatoren und dem `forall`-Quantor, der Fall sein kann.

Die geschilderte Verwendung von Platzhaltern auf Attributebene kann im Rahmen der Initialisierung von Tupelmengen auch ausgenutzt werden, um gänzlich neue Tupelelemente aus verschiedenen zugrundeliegenden Mengen oder Konstanten auf Attributebene „zusammenzusetzen". So wird in Beispiel 6.9 eine Tupelmenge produktionsOptionen erzeugt, die für Produktionsmöglichkeiten steht. Für dieses Beispiel sei unterstellt, dass jede Produktvariante in jedem Werk gefertigt werden kann, sodass in der Menge alle möglichen Kombinationen von Produktvarianten und Werken abgelegt sind. Mathematisch entspricht dies dem Kreuzprodukt dieser beiden Mengen. Als Tupeltyp für diese Kombinationen wird ProduktionsOption definiert.

Beispiel 6.9

```
1 include "beispiel_6.06.mod";
2
3 tuple ProduktionsOption {
4    Produkt produkt;
5    Werk werk;
6 }
7
8 {ProduktionsOption} produktionsOptionen =
9    {<p,w> | p in produkte, w in werke};
```

Natürlich ist es auch möglich, bei der Initialisierung von produktionsOptionen das Kreuzprodukt durch die Anwendung von Filtern weiter einzuschränken, um nur bestimmte Kombinationen einzuschließen. Des Weiteren sei darauf hingewiesen, dass je nach Typ der Attribute der zusammengesetzten Tupel die zugrundeliegenden Mengen nicht zwangsläufig – wie hier im Beispiel – Tupelmengen sein müssen.

Zusammenfassend betrachtet illustrieren die dargestellten Beispiele, wie logische Ausdrücke (vgl. dazu Kapitel 8.1) zusammen mit Tupeln und Tupelmengen verwendet werden, um Mengen zu filtern und Teilmengen zu bilden. Analog dazu können auch Daten aus unterschiedlichen Tupelmengen miteinander verknüpft werden (vgl. Kapitel 6.2.4). Es besteht eine unmittelbare Analogie zu (relationalen) Datenbanken, bei denen in der Regel sogenannte *SQL-Abfragen* verwendet werden, um Tabellen zu filtern und zu verknüpfen. Eine abgeleitete Menge in OPL entspricht somit einer sogenannten *Ansicht* (*View*) in SQL.

6.2.2 Entscheidungsvariablen

Häufig soll im Rahmen einer Modellierung für jedes Element einer Tupelmenge eine zugehörige Entscheidungsvariable angelegt werden. So könnte es etwa im Zusammenhang mit Beispiel 6.9 gewünscht sein, im Rahmen der Optimierung zu ermitteln, wie viele Einheiten jedes Produktes in den einzelnen Werken hergestellt werden sollen. Ein von Neueinsteigern häufig versuchter Lösungsansatz besteht darin, dem Tupeltyp ProduktionsOption ein weiteres Attribut „menge" hinzuzufügen, das dann „irgendwie" als Entscheidungsvariable fungiert. Allerdings ist ein derartiges Vorgehen in OPL nicht möglich, da Attribute von Tupeln nicht als Entscheidungsvariablen definiert werden können. Das gängige Vorgehen besteht stattdessen darin, für die gewünschte Entscheidungsvariable ein Feld anzulegen (in diesem Fall mit der Bezeichnung produktionsMenge), das als Laufbereich für den Feldindex die entsprechende Tupelmenge verwendet. Das Vorgehen wird in Beispiel 6.10 illustriert.

Beispiel 6.10

```
 1 include "beispiel_6.09.mod";
 2
 3 /*
 4 tuple ProduktionsOption {
 5    Produkt produkt;
 6    Werk werk;
 7    int produktionsMenge; <-- nicht als Entscheidungsvariable festlegbar
 8 }*/
 9
10 dvar int+ produktionsMenge[produktionsOptionen];
```

6.2.3 Schlüsselattribute

Häufig ist es sinnvoll, ein oder mehrere Attribute eines Tupeltyps als sogenannte *Schlüsselattribute* festzulegen. Diese sind insbesondere für die Verknüpfung von Tupelmengen relevant (vgl. Kapitel 6.2.4). Schlüsselattribute sind Attribute, durch die ein Tupel in einer Menge eindeutig identifiziert werden kann. In Beispiel 6.11 wird bei der Definition des Tupeltyps `Werk1` das Attribut `region` als Schlüsselattribut gekennzeichnet, was impliziert, dass es in jeder Region nur maximal ein Werk geben darf. Dies geschieht durch das Schlüsselwort `key`.

Beispiel 6.11

```
1 tuple Werk1 {
2     key string region;
3     string name;
4     int kapazitaet;
5 }
6 /* //Achtung, die folgenden Zeilen würden eine Fehlermeldung erzeugen,
7    //siehe Text!
8    {Werk1} werke1 = {
9         <"NA","Nordamerika-Werk",200>, <"EU","Europa-Werk 1",300>,
10        <"EU","Europa-Werk 2",300>, <"NA","Nordamerika-Werk",200>
11   };
12   execute { writeln(werke1); }
13 */
14
15 tuple Werk2 {
16    key string region;
17    key string name;
18    int kapazitaet;
19 }
20 {Werk2} werke2 = {
21        <"NA","Nordamerika-Werk",200>, <"EU","Europa-Werk 1",300>,
22        <"EU","Europa-Werk 2",300>, <"NA","Nordamerika-Werk",200>
23 };
24 execute { writeln(werke2); }
```

In Beispiel 6.11 lässt sich erkennen, dass die (auskommentierte) Tupelmenge `werke1`, die sich aus Elementen vom Typ `Werk1` zusammensetzt, mehrere Duplikate bzgl. des Schlüsselattributs `region` enthält. Zum einen ist das Tupel `<"NA","Nordamerika-Werk",200>` doppelt vorhanden. Das Duplikat ist vollständig – d. h. auch bzgl. der weiteren Attribute `name` und `kapazitaet` – identisch. Analog zu dem aus Kapitel 4.3 bekannten Verhalten von Mengen, nimmt OPL das Tupel beim Einlesen (ohne Fehlermeldung) nur einmal auf. Die Menge `werke1` würde nach der Initialisierung somit nur einmal das Tupel `<"NA","Nordamerika-Werk",200>` enthalten. Zum anderen sind die Tupel `<"EU","Europa-Werk 1",300>` und `<"EU","Europa-Werk 2",300>`

bzgl. des Schlüsselattributs `region` identisch, unterscheiden sich aber in mindestens einem anderen Attribut. Da aber per Definition des Tupeltyps `Werk1` alle Tupel in jeder Menge bzgl. der Schlüsselattribute eindeutig sein müssen und gleichzeitig OPL das zweite Tupel nicht einfach aus der Menge `werke1` entfernen kann – weil die beiden Tupel nicht identisch sind – würde OPL bei der Initialisierung der Menge `werke1` eine Fehlermeldung erzeugen und die Ausführung abbrechen. Die in Beispiel 6.11 angegebene Initialisierung der Menge `werke1` ist somit fehlerhaft. Die fehlerhafte Initialisierung kann durch das Entfernen eines der beiden Tupel mit dem Schlüsselattribut „EU" behoben werden.

Auch die Tupelmenge `werke2` enthält Duplikate, allerdings basiert diese auf einem – im Hinblick auf die Schlüsselattribute – anders definierten Tupeltyp `Werk2`. Das Tupel `<"NA","Nordamerika-Werk",200>` ist auch hier doppelt aufgeführt und das Duplikat wird – wie bei der Initialisierung von `werke1` – „automatisch" aus der Menge entfernt. Die Tupel `<"EU","Europa-Werk 1",300>` und `<"EU","Europa-Werk 2",300>` sind keine Duplikate und nun auch nicht mehr uneindeutig, da im zugrundeliegenden Tupeltyp `Werk2` definiert ist, dass der Schlüssel sich aus mehreren Attributen zusammensetzt. Von diesen Schlüsselattributen unterscheidet sich aber zumindest ein Bestandteil – in diesem Fall das Attribut `name`. Damit ist diese Definition der Menge `werke2` korrekt. Die Menge `werke2` enthält nach der Initialisierung die drei Elemente `<"NA","Nordamerika-Werk",200>`, `<"EU","Europa-Werk 1",300>` und `<"EU","Europa-Werk 2",300>`.

Es kann somit festgehalten werden, dass Tupel durch ein oder mehrere Schlüsselattribute eindeutig identifizierbar sind. Fachlich lässt sich in dem Beispiel folgender Unterschied modellieren: `Werk1` impliziert, dass jedes Werk durch die Angabe der Region bereits eindeutig identifiziert ist, also in jeder Region maximal ein Werk existiert. Bei `Werk2` hingegen kann es in jeder Region mehrere Werke geben – vgl. etwa die Werke „Europa-Werk 1" und „Europa-Werk 2" in Beispiel 6.11. Außerdem könnte es sogar Werke geben, die denselben Namen haben, sich aber in unterschiedlichen Regionen befinden. OPL überprüft jeweils syntaktisch, ob diese fachlichen Bedingungen in den Daten gegeben sind.

Wichtig im Zusammenhang mit Schlüsseln ist, dass sich die Eindeutigkeit – definiert durch die mit `key` gekennzeichneten Schlüsselattribute – immer nur isoliert auf die einzelnen Mengen bezieht, denen ein Tupel angehört. Es ist somit durchaus möglich unterschiedliche Tupel desselben Tupeltyps mit denselben Werten der Schlüsselattribute zu erzeugen, insofern sie nicht in denselben Tupelmengen zum Einsatz kommen. Ferner ist zu beachten, dass der Fall, dass sich ein Schlüssel aus allen Attributen eines Tupels zusammensetzt, gleichbedeutend damit ist, überhaupt keine Schlüssel festzulegen.

Das dargestellte Konzept der Schlüssel ist aus der Logik von Datenbanksystemen adaptiert und insbesondere für die Verknüpfung von Tupelmengen von entscheidender Bedeutung, wie im folgenden Kapitel verdeutlicht wird.

6.2.4 Verknüpfung von Tupelmengen

Analog zur Verknüpfung von Tabellen in Datenbanken auf Basis sogenannter *Fremd-schlüsselbeziehungen* kann in OPL eine explizite Verknüpfung von Tupelmengen vorge-nommen werden. Tabelle 6.4 enthält beispielhaft einen Auszug aus einer Liste zulässiger Produktionsoptionen. Im Vergleich zu Kapitel 6.2.1 sind somit nun nicht mehr zwangs-läufig alle Kombinationen von Werken und Produkten möglich. Die erlaubten Kombi-nationen ergeben sich aus den ersten beiden Spalten der Tabelle. Diese beziehen sich faktisch auf Elemente zweier anderer Tabellen, den Produkten und den Werken. Ferner werden für die einzelnen Fahrradvarianten die Produktionskosten, die mit der Herstel-lung in einem bestimmten Werk verbunden sind, pro Stück erfasst.

Tabelle 6.4 Beispieldaten der Tupelmenge produktionsOptionen

Produkt	Werk	Kosten [EUR]
U-A	NA	10
U-A	SA	20
U-B	EU	40
U-C	AF	60
U-C	AS	50

Beispiel 6.12

```
1 tuple Produkt {
2    key string name;
3    int nachfrage;
4 }
5
6 tuple Werk {
7    key string region;
8    string name;
9    int kapazitaet;
10 }
11
12 {Produkt} produkte = {<"U-A",300>, <"U-B",200>, <"U-C",100>};
13
14 {Werk} werke = {
15      <"NA","Nordamerika-Werk",200>, <"SA","Südamerika-Werk",150>,
16      <"EU","Europa-Werk",300>, <"AF","Afrika-Werk",180>,
17      <"AS","Asien-Werk",100>
18 };
```

Beispiel 6.13

```
1 include "beispiel_6.12.mod";
2
3 tuple ProduktionsOption {
```

```
 4     key Produkt produkt;
 5     key Werk werk;
 6     float kosten;
 7 }
 8
 9 {ProduktionsOption} produktionsOptionen
10     with produkt in produkte, werk in werke = {
11         <<"U-A">,<"NA">,10>, <<"U-A">,<"SA">,20>, <<"U-B">,<"EU">,40>,
12         <<"U-C">,<"AF">,60>, <<"U-C">,<"AS">,50>
13 };
```

Beispiel 6.12 und Beispiel 6.13 illustrieren, wie in OPL eine derartige Beziehung mithilfe entsprechender Tupelmengen abgebildet werden kann. Die Definition von Produkt, produkte, Werk und werke in Beispiel 6.12 folgt dabei Beispiel 6.6, allerdings wurden zusätzlich Schlüsselattribute festgelegt.

Darauf aufbauend wird in Beispiel 6.13 – analog zu Beispiel 6.9 – ein Tupeltyp ProduktionsOption definiert (Zeilen 3 bis 7). Dieser enthält – neben den Referenzen auf produkt und werk – ein weiteres Attribut kosten für die zugehörigen Produktionskosten. Auf Basis dieses Tupeltyps wird jetzt eine Tupelmenge erzeugt, die Tabelle 6.4 entspricht (Zeilen 9 bis 12). Entgegen Beispiel 6.9 repräsentiert diese jetzt nicht mehr das Kreuzprodukt aller Produkte und Werke, sondern ergibt sich explizit. Dabei resultieren aufgrund der Verwendung der Schlüssel die folgenden Besonderheiten:

- Bei der Deklaration der Tupelmenge produktionsOptionen wird – analog zum Aufbau von Fremdschlüsselbeziehungen in Datenbanken – explizit angegeben, aus welcher Tabelle bzw. Tupelmenge die zugehörigen Werte bzw. Tupel für die beiden Attribute stammen. Dazu wird das Schlüsselwort with im Ausdruck der Form „with attribut in tupelMenge" verwendet. Im Beispiel erfolgt somit eine zweifache Verknüpfung der Tupelmenge produktionsOptionen, einerseits mit der Tupelmenge produkte, andererseits mit der Tupelmenge werke, siehe Abb. 6.1.

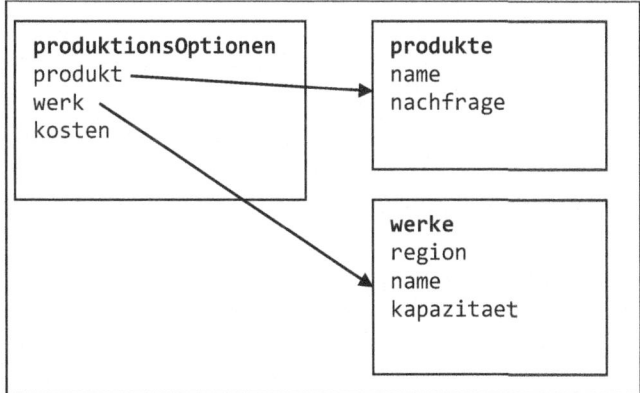

Abb. 6.1 Zweifache Verknüpfung der Tupelmenge

- Bei der anschließenden Initialisierung der Tupelmenge `produktionsOptionen` müssen die einzelnen in den Attributen referenzierten Tupel nur noch anhand des Schlüsselattributs angegeben werden. So ist im Beispiel für die Tupeltypen `Produkt` und `Werk` jeweils nur ein Attribut als Schlüsselattribut festgelegt (`name` bzw. `region`). Folglich reicht es aus, beispielsweise die Produktionsmöglichkeit von Produkt U-A im Nordamerika-Werk durch `<<"U-A">,<"NA">,10>` zu initialisieren. Die Verknüpfung mit den entsprechenden Tupeln aus den Tupelmengen `produkte` und `werke` – in diesem Fall mit dem Tupel `<"U-A",300>` bzw. dem Tupel `<"NA","Nordamerika-Werk",200>` – erfolgt daraufhin automatisch.

OPL überprüft in Beispiel 6.13 die Daten automatisch auf die aus Datenbanken bekannte *referenzielle Integrität*. Das bedeutet, dass sichergestellt wird, dass die Menge `produktionsOptionen` nur solche Tupel vom Typ `Produkt` bzw. `Werk` referenziert, die in der Menge `produkte` bzw. `werke` auch tatsächlich existieren. Andernfalls wird OPL eine Fehlermeldung ausgeben.

Des Weiteren sei darauf hingewiesen, dass in Beispiel 6.13 die beiden Referenzattribute `produkt` und `werk` zusammen – der inhaltlichen Logik entsprechend – den Schlüssel für ein einzelnes Element für ein Tupel vom Typ `ProduktionsOption` darstellen. Grundsätzlich können aber natürlich auch Attribute mit einfachen Datentypen (`string`, `int`, `float`) Schlüsselattribut sein, und umgekehrt muss ein Attribut, das eine andere Tupelmenge referenziert, nicht Teil des Schlüssels sein.

Beispiel 6.14

```
1 include "beispiel_6.13.mod";
2
3 ProduktionsOption opt1 = item(produktionsOptionen, 0);
4 float tupel1Kosten = opt1.kosten; //Zuweisung des Werts 10
5 string tupel1Werksname =
6   opt1.werk.name; //Zuweisung des Werts "Nordamerika-Werk"
7 ProduktionsOption opt2 = item(produktionsOptionen, <<"U-A">,<"NA">>);
```

Beispiel 6.14 illustriert weitergehend den Umgang mit verknüpften Tupelmengen. So kann etwa über die OPL-Funktion `item()` auf das Tupel mit dem Index 0 – d. h. auf das erste Tupel der Menge `produktionsOptionen`, zugegriffen werden (vgl. Kapitel 4.3.5 für die Funktion bei allgemeinen Mengen und Kapitel 4.3.4 zur internen Ordnung von Mengen in OPL). Dieses Tupel `opt1` kann dann wie gewohnt weiterverwendet werden. So kann beispielsweise über den Punkt-Operator auf sämtliche Elemente des Tupels zugegriffen werden.

Im Zusammenhang mit Tupelmengen bietet die Funktion `item()` noch eine alternative, häufig nützlichere Funktionalität. So kann damit aus einer Tupelmenge ein Tupel auch anhand seiner Schlüsselwerte aufgefunden und zurückgeliefert werden. Im Beispiel wird `opt2` das Tupel mit den Schlüsselwerten „U-A" und „NA" zugewiesen. Es ist zu beachten, dass im Beispiel damit `opt1` und `opt2` dasselbe Tupel referenzieren.

6.2.5 Tupelmengen in ILOG Script

Auch für Tupelmengen stellt ILOG Script eine Reihe nützlicher Funktionen bereit. Die Funktion `add()` fügt einer Tupelmenge ein neues Tupel hinzu. Die Funktion `remove()` entfernt ein Tupel aus einer Menge. Die Funktion `find()` sucht ein Tupel – analog zur OPL-Funktion `item()` (vgl. Kapitel 6.2.4) – in einer Menge und liefert den Wert `null`, falls kein passendes Tupel gefunden wurde. Die Funktion `get()` sucht ebenso ein Tupel aus einer Menge, bricht hingegen mit einer Fehlermeldung ab, wenn kein Tupel gefunden wird. Es ist zu beachten, dass die Funktionen `find()`, `get()` und `remove()` jeweils nur die Werte der Schlüsselattribute des Tupeltyps als Parameter benötigen, also beispielsweise `find("U-A","NA")`. Die Funktion `add()` hingegen benötigt die Angabe aller Attribute, also beispielsweise `add("U-A","AF",10)`.

Tabelle 6.5 ILOG-Script-Funktionen für Tupelmengen

Funktion	Eingabe	Beschreibung	Ergebnis
`tupleset.add()`	„Bezeichner".add (Element 1, ..., Element n)	Fügt ein neues Tupel hinzu.	-
`tupleset.remove()`	„Bezeichner".remove (Element 1, ..., Element n)	Löscht ein Tupel aus einer Menge.	-
`tupleset.find()`	„Bezeichner".find (Element 1, ..., Element n)	Sucht ein Tupel in einer Menge.	Gesuchtes Tupel oder `null`
`tupleset.get()`	„Bezeichner".get (Element 1, ..., Element n)	Liefert ein Tupel aus einer Menge.	Gesuchtes Tupel oder Fehlermeldung

Tabelle 6.5 stellt die Funktionen im Überblick dar. Beispiel 6.15 sowie die darauffolgende, zugehörige Programmausgabe demonstrieren einige Anwendungen der Funktionen.

Beispiel 6.15

```
1 include "beispiel_6.13.mod";
2
3 execute {
4     writeln(produktionsOptionen);
5     //Tupel mit Werk "MA" existiert nicht:
6     writeln(produktionsOptionen.find("U-A", "MA"));
7     var h = produktionsOptionen.find("U-A", "MA");
8     if (h == null) writeln("h == null");
9     writeln(produktionsOptionen.find("U-A", "NA"));
```

```
10     produktionsOptionen.add("U-A", "AF", 10);
11     writeln(produktionsOptionen);
12     writeln(produktionsOptionen.find("U-A", "AF"));
13     writeln(produktionsOptionen.get("U-A", "AF"));
14     produktionsOptionen.remove("U-A", "NA");
15     writeln(produktionsOptionen);
16 }
```

Ausgabe im Scriptingprotokoll-Fenster zu Beispiel 6.15:

```
{<<"U-A"> <"NA"> 10> <<"U-A"> <"SA"> 20> <<"U-B"> <"EU"> 40>
     <<"U-C"> <"AF"> 60> <<"U-C"> <"AS"> 50>}
null
h == null
<<"U-A"> <"NA"> 10>
{<<"U-A"> <"NA"> 10> <<"U-A"> <"SA"> 20> <<"U-B"> <"EU"> 40>
     <<"U-C"> <"AF"> 60> <<"U-C"> <"AS"> 50> <<"U-A">
           <"AF"> 10>}
<<"U-A"> <"AF"> 10>
<<"U-A"> <"AF"> 10>
{<<"U-A"> <"SA"> 20> <<"U-B"> <"EU"> 40> <<"U-C"> <"AF"> 60>
     <<"U-C"> <"AS"> 50> <<"U-A"> <"AF"> 10>}
```

6.3   Effiziente Modellierung mit Tupelmengen

6.3.1 Slicing

In Kapitel 6.2.1 wurde aufgezeigt, wie bei der Iteration über Tupelmengen anstelle eines einzelnen Platzhalters für ein Tupelelement der Menge auch Tupel von Attribut-Platzhaltern verwendet werden können. Wie im Folgenden gezeigt wird, bietet diese Modellierungsmöglichkeit weitere Vorteile im Zusammenhang mit der Formulierung bestimmter Filter. Es geht um den häufig vorkommenden Fall, dass verschiedene Tupelmengen geschachtelt durchlaufen werden sollen. Dabei müssen einzelne Tupel oder Tupelattribute des inneren Laufbereichs zu Tupeln oder Tupelattributen des äußeren in Beziehung gesetzt werden. Sind diese Beziehungen einfache Gleichheitsbeziehungen, dann erlaubt diese Modellierungsmöglichkeit eine übersichtliche und gleichzeitig effiziente Modellerstellung. Das entsprechende Vorgehen zum verschachtelten Durchlaufen von Tupelmengen mit Filterbedingungen wird auch als *Slicing* bezeichnet. Bildlich gesprochen werden dabei nacheinander verschiedene Bestandteile einer Tupelmenge auf effiziente Art „herausgeschnitten". Beispiele, bei denen die Technik häufig Anwendung findet, sind die Initialisierung generischer Felder, die Bildung abgeleiteter Mengen sowie allgemein die Schachtelung von Aggregatoperatoren und/oder dem forall-Quantor.

Beispiel 6.16

```
1 include "beispiel_6.13.mod";
2
3 //Implizites Slicing
4 int maxProdKapa1[p in produkte] =
5     sum (<p,w,k> in produktionsOptionen) w.kapazitaet;
6
7 //Explizites Slicing
8 int maxProdKapa2[produkt in produkte] =
9     sum (<p,w,k> in produktionsOptionen: produkt == p) w.kapazitaet;
```

Beispiel 6.16 illustriert die Anwendung des Slicings bei der Initialisierung eines generischen Feldes, das für jedes Produkt die Summe der maximalen, potentiellen Produktionskapazität ermittelt, indem für alle zugehörigen Produktionsoptionen – also zur Produktion genehmigten Werke – die Produktionskapazität des Werks aufaddiert wird. Somit können in der Regel nicht alle Produkte ihre jeweilige potentielle Produktionskapazität auch wirklich ausschöpfen, es sei denn, jedes Werk würde nur für (maximal) ein Produkt genehmigt werden (per Produktionsoption).

Bei der ersten Variante (maxProdKapa1) wird der Platzhalter p des Tupels <p,w,k> beim Durchlaufen der Tupelmenge produktionsOptionen jeweils auf den zuvor definierten Parameter p (das aktuelle p des generischen Feldes) festgesetzt. Dies führt dazu, dass nicht die komplette Tupelmenge produktionsOptionen durchlaufen werden muss, sondern der Teil „herausgeschnitten" wird, bei dem der Wert des Parameters p entsprechend gesetzt ist. Dieses Vorgehen wird auch *implizites Slicing* genannt, da derselbe Parameter sowohl beim Durchlaufen des Feldes (für alle [p in produkte]) als auch im Rahmen der Summenbildung verwendet und die entsprechende Verknüpfung „im Hintergrund" hergestellt wird. Bei der zweiten Variante (maxProdKapa2) wird hingegen diese Gleichheit explizit als Filter formuliert (produkt == p). Dieses Vorgehen wird entsprechend *explizites Slicing* genannt. Grundsätzlich müsste daher die vollständige Tupelmenge durchlaufen und der entsprechende Filter angewendet werden. Allerdings wird in der aktuellen Version von OPL vor der Modelllösung im Hintergrund automatisch aus der zweiten Variante die erste erzeugt. Somit ergeben sich heute keine Laufzeitunterschiede mehr und es kann die persönlich favorisierte Variante verwendet werden.

Beispiel 6.17 liefert analoge Vorgehensweisen im Zusammenhang mit der Schachtelung von forall und sum beim Aufbau von Nebenbedingungen. Hierbei ist anzumerken, dass beim Zugriff auf das Feld produktionsMenge lediglich die Schlüsselattribute angegeben werden müssen, sodass produktionsMenge[<p,w>] anstelle von produktionsMenge[<p,w,k>] verwendet werden kann.

Beispiel 6.17

```
1 include "beispiel_6.13.mod";
2
3 dvar int+ produktionsMenge[produktionsOptionen];
4
5 subject to {
6    //Implizites Slicing
7    forall (p in produkte)
8       sum (<p,w,k> in produktionsOptionen)
9          produktionsMenge[<p,w>] >= p.nachfrage;
10
11   //Explizites Slicing
12   forall (produkt in produkte)
13      sum (<p,w,k> in produktionsOptionen: p == produkt)
14         produktionsMenge[<p,w>] >= produkt.nachfrage;
15 }
```

6.3.2 Effiziente Zugriffstrukturen

Ein Nachteil von Tupelmengen besteht darin, dass sie einen ungeordneten Datentyp darstellen. Häufig soll im Rahmen eines Modells nach einer bestimmten Systematik jedoch mehrfach gezielt auf bestimmte Tupel oder Tupelattribute zugegriffen werden. Hierfür ist es zweckmäßig, auf Basis existierender Tupelmengen zusätzliche Felder zu erzeugen, die einen performanten und auch übersichtlichen Zugriff auf die gewünschten Elemente erlauben. Diese sind häufig sehr effizient durch die Anwendung von Slicing-Techniken erzeugbar (vgl. Kapitel 6.3.1).

Beispiel 6.18

```
1 include "beispiel_6.13.mod";
2
3 int maxProdKapa1[p in produkte] =
4    sum (<p,w,k> in produktionsOptionen) w.kapazitaet;
5
6 {Werk} produktWerke[p in produkte] =
7    {w | <p,w,k> in produktionsOptionen};
8 int maxProdKapa2[p in produkte] =
9    sum (w in produktWerke[p]) w.kapazitaet;
```

Zunächst werden Zugriffstrukturen behandelt, mit denen direkt auf bestimmte Tupelattribute zugegriffen werden kann. In Beispiel 6.18 wird dazu zunächst die Initialisierung des Feldes maxProdKapa1 aus Beispiel 6.16 wiederholt (Zeilen 3 bis 4). Eine alternative Vorgehensweise ergibt sich bei der Erzeugung von maxProdKapa2. Dort wird zunächst – unter Verwendung der Slicing-Technik – eine Zugriffsstruktur produktWerke erzeugt, die als Feld von Mengen für jedes Produkt direkt die Menge der kompatiblen Werke speichert (Zeilen 6 bis 7). Dieses Feld wird anschließend bei der Initialisierung von maxProdKapa2 herangezogen (Zeilen 8 bis 9). Ist im Rahmen eines (erweiterten)

Modells die Ermittlung der kompatiblen Werke für jedes Produkt nicht nur einmalig zur Summenberechnung der Kapazitäten, sondern mehrfach erforderlich, hat der Direktzugriff auf die kompatiblen Werke über die wiederverwendbare Zugriffstruktur diverse Vorteile. Dazu zählen etwa Übersichtlichkeit, Vermeidung von Programmierfehlern aufgrund von Redundanzen sowie Laufzeitvorteile.

Beispiel 6.19 zeigt ergänzend, dass verschiedene – teilweise sinnvolle und teilweise verbreitete, aber weniger sinnvolle – alternative Möglichkeiten zur Erzeugung der Zugriffsstruktur produktWerke existieren:

- Die Initialisierung von produktWerke erfolgt – wie in Beispiel 6.18 – über ein generisches Feld unter Verwendung des impliziten Slicings (Zeilen 3 und 4).
- Ebenso werden produktWerke2 bis produktWerke5 über generische Felder mit verschiedenen Arten der Nutzung von implizitem und explizitem Slicing initialisiert (Zeilen 6 bis 17).
- produktWerke6 schließlich wird durch einen ILOG-Script-Programmcode gefüllt. Hier wird mit einer for-Schleife einmal über alle Tupel der Menge produktionsOptionen iteriert. Dabei wird für jedes Tupel opt das Werk opt.werk der zum Produkt opt.produkt gehörenden Menge hinzugefügt (Zeilen 19 bis 23).

Beispiel 6.19

```
1 include "beispiel_6.13.mod";
2
3 {Werk} produktWerke[p in produkte] =
4    {w | <p,w,k> in produktionsOptionen};
5
6 {Werk} produktWerke2[p in produkte] =
7    {w | <produkt,w,k> in produktionsOptionen: p == produkt};
8
9 {Werk} produktWerke3[p in produkte] =
10    {opt.werk | opt in produktionsOptionen: p == opt.produkt};
11
12 {Werk} produktWerke4[p in produkte] =
13    {w | w in werke: <<p.name>,<w.name>> in produktionsOptionen};
14
15 {Werk} produktWerke5[p in produkte] =
16    {w | opt in produktionsOptionen, w in werke:
17        opt.werk==w && opt.produkt==p};
18
19 {Werk} produktWerke6[produkte];
20 execute {
21    for (var opt in produktionsOptionen)
22        produktWerke6[opt.produkt].add(opt.werk);
23 }
```

Führt man Laufzeitmessungen für die verschiedenen Initialisierungsvarianten durch, so zeigen sich erhebliche Unterschiede in der Performanz (zur Messung von Laufzeiten in OPL, siehe Kapitel 9.3). Insbesondere die Erzeugung der Strukturen `produkt-Werke4` und `produktWerke5` ist wesentlich langsamer als die der übrigen. Wichtig ist hier zu verstehen, dass die Konstruktion von Datenzugriffsstrukturen einen erheblichen Einfluss auf die Laufzeit-Performanz von Modellen haben kann. Es empfiehlt sich in der Regel, unterschiedliche Ansätze zu testen – insbesondere dann, wenn die Laufzeit eines Modells bzw. des Aufbaus von Datentypen innerhalb des Modells unerwartet lang ausfällt.

Abschließend werden effiziente Zugriffstrukturen für Tupel behandelt. In Kapitel 4.3.5 wurde bereits die Funktion `item()` eingeführt. Mit dieser kann aus einer Tupelmenge anhand des Schlüssels das zugehörige Tupel herausgesucht werden. So wird in Beispiel 6.20 auf Basis der Tupelmenge `produkte` zunächst das zu dem Schlüssel `"U-A"` gehörige Tupel ermittelt und `produktUA1` zugewiesen (Zeile 3). Sollte im Rahmen des Modells allerdings mehrfach eine entsprechende Ermittlung anhand des Namens erfolgen, so ist eine andere Vorgehensweise auf Basis eines zusätzlichen Feldes gegebenenfalls zweckmäßiger. Dafür wird in Beispiel 6.20 das generisch indizierte Tupelfeld `produkt` erzeugt (Zeile 6). Dieses erlaubt den direkten Zugriff auf das entsprechende Produkt aus der Menge `produkte` anhand des Schlüsselwerts `p.name`, der als Index des Feldes dient. Neben etwaigen Laufzeitvorteilen ermöglicht die Erzeugung eines solchen separaten Feldes große Flexibilität. So können im Rahmen der Initialisierung etwa direkt – d. h. ohne explizite Definition von abgeleiteten Mengen – zusätzliche Filter verwendet werden. Ferner muss der Index des resultierenden Feldes nicht zwangsläufig dem Schlüssel der zugrundeliegenden Gesamt-Tupelmenge entsprechen.

Beispiel 6.20

```
1 include "beispiel_6.12.mod";
2
3 Produkt produktUA1 = item(produkte, <"U-A">);
4
5 {string} namen = {p.name | p in produkte};
6 Produkt produkt[namen] = [p.name: p | p in produkte];
7 Produkt produktUA2 = produkt["U-A"];
```

Es ist zu beachten, dass das Feld `produkt` alternativ und inhaltlich äquivalent – aber gegebenenfalls weniger performant – auch als generisches Feld über den Ausdruck `Produkt produkt2[n in namen] = item(produkte,<n>);` deklariert und initialisiert werden könnte. Auch hier empfiehlt sich im jeweiligen Modellkontext die explizite Durchführung von Laufzeitvergleichen.

6.3.3 Effiziente und ineffiziente Modellierung von verknüpften Tupelmengen

Die Verwendung verknüpfter Tupel und Tupelmengen kann OPL-Modelle übersichtlicher und im Hinblick auf die Laufzeit-Performanz der Modelllösung insbesondere auch schneller machen. Wie Beispiel 6.14 gezeigt hat, ist ein einfacher Zugriff auf Attribute eines Tupels (opt.werk) wie auch auf die Attribute verknüpfter Tupel (z. B. opt.werk.name) möglich. Diese einfachen Zugriffsmöglichkeiten können auch im Rahmen von Filtern bei Aggregatoperatoren ausgenutzt werden. In Beispiel 6.21 werden etwa die (ungewichteten) mittleren Kosten für die Amerikawerke – über alle dort produzierbaren Produkte – unter Verwendung derartiger Zugriffmöglichkeiten berechnet (hier wäre natürlich alternativ wiederum die Vorwegdefintion einer abgeleiteten Menge poA = opt in produktionsOptionen: opt.werk.name=="Nordamerika-Werk" || opt.werk.name=="Südamerika-Werk" zu überlegen).

Beispiel 6.21

```
 1 include "beispiel_6.13.mod";
 2
 3 float summeKostenA =
 4    sum (opt in produktionsOptionen:
 5       opt.werk.name=="Nordamerika-Werk" ||
 6       opt.werk.name=="Südamerika-Werk")
 7       opt.kosten;
 8
 9 int nProdukteA = card({opt.produkt | opt in produktionsOptionen:
10    opt.werk.name=="Nordamerika-Werk" ||
11    opt.werk.name=="Südamerika-Werk"});
12
13 float durchschnittsKostenA = summeKostenA / nProdukteA;
```

Allerdings unterlaufen gerade Neueinsteigern bei der Modellierung mit Tupeln häufig Fehler, die derartige Vorteile wieder konterkarieren. Einen oft gemachten Fehler demonstriert Beispiel 6.22 als vermeintlich alternative Formulierungsmöglichkeit für den in Beispiel 6.13 abgebildeten Zusammenhang. Hier referenziert das Tupel produktionsOptionen nicht direkt die Tupel vom Typ Produkt bzw. Werk, sondern beinhaltet nur string-Attribute. Diese wiederum erhalten bei der Initialisierung von produktionsOptionen als Werte entsprechende Schlüsselwerte von Tupeln aus der Tupelmenge werke bzw. produkte. Das Modell ist so zwar grundsätzlich funktionsfähig, allerdings werden hier die Beziehungen zwischen den Tabellen nur „händisch" über die Schlüsselattribute nachgebaut. Es bestehen keine echten Tupelreferenzen.

Beispiel 6.22

```
 1 tuple Produkt {
 2    key string name;
 3    int nachfrage;
 4 }
 5
```

```
6 tuple Werk {
7    key string region;
8    string name;
9    int kapazitaet;
10 }
11
12 {Produkt} produkte = {<"U-A",300>, <"U-B",200>, <"U-C",100>};
13
14 {Werk} werke = {
15    <"NA","Nordamerika-Werk",200>, <"SA","Südamerika-Werk",150>,
16    <"EU","Europa-Werk",300>, <"AF","Afrika-Werk",180>,
17    <"AS","Asien-Werk",100>
18 };
19
20 tuple ProduktionsOption {
21    key string produkt;
22    key string werk;
23    float kosten;
24 }
25
26 {ProduktionsOption} produktionsOptionen = {
27    <"U-A","NA",10>, <"U-A","SA",20>, <"U-B","EU",40>,
28    <"U-C","AF",60>, <"U-C","AS",50>
29 };
```

Dies führt zu verschiedenen Nachteilen gegenüber der ursprünglichen Formulierung aus Beispiel 6.13. Zum einen kann OPL in Beispiel 6.22 die referenzielle Integrität nicht sicherstellen. Wenn etwa in produktionsOptionen fälschlicherweise ein Werk mit dem Kürzel "MA" (anstatt "NA") referenziert wird, würde keine Fehlermeldung ausgegeben werden. Damit fehlt eine wichtige Funktion zur technischen Validierung von Eingabedaten. Zum anderen besteht nun kein einfacher Zugriff auf Werte des referenzierten Tupels mehr. Die Schreibweise opt.werk.name ist beispielsweise nicht mehr möglich. Die zu Beispiel 6.21 analoge Summe müsste wie in Beispiel 6.23 gebildet werden. Hier sind also die passenden Tupel aus den Mengen produktionsOptionen bzw. werke explizit „zusammenzusuchen". Derartige Formulierungen sind offensichtlich deutlich umständlicher und wirken sich in der Regel negativ auf die Laufzeit-Performanz der Modelllösung aus, auch wenn gelegentlich durch die geschickte Anwendung von Slicing-Techniken – wie in Beispiel 6.23 erfolgt – eine gewisse Beschleunigung erreicht werden kann.

Beispiel 6.23

```
1 include "beispiel_6.22.mod";
2
3 float summeKostenNA =
4    sum (w in werke, <p,w.region,k> in produktionsOptionen:
5        w.name == "Nordamerika-Werk") k;
6
```

```
 7 int nProdukteNA =
 8    card({<p,w.region,k> | w in werke,
 9       <p,w.region,k> in produktionsOptionen:
10       w.name == "Nordamerika-Werk"});
11
12 float durchschnittsKostenNA = summeKostenNA / nProdukteNA;
```

Ein anderer häufiger Fehler ergibt sich dadurch, dass zwar die Tupel (entsprechend Kapitel 6.1.2), nicht aber die Tupelmengen verknüpft werden. Beispiel 6.24 enthält wiederum eine vermeintlich alternative Formulierungsmöglichkeit für den zuvor in Beispiel 6.13 abgebildeten Zusammenhang. Hierbei wird im Gegensatz zu Beispiel 6.22 in dem Tupeltyp ProduktionsOption wieder auf die Tupeltypen Produkt und Werk referenziert (siehe include-Befehl in Zeile 1).

Beispiel 6.24

```
 1 include "beispiel_6.13.mod";
 2
 3 {ProduktionsOption} produktionsOptionen2 = {
 4    <<"U-A",300>,<"NA","Nordamerika-Werk",200>,10>,
 5    <<"U-A",300>,<"SA","Südamerika-Werk",150>,20>,
 6    <<"U-B",200>,<"EU","Europa-Werk",300>,40>,
 7    <<"U-C",100>,<"AF","Afrika-Werk",180>,60>,
 8    <<"U-C",100>,<"AS","Asien-Werk",100>,50>,
 9    <<"U-C",100>,<"EU","Europa-Werk",299>,40>
10 };
```

Anstelle jedoch darauf basierend die Menge produktionsOptionen – wie in Beispiel 6.13 erläutert – zu erzeugen, erfolgt die Deklaration und Initialisierung häufig unvorteilhaft – wie in Beispiel 6.24 bei produktionsOptionen2 dargestellt. Hier werden zwar auch grundsätzlich verknüpfte Tupel verwendet, da der Tupeltyp ProduktionsOption auf Tupel vom Typ Produkt sowie Werk referenziert. Die Menge produktionsOptionen2 selbst ist aber mit keiner bestimmten Menge von Produkten oder Werken verknüpft (im Unterschied zu Beispiel 6.13 erfolgt hier keine Verknüpfung mit einer anderen Tupelmenge per with). Deshalb kann ein Element aus dieser Menge nicht einfach durch einen Ausdruck wie <<"U-A">,<"NA">,1> initialisiert werden. Denn für <"NA"> ist nirgends festgelegt, welchen Wert das zweite Attribut name hat. Daher müssen bei der Initialisierung von produktionsOptionen2 – anders als bei produktionsOptionen – jeweils explizit alle Attribute der verknüpften bzw. verschachtelten Tupel der Typen Produkt und Werk angegeben und somit initialisiert werden.

Ein weiterer wesentlicher Schwachpunkt dieser Konstruktion – ohne die explizite Verknüpfung der Tupelmengen mithilfe des Schlüsselworts with – besteht darin, dass die verschachtelt initialisierten Tupel unabhängig voneinander existieren und es leicht zu Daten-Inkonsistenzen kommt. So werden in Beispiel 6.24 etwa bei der Initialisierung von produktionsOptionen2 vom Anwender mehrfach Tupel <"U-A",300> als Attribut vom Typ `Produkt` initialisiert. Beide Vorkommnisse referenzieren faktisch im Hintergrund aber nicht dasselbe Tupel. Ferner werden im Rahmen der Initialisierung von `produktionsOptionen2` sowohl ein Tupel `<"EU","Europa-Werk", 300>` als auch ein Tupel `<"EU","Europa-Werk", 299>` – also zwei Tupel mit versehentlich unterschiedlichen Werten für `kapazitaet` – erzeugt. Die Verwendung entsprechend verknüpfter Tupelmengen würde derartige Daten-Inkonsistenzen verhindern.

6.4 Lösung Fallbeispiel 4: Effiziente Modellierung dünn besetzter Matrizen durch Tupelmengen

Auf Basis der Ausführungen und Beispiele der vorherigen Teilkapitel kann nun die Lösung des eingangs eingeführten Fallbeispiels erfolgen. Im Folgenden werden zur Ermöglichung einer expliziten Darstellung die stark verkleinerten Fallbeispiel-Daten mit nur drei Produkten und fünf Werken verwendet, die auch schon in den vorherigen Beispielen eingesetzt wurden. Das identische Modell – allerdings unter Einbezug der vollständigen Fallbeispiel-Daten mit 100 000 Produkten und 100 Werken – ist auf der Website zum Buch verfügbar.

Wie in den vorherigen Beispielen bereits ersichtlich, ist das entscheidende Element der Modellierung die Abbildung der Produktionsmöglichkeiten – d. h. die Verknüpfung von Produkten mit denjenigen Werken, in denen diese produziert werden können – sowie die Zuordnung entsprechender Produktionskosten. In vielen realen Optimierungsmodellen, insbesondere in der Produktions- und Transportplanung, müssen derartige Kompatibilitäten zwischen Gruppen von „Objekten" modelliert werden. Weitere Beispiele sind:

- Ein Produkt kann auf einer Maschine *a* gefertigt werden, nicht aber auf *b*.
- Ein Produktionsschritt kann auf einer Maschine *a* stattfinden, nicht aber auf *b*.
- Ein Kunde kann aus einem Werk *a* beliefert werden, nicht aber aus *b*.
- Transporte können von *a* nach *b* stattfinden, aber nicht von *a* nach *c* (beispielsweise, weil für letztere Verbindung kein Vertrag existiert).
- Eine Krankenschwester kann auf Station *a* arbeiten, aber nicht auf *b*.
- Ein Pilot ist nur für Flugzeuge des Typs *a* zugelassen, für alle anderen nicht.

6.4.1 Abbildung durch Matrix

Die übliche Herangehensweise zur Abbildung solcher Kompatibilitäten besteht darin, mögliche und nicht mögliche Kombinationen durch eine Binär-Matrix darzustellen. Tabelle 6.6 zeigt beispielhaft die entsprechende Darstellung der Produktionsmöglichkeiten für die bisher verwendeten Beispieldaten. Kann ein Produkt in einem Werk gefertigt werden, so steht an der entsprechenden Stelle der Matrix eine 1. Alle anderen Kombinationen sind unzulässig und mit 0 gekennzeichnet. Die Binär-Matrix kann in OPL entsprechend Beispiel 6.25 durch ein zweidimensionales Feld dargestellt werden.

Tabelle 6.6 Produktionsmöglichkeiten, definiert als Binär-Matrix

Produkt\Werk	NA	SA	EU	AF	AS
U-A	1	1	0	0	0
U-B	0	0	1	0	0
U-C	0	0	0	1	1

Beispiel 6.25

```
1 include "beispiel_6.12.mod";
2
3 //Definition der Produktionsmöglichkeiten als Binär-Matrix
4 int produktionsOptionen[produkte][werke] =
5   [[1, 1, 0, 0, 0], [0, 0, 1, 0, 0], [0, 0, 0, 1, 1]];
```

Liegen wie im Fallbeispiel für die zulässigen Kombinationen außerdem noch zugeordnete Werte vor – wie in diesem Fall die Produktionskosten – so ist es zweckmäßig, diese gleich an den entsprechenden Stellen in die Matrix aufzunehmen. Um eine Verwechslung zwischen einer unzulässigen Kombination und Kosten in Höhe von 0 zu vermeiden, ist hier beispielsweise der Wert -1 zu wählen (weil negative Kosten fachlich nicht sinnvoll sind). Die Kostenmatrix ergibt sich somit wie in Tabelle 6.7 dargestellt.

Tabelle 6.7 Produktionskosten, definiert als Matrix

Produkt\Werk	NA	SA	EU	AF	AS
U-A	10	20	-1	-1	-1
U-B	-1	-1	40	-1	-1
U-C	-1	-1	-1	60	50

Die zugehörige Umsetzung in OPL zeigt das folgende Beispiel 6.26.

Beispiel 6.26

```
1 include "beispiel_6.12.mod";
2
3 //Definition der Produktionsmöglichkeiten als Kostenmatrix
4 float produktionsKosten[produkte][werke] =
5   [[10, 20, -1, -1, -1], [-1, -1, 40, -1, -1], [-1, -1, -1, 60, 50]];
```

Auf dieser Basis stellt Beispiel 6.27 nun ein entsprechendes Optimierungsmodell auf, welches das Fallbeispiel löst. Dabei werden – analog zur Umsetzung der Matrix der Produktionskosten – die Entscheidungsvariablen als zweidimensionales Feld über den Mengen produkte und werke erzeugt.

Beispiel 6.27

```
 1 include "beispiel_6.26.mod";
 2
 3 //Entscheidungsvariablen
 4 dvar int+ produktionsMenge[produkte][werke];
 5
 6 //Zielfunktion
 7 minimize sum (p in produkte, w in werke)
 8       produktionsMenge[p][w]*produktionsKosten[p][w];
 9
10 //Nebenbedingungen
11 subject to {
12     //Nebenbedingungsgruppe 1: Deckung der Nachfrage
13     forall (p in produkte)
14         sum (w in werke) produktionsMenge[p][w] >= p.nachfrage;
15
16     //Nebenbedingungsgruppe 2: Einhaltung der Produktionskapazitäten
17     forall (w in werke)
18         sum (p in produkte) produktionsMenge[p][w] <= w.kapazitaet;
19
20     //Nebenbedingungsgruppe 3: Produktionsoptionen
21     forall (p in produkte, w in werke: produktionsKosten[p][w] < 0)
22         produktionsMenge[p][w] == 0;
23 }
```

Der optimale Zielfunktionswert von 17 000 [EUR] wird mit der optimalen Lösung: produktionsMenge = [[200 100 0 0 0], [0 0 200 0 0], [0 0 0 0 100]] erzeugt. Es ist zu beachten, dass die Produktionsoptionen – datentechnisch durch die entsprechenden nichtnegativen Einträge in der Matrix produktionsKosten dargestellt – explizit in der Nebenbedingungsgruppe 3 modelliert werden.

> *Tipp 12   Modellierung nicht erwünschter Werte im Programmcode*
>
> In der Kostenmatrix kann alternativ zur Verwendung einer „–1" auch unendlich bzw. in OPL die maximal mögliche / eine hinreichend große Zahl verwendet werden. In diesem Fall sorgt die Optimierung bei Zielsetzung der Kostenminimierung „automatisch" dafür, dass die entsprechenden Variablen in einer optimalen Lösung nicht vorkommen. Entsprechend wäre in Beispiel 6.27 die Nebenbedingungsgruppe 3 (Zeilen 21 und 22) nicht nötig.
>
> Auf die hohen Bewertungen würde nur dann fälschlicherweise zurückgegriffen werden, wenn das eigentliche Problem keine zulässige Lösung hätte. Dies wäre dann an unrealistisch hohen Zielfunktionswerten erkennbar. Ein entsprechendes Beispiel ist in der Lösung zur Anwendungsstudie „Transportplanung" (Kapitel 14) in Teil 2 des Buchs enthalten.

Die Anzahl aller Entscheidungsvariablen des Modells aus Beispiel 6.27 ergibt sich aus dem aus dem Produkt aus der Anzahl an Produkten und der Anzahl an Werken. Für die verkleinerten Fallbeispiel-Daten ergeben sich somit $3 \cdot 5 = 15$ Entscheidungsvariablen. Werden allerdings die tatsächlichen Fallbeispiel-Daten zugrunde gelegt, so ergeben sich aufgrund der 100 000 Produkte und 100 Werke sehr große Matrizen mit 10 Millionen Einträgen – d. h. auch die große Zahl von 10 Millionen Entscheidungsvariablen. Dabei ist von vornherein klar, dass ein sehr großer Teil dieser Variablen keine Verwendung finden kann, weil die zugehörige Kombination nicht zulässig ist – d. h. die entsprechende Binär-Matrix der Produktionsmöglichkeiten an der Stelle den Eintrag 0 bzw. die Kostenmatrix den Eintrag -1 ausweist. Im Rahmen der mathematischen Modellierung wird in diesem häufigen Fall auch davon gesprochen, dass die (Koeffizienten-)Matrix eines Modells *dünn besetzt* ist – d. h., dass viele Einträge den Wert 0 haben.

6.4.2 Abbildung durch Tupelmenge

Zur effizienten Abbildung dünn besetzter Matrizen können in OPL Tupelmengen eingesetzt werden. Dies wurde bereits in Beispiel 6.13 gezeigt. Die dort erzeugte Tupelmenge aus `produktionsOptionen` enthält – entgegen der Produktionskostenmatrix mit ihren 15 Einträgen, die der vorangehenden Modellierung zugrunde liegt (siehe Tabelle 6.7) – nur die fünf wirklich existierenden Produktionsoptionen bzw. Kompatibilitäten. Wie geschildert, können in realen Modellen die Kompatibilitätsmatrizen sehr groß werden. Sollten davon nur wenige Prozent besetzt sein, erspart die Darstellung als Tupelmenge gegenüber der Darstellung als zwei- oder gar mehrdimensionales Feld gegebenenfalls Millionen von Einträgen. Dadurch werden der Aufwand des Modellaufbaus aus den Eingabedaten sowie die Anzahl der Entscheidungsvariablen deutlich kleiner, sodass im Rahmen der Modelllösung Speicherplatzbedarf und Laufzeit in der Regel erheblich verringert werden können.

Beispiel 6.28

```
1 include "beispiel_6.26.mod";
2
3 tuple ProduktionsOption {
4    key Produkt produkt;
5    key Werk werk;
6    float kosten;
7 }
8
9 // Generierung der Tupelmenge auf Basis der Kosten-Matrix
10 {ProduktionsOption} produktionsOptionen with
11    produkt in produkte, werk in werke = {
12       <p,w,produktionsKosten[p][w]> | p in produkte,
13       w in werke: produktionsKosten[p][w] >= 0
14    };
15
16 //Entscheidungsvariablen
17 dvar int+ produktionsMenge[produktionsOptionen];
```

```
18
19 //Zielfunktion
20 minimize sum (opt in produktionsOptionen) produktionsMenge[opt]*opt.kosten;
21
22 //Nebenbedingungen
23 subject to {
24    //Nebenbedingungsgruppe 1: Deckung der Nachfrage
25    forall (p in produkte)
26        sum (<p,w,k> in produktionsOptionen)
27            produktionsMenge[<p,w>] >= p.nachfrage;
28
29    //Nebenbedingungsgruppe 2: Einhaltung der Produktionskapazitäten
30    forall (w in werke)
31        sum (<p,w,k> in produktionsOptionen)
32                produktionsMenge[<p,w>] <= w.kapazitaet;
33 }
```

Beispiel 6.28 zeigt bereits eine erhebliche Verbesserung gegenüber Beispiel 6.27. Hier werden deutlich weniger Entscheidungsvariablen erzeugt – eine pro tatsächlich zulässiger Produktionsmöglichkeit. Allerdings wird weiterhin die Struktur der Eingabedaten aus Beispiel 6.27 verwendet – d. h. insbesondere die große Matrix der Produktionskosten –, aus denen dann die entsprechende Tupelmenge abgeleitet wird. Dazu wird im Modell die Möglichkeit der Initialisierung von Tupelmengen durch das Zusammensetzen der Elemente aus anderen Mengen genutzt, was in Kapitel 6.2.1 erläutert wurde. Beispiel 6.29 verbessert durch die direkte Verwendung einer Tupelmenge als Eingabestruktur, anstelle der großen, dünn besetzten Matrix, auch diesen Aspekt. Eine solche direkte Generierung einer Tupelmenge ist in OPL auch auf Basis von externen Datenanbindungen möglich (vgl. Kapitel 7).

Beispiel 6.29

```
 1 include "beispiel_6.13.mod";
 2
 3 //Entscheidungsvariablen
 4 dvar int+ produktionsMenge[produktionsOptionen];
 5
 6 //Zielfunktion
 7 minimize sum (opt in produktionsOptionen) produktionsMenge[opt]*opt.kosten;
 8
 9 //Nebenbedingungen
10 subject to {
11    //Nebenbedingungsgruppe 1: Deckung der Nachfrage
12    forall (p in produkte)
13        sum (<p,w,k> in produktionsOptionen)
14            produktionsMenge[<p,w>] >= p.nachfrage;
15
16    //Nebenbedingungsgruppe 2: Einhaltung der Produktionskapazitäten
17    forall (w in werke)
18        sum (<p,w,k> in produktionsOptionen)
19                produktionsMenge[<p,w>] <= w.kapazitaet;
20 }
```

6.4.3 Laufzeitvergleich zwischen Matrizen- und Tupelansätzen für große Datenmengen

Die Modelle aus Beispiel 6.27, Beispiel 6.28 und Beispiel 6.29 lösen alle dieselbe fachliche Problemstellung. Sie unterscheiden sich lediglich in der Art der Modellierung – d. h. insbesondere der Strukturierung der Eingabedaten und der Entscheidungsvariablen. Aus diesen Unterschieden ergeben sich bei Verwendung der vollständigen Fallbeispiel-Daten mit 100 000 Produkten und 100 Werken erhebliche Unterschiede in Laufzeit-Performanz und Speicherbedarf für die Beispielmodelle.

Tabelle 6.8 vermittelt einen Eindruck von den Laufzeit- und Speicherbedarfs-Unterschieden. Die angegebenen Werte beinhalten dabei den kompletten Modelldurchlauf, also insbesondere auch die Erzeugung aller Datentypen.

Tabelle 6.8 Messung von Programmlaufzeiten und Speicherbedarfen (Hauptspeicher) bei vollständigen Fallbeispiel-Daten zum Zeitpunkt der Manuskriptfertigstellung

Modell & Ansatz	Laufzeit	Speicherbedarf
Beispiel 6.27 **Eingabedaten in Matrixform** **Entscheidungsvariablen in Matrixform**	244 Sek.	9.8 GB
Beispiel 6.27 **Eingabedaten in Matrixform** **Entscheidungsvariablen in Matrixform** **Modifikationen entsprechend Tipp 12**	169 Sek.	6.3 GB
Beispiel 6.28 **Eingabedaten in Matrixform** **Entscheidungsvariablen in Tupelform**	146 Sek.	1.3 GB
Beispiel 6.29 **Eingabedaten in Tupelform** **Entscheidungsvariablen in Tupelform**	11 Sek.	0.4 GB

Zusammenfassend kann festgehalten werden, dass sich die in realen Modellen häufig zu implementierenden Kompatibilitätsmatrizen in OPL auf zwei unterschiedliche Arten darstellen lassen. Zum einen – entsprechend der herkömmlichen Vorgehensweise – durch ein mehrdimensionales Feld, zum anderen durch Tupelmengen. Wenn – was wiederum häufig der Fall ist – relativ wenige der potentiellen Kombinationen auch tatsächlich fachlich gültig sind – die Matrix also dünn besetzt ist –, dann hat die Darstellung als Tupelmenge gegenüber der durch Felder erhebliche Vorteile im Hinblick auf die Laufzeit-Performanz bei der Lösung des Modells.

Hinweise zur mathematischen Modellierung

Eine Analogie zu den in Kapitel 6.4 beschriebenen Modellierungsvarianten existiert auch hinsichtlich der mathematischen Modellformulierung. So besteht auch hier die erste Möglichkeit darin, wie in der Matrix-basierten Modellierung aus Kapitel 6.4.1 für alle Kombinationen von Produkten und Werken eine Entscheidungsvariable vorzusehen. Sei dazu I die Anzahl der Produkte und J die Anzahl der Werke. Dann ergibt sich mit den Parametern $produktionskosten_{ij}$ und den Entscheidungsvariablen $produktionsmenge_{ij}$ mit $i = 1, \ldots, I$ und $j = 1, \ldots, J$ die folgende Zielfunktion:
Minimiere

$$\sum_{i=1}^{I} \sum_{j=1}^{J} produktionskosten_{ij} \cdot produktionsmenge_{ij}$$

In der zugehörigen Kostenmatrix C wird für diejenigen Kombinationen i, j, die real nicht existieren, der Wert von $produktionskosten_{ij}$ auf unendlich gesetzt.

Für das Beispiel heißt dies (vgl. Tabelle 6.6 und Tabelle 6.7):

$$C = \begin{pmatrix} 10 & 20 & \infty & \infty & \infty \\ \infty & \infty & 40 & \infty & \infty \\ \infty & \infty & \infty & 60 & 50 \end{pmatrix}$$

Dies sorgt dafür, dass in der obigen Zielfunktion die jeweils zugehörigen Entscheidungsvariablen aufgrund der Minimierungszielsetzung automatisch einen Wert von 0 erhalten – es sei denn, es existiert keine zulässige Lösung auf Basis der erlaubten Kombinationen (vgl. Tipp 12). Daher sind auch keine zusätzlichen Nebenbedingungen analog zu Nebenbedingungsgruppe 3 aus Beispiel 6.27 erforderlich. Die Nebenbedingungsgruppen 1 und 2 sind analog zur Zielfunktion in die mathematische Schreibweise zu übertragen.

Die zweite Möglichkeit besteht – analog zu den Ausführungen aus Kapitel 6.4.2 – darin, von Vorneherein nur für erlaubte Kombinationen aus Produkten und Werken Entscheidungsvariablen zu definieren. Dies kann beispielsweise dadurch gelöst werden, dass jedem Produkt (Index-)Mengen zugeordnet werden, welche diejenigen Werke bzw. Werksindizes enthalten, die mit dem jeweiligen Produkt kompatibel sind. Bezeichnet man diese Mengen mit $\mathcal{A}_i$ für $i = 1, \ldots, I$, so ergeben sich im Beispiel die Mengen $\mathcal{A}_1 = \{1, 2\}$, $\mathcal{A}_2 = \{3\}$ und $\mathcal{A}_3 = \{4, 5\}$. Die Entscheidungsvariablen werden dann definiert als $produktionsmenge_{ij}$ mit $i = 1, \ldots, I$ und $j \in \mathcal{A}_i$. Im Beispiel ergeben sich somit lediglich 5 Entscheidungsvariablen. Bei der Bildung der Zielfunktion ist entsprechend nur über genau diese Variablen zu summieren, d. h.

$$\sum_{i=1}^{I} \sum_{j \in \mathcal{A}_i} produktionskosten_{ij} \cdot produktionsmenge_{ij}$$

Entsprechendes gilt für die Nebenbedingungen.

6.5 Aufgaben

1. Grenzen Sie die Begriffe Tupeltyp und Tupel voneinander ab!
2. Aus welchen Elementen kann ein Tupel bestehen? Wie kann für jedes Element einer Tupelmenge eine Entscheidungsvariable definiert werden?
3. Wie werden Tupel in ILOG Script initialisiert? Was ist der Unterschied zur Initialisierung in OPL?
4. Was wird unter dem Begriff Referenzsemantik verstanden?
5. Welche Möglichkeit besteht, das einzige ausgefilterte Tupel aus einer Tupelmenge als einzelnes Tupel abzuspeichern?
6. Was ist Slicing? Wann kommt es zum Einsatz?
7. Wie lautet die Ausgabe des folgenden Modells?

```
1  tuple Verpackung {
2      key string name;
3      int leergewicht;
4  }
5
6  tuple Produkt {
7      key string name;
8      key Verpackung verpackung;
9      int gewicht;
10 }
11
12 Produkt m = <"Marmelade", <"Glas", 300>, 500>;
13 Produkt e = <"Ei", <"Karton", 50>, 300>;
14 Produkt a = <"Apfel", <"Plastikbeutel", 20>, 1000>;
15 Produkt w1 = <"Wasser", <"Plastikflasche", 30>, 1500>;
16 Produkt w2 = <"Wasser", <"Glas", 300>, 700>;
17
18 execute {
19     writeln(m);
20     writeln(e.gewicht);
21     writeln(a.verpackung);
22     writeln(w1.verpackung.name);
23     writeln(w2.verpackung.leergewicht);
24     w1 = w2;
25     w2.verpackung.leergewicht = 500;
26     writeln(w2.gewicht);
27     writeln(w1.verpackung.leergewicht);
28 }
```

8. Wie lautet die Ausgabe des folgenden Modells?

```
1  tuple Verpackung {
2      key string name;
3      int leergewicht;
4  }
5
```

```
 6 tuple Produkt {
 7    key string name;
 8    key Verpackung verpackung;
 9    int gewicht;
10    int nEinheiten;
11 }
12
13 {Produkt} produkte = {<"Marmelade", <"Glas", 300>, 500, 1>,
14                       <"Ei", <"Karton", 50>, 300, 6>,
15                       <"Apfel", <"Plastikbeutel", 20>, 1000, 5>,
16                       <"Wasser", <"Plastikflasche", 30>, 1500, 1>,
17                       <"Wasser", <"Glas", 300>, 700, 1>};
18
19 {Produkt} s1 = {p | p in produkte: p.gewicht >= 1000};
20 {Produkt} s2 = {p | p in produkte: (p.gewicht / p.nEinheiten) > 500};
21 {Produkt} s3 = {p | p in produkte:
22    (p.verpackung.leergewicht > 100) || (p.nEinheiten > 1)};
23 {Produkt} s4 = {p | p in produkte:
24    (p.verpackung.leergewicht + p.gewicht >= 1500)
25       && (p.nEinheiten == 1)};
26
27 execute {
28    for (var v in s1) {
29        writeln(v.verpackung.leergewicht);
30    }
31
32    writeln(s2);
33
34    for (var v in s3) {
35        writeln(v.name + " in " + v.verpackung.name);
36    }
37
38    for (var v in s4) {
39        writeln(v.verpackung);
40    }
41 }
```

9. Betrachten Sie das folgende Modell. Warum kann man hier von einer ineffizienten Modellierung sprechen? Erhöhen Sie die Effizienz der Modellierung.

```
 1 tuple Produkt {
 2    key string name;
 3    int losgroesse;
 4 }
 5
 6 tuple Maschine {
 7    key string name;
 8    int produktionszeit;
 9 }
10
```

```
11 {Produkt} produkte = {<"X-1", 5>, <"Y-2", 10>, <"Z-3", 25>};
12 {Maschine} maschinen =
13    {<"M-1", 4>, <"M-2", 7>, <"M-3", 8>, <"M-4", 13>};
14
15 tuple Produktionsprozess {
16    key string produkt;
17    key string maschine;
18 }
19
20 {Produktionsprozess} produktionsProzesse = {
21    <"X-1", "M-1">, <"X-1", "M-3">, <"Y-2", "M-3">,
22    <"Y-2", "M-4">, <"Z-3", "M-2">
23 }
```

10. Nehmen Sie das korrigierte, effiziente Modell aus der vorherigen Aufgabe als Grundlage. Transformieren Sie die nachfolgende Modellierung mit explizitem Slicing in eine Modellierung mit implizitem Slicing.

```
1 //Explizites Slicing
2 int durchlaufZeitExplizit[produkt in produkte] =
3    sum(<p, m> in produktionsProzesse: produkt == p)
4       m.produktionszeit*p.losgroesse;
```

Trennung von Modell und Daten

In den bisherigen Kapiteln wurden alle Datenelemente (bzw. Modellparameter) in der jeweiligen Modell-Datei zunächst deklariert und anschließend mit konkreten Werten initialisiert. Ein Modell kann dadurch generisch angelegt und mit unterschiedlichen Eingabedaten ausgeführt werden, ohne jede Zeile des Modells einzeln abändern zu müssen (siehe *Modularisierung*, Kapitel 3.1). Für größere Beispiele und vor allem für die Anwendung in der Praxis ist es oftmals notwendig, Modell und Daten voneinander zu trennen. Es sollte sogar möglich sein, ein Modell mit Daten aus unterschiedlichen *Datenquellen* ausführen zu können. Der Entwickler des Optimierungsmodells kann sein Modell dann beispielsweise zunächst mit wenigen Datensätzen testen, die in einer Text-Datei definiert sind, und später mit vielen Datensätzen in einer Excel-Datei.

Dieses Kapitel beschreibt die verschiedenen Möglichkeiten Daten einzulesen. Zur anschaulichen Darstellung wird folgendes Fallbeispiel verwendet. Die vollständige Lösung des Fallbeispiels befindet sich in Kapitel 7.4.

> **RideEasy Fallbeispiel 5: Simulation von Produktions-Szenarien**
>
> Der Produktionsleiter der Firma RideEasy muss für die nächsten Jahre planen, welche Produktionskapazitäten er in den weltweit verteilten Werken vorhält. Da nur vage Prognosen vorliegen, wie sich der Absatz der RideEasy-Produkte entwickeln könnte, möchte er seine Planung im Hinblick auf unterschiedliche Zukunftsszenarien bewerten. Seine Analytics-Abteilung hat ihm dazu ein OPL-Optimierungsmodell entwickelt. Das Optimierungsmodell berechnet eine optimale Produktionsbelegung für die Werke auf Basis prognostizierter Aufträge, wobei die Summe aus Produktionskosten und Transportkosten minimiert wird. Es ermittelt damit auch, welche Produktionskosten überhaupt entstehen, und ob auch wirklich alle Aufträge erfüllt werden können.
>
> Die Welt ist weiterhin in die fünf Regionen Nordamerika (kurz: NA), Südamerika (SA), Europa (EU), Afrika (AF) und Asien (AS) unterteilt. Die Werke in Nord- und Süd-

© Springer-Verlag GmbH Deutschland, ein Teil von Springer Nature 2021
S. Nickel et al., *Angewandte Optimierung mit IBM ILOG CPLEX Optimization Studio*, https://doi.org/10.1007/978-3-662-62185-1_7

amerika sowie in Afrika sollen jedoch vorübergehend geschlossen werden, sodass nur noch mit den beiden Werken in Europa und Asien geplant wird. Für die vorliegende Planung und Optimierung wird nicht zwischen unterschiedlichen Produkten unterschieden (aggregierter Ansatz). Für jedes der Werke sind eine maximale Produktionskapazität und der Produktionskostensatz gegeben: für das Europa-Werk 1000 Stück zu je 500 EUR und für das Asien-Werk 100 Stück zu je 400 EUR (siehe Tabelle 7.1). Die Transportkosten resultieren aus den zu veranschlagenden Frachtkosten. Dazu liegt RideEasy die Preistabelle eines Speditionsunternehmens vor, die für alle Paare von Regionen entsprechende Stückpreise ausweist (siehe Tabelle 7.2). Für jede Region sind die historischen Auftragsmengen aus den letzten zehn Jahren gegeben. Die entsprechenden Werte aus dem vergangenen Jahr finden sich in Tabelle 7.3. Die Auftragszahlen sollen für die Zukunftsplanung überdies mit einem Prognosewert multipliziert werden. Dieser sei (für unterschiedliche Zukunftsszenarien) mit 80 %, 90 %, 100 %, 110 % und 120 % anzunehmen.

Der Produktionsleiter möchte nun nicht für alle Zukunftsszenarien, die ihn interessieren, jeweils das entwickelte Modell vollständig anpassen lassen. Vielmehr soll das Modell so modifiziert werden, dass er es einfach mit unterschiedlichen Eingabedaten lösen lassen kann. Dies erfordert eine Trennung von Modell- und Daten-Datei. Die unterschiedlichen Eingabedaten könnten dabei sogar aus unterschiedlichen technischen Systemen stammen, wie beispielsweise aus Text- oder Excel-Dateien.

Tabelle 7.1 Daten für Werke in EU und AS

Region	Name	Kapazität	Produktions-kostensatz
EU	Europa-Werk	1000	500
AS	Asien-Werk	100	400

Tabelle 7.2 Frachtkosten

Frachtkosten von \ nach	NA	SA	EU	AF	AS
EU	30	40	20	50	50
AS	50	50	60	60	20

Tabelle 7.3 Historische Auftragsmengen

Regionen	Historische Auftragsmengen
NA	200
SA	100
EU	300
AF	50
AS	200

7.1 Interne und externe Daten-Initialisierung

In allen bisherigen Beispielen wurden die Datenelemente (bzw. Modellparameter) innerhalb der Modell-Datei initialisiert. Man nennt dies auch *interne* Daten-Initialisierung. Alternativ ermöglicht OPL die sogenannte *externe* Daten-Initialisierung außerhalb der Modell-Datei. Diese erlaubt die *Trennung von Modell und Daten*. Beispiel 7.1.mod illustriert die beiden Arten der Initialisierung. nRegionenWest wird *intern* initialisiert durch Zuweisung des Werts 3. nRegionenOst wird *extern* initialisiert und nicht innerhalb der Modell-Datei. nRegionen wird auf Basis der vorangehenden Initialisierungen wiederum *intern* initialisiert. Wie man bei nRegionenOst erkennt, wird die externe Daten-Initialisierung durch das Auslassungszeichen „..." – auch Ellipse genannt – angezeigt (siehe Tabelle 7.4). Das bedeutet, dass das zugehörige Datenelement zwar hier deklariert wird, aber noch keinen Wert erhält. Der Wert wird *zur Laufzeit* aus einer anderen Datenquelle hinzugefügt. Dadurch wird das Modell unabhängig von den eigentlichen Daten und sogar der Datenquelle und kann mit unterschiedlichen Datensätzen und Datenquellen ausgeführt werden.

Tabelle 7.4 OPL-Sprachelement für die externe Daten-Initialisierung

Schlüsselwort	Beschreibung
...	Auslassungszeichen (*Ellipse*), das anzeigt, dass ein Datenelement extern initialisiert wird. Hierfür werden drei Punkte („...") geschrieben.

Beispiel 7.1.mod

```
1 int nRegionenWest = 3;      //interne Initialisierung
2 int nRegionenOst = ...;     //externe Initialisierung
3 int nRegionen = nRegionenWest + nRegionenOst;
```

Eine Modell-Datei, in der (mindestens) ein Datenelement nur deklariert, aber nicht initialisiert wird, kann alleine nicht ausgeführt werden. Wenn man etwa versucht, Beispiel 7.1.mod im Studio in einer *Ausführungskonfiguration* zu starten, wird die Fehlermeldung „Das Datenelement nRegionenOst ist nicht initialisiert" erzeugt.

Die einfachste Möglichkeit, ein externes Datenelement mit konkreten Werten zu füllen, ist die Verwendung einer *Daten-Datei* (vgl. Kapitel 2.3.2). Dabei handelt es sich um eine separate (Text-)Datei, deren Inhalt einer speziellen eigenen Syntax folgen muss, und deren Name auf „.dat" endet. Beispiel 7.1.dat zeigt eine zu Beispiel 7.1.mod passende Daten-Datei.

Beispiel 7.1.dat

```
1 nRegionenOst = 2;
```

nRegionenOst wird nun explizit in der Daten-Datei initialisiert. Alternativ kann eine
Daten-Datei wiederum Daten aus anderen Anwendungen einlesen, wie in Kapitel 7.3
gezeigt werden wird.

Das Modell aus Beispiel 7.1.mod kann nun im Studio mit der Daten-Datei aus Beispiel 7.1.dat zusammen ausgeführt werden. Dazu müssen – wie bereits in Kapitel 2.3.2
erläutert – Modell- und Daten-Datei in einer *Ausführungskonfiguration* zusammengefasst
werden (siehe Abb. 7.1).

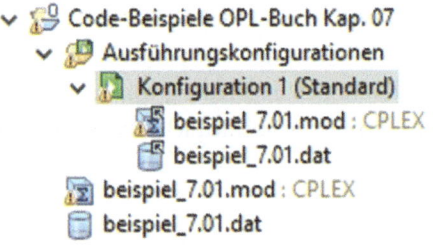

Abb. 7.1 Beispielprojekt im Studio mit Ausführungskonfiguration zur Ausführung eines Modells mit
einer Daten-Datei

Häufig existieren zu einem Modell mehrere Daten-Dateien. Das Modell wird damit *unabhängig voneinander* mit einer Daten-Datei nach der anderen ausgeführt, etwa um
unterschiedliche Datensätze oder auch Datenquellen zu testen. Ein Modell kann aber
auch *gleichzeitig* mit mehreren Daten-Dateien ausgeführt werden, wenn die Initialisierung der Datenelemente des Modells auf mehrere Daten-Dateien verteilt ist. Diese Daten-Dateien müssen dann aber *disjunkt* sein – d. h. jedes zu initialisierende Datenelement darf nur in genau einer Daten-Datei initialisiert werden.

Werden in einem Modell – wie in Beispiel 7.1.mod – einige Datenelemente intern initialisiert und andere extern, dann spielt die Initialisierungs-Reihenfolge von OPL eine
wichtige Rolle:

1. Zuerst werden alle externen Initialisierungen vorgenommen.
2. Dann werden etwaig existierende `execute`-Blöcke ausgeführt – in der Reihenfolge,
   in der sie im Modell stehen (und dabei ggf. weitere Daten initialisiert).
3. Interne Initialisierungen werden erst vorgenommen, wenn der Wert des entsprechenden Datenelements verwendet wird – beispielsweise in einem `execute`-Block
   oder in einer anschließenden weiteren internen Initialisierung.

Das Verfahren im Punkt 3 nennt man *Lazy Initialization*, übersetzbar etwa mit „späte
Initialisierung". Die Grundidee besteht darin, dass Datenelemente erst dann erzeugt wer-

den, wenn sie wirklich gebraucht werden. Aufgrund der Initialisierungsreihenfolge bzw. der Lazy Initialization kann eine einfache und harmlos erscheinende Anweisung allerdings scheinbar eigenartige Nebeneffekte haben, die sich sowohl auf die Laufzeit-Performanz als auch auf den Inhalt der Datenelemente und damit auf die Optimierungsergebnisse auswirken können. So kann zum einen ein einfaches `writeln(alle)` unerwartet lange dauern, falls das Datenelement `alle` vorher noch nicht benutzt wurde. Denn in diesem Fall muss es für dieses `writeln()` erstmalig erzeugt werden – was je nach Inhalt von `alle` viel Zeit in Anspruch nehmen kann. Zum anderen ergeben sich gegebenenfalls inhaltliche Effekte, die vom Modellierer nicht beabsichtigt sind und damit zu Modellfehlern führen können, wie Beispiel 7.2 und Beispiel 7.3 mit den zugehörigen Ausgaben illustrieren.

In Beispiel 7.2.mod wird `nRegionen` mit dem Ausdruck `nRegionen = 0 + 2` initialisiert. Dies erfolgt implizit im Rahmen der ersten Verwendung im ersten `writeln()`-Befehl im `execute`-Block (Zeile 6). Die externe Initialisierung erfolgt mit Beispiel 7.2.dat.

Beispiel 7.2.mod

```
 1 int nRegionenWest; //dieses Element wird nicht initialisiert und
 2                     // bekommt den Standardwert 0
 3 int nRegionenOst = ...;   //externe Initialisierung
 4 int nRegionen = nRegionenWest + nRegionenOst;
 5 execute {
 6     writeln(nRegionenWest, " ", nRegionenOst, " ", nRegionen);
 7     nRegionenWest = 3;
 8     writeln(nRegionenWest, " ", nRegionenOst, " ", nRegionen);
 9     nRegionenOst = 6;
10     writeln(nRegionenWest, " ", nRegionenOst, " ", nRegionen);
11 }
```

Beispiel 7.2.dat

```
1 nRegionenOst = 2;
```

Ausgabe der Ausführungskonfiguration mit den Dateien Beispiel 7.2.mod und Beispiel 7.2.dat im Scriptingprotokoll-Fenster:

```
0 2 2
3 2 2
3 6 2
```

Anders verhält es sich in Beispiel 7.3.mod, das sich von Beispiel 7.2.mod lediglich dadurch unterscheidet, dass dort der entsprechende `writeln()`-Befehl auskommentiert wurde. Dies hat nun – entgegen der Erwartung – auch eine direkte Auswirkung auf die Berechnung von `nRegionen`, dessen (finaler) Wert nun 5 anstatt 2 ist. Die Initialisierung erfolgt nun implizit erst mit dem nächsten `writeln()`-Befehl (Zeile 8) durch `nRegionen = 3 + 2`, nachdem zwischenzeitlich `nRegionenWest` auf 3 gesetzt wurde.

Beispiel 7.3.mod

```
 1 int nRegionenWest; //dieses Element wird nicht initialisiert und
 2                     // bekommt den Standardwert 0
 3 int nRegionenOst = ...;    //externe Initialisierung
 4 int nRegionen = nRegionenWest + nRegionenOst;
 5 execute {
 6 // writeln(nRegionenWest, " ", nRegionenOst, " ", nRegionen);
 7    nRegionenWest = 3;
 8    writeln(nRegionenWest, " ", nRegionenOst, " ", nRegionen);
 9    nRegionenOst = 6;
10    writeln(nRegionenWest, " ", nRegionenOst, " ", nRegionen);
11 }
```

Beispiel 7.3.dat

```
 1 nRegionenOst = 2;
```

Ausgabe der Ausführungskonfiguration mit den Dateien Beispiel 7.3.mod und Beispiel 7.3.dat im Scriptingprotokoll-Fenster:

```
3 2 5
3 6 5
```

Weitere Beispiele und Erläuterungen zur Initialisierungsreihenfolge und Lazy Initialization finden sich in der Hilfe des Studios.

Der Vollständigkeit halber sei erwähnt, dass Daten-Dateien nur eine Möglichkeit sind, Datenelemente extern zu initialisieren. Zusätzlich besteht die Möglichkeit, ein OPL-Modell in ein selbst programmiertes Anwendungs-Programm (z. B. in ein Python-Programm) zu integrieren, und darin zur Laufzeit aus letztlich beliebigen Datenquellen zu befüllen. So können etwa in einem produktiven Planungssystem die benötigten Daten aus einer Datenbank geladen werden, und nach der Optimierung die Ergebnisse wieder in die Datenbank geschrieben werden. Dazu ist allerdings Programmierung in einer Programmiersprache wie Python, Java oder C++ nötig.

Die Ausführung eines OPL-Modells in einem Anwendungs-Programm erfolgt im Wesentlichen in folgenden Schritten:

1. Einlesen des OPL-Modells
2. Füllen der OPL-Datentypen
3. Ausführen des OPL-Modells inkl. Optimierung
4. Verarbeiten der Optimierungsergebnisse

IBM ILOG CPLEX Optimization Studio stellt hierfür Programmierschnittstellen – sogenannte APIs, *Application Programming Interfaces* – in unterschiedlichen Programmiersprachen zur Verfügung – wie etwa Python, C++, Java und .Net. Für Einzelheiten wird auf die Hilfe des Studios verwiesen.

7.2 Explizite Initialisierung in Daten-Dateien

Daten-Dateien erlauben die *explizite* externe Initialisierung für ein Modell. Die Daten werden dabei manuell als Text in die Daten-Datei eingetragen. Bezüglich Inhalt und Struktur von Daten- und Modell-Dateien gibt es einige Gemeinsamkeiten, aber auch viele Unterschiede. Eine zusammengefasste Gegenüberstellung erfolgt in Tabelle 7.5. Die explizite Initialisierung der dort aufgeführten Datentypen wird in den folgenden Teilkapiteln genauer behandelt.

Tabelle 7.5 Vergleich von Modell-Dateien und Daten-Dateien

	Modell-Datei (.mod)	Daten-Datei (.dat)
Dateiname	endet auf .mod (z. B. problem.mod).	endet auf .dat (z. B. problem.dat).
Deklaration	Ja. Alle Datenelemente werden im Modell deklariert.	Nein. Eine Deklaration von Datenelementen ist in der Daten-Datei nicht erlaubt.
Initialisierung	Ja. Datenelemente können im Modell initialisiert werden (*interne* Initialisierung). Beispiel: `int i = 1;` Achtung: Separierung von Deklaration und Initialisierung ist nicht erlaubt. (Ausnahme: Initialisierung mit ILOG Script. Beispiel: `int i; i = 1;`)	Ja. Datenelemente können in der Daten-Datei initialisiert werden (*externe* Initialisierung). Beispiel: `i = 1;` Achtung: Wenn ein Datenelement bereits im Modell initialisiert wurde, darf es in der Daten-Datei nicht nochmals gesetzt werden. Jedes Datenelement, das in einer Daten-Datei initialisiert wird, muss vorher in einer Modell-Datei deklariert und per Ellipse (...) als extern zu initialisieren markiert worden sein.

Berechnungen	Ja. Im Modell selbst können Datenelemente durch Berechnung erzeugt werden. Beispiel:
	
	`int a = 1;`
	`int b[1..5] = [a + 1, a + 2,`
	`a + 3, a + 4, a + 5];`
	`int c[1..5] =`
	`[i: a + i
		i in 1..5];`
		
		Weitere Beispiele finden sich etwa in Kapitel 4, Beispiel 4.8, Beispiel 4.10 oder Beispiel 4.11.
			Nein. Berechnungs-Ausdrücke oder ähnliches (z. B. Mengenoperationen) sind in Daten-Dateien nicht erlaubt.

Tabelle 7.5 (Fortsetzung)

ILOG Script	Ja. In `execute`- und `main`-Blöcken (vgl. Kapitel 5, Kapitel 9 und Kapitel 10).	Begrenzt. `execute`-Blöcke sind in Daten-Dateien nicht erlaubt. Für spezielle Anwendungsfälle gibt es einen `prepare`-Block für ILOG-Script-Anweisungen. Dieser wird im vorliegenden Buch nicht näher behandelt.
Externe Datenquellen	Begrenzt. Daten aus externen Datenquellen können in Modell-Dateien nicht direkt verarbeitet werden. Ausnahme: Einbindung über ILOG Script (vgl. Kapitel 9.1).	Ja. In Daten-Dateien können spezielle Befehle zur Verarbeitung von Daten aus Excel verwendet werden (vgl. Kapitel 7.3).

Zahlenbereiche	Ja. Jeder Zahlenbereich (`range`) wird in der Modell-Datei initialisiert.	Nein. Zahlenbereiche können nicht in Daten-Dateien initialisiert werden. Mit folgendem Vorgehen (in einer Modell-Datei) können aber zumindest die Grenzen eines Zahlenbereichs extern initialisiert werden:
		
		`int n = ...;`
		`range r = 1..n;`

Syntax: Zeichenketten	Zeichenketten müssen in Modell-Dateien immer mit umschließenden Hochkommata geschrieben werden. Beispiel: `string text = "Welt";`	In Daten-Dateien können Zeichenketten, die keine besonderen Zeichen enthalten (wie Leerzeichen), auch ohne Hochkommata geschrieben werden. Beispiel: `text = Welt;`
Syntax: Liste von Werten (für Feld oder Menge)	Eine Liste von Werten zur Initialisierung eines Feldes oder einer Menge ist immer durch Kommata zu trennen. Beispiel: `int arr[1..2] = [1,2];`	In Daten-Dateien können die Kommata weggelassen werden. Beispiel: `arr = [1 2];`
Syntax: Wertepaare für Felder	Nein. Die Verwendung von Wertepaaren zur Initialisierung von Feldern („#"-Syntax) ist in Modell-Dateien nicht erlaubt.	Ja. Felder können in Daten-Dateien mit Wertepaaren initialisiert werden. Beispiel: `arr = #[1:4 2:17]#;`
Syntax: Wertepaare für Tupel	Nein. Die Verwendung von Wertepaaren zur Initialisierung von Tupeln („#"-Syntax) ist in Modell-Dateien nicht erlaubt.	Ja. Tupel können in Daten-Dateien mit Wertepaaren initialisiert werden. Beispiel: `kante = #<von:1,nach:2>#;`

7.2.1 Skalare Modellparameter

Die bereits aus Kapitel 3.1.1 bekannten Modellparameter von elementaren Datentypen – die einen einzigen Wert (Skalar) speichern, und nicht eine zusammengesetzte Struktur mehrerer Werte – werden in Daten-Dateien durch einfache Zuweisungsausdrücke initialisiert, entsprechend der Syntax bei einer internen Initialisierung. Da die Deklaration in der Modell-Datei erfolgt, ist dabei der Datentyp nicht mehr anzugeben. Beispiel 7.4.mod mit Beispiel 7.4.dat illustrieren die Umsetzung.

Beispiel 7.4.mod

```
1 float prognose = ...;
2 string region = ...;
```

Beispiel 7.4.dat

```
1 prognose = 1.1;
2 region = "EU";
```

7.2.2 Felder

In den bisherigen Kapiteln wurde bereits an mehreren Beispielen gezeigt, wie Felder (intern) in Modell-Dateien initialisiert werden können. Für die (externe) Initialisierung von Feldern in Daten-Dateien stehen darüber hinaus zusätzliche Konstrukte zur Verfügung, die in Beispiel 7.5.mod mit Beispiel 7.5.dat illustriert werden.

Beispiel 7.5.mod

```
1 int nRegionen = ...;
2 //Achtung: ein Zahlenbereich (range) kann nur intern initialisiert werden!
3 range regionen = 1..nRegionen;
4 string name[regionen] = ...;
5 string beschreibung[regionen] = ...;
6 float frachtkosten[regionen][regionen] = ...;
```

Beispiel 7.5.dat

```
1 nRegionen = 5;
2 name = [NA SA EU AF AS];
3 beschreibung = #[
4    3:"Europa", 1:"Nordamerika", 2:"Südamerika", 5:"Asien", 4:"Afrika"
5 ]#;
6 frachtkosten = #[3:[30, 40, 20, 50, 50], 5:[50, 50, 60, 60, 20]]#;
```

Die Initialisierung des Feldes name entspricht der Syntax einer entsprechenden internen Initialisierung. Allerdings ist zu beachten, dass die Elemente des Feldes, obwohl sie vom Typ string sind, nicht in Hochkommata eingefasst werden müssen – insofern sie nur aus Buchstaben ohne Umlaute oder Sonderzeichen bestehen. Ferner müssen die Werte der Liste nicht mit Kommata voneinander getrennt werden.

Das Feld `beschreibung` wird durch die Angabe von *Wertepaaren* mit einem Paar je Eintrag initialisiert: `index:wert`. Dadurch können die Einträge des Feldes in beliebiger Reihenfolge stehen. Man beachte, dass für diese Schreibweise das Feld mit `#[ ]#` umschlossen sein muss – also durch zusätzlich vorangestelltes und angefügtes Raute-Zeichen „#". Auch hier ist die Verwendung von Trennkommata zwischen den Einträgen optional und die Anführungszeichen können gegebenenfalls weggelassen werden. Alternativ könnte man z. B. also auch schreiben: `#[3:Europa 1:Nordamerika 2:"Südamerika" 5:Asien 4:"Afrika"]#`.

Ebenso lässt sich das zweidimensionale Feld `frachtkosten` mit Wertepaaren initialisieren, wie in Beispiel 7.5.dat dargestellt (Zeile 6). Im Beispiel werden dabei nur benötigte Werte für die tatsächlich zu betrachteten Werkstandorte angegeben. Werden Indizes im Rahmen der Initialisierung nicht aufgeführt, wird das entsprechende Element des Feldes automatisch mit dem Wert 0 initialisiert – hier für die Ausgangsregionen Nordamerika, Südamerika sowie Afrika. Das muss bei der späteren Verwendung des Feldes im Modell entsprechend berücksichtigt werden.

7.2.3 Mengen
Eine Menge wird – analog zur Syntax bei der internen Initialisierung – in einer Daten-Datei durch eine einfache Liste von Elementen angegeben, umschlossen mit geschweiften Klammern (siehe etwa die Menge `regionen` in Beispiel 7.6.mod mit Beispiel 7.6.dat).

Beispiel 7.6.mod

```
1 {string} regionen = ...;
```

Beispiel 7.6.dat

```
1 regionen = {"NA", "SA", "EU", "AF", "AS"};
```

Man beachte, dass in Daten-Dateien für Mengen – wie auch für einfache Elemente – keine Berechnungen erlaubt sind. Deshalb ist hier die Verwendung von Mengenoperatoren (wie `union` oder `inter`) nicht möglich. Derartige Parameterinitialisierungen müssen in der Modell-Datei erfolgen. Gleichzeitig gilt analog den Feldern auch für Mengen, dass die Liste der Elemente ohne trennende Kommata geschrieben werden darf und dass bei `string`-Elementen die Anführungszeichen weggelassen werden können.

7.2.4 Tupel
Tupel können in einer Daten-Datei genauso initialisiert werden wie in einer Modell-Datei. Alternativ ist die Initialisierung durch Wertepaare, -tripel etc. möglich. Die Initialisierung für jedes Tupel muss dann mit einem Raute-Zeichen beginnen und enden und weicht damit von der Feld-Syntax ab, bei der die gesamte Menge mit Raute-Zeichen eingeschlossen wird. Beispiel 7.7.mod mit Beispiel 7.7.dat zeigt beide alternative

Schreibweisen für die Tupelmenge `transportwege`. Auch einzelne Tupel können mit dieser Schreibweise initialisiert werden, etwa (ein Tupel `streckeAB` des Typs `Transportweg`) durch: `streckeAB = #<von:"EU",nach:"NA",kosten:30>#;`

Beispiel 7.7.mod

```
1 tuple Transportweg {
2     string von;
3     string nach;
4     float kosten;
5 }
6 {Transportweg} transportwege = ...;
```

Beispiel 7.7.dat

```
1 transportwege =
2     {<EU,NA,30>, <EU,SA,40>, <EU,EU,20>, <EU,AF,50>, <EU,AS,50>,
3     <AS,NA,50>, <AS,SA,50>, <AS,EU,60>, <AS,AF,60>, <AS,AS,20>};
4 /* Alternative Schreibweise:
5 transportwege =
6     {#<von:EU,nach:NA,kosten:30>#, #<von:EU,nach:SA,kosten:40>#,
7     #<von:EU,nach:EU,kosten:20>#, #<von:EU,nach:AF,kosten:50>#,
8     #<von:EU,nach:AS,kosten:50>#, #<von:AS,nach:NA,kosten:50>#,
9     #<von:AS,nach:SA,kosten:50>#, #<von:AS,nach:EU,kosten:60>#,
10    #<von:AS,nach:AF,kosten:60>#, #<von:AS,nach:AS,kosten:20>#};
11 */
```

7.3 Anbindung von Tabellenkalkulations-Dateien

Neben der expliziten externen Initialisierung können Daten-Dateien auch als Brücke zu weiteren externen Datenquellen genutzt werden. So besteht in der Version 12.9 des CPLEX Optimization Studios die Möglichkeit zur Anbindung von Microsoft-Excel-Tabellenkalkulations-Dateien. Eine Übersicht der zugehörigen OPL-Sprachelemente findet sich in Tabelle 7.6.

In Beispiel 7.8.mod werden die Datenelemente `nRegionen`, `name`, `beschreibung`, `transportwege`, `entfernung` und `frachtkosten` deklariert. Im Unterschied zu Beispiel 7.7.mod beinhaltet das Tupel `Transportweg` hier kein Attribut `kosten` mehr, da die (Fracht-)`kosten` in diesem Beispiel über das zweidimensionale Feld `frachtkosten` eingelesen werden sollen. Die Initialisierung dieser Datenelemente erfolgt über die Daten-Datei Beispiel 7.8.dat mit Werten aus einer Excel-Datei. Die Daten werden dabei in den Zeilen 1 bis 8 unter Verwendung der Befehle `SheetConnection` und `SheetRead` aus der Excel-Datei „OplBuchBsp7.8.xlsx" geladen. Abb. 7.2 zeigt das Tabellenblatt „Sheet1" der Excel-Datei mit dem Dateinamen „OplBuchBsp7.8.xlsx", die mit Microsoft Excel erzeugt und dann in das aktuelle OPL-Projekt importiert wurde.

Tabelle 7.6 OPL-Sprachelemente für den Zugriff auf Microsoft-Excel-Dateien

Schlüsselwort	Beschreibung
SheetConnection xyz("c:/pfad/datei.xlsx")	Öffnet und benennt eine neue Verbindung zu einer bestehenden Excel-Datei. xyz ist der (beliebig wählbare) Name für die neue Verbindung.
from SheetRead(xyz,"bereich")	Liest OPL-Daten über die bestehende Verbindung xyz aus der Datei datei.xslx aus dem Zellenbereich bereich.
to SheetWrite(xyz,"bereich")	Schreibt OPL-Daten über die bestehende Verbindung xyz in die Datei datei.xslx in den Zellenbereich bereich.

Beispiel 7.8.mod

```
 1 int nRegionen = ...;
 2 //Achtung: eine range kann nur intern initialisiert werden!
 3 range regionen= 1..nRegionen;
 4 string name[regionen] = ...;
 5 string beschreibung[regionen] = ...;
 6
 7 tuple Transportweg {
 8    int von;
 9    int nach;
10 }
11 {Transportweg} transportwege = ...;
12
13 int entfernung[transportwege] = ...;
14
15 int frachtkosten[regionen][regionen] = ...;
```

Mit SheetConnection wird zunächst eine Verbindung zur Excel-Datei „OplBuch-Bsp7.8.xlsx" eingerichtet (Zeile 1). Wurde die Datei nicht in das Projekt importiert oder liegt sie in einem Unterordner, muss dabei der Verzeichnispfad der Datei mit angegeben werden. Die Verbindung zu der Datei erhält den frei gewählten Namen xlsx. Über diesen Namen wird die Verbindung in den weiteren Befehlen referenziert. Würde man noch weitere Excel-Dateien anbinden, müsste für die entsprechenden Verbindungen ein anderer Name gewählt werden.

Mit SheetRead werden anschließend Daten über die benannte Excel-Verbindung (hier: xlsx) aus einem Zellenbereich eines Tabellenblatts in den entsprechend vordefinierten Datenytp eingelesen (Zeilen 3 bis 8). Tabellenblatt und Zellenbereich werden dabei in der üblichen Excel-Notation angegeben. So bezeichnet „'Sheet1'!C3:C7" den Zellenbereich „C3:C7" – d. h. die fünf Zellen C3 bis C7 des Tabellenblatts „Sheet1".

	A	B	C	D	E	F	G
1							
2	nRegionen		name		beschreibung		
3	5		NA		Nordamerika		
4			SA		Südamerika		
5			EU		Europa		
6			AF		Afrika		
7			AS		Asien		
8							
9	transportwege				entfernung		Ergebnis
10	von	nach					
11	3	1			6		
12	3	2			8		
13	3	3			4		
14	3	4			10		
15	3	5			10		
16	5	1			10		
17	5	2			10		
18	5	3			12		
19	5	4			12		
20	5	5			4		
21							
22							
23	frachtkosten						
24			nach				
25			NA	SA	EU	AF	AS
26	von	NA					
27		SA					
28		EU	30	40	20	50	50
29		AF					
30		AS	50	50	60	60	20

Abb. 7.2 Auszug aus der Excel-Datei „OplBuchBsp7.8.xlsx" (Tabellenblatt „Sheet1"), mit der die Datentypen aus Beispiel 7.8.mod initialisiert werden können (vgl. die zugehörige Daten-Datei Beispiel 7.8.dat).

Beispiel 7.8.dat

```
 1 SheetConnection xlsx("OplBuchBsp7.8.xlsx");
 2
 3 nRegionen from SheetRead(xlsx, "'Sheet1'!A3");
 4 name from SheetRead(xlsx, "'Sheet1'!C3:C7");
 5 beschreibung from SheetRead(xlsx, "'Sheet1'!E3:E7");
 6 transportwege from SheetRead(xlsx, "'Sheet1'!A11:B20");
 7 entfernung from SheetRead(xlsx, "'Sheet1'!E11:E20");
 8 frachtkosten from SheetRead(xlsx, "'Sheet1'!C26:G30");
 9
10 name to SheetWrite(xlsx, "'Sheet1'!G11:G20");
```

Für die genaue Definition solcher Zellenbereichsangaben sei hier auf die Hilfe von Microsoft Excel verwiesen. Durch mehrfache Verwendung von SheetRead werden in Beispiel 7.8.dat die folgenden Datenelemente initialisiert:

- nRegionen: Ein elementarer skalarer Modellparameter, der aus einer einzelnen Zelle („A3") des Tabellenblatts initialisiert wird.

- name: Ein eindimensionales Feld, das gemäß Indexmenge (1..nRegionen) fünf Elemente beinhalten soll, wird mit dem Zellenbereich „C3:C7" – d. h. den unterei-nanderstehenden Zellen C3, C4, C5, C6 und C7 in Spalte C – initialisiert. Es ist alter-nativ möglich, den zugehörigen Zellenbereich aus einer Excel-Zeile zu wählen – d. h. die Elemente in einer horizontalen Tabelle anzuordnen.

- beschreibung: Ein eindimensionales Feld, das genau wie name aus fünf Excel-Zellen („E3:E7") initialisiert wird.

- transportwege: Eine Tupelmenge, die zeilenweise aus einer Tabelle eingelesen wird. Die Tabelle besteht aus zwei Spalten, weil der zugrundeliegende Tupeltyp Transportweg zwei Attribute beinhaltet. Insgesamt werden 10 Tupel eingelesen, die sich im Zellenbereich „A11:B20" befinden.

- entfernung: Ein eindimensionales Feld, das als Indexmenge transportwege verwendet. Für jeden Weg (hier: zehn Wege) wird ein Wert aus einer Zelle des Zellen-bereichs „E11:E20" eingelesen.

- frachtkosten: Ein zweidimensionales Feld, das aus einer Matrix eingelesen wird („C26:G30"). Die erste Dimension des Feldes (Indexmenge regionen) bezieht sich auf die vertikale Achse – d. h. die Zeilen der Matrix – die zweite Dimension (ebenfalls Indexmenge regionen) auf die horizontale Achse. Die Excel-Zellen ohne Eintrag führen zu einer Initialisierung des entsprechenden Eintrags des OPL-Feldes mit 0.

Mit dem Befehl SheetWrite können Daten aus OPL in die Excel-Datei geschrieben werden. Dabei handelt es sich typischerweise um Ergebnisse der Optimierung, aber auch beliebige Daten – sogar Eingabedaten – können geschrieben werden. Wenn Bei-spiel 7.8.mod zusammen mit Beispiel 7.8.dat und der Excel-Datei aus Abb. 7.2 ausge-führt wird, schreibt OPL am Schluss der Ausführung den Inhalt des Feldes name in den Zellenbereich „'Sheet1'!G11:G20" (Zeile 10 in Beispiel 7.8.dat). Dieser ist in Abb. 7.2 leer, wäre dann aber nach der Ausführung entsprechend gefüllt. Wichtig ist, dass Daten nur dann in eine Excel-Datei geschrieben werden können, wenn diese nicht gleichzeitig im Excel-Programm geöffnet ist. Andernfalls meldet OPL einen Zugriffs-fehler.

Beispiel 7.8.dat enthält Anweisungen zur Kommunikation mit einer Excel-Datei und zum Lesen und Schreiben von Daten aus bzw. in diese Datei. Wie oben angedeutet, kann in einer solchen Daten-Datei auch mit mehreren Excel-Dateien gearbeitet werden, die über mehrere SheetConnection-Befehle initiiert werden. Darüber hinaus können in einer solchen Daten-Datei aber auch alle Anweisungen zum direkten Initialisieren von Daten (aus Kapitel 7.1) stehen – die Daten-Initialisierung mit Excel kann also ohne wei-teres gemischt werden mit den Standard-Initialisierungen.

Tipp 13   Benannte Zellenbereiche in Excel

Excel-Daten müssen – wie beschrieben – in den Befehlen SheetRead und Sheet-Write über Excel-Zellenbereichsangaben (beispielsweise "'Sheet1'!D3:D5") referenziert werden. Die Größe dieser Zellenbereichsangaben muss exakt der deklarierten „Größe" der Daten entsprechen. So darf insbesondere der Zellenbereich nicht größer angegeben werden als tatsächlich Daten in der Excel-Datei vorhanden sind. Alternativ können auch sogenannte „benannte Zellenbereiche" verwendet werden. Details zum Einrichten derartiger Zellenbereiche über den Excel-Namens-Manager können der Excel-Hilfe entnommen werden. Der Anwender kann damit in Excel einem Ausschnitt eines Tabellenblatts beispielsweise den Namen „Transportwege" zuweisen – im Beispiel etwa dem Zellenbereich „A11:C20". Auf diesen benannten Zellenbereich kann dann in den entsprechenden Befehlen in der Daten-Datei verwiesen werden – also etwa durch:

```
transportwege from SheetRead(xlsx,"Transportwege");
```

Der Vorteil der Vorgehensweise besteht darin, dass der benannte Zellenbereich „Transportwege" dann in der Excel-Datei ggf. in seiner Größe verändert werden kann, ohne dass Änderungen an der zugehörigen Daten-Datei vorgenommen werden müssen. Siehe hierzu auch die entsprechenden Beispiele in Kapitel 7.4.

In der zu verarbeitenden Excel-Datei spielen grafische Formatierungen – wie Farben (siehe etwa die graue Hinterlegung von Tabellen und Matrizen in Abb. 7.2), Rahmen, Schriftart etc. – keine Rolle. Das Datenformat wird hingegen berücksichtigt, wenn Zeichenketten vom Typ string gelesen werden. So wird etwa ein Datum gemäß des vom Anwender für die entsprechende Excel-Zelle konfigurierten Formats übernommen – also z. B. als „01.01.2020". Die Daten-Zellen in der Excel-Datei dürfen auch Formeln enthalten. Eingelesen wird dann immer der für die Formel zuletzt berechnete (und in der Datei abgespeicherte) Wert.

Weitere Informationen, Details und Beispiele zur Einbindung von Excel-Dateien findet der Leser in der Hilfe des Studios.

Neben der Anbindung von Tabellenkalkulations-Dateien können mittels ILOG Script auch Daten aus beliebig strukturierten Text-Dateien – wie etwa CSV-Dateien – eingelesen werden. Dies wird im Rahmen der fortgeschrittenen Anwendungen von ILOG Script in Kapitel 9.2 behandelt.

7.4   Lösung Fallbeispiel 5

Zum Abschluss des Kapitels wird eine mögliche Lösung des Fallbeispiels präsentiert und gezeigt, wie das entsprechende Modell entweder explizit aus der Daten-Datei oder aus einer Excel-Datei gefüllt werden kann. In Beispiel 7.9.mod werden mehrere Datentypen, die zum Großteil bereits aus den vorangegangenen Beispielen bekannt sind, definiert und jeweils extern initialisiert. Die Tupelmenge `regionen` listet alle Regionen des Planungsproblems auf. Die Matrix `frachtkosten` beinhaltet einen Kosten-Wert vom Typ `float` für jedes mögliche Paar von Regionen – d. h. für zwei Regionen `a` und `b` beschreibt `frachtkosten[a][b]` die Frachtkosten von `a` nach `b`. Die Tupelmenge `bestellungen` beinhaltet einen Datensatz an historischen Bestellungen für alle Regionen. Man beachte, dass sich diese hier nicht auf ein Produkt beziehen (weil die vorliegende Planung nicht einzelne Produkte berücksichtigt, sondern alle Produkte in ihrer Gesamtheit) und auch nicht auf einen Zeitpunkt (weil die Planung auch von konkreten Zeitpunkten abstrahiert und sich implizit auf einen Gesamt-Zeitraum bezieht – beispielsweise ein Jahr). Die Tupelmenge `werke` beinhaltet alle Werke. Je Werk sind die geographische Region des Werkstandorts, eine Produktionskapazität (in Stück, unabhängig vom Produkt) sowie die Produktionskosten (je Stück, unabhängig vom Produkt) gegeben. Der (skalare) Faktor `prognose` beschreibt die erwartete Menge an Bestellungen für die Zukunft. Der Wert 1.1 würde beispielsweise einen Anstieg um 10 % bedeuten, der Wert 0.95 eine Verminderung um 5 %. Dieser Faktor wird im Modell mit den Werten der historischen `bestellungen` multipliziert, und ergibt damit jeweils die erwartete zukünftige Bestellmenge (für den Planungszeitraum).

Beispiel 7.9.mod

```
1 tuple Region {
2    key string name;
3    string beschreibung;
4 }
5 {Region} regionen = ...;
6
7 tuple Werk {
8    key Region region;
9    string name;
10    int kapazitaet;
11    float kosten;
12 }
13 {Werk} werke with region in regionen = ...;
14
15 float frachtkosten[regionen][regionen] = ...;
16
17 tuple Bestellung {
18    key Region region;
19    int anzahl;
20 }
21 {Bestellung} bestellungen with region in regionen = ...;
22
23 float prognose = ...;
24
25 dvar int+ produktion[werke][bestellungen];
```

```
26
27 dexpr float kostenProduktion = sum (w in werke, b in bestellungen)
28      w.kosten*produktion[w][b];
29
30 dexpr float kostenTransporte = sum (w in werke, b in bestellungen)
31      frachtkosten[w.region][b.region]*produktion[w][b];
32
33 minimize kostenProduktion + kostenTransporte;
34
35 subject to {
36    //Bestellungen
37    forall (b in bestellungen)
38       b.anzahl*prognose <= sum (w in werke) produktion[w][b];
39    //Produktions-Kapazitäten
40    forall (w in werke)
41       w.kapazitaet >= sum (b in bestellungen) produktion[w][b];
42 }
```

Zur Illustration der expliziten Initialisierung durch eine Daten-Datei zeigt Beispiel
7.9a.dat die kompletten Daten für das Modell des Fallbeispiels, die ein bestimmtes
Zukunftsszenario beschreiben. Dabei werden zunächst die verschiedenen regionen
definiert, wie bereits in den vorangegangenen Beispielen dargestellt (Zeilen 1 bis 7).
Dann werden in den Zeilen 8 bis 11 die beiden im Fallbeispiel angeführten werke
definiert – eines in Europa (Region EU, hohe Produktionskapazität, aber auch relativ
hohe Produktionskosten) und eines in Asien (Region AS, kleines Werk, geringere
Produktionskosten). Anschließend erfolgt die Definition der frachtkosten, wobei
nur die Kosten *von* den beiden Regionen mit Werkstandort – EU und AS – *zu* allen
Regionen benötigt werden. Alle übrigen Werte der Matrix werden somit per Default
mit 0 gefüllt. Dies ist unerheblich, da die entsprechenden Einträge ohnehin im Modell
nicht verwendet werden. Die Vorgehensweise entspricht in etwa dem Vorgehen aus
Beispiel 6.27 in Kapitel 6. Eine „Daten-sparsamere" Alternative bestünde analog zu
Beispiel 6.29 darin, keine Matrix einzulesen, sondern unmittelbar eine Tupelmenge,
die nur für zulässige Transportwege – analog dem entsprechenden Datentyp transportwege aus Beispiel 7.7.dat bzw. Beispiel 7.8.dat – einen Eintrag enthält. Anschließend folgt die Initialisierung der Menge der bestellungen, die für dieses Szenario
zunächst mit den Zahlen aus dem Vorjahr befüllt wird. Danach wird noch der Parameter prognose gesetzt – für dieses Szenario auf 100 %. Somit wird hiermit insgesamt
zunächst das Szenario untersucht, dass sich die Bestellungen exakt wie im Vorjahr
entwickeln werden. Soll nun ein anderes Szenario getestet werden, muss lediglich eine
(weitere) Daten-Datei erzeugt werden, in der die Einträge bestellungen und/oder
prognose entsprechend abgeändert sind.

Beispiel 7.9a.dat

```
 1 regionen = {
 2     <NA,"Nordamerika">,
 3     <SA,"Südamerika">,
 4     <EU,"Europa">,
 5     <AF,"Afrika">,
 6     <AS,"Asien">
 7 };
 8 werke = {
 9     <EU,"Europa-Werk",1000,500>,
10     <AS,"Asien-Werk",100,400>
11 };
12 frachtkosten = #[
13     <EU>:[30, 40, 20, 50, 50],
14     <AS>:[50, 50, 60, 60, 20]
15 ]#;
16 bestellungen = {
17     <NA,200>,
18     <SA,100>,
19     <EU,300>,
20     <AF,50>,
21     <AS,200>
22 };
23 prognose = 1;
```

Bei einem Prognosewert von 100 % wird das Kostenminimum 440 500 [EUR] mit der optimalen Lösung produktion = [[200 100 300 50 100], [0 0 0 0 100]] erreicht. Die Ergebnisse von Fallbeispiel 5 sind für alle Prognosewerte in Tabelle 7.7 aufgelistet.

Tabelle 7.7 Ergebnisse von Fallbeispiel 5

prognose	Zielfunktionswert	produktion
0.8	349 800	[[160 80 240 40 60], [0 0 0 0 100]]
0.9	395 150	[[180 90 270 45 80], [0 0 0 0 100]]
1.0	440 500	[[200 100 300 50 100], [0 0 0 0 100]]
1.1	485 850	[[220 110 330 55 120], [0 0 0 0 100]]
1.2	531 200	[[240 120 360 60 140], [0 0 0 0 100]]

Abb. 7.3 zeigt genau dieselben Daten wie Beispiel 7.9a.dat – aufbereitet in einer Excel-Datei. Mit der zugehörigen Daten-Datei in Beispiel 7.9b.dat wird die Excel-Datei angebunden.

An der Daten-Datei (Beispiel 7.9b.dat) fällt auf, dass hier nun *benannte Zellenbereiche* der Excel-Datei verwendet werden. Wie in Tipp 13 dargestellt, führt dieses Vorgehen zu einer weiteren Modularisierung der Modell-Komponenten. Einer der benannten Zellenbereiche ist in Abb. 7.3 erkennbar. Der Zellenbereich A13 bis D14 ist selektiert, das Feld links oben zeigt den Namen dieses Zellenbereichs „werke" an. Die benannten Daten-Zellenbereiche sind in Abb. 7.3 zur besseren Illustration jeweils grau hinterlegt. Tabelle 7.8 listet alle Daten-Zellenbereiche der Excel-Datei auf.

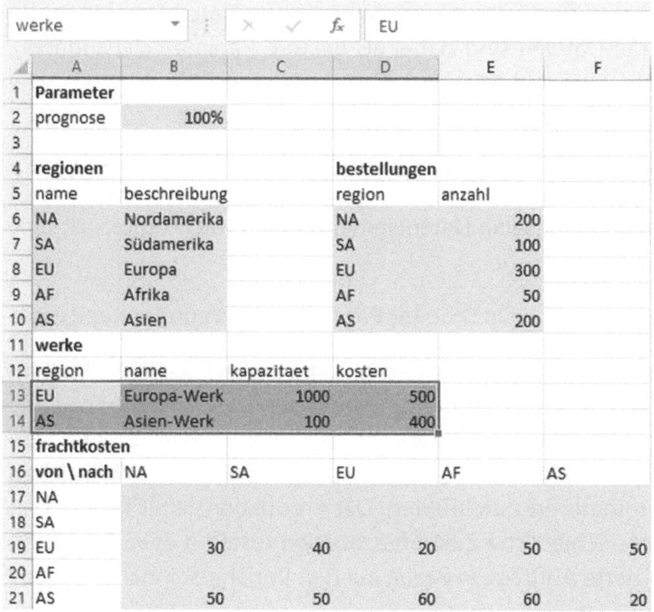

werke		▼	:	×	✓	fx	EU	
	A	B	C	D		E		F
1	Parameter							
2	prognose		100%					
3								
4	regionen			bestellungen				
5	name	beschreibung		region	anzahl			
6	NA	Nordamerika		NA		200		
7	SA	Südamerika		SA		100		
8	EU	Europa		EU		300		
9	AF	Afrika		AF		50		
10	AS	Asien		AS		200		
11	werke							
12	region	name	kapazitaet	kosten				
13	EU	Europa-Werk	1000		500			
14	AS	Asien-Werk	100		400			
15	frachtkosten							
16	von \ nach	NA	SA	EU		AF		AS
17	NA							
18	SA							
19	EU		30	40		20	50	50
20	AF							
21	AS		50	50		60	60	20

Abb. 7.3 Screenshot eines Excel-Tabellenblatts („OplBuchBsp7.9.xlsx") mit Daten für das Fallbeispiel (vgl. die zugehörige Daten-Datei aus Beispiel 7.9b.dat).

Beispiel 7.9b.dat

```
1 SheetConnection sheet("OplBuchBsp7.9.xlsx");
2 regionen from SheetRead(sheet, "regionen");
3 frachtkosten from SheetRead(sheet, "frachtkosten");
4 bestellungen from SheetRead(sheet, "bestellungen");
5 werke from SheetRead(sheet, "werke");
6 prognose from SheetRead(sheet, "prognose");
```

Tabelle 7.8 Benannte Zellenbereiche der Excel-Datei aus Abb. 7.3

Name	Zellenbereich
regionen	A6:B10
frachtkosten	B17:F21
bestellungen	D6:E10
werke	A13:D14
prognose	B2

Tipp 14   Ausführung von Modell- und Daten-Datei mit oplrun

Wie bereits in Kapitel 2.3.3 gezeigt wurde, können mit dem Kommandozeilenbe-fehl oplrun.exe Modelle außerhalb der integrierten Entwicklungsumgebung CPLEX Optimization Studio ausgeführt werden. Dort wurde eine einfache Modell-Datei als Parameter zu oplrun.exe angegeben. Der Befehl kann ebenso genutzt werden, um Modell-Dateien flexibel mit unterschiedlichen Daten-Dateien zu lö-sen. Die jeweiligen Daten-Dateien sind dabei als weitere Parameter anzugeben. Mit folgendem Aufruf lädt und löst oplrun.exe etwa die Modell-Datei OplrunBspKap7.mod mit der Daten-Datei OplrunBspKap7.dat:

```
oplrun.exe OplrunBspKap7.mod OplrunBspKap7.dat
```

Darüber hinaus können auch einzelne Datenelemente durch die Kommandozeile gesetzt werden:

```
oplrun.exe -D prognose=1.1 OplrunBspKap7.mod OplrunBspKap7.dat
```

Wenn in diesem Beispiel der Modellparameter prognose bereits in der Daten-Datei gesetzt wurde, wird er vom Programmparameter („-D prognose=1.1") überschrieben. Mit diesem Ansatz lassen sich – beispielsweise mittels einer *batch-Datei* (vgl. Kapitel 2.3.3) – auch mehrere Optimierungen mit unterschiedlichen Eingabeparametern automatisiert durchführen. Der Produktionsleiter kann damit beispielsweise leicht unterschiedliche Zukunftsszenarien testen – etwa für 100 %, 110 %, 120 % prognostizierte Aufträge in Bezug auf den Vorjahreseingang.

7.5   Aufgaben

1. Welche zwei grundsätzlichen Möglichkeiten der Daten-Initialisierung existieren in OPL?
2. Können mehrere Daten-Dateien gleichzeitig in einer Ausführungskonfiguration genutzt werden? Wenn ja, worauf ist hierbei zu achten?
3. In welcher Reihenfolge werden die Datenelemente von OPL initialisiert? Was versteht man unter *Lazy Initialization*?
4. Zahlenbereiche können in Daten-Dateien nicht initialisiert werden. Welchen Work-Around gibt es für dieses Problem?
5. Was muss bei der Verwendung einer Excel-Datei im Hinblick auf das Schreiben von Daten in die Datei beachtet werden?
6. Wie lautet die Ausgabe der folgenden Modell-Datei (Hinweis: Der Inhalt der zugehö-rigen Daten-Datei ist hier für externe Initialisierungen in den Kommentaren angege-ben)?

```
 1 int nKuehe = ...;        //Daten-Datei: nKuehe = 12;
 2 int nSchweine = 5;
 3 int nHuehner;
 4 int nHunde = ...;         //Daten-Datei: nHunde = 2;
 5 int nKatzen = 10;
 6 int nVierbeiner = nKuehe + nSchweine + nHunde + nKatzen;
 7 int nZweibeiner = nHuehner;
 8 int nBeine = 4*nVierbeiner + 2*nZweibeiner;
 9
10 execute {
11     writeln(nKuehe, " ", nSchweine, " ", nHuehner);
12     writeln(nZweibeiner, " ", nVierbeiner);
13     nKatzen = 2*nHuehner;
14     nHuehner = 15;
15     writeln(nBeine);
16     nHunde = 3;
17     nZweibeiner = nHuehner;
18     writeln(nZweibeiner, " ", nVierbeiner);
19 }
20
21 execute {
22     nHuehner = 6;
23 }
```

7. Betrachten Sie die folgende Daten-Datei. Geben Sie eine zugehörige Modell-Datei an, in der diese Datenelemente deklariert werden:

```
 1 nLager = 3;       //Anzahl Lager
 2 nKunden = 3;      //Anzahl Kunden
 3 nProdukte = 5;    //Anzahl Produkte
 4
 5 preis = #[2:1.4 5:3.4 1:2.0 4:6.3 3:2.7]#;        //Produktpreis
 6 transportkostenFix = [ [1, 2, 6],
 7    [2, 8, 3],
 8    [5, 9, 1] ];//fixe Transportkosten Lager -> Kunden
 9 nachfrage = #[ 1:[4, 7, 1, 3, 4],
10    2:[8, 3, 1, 7, 0],
11    3:[1, 3, 9, 3, 2] ]#;     //produktspezifische Kundennachfrage
12 kunden = { #<ort:Frankfurt, kundenID:32>#,
13    <44, "Karlsruhe">,
14    #<kundenID:94, ort:"München"># };     //Kundendaten
```

8. Erstellen Sie eine Daten-Datei, welche alle Datenelemente aus folgender Excel-Datei, die im OPL-Projektordner unter dem Namen „Variablen_Szenario1.xlsx" gespeichert ist, einliest und Ergebnisdaten in die Excel-Datei schreibt:

▲	A	B	C	D	E	F	G	H	I	J	K	L
1	**kunden**				Name Zellbereich		P1	P2	P3	P4	P5	
2	kundenID	ort		**preis**	Preis			2.0	1.4	2.7	6.3	3.4
3	32	Frankfurt				K1	4	7	1	3	4	
4	44	Karlsruhe		**nachfrage**	Nachfrage	K2	8	3	1	7	0	
5	94	München				K3	1	3	9	3	2	
6												
7		**transportkostenFix**										
8		K1	K2	K3								
9	L1	1	2	6		nProdukte	5					
10	L2	2	8	3		nLager	3					
11	L3	5	9	1		nKunden	3					
12												
13		**kumulierteTransportmenge**										
14		K1	K2	K3								
15	L1				*Ergebnis des Modells*							
16	L2				*Werte sollen aus dem Studio in Excel übertragen werden.*							
17	L3											
18												

◄ ►   Szenario1   ⊕

Ausgewählte Funktionalitäten von OPL und CPLEX Optimization Studio

8

Nachdem in den vorangegangenen Kapiteln die grundlegenden Sprachelemente von OPL eingeführt wurden, stehen nun drei weiterführende, spezifische Funktionalitäten von OPL bzw. dem CPLEX Optimization Studio im Fokus: das Arbeiten mit logischen Operatoren, die Umsetzung von abschnittsweise definierten Funktionen sowie die Ursachenforschung bei unlösbaren Modellen einschließlich deren möglicher Behebung.

Zur anschaulichen Darstellung wird das folgende Fallbeispiel verwendet. Die vollständige Lösung dazu befindet sich in Kapitel 8.4.

RideEasy **Fallbeispiel 6: Großkundenauftrag in Südamerika**　　　Ride Easy

RideEasy erhält von einem neuen Großkunden in Südamerika eine Bestellanfrage mit der Bedingung, diese ausschließlich über das Südamerika-Werk zu fertigen. Der Großkunde hat eine Mindestvorgabe für seine Bestellung angegeben (eine gleichzeitige Bestellung von mindestens 300 Stück von Produkt U-A, 200 von U-B und 250 von U-C), würde aber – falls lieferbar – in einem gewissen Rahmen auch eine höhere Stückzahl abnehmen (siehe Tabelle 8.1). Bei bekannten Stückpreisen (siehe ebenfalls Tabelle 8.1) will der Produktionsleiter nun prüfen, ob RideEasy diese Anfrage annehmen sollte und wenn ja, welche Stückzahlen der Fahrradmodelle im vorgegebenen Auftragsrahmen produziert werden sollten. Um den Großkunden zu gewinnen, sollen alle Ressourcen des Südamerika-Werks ausschließlich für diese Bestellung verwendet und alle anderweitigen Kundenanfragen über die weltweit verteilten anderen Werke gefertigt werden. Dabei verfügen die anderen Werke über ausreichend freie Kapazitäten, es müssen also keine Opportunitätskosten berücksichtigt werden.

Für die Herstellung stehen drei Maschinen zur Verfügung. In Tabelle 8.2 sind für die einzelnen Maschinen jeweils die innerhalb des Planungszeitraums zur Verfügung stehende Maschinenkapazität sowie je Fahrradtyp die Maschinenzeitbedarfe zur Herstel-

---

© Springer-Verlag GmbH Deutschland, ein Teil von Springer Nature 2021
S. Nickel et al., *Angewandte Optimierung mit IBM ILOG CPLEX Optimization Studio*, https://doi.org/10.1007/978-3-662-62185-1_8

lung eines Fahrrads aufgelistet. Ggf. kann der Produktionsleiter vor Produktionsbeginn eine Umstrukturierung der Produktion vornehmen. Das hätte eine gleichzeitige Ausweitung der regulären Maschinenkapazitäten (siehe Tabelle 8.2) auf 260 Stunden (M1), 410 Stunden (M2) und 470 Stunden (M3) in Verbindung mit höheren Lohnkosten von insgesamt 6000 EUR (Wochenendzuschläge) zur Folge. Ob mit oder ohne Umstrukturierung gilt folgende Vorgabe des Produktionsleiters: Wenn der Großkundenauftrag angenommen werden und RideEasy somit auf andere Auftragsannahmen in Südamerika verzichten sollte, ist mindestens eine der drei Maschinen voll auszulasten.

Die Produktionskosten für die drei Produkte sind der ersten Zeile von Tabelle 8.4 zu entnehmen und fix. Allerdings gibt es auf Basis der regulären Verpackungskapazitäten für jedes Produkt eine vorgegebene reguläre Maximal-Produktionsmenge (U-A unter 320 Stück, U-B unter 220 Stück und U-C unter 270 Stück). Erreicht bzw. übersteigt die tatsächliche Produktionsmenge eines Produkts diesen Schwellenwert, erhöhen sich die jeweiligen Produktionskosten, weil für das entsprechende Produkt eine zusätzliche Verpackungsstelle eingerichtet werden muss (siehe untere Zeile in Tabelle 8.4). Unbenommen davon ist die Gesamt-Produktionsmenge an Fahrrädern dabei weiterhin (indirekt) durch die Maschinenkapazitäten nach oben beschränkt.

Die Auslieferungen werden teils intern, teils durch externe Dienstleister durchgeführt und die Lieferkosten hängen von der Gesamtmenge an auszuliefernden Fahrrädern ab (siehe Tabelle 8.3). Bei einer Gesamtmenge von bis zu 100 Rädern fallen einmalig Fixkosten an (Eigenauslieferung), danach steigen die zusätzlichen Lieferkosten abschnittsweise in Abhängigkeit der Menge an, weil auf den jeweils nächstteureren Dienstleister zurückgegriffen werden muss.

Der Produktionsleiter will mithilfe eines geeigneten Modells überprüfen, ob der Auftrag des Großkunden bewältigt werden kann und angenommen werden sollte: zunächst ohne Umstrukturierung und falls nötig durch Modellanpassung mit Umstrukturierung. Zielsetzung ist die Maximierung des Deckungsbeitrags.

Tabelle 8.1 Minimale und maximale Nachfrage des Großkunden

Produkt	Nachfrage minimal	Nachfrage maximal	Erlös [EUR/Fahrrad]
U-A	300	350	350
U-B	200	250	410
U-C	250	300	460

Tabelle 8.2 Maschinenkapazität und Maschinenzeitbedarfe

Maschine	Kapazität [h] ohne/mit Umstrukturierung	Bedarf U-A [h/Fahrrad]	Bedarf U-B [h/Fahrrad]	Bedarf U-C [h/Fahrrad]
M1	200/260	0.2	0.4	0.3
M2	400/410	0.3	0.2	0.6
M3	450/470	0.5	0.5	0.7

Tabelle 8.3 Mengenabhängige Lieferkosten

Art der Kosten	Anzahl Fahrräder	Höhe der Kosten [EUR]
Fixe Kosten	{1, 2, 3, …, 100}	2000
Variable Stückkosten	{101, 102, …, 400}	10 je Fahrrad
Variable Stückkosten	{401, 402, …, 700}	15 je Fahrrad
Variable Stückkosten	{701, 702, … }	20 je Fahrrad

Tabelle 8.4 Mengenabhängige Staffelung der Produktionskosten

Produkt U-A		Produkt U-B		Produkt U-C	
Menge	Kosten	Menge	Kosten	Menge	Kosten
< 320	50 000	< 220	30 000	< 270	40 000
≥ 320	54 000	≥ 220	33 000	≥ 270	45 000

8.1 Modellierung mit logischen Verknüpfungen

OPL stellt die aus der mathematischen Aussagenlogik bekannten logischen Operatoren bereit und ermöglicht somit logische Verknüpfungen. Mit logischen Operatoren können lineare Nebenbedingungen so miteinander verknüpft werden, dass komplexe Nebenbedingungen in Form logischer Aussagen resultieren. Die Syntax der Operatoren ist dabei ähnlich wie in anderen Programmiersprachen – etwa Haskell oder C.

Aussagen können lediglich einen der beiden Zustände *wahr* oder *falsch* annehmen. Es gibt keine weiteren Zustände – man spricht deshalb auch vom *Prinzip des ausgeschlossenen Dritten* – und die Zustände können nicht gleichzeitig angenommen werden – *Prinzip des ausgeschlossenen Widerspruchs*. Somit können logische Aussagen anhand eines Wahrheitswerts vom Datentyp Boolean ausgewertet werden und liefern als Ergebnis eine 1 für eine wahre Aussage bzw. eine 0 für eine falsche Aussage.

Die elementaren Bausteine zur Bildung komplexer Nebenbedingungen als logische Aussagen in OPL sind Aussagen, die in Form von linearen Nebenbedingungen gebildet werden, wie sie in den bisherigen Kapiteln behandelt wurden. Dazu stehen entsprechend die in Tabelle 3.7 (Kapitel 3.4) eingeführten relationalen Vergleichsoperatoren zur Verfügung. Je nachdem, ob die jeweilige Nebenbedingung gilt oder nicht, wird aussagenlogisch der Wahrheitswert wahr oder falsch bzw. 1 oder 0 zurückgeliefert.

8.1.1 Logische Operatoren in OPL

Einen Überblick über die verschiedenen logischen Operatoren in OPL liefert Tabelle 8.5. Es folgen die Definitionen der logischen Operatoren und deren Veranschaulichung mit Wahrheitstabellen sowie deren Priorisierung, bevor sie in Kapitel 8.1.2 in verschiedenen Beispielen eingesetzt werden.

Tabelle 8.5 Logische Operatoren in OPL

Operator	Beschreibung
!	Negation („logisches Nicht")
&&	Konjunktion („logisches Und")
||	Disjunktion („logisches Oder")
!=	Differenz („exklusives Oder")
=>	Implikation
==	Äquivalenz

In einer Wahrheitstabelle werden sämtliche Kombinationen der Wahrheitswerte (wahr und falsch) der Aussagen aufgelistet: bei der Darstellung von nur einer Aussage $2^1 = 2$ Kombinationen (siehe Tabelle 8.6), bei der Verknüpfung von zwei Aussagen $2^2 = 4$ (siehe z. B. Tabelle 8.7), bei der Verknüpfung von drei Aussagen entsprechend $2^3 = 8$ (siehe Tabelle 8.14) usw.

Eine Aussage !A (gesprochen „nicht A") heißt Negation der Aussage A. Die Aussage !A ist wahr, wenn A falsch ist, und !A ist falsch, wenn A wahr ist (siehe Tabelle 8.6).

Tabelle 8.6 Wahrheitstabelle der Negation

Aussage	Wahrheitsgehalt der Aussage	
A	1	0
!A	0	1

Die Aussage A && B (gesprochen „A und zugleich B") heißt Konjunktion. Nur dann, wenn beide Aussagen A und B wahr sind, ist auch A && B wahr, ansonsten ist A && B falsch (siehe Tabelle 8.7).

Tabelle 8.7 Wahrheitstabelle der Konjunktion

Aussage	Wahrheitsgehalt der Aussage			
A	1	1	0	0
B	1	0	1	0
A && B	1	0	0	0

Die Aussage A || B (gesprochen „A oder B") heißt Disjunktion. Wenn mindestens eine der Aussagen A, B wahr ist, dann ist auch A || B wahr. Sind beide Aussagen A und B falsch, so ist auch A || B falsch (siehe Tabelle 8.8).

Tabelle 8.8 Wahrheitstabelle der Disjunktion

Aussage	Wahrheitsgehalt der Aussage			
A	1	1	0	0
B	1	0	1	0
A || B	1	1	1	0

Die Aussage A != B (gesprochen „entweder A oder B") heißt Differenz bzw. exklusives Oder. Nur, wenn genau eine der Aussagen A, B wahr ist, dann ist A != B wahr. Sind beide Aussagen A und B wahr oder beide Aussagen falsch, so ist A != B falsch (siehe Tabelle 8.9).

Tabelle 8.9 Wahrheitstabelle der Differenz

Aussage	Wahrheitsgehalt der Aussage			
A	1	1	0	0
B	1	0	1	0
A != B	0	1	1	0

Die Syntax für die Differenz ist bereits aus Kapitel 3.4 bekannt (siehe Tabelle 3.7). Man kann den Operator „!=" somit kontextabhängig zum einen als relationalen Vergleichsoperator und zum anderen als logischen Operator einsetzen. Als relationaler Vergleichsoperator findet ein Vergleich der Ausdrücke auf den beiden Seiten des Operators statt – hier stünden dann entsprechend keine Aussagen A und B, sondern Zahlenwerte, die sich bei der Auswertung der Ausdrücke ergeben. Diese müssen gemäß dem Operator ungleich sein. Der Einsatz von „!=" als logischer Operator fordert Tabelle 8.9 zufolge einen wahren und einen falschen Wahrheitswert auf den beiden Seiten. Nachdem wahre Aussagen mit dem Wert 1 und falsche mit dem Wert 0 ausgewertet werden, lassen sich logische Aussagen programmintern auf relationale Vergleiche zurückführen.

Die Aussage A => B (gesprochen „wenn A, dann B") heißt Implikation. Nur dann, wenn die Aussage A wahr und B falsch ist, ist A => B falsch, in allen übrigen Fällen ist A => B wahr (siehe Tabelle 8.10).

Tabelle 8.10 Wahrheitstabelle der Implikation

Aussage	Wahrheitsgehalt der Aussage			
A	1	1	0	0
B	1	0	1	0
A => B	1	0	1	1

Die Aussage A == B (gesprochen „A ist äquivalent zu B") heißt Äquivalenz. Sie ist wahr, wenn die Aussagen A und B gleiche Wahrheitswerte besitzen, andernfalls ist A == B falsch (siehe Tabelle 8.11). Ebenso wie die Syntax der logischen Differenz wird die Syntax der logischen Äquivalenz mehrfach verwendet und auch als relationaler Vergleichsoperator (Gleichheit) eingesetzt. Für die unterschiedliche Anwendung erfolgt in Kapitel 8.1.3 ein gesondertes Beispiel.

Tabelle 8.11 Wahrheitstabelle der Äquivalenz

Aussage	Wahrheitsgehalt der Aussage			
A	1	1	0	0
B	1	0	1	0
A == B	1	0	0	1

Prioritäten gibt es ähnlich wie bei den Grundrechenarten – Potenzieren vor Multiplizieren vor Addieren – auch bei der Durchführung logischer Operationen (siehe Tabelle 8.12). So wird etwa vorrangig die Negation ausgewertet. Im Gegensatz zur Priorisierung in vielen Lehrbüchern (z. B. Opitz et al. (2017), Dietz (2019), Merz und Wüthrich (2013)) folgen in OPL Äquivalenz und Differenz vor Konjunktion und Disjunktion. Auch die hier nachrangige Behandlung der Implikation ist in den meisten Lehrbüchern unüblich (vgl. ebd.).

Tabelle 8.12 Prioritäten der logischen Operatoren

Priorität	Logische Operation
1	Negation („!")
2	Äquivalenz („==")
3	Differenz („!=")
4	Konjunktion („&&")
5	Disjunktion („||")
6	Implikation („=>")

In Klammern gesetzte Operationen sind stets vorrangig auszuführen. Gleiche Operatoren werden von links nach rechts ausgewertet. Beispielsweise besitzt die zusammengesetzte Aussage A => B => C implizit die folgende Klammerung: (A => B) => C. Weitere Ausführungen zu logischen Operatoren finden sich z. B. in Opitz et al. (2017).

> *Tipp 15   Klammersetzung beim Arbeiten mit logischen Operatoren in OPL*
>
> Um den eigenen Programmcode so zu gestalten, dass er möglichst leicht und intuitiv lesbar ist, empfiehlt es sich, beim Arbeiten mit logischen Verknüpfungen eher zu viele Klammern zu setzen als die unbedingt notwendigen. Zudem können somit Unsicherheiten bei der Priorisierung von logischen Operationen umgangen werden.

8.1.2 Modellierung mit logischen Operatoren

Im Rahmen der Modellierung gemischt-ganzzahliger linearer Programme wird der Einsatz logischer Operatoren im Folgenden zunächst für den häufig auftretenden Fall demonstriert, dass die zu verknüpfenden Nebenbedingungen jeweils als Wahrheitswert unmittelbar den Wert einer im Modell vorhandenen Binärvariable zurückliefern (Beispiel 8.1). Anschließend wird die Verknüpfung von Binärvariablen mit einer „echten" linearen Nebenbedingung (Beispiel 8.2) bzw. die Verknüpfung zweier „echter" linearer Nebenbedingungen (Beispiel 8.3) betrachtet.

Beispiel 8.1 enthält sechs (logische) Nebenbedingungen (Zeilen 4 bis 9), in denen die in Kapitel 8.1.1 dargestellten logischen Operatoren eingesetzt sind. Es stehen in diesem Beispiel sechs Produkte zur Verfügung, aus denen eine Teilmenge bestellt/ausgewählt werden soll. Für die Bestellung gelten die im Nebenbedingungssystem eingeführten Restriktionen. Es handelt sich hier „lediglich" um ein Zulässigkeitsproblem, weshalb auf eine Zielfunktion verzichtet wird (vgl. letzter Absatz von Kapitel 3.3).

Beispiel 8.1

```
1 {int} produkte = {1, 2, 3, 4, 5, 6};    //6 verschiedene Produkte
2 dvar boolean bestellung[produkte];
3 subject to {
4   !(bestellung[1] == 1);
5   (bestellung[2] == 1) && (bestellung[3] == 1);
6   (bestellung[4] == 1) || (bestellung[5] == 1) || (bestellung[6] == 1);
7   (bestellung[5] == 1) != (bestellung[6] == 1);
8   (bestellung[3] == 1) => (bestellung[5] == 1);
9   (bestellung[4] == 1) == (bestellung[6] == 1);
10 }
```

Zunächst wird in Zeile 1 die Menge `produkte` vom Datentyp `int` deklariert und initialisiert. In Zeile 2 werden binäre Entscheidungsvariablen `bestellung[produkte]` deklariert, die den Wert 1 annehmen sollen, falls eine Bestellung durchgeführt wird, ansonsten den Wert 0. Die erste Nebenbedingung (Zeile 4) legt fest, dass Produkt 1 nicht bestellt werden soll – inhaltlich identisch wäre natürlich folgende alternative Formulierung: `bestellung[1] == 0`. Zeile 5 fordert, dass sowohl Produkt 2 als auch Produkt 3 in die Bestellung aufgenommen werden sollen. Zeile 6 verlangt die Aufnahme mindestens eines der Produkte 4, 5 oder 6 in die Bestellung. Erforderlich ist also eine (Mit-)Bestellung jeder möglichen nichtleeren Teilmenge aus der Menge {4, 5, 6}. Zeile 7 fixiert die Bestellung von entweder Produkt 5 oder Produkt 6. Zeile 8 beinhaltet eine Implikation: Wenn Produkt 3 bestellt wird, dann muss auch Produkt 5 bestellt werden. Zeile 9 fordert für die Bestellung der Produkte 4 und 6 die gleichen Wahrheitswerte: Entweder sollen beide Produkte bestellt werden oder keines der beiden.

Dieses kleine Beispiel kann im Kopf schnell nachvollzogen werden: Die einzige mögliche Lösung ist die Bestellung der Produkte 2, 3 und 5.

Tipp 16   Syntaxfehler bei logischen Operatoren zwischen Entscheidungsvariablen

Die direkte Verknüpfung von Entscheidungsvariablen durch die logischen Operatoren „&&", „||" und „=>" führt zu Syntaxfehlern, wie es etwa bei der Verwendung der Formulierung (bestellung[2] && bestellung[3]) anstelle der korrekten Formulierung ((bestellung[2] == 1) && (bestellung[3] == 1)) in Beispiel 8.1, Zeile 5 geschehen würde.

Für die Nebenbedingung in Zeile 7 ist hingegen eine alternative Darstellung möglich. So führt etwa die logische Differenz (bestellung[5] == 1) != (bestellung[6] == 1) zum gleichen Ergebnis wie (bestellung[5] != bestellung[6]). Allerdings wird der Operator „!=" in diesem Fall nicht als logischer, sondern als relationaler Operator verwendet. Gleiches gilt für die Äquivalenz in Zeile 9, welche die beiden Ausdrücke in den Klammern verknüpft.

Beispiel 8.2 enthält neben der binären Entscheidungsvariable bestellung[produkte] die ganzzahlige, nichtnegative Entscheidungsvariable bestellmenge[produkte], welche die Höhe der Bestellmenge repräsentiert (Zeile 3). In den Nebenbedingungen (Zeilen 5 und 6) befindet sich zwischen den Ausdrücken in Klammern jeweils ein logischer Operator (Implikation), der eine Binärvariable mit dem Wahrheitswert einer „echten" linearen Nebenbedingung – in diesem Fall dem relationalen Vergleich von bestellmenge[2] mit einem bestimmten Schwellenwert – verknüpft. Wenn Produkt 2 bestellt wird, dann soll die Bestellmenge mindestens 50 Einheiten betragen, ansonsten 0.

Beispiel 8.2

```
1 {int} produkte = {2};
2 dvar boolean bestellung[produkte];
3 dvar int+ bestellmenge[produkte];
4 subject to {
5   (bestellung[2] == 1) => (bestellmenge[2] >= 50);
6   (bestellung[2] == 0) => (bestellmenge[2] == 0);
7 }
```

In Beispiel 8.3 verknüpft ein logischer Operator (Implikation) zwei „echte" lineare Nebenbedingungen (Zeile 4): Werden von Produkt 2 mindestens 200 Einheiten bestellt, so soll die Anzahl der von Produkt 1 bestellten Einheiten kleiner oder gleich 80 sein.

Beispiel 8.3

```
1 {int} produkte = {1, 2};
2 dvar int+ bestellmenge[produkte];
3 subject to {
4    (bestellmenge[2] >= 200) => (bestellmenge[1] <= 80);
5 }
```

8.1.3 Beispiel für die Verwendung von „==" als logischer versus relationaler Operator

Die unterschiedliche Verwendung von „==" – einmal als logische Äquivalenz, einmal als relationale Gleichheit – soll an Beispiel 8.4 demonstriert werden (bei der Verwendung von „!=" verhält es sich analog). Es existieren drei Produkte, die jeweils bestellt werden können (`bestellung[i] == 1`) oder nicht (`bestellung[i] == 0`). Die nichtnegative und ganzzahlige Bestellmenge eines Produktes (`bestellmenge[i]`) soll gleich Null sein, falls keine Bestellung erfolgt (Zeile 7). Wird die Bestellung eines Produktes vorgenommen, so ist die Bestellmenge echt positiv (Zeile 8). Eine Alternative zu den Zeilen 7 und 8 stellt die auskommentierte Zeile 9 dar.

Zeile 11 enthält die Verwendung des Symbols „==" als logische Äquivalenz, die zwei lineare Nebenbedingungen verknüpft. Die Äquivalenz ist wahr, wenn entweder beide Nebenbedingungen erfüllt sind, oder wenn beide Nebenbedingungen nicht erfüllt sind. In Zeile 14 (wie auch in Klammern in den Zeilen 7, 12 und 13) wird im Gegensatz dazu „==" als relationaler Vergleichsoperator eingesetzt, der jeweils zwei binäre bzw. ganzzahlige Zahlenwerte vergleicht. Zeile 9 beinhaltet beide Verwendungen: Die Vergleiche innerhalb der runden Klammern sind jeweils relational, die runden Klammern selbst sind durch eine logische Äquivalenz verknüpft.

Beispiel 8.4

```
 1 {int} produkte = {1, 2, 3};
 2 dvar boolean bestellung[produkte];
 3 dvar int+ bestellmenge[produkte];
 4
 5 subject to {
 6    forall (i in produkte) {
 7       (bestellung[i] == 0) => (bestellmenge[i] == 0);
 8       (bestellung[i] != 0) => (bestellmenge[i] >= 1);
 9 //    (bestellung[i] == 0) == (bestellmenge[i] == 0);
10    }
11    (bestellmenge[1] <= 10) == (bestellmenge[2] <= 10);
12    (bestellmenge[1] == 100);
13 // (bestellmenge[1] == 3);
14    bestellmenge[2] == bestellmenge[3];
15 }
```

Wird für Produkt 1 eine fixe Bestellmenge von 100 Einheiten vorgegeben (siehe Zeile 12), gibt der Problembrowser unter Berücksichtigung der Nebenbedingung in Zeile 11 folgende Lösung an: Alle Produkte werden bestellt, Produkt 1 mit einer Bestellmenge von 100 Einheiten, Produkte 2 und 3 mit einer Bestellmenge von 11 Einheiten (zulässig für das Modell wären hier natürlich auch größere Bestellmengen von Produkt 2 und 3). Um in Zeile 11 eine wahre Aussage (also eine wahre Äquivalenz) zu erzeugen, muss programmintern die Nebenbedingung auf der linken Seite auf „falsch" gesetzt werden und demzufolge ebenfalls die Nebenbedingung auf der rechten Seite, sodass sich die beiden Wahrheitswerte von 0 entsprechen.

Kommentiert man nun Zeile 12 aus und nimmt stattdessen Zeile 13 in das Modell auf, so ist von Produkt 1 eine fixe Bestellmenge von 3 Einheiten vorgegeben. Die abweichende Lösungsausgabe im Problembrowser lautet: Produkt 1 wird mit einer Bestellmenge von 3 Einheiten hergestellt, während Produkte 2 und 3 nicht hergestellt werden (hier wären für die Produkte 2 und 3 natürlich bis zu 10 Einheiten erlaubt). Um in Zeile 11 eine wahre Äquivalenz zu erzeugen, muss die Nebenbedingung auf der linken Seite „wahr" sein und demzufolge ebenfalls die Nebenbedingung auf der rechten Seite, sodass sich die beiden Wahrheitswerte von 1 entsprechen.

8.1.4 Überführung logischer Verknüpfungen in lineare Nebenbedingungen

In einem OPL-Modell formulierte logische Ausdrücke werden im Rahmen der Modelllösung programmintern und für den Benutzer unsichtbar in entsprechende lineare Ausdrücke umgewandelt, sodass der Solver damit arbeiten kann. Dabei entstehen CPLEX-intern in der Regel zusätzliche Variablen und Nebenbedingungen. Dementsprechend kann diese interne Linearisierung (logischer Bedingungen oder auch anderer nichtlinearer Ausdrücke, siehe Tabelle 3.4 in Kapitel 3.1.2, Kapitel 3.3 sowie Kapitel 4.4.2) negative Auswirkungen auf die Laufzeit-Performanz eines Modells mit sich bringen.

Alternativ kann man logische Ausdrücke direkt im OPL-Modell problemspezifisch in linearisierter Form angeben. Häufig ist dies zweckmäßig, wenn aufgrund einer spezifischen Problemstruktur bestimmte Teile einer „allgemeinen Linearisierungsvorschrift" nicht benötigt werden – d. h., dass z. B. einige Nebenbedingungen einer allgemeinen Vorgehensweise eingespart werden können. Dazu sei ebenso auf Kapitel 4.4.2 verwiesen, in dem bereits die Linearisierung der nichtlinearen Ausdrücke `abs, min, min1, max` und `max1` diskutiert wurde.

Ein anderer Grund für den möglichen Verzicht auf logische Ausdrücke im OPL-Modell ist, dass diese bei der Unlösbarkeits-Analyse im Studio im Konflikte-Fenster gar nicht und im Relaxationen-Fenster nur ursächlich angezeigt, aber nicht korrigiert werden (vgl. Kapitel 8.3). Zudem könnte etwa in wissenschaftlichen Arbeiten unabhängig von der Arbeit mit IBM ILOG CPLEX Optimization Studio schlichtweg eine explizite lineare Repräsentation eines Modells nötig sein.

Verknüpfung binärer Variablen

Tabelle 8.13 zeigt zunächst, wie für binäre Variablen logische Verknüpfungen in Form linearer Nebenbedingungen repräsentiert werden können. Bei der Umformung komplizierterer Nebenbedingungen hilft der Einsatz von Wahrheitstabellen. Wahrheitstabellen bieten generell die Möglichkeit einer strukturierten Vorgehensweise zur Modellierung verbal formulierter Zusammenhänge.

Tabelle 8.13 Logische Verknüpfungen als lineare Nebenbedingungen für Binärvariablen

Logische Verknüpfung	Lineare Nebenbedingung
`!(x[1] == 1)`	`x[1] == 0`
`(x[1] == 1) && (x[2] == 1)`	`x[1] + x[2] == 2`
`(x[1] == 1) || (x[2] == 1)`	`x[1] + x[2] >= 1`
`(x[1] == 1) != (x[2] == 1)`	`x[1] + x[2] == 1`
	`x[1] != x[2] (alternativ)`
`(x[1] == 1) => (x[2] == 1)`	`x[1] <= x[2]`
`(x[1] == 1) == (x[2] == 1)`	`x[1] == x[2]`

Es sei nun beispielhaft angenommen, folgende verbal formulierte Aussage soll umgesetzt werden: „Nur, wenn Produkt 1 und zugleich Produkt 2 bestellt werden, dann kann auch eine Bestellung von Produkt 3 erfolgen."

In einer Wahrheitstabelle (Tabelle 8.14) werden die Kombinationen sämtlicher Ausprägungen der Variablen aufgelistet. Jede Kombination wird nun mit der verbalen Aussage abgeglichen und es wird geprüft, ob die jeweilige Kombination für die Aussage zutrifft.

Tabelle 8.14 Wahrheitstabelle Bestell-Beispiel

Aussage	Wahrheitsgehalt der Aussage							
`bestellung[1]`	1	1	1	1	0	0	0	0
`bestellung[2]`	1	1	0	0	1	1	0	0
`bestellung[3]`	1	0	1	0	1	0	1	0
Kombination erlaubt?	✓	✓	-	✓	-	✓	-	✓

Bei Betrachtung der nicht zutreffenden Kombinationen wird klar: Wenn lediglich eines oder keines der beiden Produkte 1 oder 2 bestellt wird, dann kann Produkt 3 nicht bestellt werden. Oder umgekehrt (sog. Kontraposition): Wenn Produkt 3 bestellt wird, dann müssen sowohl Produkt 1 als auch 2 bestellt werden.

Eine mögliche Variante mit logischen Operatoren lautet daher wie folgt:

```
(bestellung[3] == 1)
=> ((bestellung[1] == 1) && (bestellung[2] == 1));
```

Eine linearisierte Variante ergibt sich etwa auf Basis folgender Überlegungen: `bestellung[3]` muss auf 0 gezwungen werden, falls lediglich eines oder keines der beiden anderen Produkte bestellt wird. Werden beide Produkte bestellt, darf im Hinblick auf die Belegung von `bestellung[3]` keine Einschränkung erfolgen. Dies wird etwa durch die folgenden beiden Nebenbedingungen sichergestellt:

```
bestellung[3] <= bestellung[1];
bestellung[3] <= bestellung[2];
```

Alternativ ist eine aggregierte Darstellung mit lediglich einer linearen Nebenbedingung möglich:

```
2*bestellung[3] <= bestellung[1] + bestellung[2];
```

Sämtliche Varianten können nachträglich nochmals auf Richtigkeit überprüft werden, indem sukzessive die Binär-Werte jeder Kombination in die Variante eingesetzt und dabei mit den Überlegungen in der Wahrheitstabelle abgeglichen werden.

Verknüpfung mit „echten" Nebenbedingungen
Die beiden Nebenbedingungen aus Beispiel 8.2

```
(bestellung[2] == 1) => (bestellmenge[2] >= 50);
(bestellung[2] == 0) => (bestellmenge[2] == 0);
```

können etwa folgendermaßen linearisiert werden (das sogenannte *Big M* ist eine hinreichend große, positive Zahl):

```
50*bestellung[2] <= bestellmenge[2];
bestellmenge[2] <= M*bestellung[2];
```

Zur Linearisierung der Nebenbedingung aus Beispiel 8.3

```
(bestellmenge[2] >= 200) => (bestellmenge[1] <= 80);
```

ist eine Hilfsvariable $x \in \{0; 1\}$ notwendig (vgl. Williams (2013), S. 169 ff.):

```
bestellmenge[2] <= 199 + M*x;
bestellmenge[1] <= 80 + M*(1 - x);
```

Beim Linearisieren des letzten Beispiels ist etwas Überlegung notwendig. Man sieht also, dass – nimmt man etwaige Laufzeitnachteile in Kauf – das Bereitstellen von und Arbeiten mit logischen Operatoren in OPL teilweise eine knappere und intuitivere Darstellung ermöglicht, sofern keine explizite lineare Variante erforderlich ist.

8.1.5 Zählsummen

Die Möglichkeit zur Einbindung der Wahrheitswerte linearer Nebenbedingungen in OPL erlaubt auch die Verwendung von sogenannten *Zählsummen*. Allgemein besitzt ein Summenzeichen einen Laufindex und ein Argument, das für jede Ausprägung des Laufindex ausgewertet wird (vgl. Kapitel 4.4.1). Bei der Verwendung von Zählsummen interessiert man sich lediglich für Summen von „ja-nein-Argumenten" und zählt über die Auswertung des gesamten Laufindex hinweg die Anzahl der ja-Argumente. Genauer formuliert erfüllt ein ja-Argument eine mit dem Indexwert verknüpfte Bedingung in Form einer Gleichung (oder Ungleichung). Die entsprechende logische Aussage ist somit wahr. Da dies – wie eingangs dargestellt – in OPL den Zahlenwert 1 zurückliefert, kann praktischerweise unmittelbar über die (Wahrheitswerte der) Nebenbedingungen selbst aufaddiert werden. Analog zu den Ausführungen zu Beginn von Kapitel 8.1.4 ist allerdings zu beachten, dass CPLEX durch die Einführung entsprechender Binärvariablen die gesamte Konstruktion im Rahmen der Modelllösung intern und für den Benutzer unsichtbar linearisiert.

Beispiel 8.5

```
1 {int} produkte = {1, 2, 3};
2 dvar boolean bestellung[produkte];
3 dvar int+ bestellmenge[produkte];
4
5 maximize sum(i in produkte) (bestellmenge[i] >= 50);
6
7 subject to {
8     //for-all-Schleife: Bestellung und Bestellmenge eines Produktes i
9     // sind entweder jeweils gleich Null oder jeweils ungleich Null
10    forall (i in produkte) {
11        (bestellung[i] == 0) == (bestellmenge[i] == 0);
12    }
13    sum(i in produkte) (bestellmenge[i] >= 40) >= 1;
14    sum(i in produkte) (bestellmenge[i] >= 40) <= 2;
15 }
```

Zählsummen können sowohl im Nebenbedingungssystem als auch in der Zielfunktion verwendet werden (siehe Beispiel 8.5; die Zeilen 10 bis 12 sind inhaltlich identisch mit den Zeilen 6 bis 10 aus Beispiel 8.4). Im Nebenbedingungssystem sind Zählsummen in den Zeilen 13 und 14 enthalten: Die Anzahl der zu bestellenden Produktarten mit einer Bestellmenge von mindestens 40 Einheiten soll mindestens 1 (Zeile 13) und höchstens 2 (Zeile 14) sein.

Die als Zählsumme dargestellte Zielfunktion maximiert die Anzahl der Produktarten mit einer Bestellmenge von mindestens 50 Einheiten – mit einem optimalen Zielfunktionswert von 2 (Zeile 5). Bei einer herkömmlichen Umsetzung mit der Zielfunktion maximize sum(i in produkte) bestellung[i]; müsste je Produktart eine Nebenbedingung im subject-to-Block aufgenommen werden, die im Falle einer Bestellung eine Bestellmenge größer gleich 50 Stück garantiert.

8.2   Abschnittsweise lineare Funktionen

Eine abschnittsweise (oder stückweise) definierte Funktion ist eine Funktion, deren Definitionsbereich in mehrere (disjunkte) Funktionsabschnitte – sogenannte Intervalle – aufgeteilt ist, die jeweils eigene Funktionsgleichungen besitzen. Eine abschnittsweise *lineare* Funktion besteht ausschließlich aus linearen Abschnitten. Beispiele abschnittsweiser linearer Funktionen sind (lineare) Preis-Absatz-Funktionen, die stückzahlabhängige oder prozentuale Preisrabatte beinhalten, oder (lineare) Kostenfunktionen mit sogenannten „Kosten-Airbags" (Kosten-Obergrenzen, wie etwa bei manchen Mobilfunk-Tarifen). Eine konkrete abschnittsweise lineare Funktion ist etwa die Funktion des Grenzsteuersatzes der Bundesrepublik Deutschland (siehe Abb. 8.1).[1] Häufig existieren zudem *nichtlineare* Funktionen, die durch abschnittsweise lineare Funktionen approximiert werden können.

Obwohl die in Abb. 8.1 dargestellte Gesamtfunktion insgesamt nichtlinear ist, ermöglicht OPL eine direkte Umsetzung solcher abschnittsweiser linearer Funktionen mit spezifischen OPL-Befehlen. Kapitel 8.2.1 behandelt diesbezüglich zunächst Treppenfunktionen als Spezialfall der dann in Kapitel 8.2.2 allgemein beschriebenen abschnittsweise linearen Funktionen. Die Anwendung der Befehle führt dazu, dass für die Modelllösung – analog zur Umwandlung logischer Operatoren aus Kapitel 8.1 – im Hintergrund automatisch eine linearisierte Darstellung mithilfe zusätzlicher Nebenbedingungen erzeugt wird. In Kapitel 8.2.3 wird – analog zu Kapitel 8.1.4 für logische Ausdrücke – gezeigt, wie eine solche Linearisierung auch selbst bereits im Rahmen der Modellierung vorgenommen werden kann.

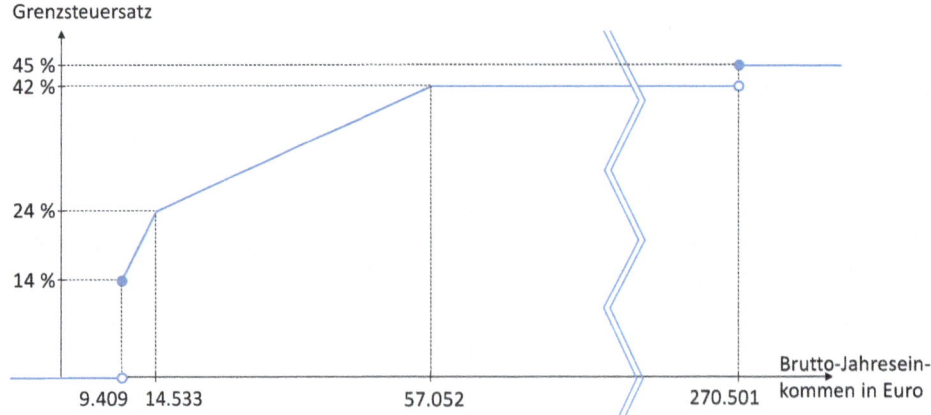

Abb. 8.1   Grenzsteuersatz in Deutschland im Jahr 2020

---

[1] Zur Datengrundlage für die Abbildung siehe Webseite des Bundesministeriums der Justiz und für Verbraucherschutz, Einkommensteuergesetz § 32a (Einkommensteuertarif, https://www.gesetze-im-internet.de/estg/__32a.html).

8.2.1 Spezialfall Treppenfunktion

Zu Beginn wird die einfachste Form abschnittsweiser linearer Funktionen betrachtet, die sogenannte Treppenfunktion (*stepFunction*). Als Spezialfall der in Kapitel 8.2.2 folgenden abschnittsweisen linearen Funktionen besitzt eine Treppenfunktion in den Funktionsabschnitten jeweils eine Steigung von 0.

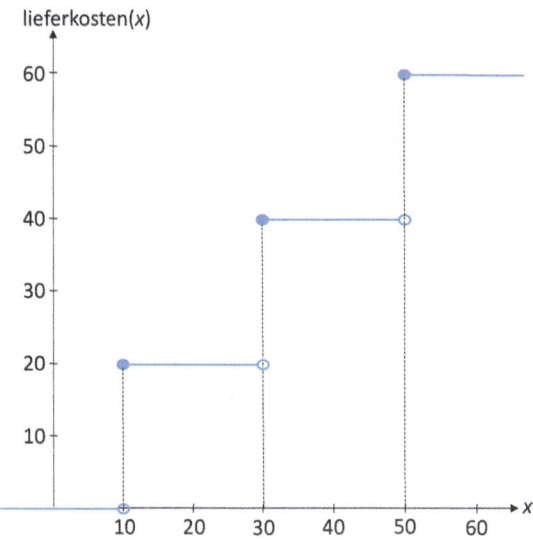

Abb. 8.2 Beispiel einer Treppenfunktion

Beispiel 8.6 (zu Abb. 8.2)

```
1 stepFunction lieferkosten = stepwise {0 -> 10; 20 -> 30; 40 -> 50; 60};
2
3 assert lieferkosten(9) == 0;
4 assert lieferkosten(10) == 20;
```

Zur Veranschaulichung dient die in Abb. 8.2 dargestellte Treppenfunktion, welche Lieferkosten in Abhängigkeit der Stückzahl x abbildet. Im zugehörigen OPL-Befehl *stepwise* werden die einzelnen Funktionsabschnitte der Funktion semikolonsepariert aufgezählt (siehe Beispiel 8.6). Dabei stehen in geschweiften Klammern jeweils Werte links und rechts der „Pfeile". Die Werte links der Pfeile geben dabei den Funktionswert an, welcher jedem Element des jeweiligen Intervalls zugeordnet wird. Die Werte rechts der Pfeile repräsentieren die Intervallobergrenzen, welche jeweils aus dem Intervall ausgeschlossen sind. Die Intervalluntergrenze des ersten Intervalls ist stets $-\infty$ und nicht explizit angegeben. Die weiteren Intervalluntergrenzen ergeben sich jeweils implizit als die Obergrenzen der vorangehenden Intervalle. Die Obergrenze des letzten Intervalls beträgt stets $+\infty$.

Im Beispiel hat die Funktion **lieferkosten** Funktionswerte von 0 im Intervall $(-\infty; 10)$, Funktionswerte von 20 im Intervall $[10; 30)$, Funktionswerte von 40 im Intervall $[30; 50)$ und Funktionswerte von 60 im Intervall $[50; +\infty)$. Dass die Lieferkosten für 10 Stück einen Wert von 20 (und nicht 0) betragen, sieht man anhand der `assert`-Abfrage in Zeile 4 (zu `assert`-Befehlen siehe Tipp 8 in Kapitel 4.2.3).

Mithilfe von Feldern für die Funktionswerte und die Intervallobergrenzen ist alternativ zu Beispiel 8.6 eine generische Modellierung möglich, wie Beispiel 8.7 veranschaulicht.

Beispiel 8.7 (zu Abb. 8.2)

```
1 int n = 3;
2 int funktionswert[1..n+1] = [0, 20, 40, 60];
3 int intervallobergrenze[1..n] = [10, 30, 50];
4
5 stepFunction lieferkostenAlternativ = stepwise (i in 1..n) {
6      funktionswert[i] -> intervallobergrenze[i]; funktionswert[n+1]
7 };
8
9 assert lieferkostenAlternativ(9.99) == 0;
10 assert lieferkostenAlternativ(10.0) == 20;
```

In ein Optimierungsmodell lässt sich eine abschnittsweise lineare Funktion als Zielfunktion oder als Nebenbedingung integrieren, indem sie entsprechend mit einer Entscheidungsvariable verknüpft wird. Dies geschieht durch das Anfügen der Entscheidungsvariable im Anschluss an die geschweiften Klammern des `stepwise`-Befehls, z. B. für die als zu maximierende Zielfunktion verwendete Treppenfunktion aus Beispiel 8.6 durch: `maximize stepwise {0 -> 10; 20 -> 30; 40 -> 50; 60} x;`

Bei der Verwendung einer bereits zuvor definierten Funktion muss die Entscheidungsvariable der Funktion als Argument in runden Klammern übergeben werden (siehe Zeile 6 in Beispiel 8.8). Dort soll der Funktionswert der Lieferkosten-Funktion aus Abb. 8.2 maximiert werden, unter der Nebenbedingung, dass die Liefermenge x maximal 35 Stück beträgt (`maxLiefermenge = 35`). Der optimale Zielfunktionswert von 40 Einheiten bei einer beliebigen optimalen Lösung $x \in [30; 35]$ Stück kann durch einen Blick auf die in Abb. 8.2 dargestellte Funktion nachvollzogen werden.

Beispiel 8.8 (zu Abb. 8.2)

```
1 include "beispiel_8.06.mod";
2
3 int maxLiefermenge = 35;
4 dvar int x;
5
6 maximize lieferkosten(x);
7
8 subject to {
9    x <= maxLiefermenge;
10 }
```

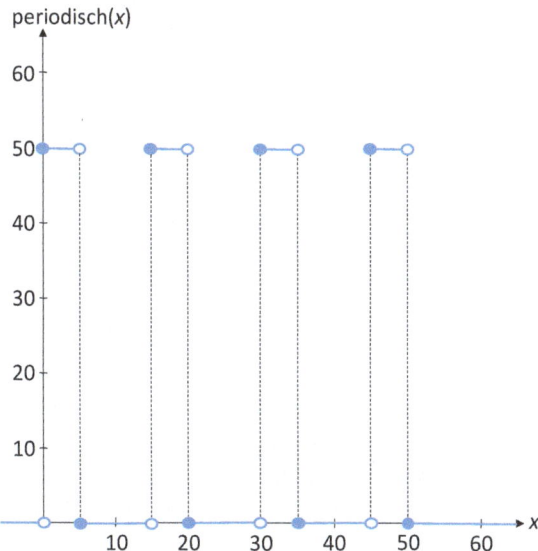

Abb. 8.3 Periodische Treppenfunktion

Abschließend illustriert Beispiel 8.9 noch eine kompakte Formulierungsmöglichkeit für Treppenfunktionen mit periodischem Verlauf (siehe dazu Abb. 8.3).

Beispiel 8.9 (zu Abb. 8.3)

```
1 stepFunction periodisch = stepwise(i in 0..3, k in 0..1) {
2    50*k -> (15*i) + (5*k); 0
3 };
```

8.2.2 Allgemeine abschnittsweise lineare Funktion

Der Spezialfall einer Treppenfunktion (`stepFunction`) wird nun auf stückweise lineare Funktionen (*pwlFunction*) verallgemeinert, wobei im Folgenden sowohl stetige Funktionen als auch Funktionen mit Sprungstellen betrachtet werden. Analog zu Treppenfunktionen können diese in Optimierungsmodelle integriert werden (siehe Beispiel 8.8).

Stetige Funktionen

Zur Veranschaulichung einer stetigen Funktion dient die Funktion in Abb. 8.4. Beispiel 8.10 zeigt den zugehörigen OPL-Befehl. Man sieht, dass die OPL-Syntax für stetige Funktionen der Syntax der Treppenfunktion aus dem vorherigen Teilkapitel ähnelt.

Beispiel 8.10 (zu Abb. 8.4)

```
1 pwlFunction lieferkostenStetig = piecewise {
2    0 -> 10; 1 -> 20; .5 -> 30; 0
3 } (5, 0);
```

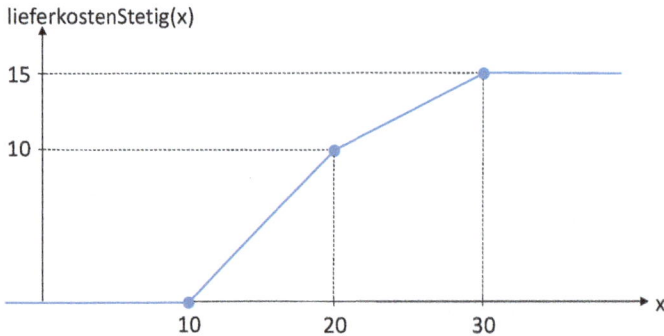

Abb. 8.4   Stetige Funktion

Analog zu den Treppenfunktionen gilt, dass der Definitionsbereich stets die Menge aller reellen Zahlen aus $(-\infty; +\infty)$ ist. Die Intervalluntergrenze des ersten Intervalls ist $-\infty$ und nicht explizit angegeben. Die weiteren Intervalluntergrenzen ergeben sich jeweils implizit als die Obergrenzen der vorangehenden Intervalle. Die Obergrenze des letzten Intervalls beträgt $+\infty$.

Nach dem *piecewise*-Befehl repräsentieren die Werte links der Pfeile nun die Steigung der jeweiligen Funktionsabschnitte, die Werte rechts der Pfeile – wie bei den Treppenfunktionen – die jeweiligen (ausgeschlossenen) Intervallobergrenzen. Am Ende kann optional ein sogenannter Ankerpunkt notiert werden (im Beispiel der Punkt $(5, 0)$, siehe Zeile 3), durch den der erste Funktionsabschnitt verlaufen soll. Dadurch wird die „vertikale Verankerung" der Funktion festgelegt. Ohne Angabe wird der Default-Ankerpunkt $(0, 0)$ gesetzt, was hier ebenso den Funktionsverlauf repräsentieren würde (siehe auch Beispiel 8.11).

Die Funktion aus dem Beispiel hat somit im Intervall $(-\infty; 10)$ eine Steigung von 0 und verläuft durch den Punkt $(5, 0)$. Am Abszissen-Wert 10 – dem Übergang in den zweiten Funktionsast – besitzt die Funktion eine stetige *Knickstelle*. Diese ist der Ausgangspunkt für den zweiten Funktionsabschnitt in $[10; 20)$ mit der Steigung 1. Die nächste stetige Knickstelle am Abszissen-Wert 20 ist der Ausgangspunkt für den dritten Funktionsabschnitt in $[20; 30)$ mit Steigung 0.5 und beim Abszissen-Wert 30 beginnt der vierte Funktionsabschnitt in $[30; +\infty)$ mit Steigung 0.

Mithilfe von Feldern für die Funktionswerte und die Intervallobergrenzen ist auch hier alternativ eine generische Modellierung möglich, wie Beispiel 8.11 veranschaulicht.

Beispiel 8.11 (zu Abb. 8.4)

```
1 int n=3;
2 int intervallobergrenze[1..n] = [10, 20, 30];
3 float steigung[1..n+1] = [0, 1, .5, 0];
4
5 pwlFunction lieferkostenStetig = piecewise(i in 1..n) {
6    steigung[i] -> intervallobergrenze[i]; steigung[n+1]
7 };
```

Funktionen mit Sprungstellen

Eine stückweise lineare Funktion kann auch sogenannte *Sprungstellen* enthalten, wie sie bei der Funktion in Abb. 8.5 bei den Werten $x = 10$ und $x = 20$ vorliegen.

Erfolgt am Intervallende eines Funktionsabschnitts ein Sprung, so ist im `piecewise`-Befehl die entsprechende Intervallobergrenze (rechts der „Pfeile") doppelt anzuführen. Die Syntax von Beispiel 8.10 ist also für Sprünge im Funktionsverlauf mit einem zweiten Anführen der entsprechenden Intervallobergrenzen zu ergänzen (siehe Beispiel 8.12): Beim ersten Anführen entspricht der Wert links des „Pfeils" der Steigung, beim zweiten Anführen dem Sprung entlang der y-Achse, also der „Höhendifferenz".

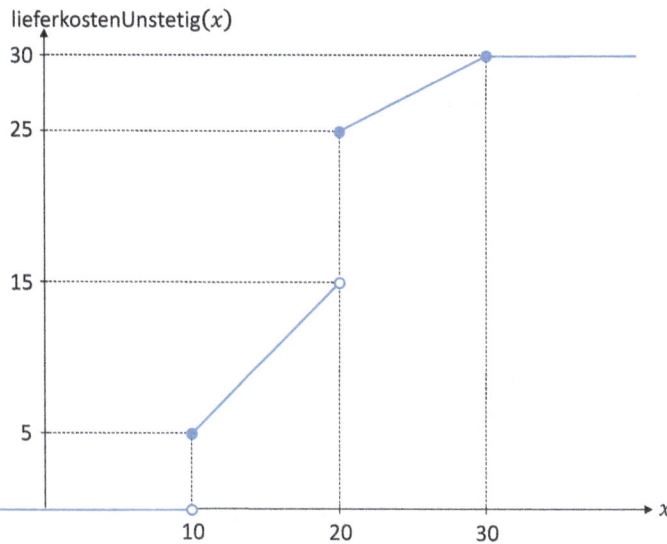

Abb. 8.5 Funktion mit Sprungstellen

Beispiel 8.12 (zu Abb. 8.5)

```
1 pwlFunction lieferkostenUnstetig = piecewise {
2   0 -> 10; 5 -> 10; 1 -> 20; 10 -> 20; .5 -> 30; 0
3 };
```

Mithilfe von Feldern für die Funktionswerte und die Intervallobergrenzen ist wiederum eine generische Modellierung möglich, wie Beispiel 8.13 – analog zu Beispiel 8.11 – veranschaulicht. Würde man den auskommentierten Teil in Zeile 11 hinzunehmen, so ergäbe sich ebenfalls eine syntaktisch korrekte Modellierung, auch wenn bei Intervallen ohne Sprung die künstliche Angabe eines „Sprungs" um 0 Einheiten natürlich nicht erforderlich ist.

Beispiel 8.13 (zu Abb. 8.5)

```
1 int intervallobergrenze[1..3] = [10, 20, 30];
2 float steigung[1..4] = [0, 1, .5, 0];
3 float sprung[1..3] = [5, 10, 0];
4
5 pwlfunction lieferkostenUnstetigVariante1 = piecewise {
6     steigung[1] -> intervallobergrenze[1];
7        sprung[1] -> intervallobergrenze[1];
8     steigung[2] -> intervallobergrenze[2];
9        sprung[2] -> intervallobergrenze[2];
10    steigung[3] -> intervallobergrenze[3];
11       //sprung[3] -> intervallobergrenze[3];
12    steigung[4]
13 } (0,0);
```

Eine noch allgemeinere und kompaktere Formulierung zeigt Beispiel 8.14.

Beispiel 8.14 (zu Abb. 8.5)

```
1 int n=3;
2 int intervallobergrenze[1..n] = [10, 20, 30];
3 float steigungSprung[1..2][1..n] = [[0, 1, .5], [5, 10, 0]];
4 float letzteSteigung = 0;
5
6 pwlfunction lieferkostenUnstetigVariante2 =
7    piecewise (j in 1..n, i in 1..2) {
8       steigungSprung[i][j] -> intervallobergrenze[j]; letzteSteigung
9    };
```

Abschließend sei darauf hingewiesen, dass die Zahlenwerte der Intervallobergrenzen monoton steigend angegeben werden müssen, und dass aus einem einzigen Punkt bestehende Funktionsäste im Rahmen abschnittsweise definierter Funktionen in OPL nicht abbildbar sind.

8.2.3 Überführung abschnittsweiser linearer Funktionen in lineare Nebenbedingungen

Zunächst werden allgemeine Linearisierungstechniken vorgestellt, die bei den anschließend behandelten Spezialfällen vereinfacht werden können. Neben den Literaturquellen, auf die im Folgenden noch verwiesen wird, können zusätzlich Chen et al. (2010), Kapitel 3.3.1 und 3.3.2; Kallrath (2013), Kapitel 5.6 und 5.7; Popp (2016), Kapitel 3.4; Van Hentenryck (1999), Kapitel 9.4 sowie Williams (2013), Kapitel 7.3 herangezogen werden.

Allgemeine Linearisierungstechniken

Im Folgenden werden zwei alternative Techniken behandelt, mit denen sich sämtliche abschnittsweise lineare Funktionen linearisieren lassen: Zum einen unter Nutzung von Konvexkombinationen innerhalb der einzelnen Funktionsabschnitte, zum anderen

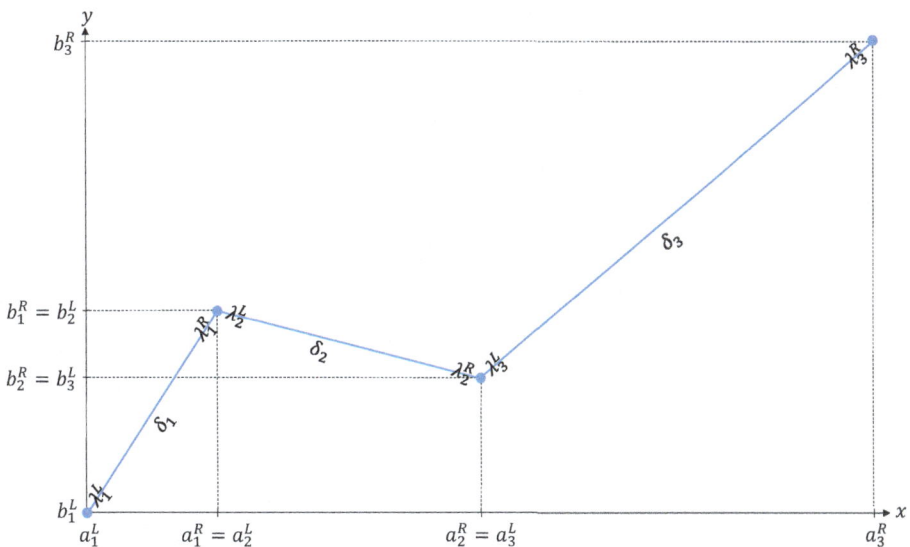

Abb. 8.6 Technik „Konvexkombinationen"

durch die „Zerlegung der x-Variable" entsprechend der Definitionsbereiche der einzelnen Funktionsabschnitte.

Bei der ersten Technik („Konvexkombinationen", vgl. z. B. Sherali (2001)) werden für den linken und rechten Randpunkt jedes Funktionsabschnitts $i \in \{1, ..., I\}$ die beiden Variablen $\lambda_i^L, \lambda_i^R \geq 0$ definiert (siehe auch Abb. 8.6). Um die Funktionswerte zu repräsentieren, sind λ_i^L und λ_i^R noch die passenden x-Koordinaten (a_i^L bzw. a_i^R) und y-Koordinaten (b_i^L bzw. b_i^R) zuzuordnen. Dadurch lassen sich allgemein jeder beliebige x-Wert sowie der zugehörige Funktionswert $y = f(x)$ der Funktion als Variablen in Form zweier Nebenbedingungen ausdrücken, welche die paarweisen Konvexkombinationen der Randpunkte bilden:

$$x = \sum_{i=1}^{I}[a_i^L \lambda_i^L + a_i^R \lambda_i^R] \qquad \text{bzw.} \qquad y = \sum_{i=1}^{I}[b_i^L \lambda_i^L + b_i^R \lambda_i^R]$$

Dabei ist zusätzlich sicherzustellen, dass es sich 1.) je Intervall tatsächlich um Konvexkombinationen, d. h. um Punkte auf der Verbindungstrecke der beiden Randpunkte handelt ($\lambda_i^L + \lambda_i^R = 1$, falls der x-Wert im Intervall i liegt), und dass 2.) jeweils nur ein Summand der Summenformeln aus den rechten Seiten der beiden obigen Nebenbedingungen einen Wert ungleich 0 erhält (entsprechend des Intervalls, in dem der betroffene x-Wert liegt). Beides wird mithilfe zusätzlicher Binärvariablen ($\delta_i \in \{0; 1\}$) und zusätzlicher Nebenbedingungen $\lambda_i^L + \lambda_i^R = \delta_i$ mit $i \in \{1, ..., I\}$ erreicht, wobei durch die weitere Nebenbedingung $\sum_{i=1}^{I} \delta_i = 1$ sichergestellt wird, dass nur ein einziger Funktionsabschnitt angesprochen wird.

Bei der zweiten Technik („x-Zerlegung", vgl. z. B. Domschke und Drexl (1996), S. 56 f.) setzt sich die x-Variable aus den insgesamt I für die einzelnen Funktionsabschnitte zu

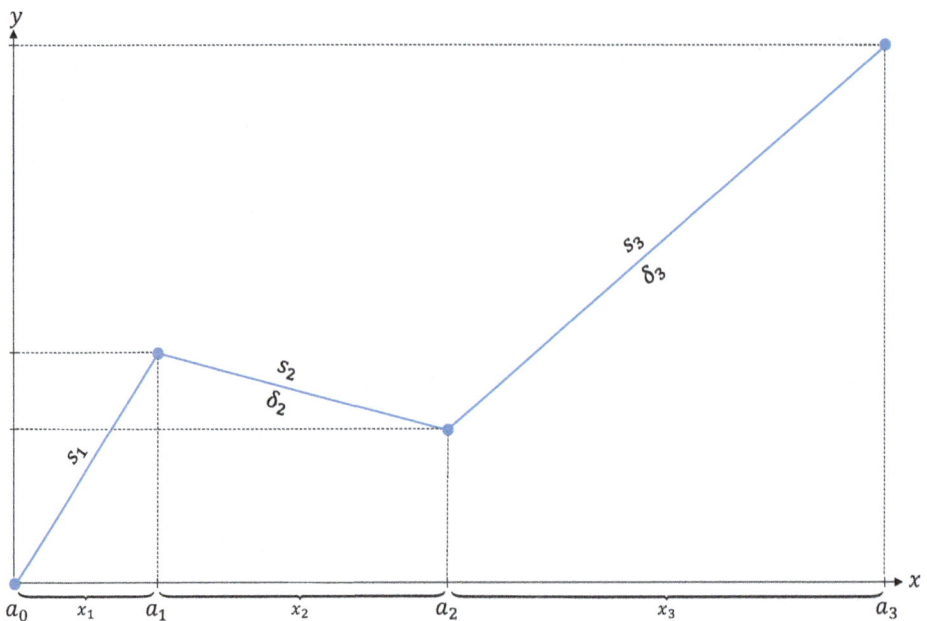

Abb. 8.7   Technik „x-Zerlegung“

definierenden x_i-Variablen zusammen (siehe Abb. 8.7): $x = \sum_{i=1}^{I} x_i$. Der passende y-Wert wird ermittelt, indem die zum jeweiligen x_i-Abschnitt zugehörige Steigung s_i verknüpft und über alle Abschnitte aufsummiert wird: $y = \sum_{i=1}^{I} s_i x_i$. Neben diesen beiden Nebenbedingungen sorgen weitere I Nebenbedingungen dafür, dass die x_i-Variablen einen Wert kleiner oder gleich der Breite ihres jeweiligen Funktionsabschnitts $(a_i - a_{i-1})$ annehmen: $x_i \le (a_i - a_{i-1})$ für $i = 1$ bzw. $x_i \le (a_i - a_{i-1})\delta_i$ für $i \in \{2, \dots, I\}$, wobei $\delta_i \in \{0; 1\}$. Die Binärvariablen δ_i regeln dabei – unter Hinzunahme der Nebenbedingungen $(a_i - a_{i-1})\delta_{i+1} \le x_i$ für alle $i \in \{1, \dots, (I-1)\}$ – die sukzessive „Freischaltung“ der x_i-Abschnitte.

Das in Abb. 8.8 illustrierte Zahlenbeispiel soll zur Verdeutlichung der beiden Techniken dienen. Mithilfe von „Konvexkombinationen“ ergibt sich für die in Abb. 8.8 dargestellte abschnittsweise lineare Funktion eine lineare Modellierung, für die 6 „echte“ lineare Nebenbedingungen (NB1 bis NB6) benötigt werden:

(NB1)	$y = 0\lambda_1^L + 300\lambda_1^R + 300\lambda_2^L + 200\lambda_2^R + 200\lambda_3^L + 700\lambda_3^R$
(NB2)	$x = 0\lambda_1^L + 100\lambda_1^R + 100\lambda_2^L + 300\lambda_2^R + 300\lambda_3^L + 600\lambda_3^R$
(NB3)	$\lambda_1^L + \lambda_1^R = \delta_1$
(NB4)	$\lambda_2^L + \lambda_2^R = \delta_2$
(NB5)	$\lambda_3^L + \lambda_3^R = \delta_3$
(NB6)	$\delta_1 + \delta_2 + \delta_3 = 1$
(NB7)	$\delta_1, \delta_2, \delta_3 \in \{0, 1\}$
(NB8)	$x, y, \lambda_1^L, \lambda_1^R, \lambda_2^L, \lambda_2^R, \lambda_3^L, \lambda_3^R \ge 0$

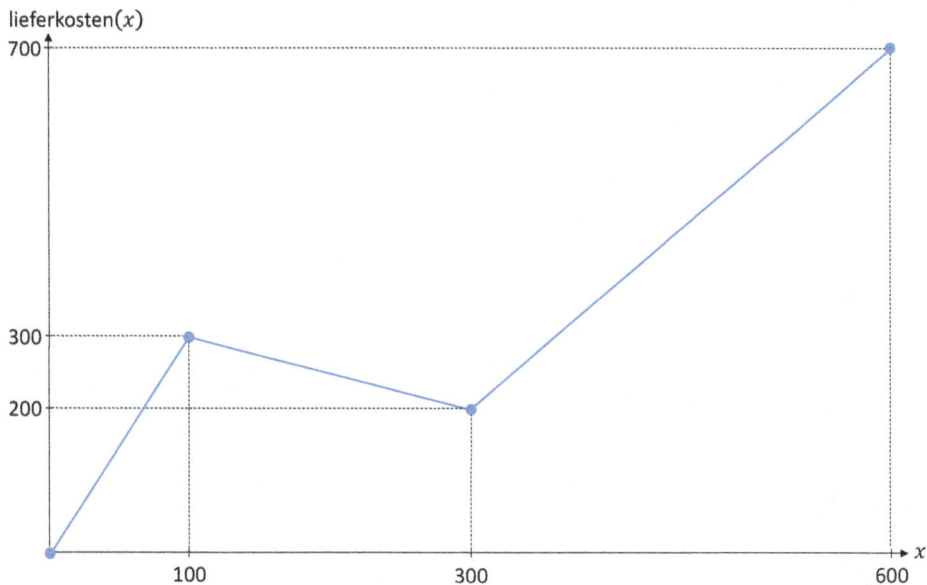

Abb. 8.8 Beispiel für Linearisierungstechniken „Konvexkombinationen" und „x-Zerlegung"

Beispiel 8.15 beinhaltet den entsprechenden Programmcode für die Umsetzung mithilfe von „Konvexkombinationen".

Beispiel 8.15

```
1 range i = 1..3;
2 {string} ecken = {"L", "R"};
3
4 dvar boolean delta[i];      //(NB7) des mathematischen Modells
5 dvar float+ x;              //(NB8)
6 dvar float+ y;              //(NB8)
7 dvar float+ lambda[i][ecken]; //(NB8)
8
9 subject to {
10    NB1: y == 0*lambda[1]["L"] + 300*lambda[1]["R"] + 300*lambda[2]["L"]
11         + 200*lambda[2]["R"] + 200*lambda[3]["L"] + 700*lambda[3]["R"];
12    NB2: x == 0*lambda[1]["L"] + 100*lambda[1]["R"] + 100*lambda[2]["L"]
13         + 300*lambda[2]["R"] + 300*lambda[3]["L"] + 600*lambda[3]["R"];
14    NB3: lambda[1]["L"] + lambda[1]["R"] == delta[1];
15    NB4: lambda[2]["L"] + lambda[2]["R"] == delta[2];
16    NB5: lambda[3]["L"] + lambda[3]["L"] == delta[3];
17    NB6: delta[1] + delta[2] + delta[3] == 1;
18 }
```

Mithilfe der „x-Zerlegung" ergibt sich für die in Abb. 8.8 dargestellte abschnittsweise lineare Funktion eine lineare Formulierung mit 7 „echten" linearen Nebenbedingungen (NB1 bis NB7):

(NB1) $y = 3x_1 - \frac{1}{2}x_2 + \frac{4}{3}x_3$

(NB2) $x = x_1 + x_2 + x_3$

(NB3) $100\delta_2 \leq x_1$

(NB4) $200\delta_3 \leq x_2$

(NB5) $x_1 \leq 100$

(NB6) $x_2 \leq 200\delta_2$

(NB7) $x_3 \leq 300\delta_3$

(NB8) $\delta_2, \delta_3 \in \{0, 1\}$

(NB9) $x, x_1, x_2, x_3, y \geq 0$

Der zugehörige Programmcode zur Umsetzung mithilfe der „x-Zerlegung" findet sich in Beispiel 8.16.

Beispiel 8.16

```
 1 range i = 1..3;
 2 range j = 2..3;
 3
 4 dvar boolean delta[j];     //(NB8) des mathematischen Modells
 5 dvar float+ xGesamt;       //(NB9)
 6 dvar float+ x[i];          //(NB9)
 7 dvar float+ y;             //(NB9)
 8
 9 subject to {
10    NB1: y == 2*x[1] - (1/2)*x[2] + (4/3)*x[3];
11    NB2: xGesamt == x[1] + x[2] + x[3];
12    NB3: 100*delta[2] <= x[1];
13    NB4: 200*delta[3] <= x[2];
14    NB5: x[1] <= 100;
15    NB6: x[2] <= 200*delta[2];
16    NB7: x[3] <= 300*delta[3];
17 }
```

Spezialfälle

Häufig besitzt eine abschnittsweise lineare Funktion bestimmte Eigenschaften, die bei der Modellierung ausgenutzt werden können und die Linearisierung teils erheblich vereinfachen. Dies betrifft insbesondere Funktionen mit einem einheitlichen Krümmungsverhalten im Zusammenspiel mit der „Optimierungsrichtung" (Minimierung/Maximierung), die durch die Zielfunktion vorgegeben ist.

Als Beispiel dient die stetige, abschnittsweise lineare Lieferkosten-Funktion aus Abb. 8.9. Man kann sich hierzu etwa vorstellen, dass das Unternehmen für eine wöchentlich wiederkehrende Auslieferung von $x \leq 600$ Einheiten die Angebote verschiedener Lieferanten vergleicht. Da die Lieferanten jeweils begrenzte Lieferkapazitäten (von 100 bzw. 200 bzw. 300 Einheiten) besitzen, werden die Lieferanten nach der Höhe der

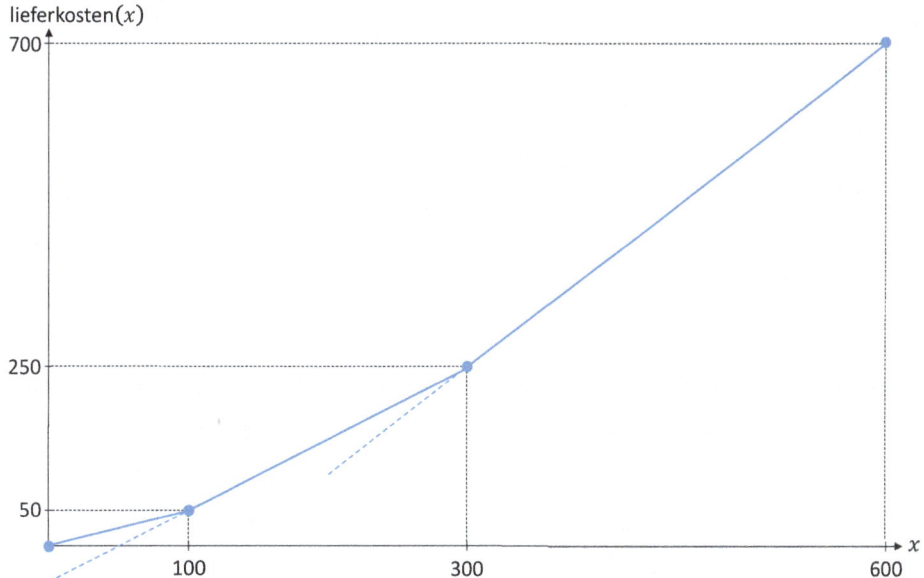

Abb. 8.9 Konvexe Lieferkosten-Funktion

jeweiligen Lieferkosten ausgewählt – beginnend mit dem günstigsten Lieferanten –, sodass sich insgesamt eine *konvexe* Lieferkosten-Funktion ergibt.

Bei einer Umsetzung mit „Konvexkombinationen" kann entgegen der oben darge-stellten allgemeinen Modellierung auf einige Variablen und Nebenbedingungen verzich-tet werden. Dies liegt an der Verwendung der Lieferkosten-Funktion als zu minimieren-de Zielfunktion, durch die wegen der streng monotonen Steigung automatisch kleinstmögliche Werte gewählt werden. Bei stetigen und streng monoton steigenden Funktionen genügt zudem eine λ_i-Variable je *Knickstelle* der Funktion. Die in Beispiel 8.15 aufgeführten Nebenbedingungen zur Sicherstellung von Konvexkombinationen innerhalb einzelner Funktionsabschnitte (NB3 bis NB7) können durch eine einzige Ne-benbedingung ersetzt werden: $(\lambda_1 + \lambda_2 + \lambda_3 + \lambda_4 = 1)$.

Es ergibt sich für diesen Spezialfall also eine wesentlich kompaktere Formulierungs-möglichkeit aus Zielfunktion und 2 linearen Nebenbedingungen sowie 5 Variablen, im Gegensatz zu 6 Nebenbedingungen mit 11 Variablen, wie in Beispiel 8.15 für eine allge-meine Funktion mit drei Abschnitten gezeigt. Der zugehörige Programmcode ist Beispiel 8.17 zu entnehmen.

Zielfunktion: Minimiere $\qquad$ $\text{lieferkosten}(x) = 0\lambda_1 + 50\lambda_2 + 250\lambda_3 + 700\lambda_4$
unter den Nebenbedingungen $\quad$ $x = 0\lambda_1 + 100\lambda_2 + 300\lambda_3 + 600\lambda_4$
$$\lambda_1 + \lambda_2 + \lambda_3 + \lambda_4 = 1$$
$$x, \lambda_1, \lambda_2, \lambda_3, \lambda_4 \geq 0$$

Beispiel 8.17

```
 1 range index = 1..4;
 2 dvar float+ lambda[index];
 3 dvar float+ x;
 4
 5 minimize 0*lambda[1] + 50*lambda[2] + 250*lambda[3] + 700*lambda[4];
 6
 7 subject to {
 8   sum(i in index)lambda[i] == 1;
 9   x == 0*lambda[1] + 100*lambda[2] + 300*lambda[3] + 600*lambda[4];
10 }
```

Eine alternative Modellierung ist mithilfe der Geradensteigungen in den einzelnen Funktionsabschnitten ebenfalls möglich („x-Zerlegung"). Auch hier können einige Nebenbedingungen eingespart werden, da die Verwendung der Lieferkosten-Funktion als zu minimierende Zielfunktion automatisch für eine „sukzessive Freischaltung" nach aufsteigenden x-Werten sorgt. Es resultiert ein Optimierungsmodell mit Zielfunktion und 4 linearen Nebenbedingungen sowie 4 Variablen (im Gegensatz zu 7 Nebenbedingungen und 7 Variablen im allgemeinen Fall). Der zugehörige Programmcode befindet sich in Beispiel 8.18.

Zielfunktion: Minimiere $\quad$ lieferkosten$(x) = \frac{1}{2}x_1 + 1x_2 + \frac{3}{2}x_3$

unter den Nebenbedingungen $\quad x = x_1 + x_2 + x_3$

$$x_1 \leq 100, x_2 \leq 200, x_3 \leq 300$$

$$x, x_1, x_2, x_3 \geq 0$$

Beispiel 8.18

```
 1 range index = 1..3;
 2 dvar float+ x[index];
 3 dvar float+ xGesamt;
 4
 5 minimize 1/2*x[1] + x[2] + 3/2*x[3];
 6
 7 subject to {
 8   xGesamt == x[1] + x[2] + x[3];
 9   x[1] <= 100;
10   x[2] <= 200;
11   x[3] <= 300;
12 }
```

Man beachte, dass beide Techniken für den behandelten Spezialfall ohne Binärvariablen auskommen. Dadurch können sie auch im Rahmen der Modellierung von Linearen Programmen (LP) eingesetzt werden (vgl. Kapitel 3.5), wobei die Anwendbarkeit von entsprechenden Lösungsmethoden wie etwa dem Simplex-Algorithmus erhalten bleibt.

    Zusammenfassend lässt sich festhalten, dass diese Vorgehensweisen bei der Minimierung einer global konvexen Funktion einsetzbar sind, z. B. bei einer Kostenminimierungs-Zielfunktion mit steigenden Stückkosten. Entsprechend gilt dies für die Maximierung einer global konkaven Funktion, wie etwa – analog dem ersten Gossenschen Gesetz – für die Zielsetzung einer Nutzenmaximierung mit abnehmendem Grenznutzen.

8.3 Konflikte und Relaxationen

Existiert bei einem mathematischen Optimierungsmodell keine zulässige Lösung, so beinhaltet das Modell mindestens zwei konfligierende Nebenbedingungen, worunter auch die Wertebereiche von Entscheidungsvariablen fallen. Das Studio unterstützt den Anwender bei der Suche solcher Konflikte und schlägt – unter bestimmten Voraussetzungen – eine Möglichkeit zur Behebung vor: die Relaxation (das „Aufweichen" oder Weglassen) einer oder mehrerer Nebenbedingungen bzw. Variablen-Wertebereiche.

Beispiele für Relaxationen sind etwa das „Aufweichen" der rechten Seite einer Nebenbedingung (z. B. $x_1 + x_2 \leq 10$ zu $x_1 + x_2 \leq 12$) oder die Erweiterung des Wertebereichs einer Entscheidungsvariable (z. B. ganzzahlige zu kontinuierlicher Variable oder $x_1 \in [0; 100]$ zu $x_1 \in [0; 200]$).

Kapitel 8.3.1 beleuchtet mit der Erklärung des Konflikte-Fensters die Ursachen von Konflikten. In Kapitel 8.3.2 werden mögliche Auflösungen von Konflikten durch Relaxationen anhand eines einfachen Beispiels veranschaulicht.

8.3.1 Ausgaben im Konflikte-Fenster

Liegt ein unzulässiges Modell vor, so wird im Konflikte-Fenster eine sogenannte „*minimale Teilmenge*" aus sich widersprechenden Nebenbedingungen angezeigt. Voraussetzung dafür ist die Benennung aller Nebenbedingungen des Modells (ohne Benennung der Nebenbedingungen bleibt das Konflikte-Fenster leer). Nicht in die Konflikt-Betrachtungen miteinbezogen werden – im Gegensatz zum in Kapitel 8.3.2 folgenden Relaxationen-Fenster – die Wertebereiche der Entscheidungsvariablen (`dvar`) – es sei denn, sie werden als zusätzliche Nebenbedingungen im `subject-to`-Block aufgenommen. Zudem werden logische Nebenbedingungen bei der Konflikt-Betrachtung nicht berücksichtigt.

Bei der Bestimmung der „minimalen Teilmenge" aus konfligierenden Nebenbedingungen eines unzulässigen Modells geht CPLEX intern so vor, dass aus dem Nebenbedingungssystem sukzessive so lange einzelne Nebenbedingungen entfernt werden, bis es gerade noch unzulässig ist. Betrachtet man die „minimale Teilmenge" isoliert vom Ursprungsproblem, führt die Entfernung oder Anpassung einer beliebigen enthaltenen Nebenbedingung demzufolge zur Zulässigkeit des verbleibenden Modells.

Wird nun zur Konfliktbehebung etwa eine der angezeigten Nebenbedingungen manuell aus dem Gesamtmodell entfernt oder geeignet modifiziert, untersucht CPLEX im Rahmen des nächsten Modell-Lösungsversuchs erneut die Modellierung. Gegebenenfalls ist das Gesamtmodell jetzt zulässig, gegebenenfalls zeigt das Studio erneut einen Konflikt im nun modifizierten Modell mit anderer Ursache an und gibt eine andere „minimale Teilmenge" im Konflikte-Fenster aus usw. So können auch mehrere voneinander unabhängige Konflikte im Modell sukzessive aufgelöst werden (siehe Beispiel 8.19 in Verbindung mit Abb. 8.10).

Beispiel 8.19   ˙

```
1 range i = 1..2;
2 dvar float+ x[i];
3
4 subject to {
5    NB1: x[1] <= 1;
6    NB2: x[2] <= 1;
7    NB3: x[1] + x[2] >= 4;
8    NB4: x[1] + x[2] >= 9;
9 }
```

Fehler	Lösungen	Konflikte ⊠	
Zeile	In Konflikt	Element (3)	
5	Ja	NB1	
6	Ja	NB2	
7	Ja	NB3	

Abb. 8.10   Konflikte-Fenster mit „minimaler Teilmenge" zu Beispiel 8.19

Nach Auskommentieren der 1. Nebenbedingung in Beispiel 8.19 (Zeile 5) oder deren Modifizierung (auf z. B. x[1] <= 8) ist der ursprüngliche Konflikt aufgelöst und das modifizierte Modell zulässig.

Würde man stattdessen Nebenbedingung 3 (Zeile 7) auskommentieren, würde das Studio nach erneuter Ausführung einen weiteren Konflikt zwischen den restlichen Nebenbedingungen anzeigen (siehe Abb. 8.11). Nachdem die nun verbleibenden Nebenbedingungen (NB1, NB2 und NB4) identisch mit der vom Studio angezeigten „minimalen Teilmenge" sind, führt das Auskommentieren einer beliebigen weiteren Nebenbedingung zur Zulässigkeit der restlichen beiden Nebenbedingungen.

Fehler	Lösungen	Konflikte ⊠	
Zeile	In Konflikt	Element (3)	
5	Ja	NB1	
6	Ja	NB2	
8	Ja	NB4	

Abb. 8.11   Konflikte-Fenster zu Beispiel 8.19 ohne Zeile 7

Wie eine sinnvolle Modifizierung einer Nebenbedingung vorgenommen werden sollte und wie man „unnötige Iterationen" durch das Auskommentieren einer „falschen" Nebenbedingung vermeidet, ist mithilfe weiterer Informationen möglich (vgl. Kapitel 8.3.2).

8.3.2 Ausgaben im Relaxationen-Fenster, Engineprotokoll-Fenster, Lösungen-Fenster und Problembrowser

Im Relaxationen-Fenster erfolgt bei einem unzulässigen Modell ein möglichst minimaler Änderungsvorschlag, um eine Lösbarkeit des Modells zu erreichen. Dieser Änderungsvorschlag beinhaltet benannte Nebenbedingungen einschließlich logischer Verknüpfungen und – im Gegensatz zum Konflikte-Fenster – ebenfalls die Wertebereiche der Entscheidungsvariablen. Werden Nebenbedingungen nicht benannt, erfolgt also lediglich ein Änderungsvorschlag hinsichtlich der Variablen-Wertebereiche (siehe Beispiel 8.20 und Beispiel 8.21).

> *Tipp 17   Veränderung der Standard-Einstellung für das Relaxationen-Fenster*
>
> In der Einstellungs-Datei (.ops) kann die Standard-Einstellung für das Relaxationen-Fenster auf die Berücksichtigung lediglich benannter Nebenbedingungen abgeändert werden.

Das Ausgangsproblem in Beispiel 8.20 ist unzulässig. Der Problembrowser zeigt nach dem Ausführen des Modells „Keine Lösung" an, die Fenster Relaxationen und Lösungen bleiben leer. Im Fenster Engineprotokoll ist bereits die Ursache zu lesen: „`Constraints 'c1' and 'c2' are inconsistent.`"

Beispiel 8.20

```
1 range i = 1..2;
2 dvar float+ x[i];
3
4 maximize 3*x[1] + 2*x[2];
5 subject to {
6    1.5*x[1] + x[2] >= 9;
7    1.5*x[1] + x[2] <= 6;
8 }
```

Zeile 6 aus Beispiel 8.20 wird nun in Beispiel 8.21 verändert, sodass die Nebenbedingungen in den Zeilen 6 und 7 nicht mehr parallel verlaufen.

Beispiel 8.21

```
1 range i = 1..2;
2 dvar float+ x[i];
3
4 maximize 3*x[1] + 2*x[2];
5 subject to {
6    (7/6)*x[1] + x[2] >= 9; //(NB1)
7    1.5*x[1] + x[2] <= 6;   //(NB2)
8 }
```

Die Ausgabe im Engineprotokoll-Fenster lautet abweichend: „`Bound infeasibility column 'x(2)'`." Zusätzlich erscheint eine Ausgabe im Relaxationen-Fenster (siehe Abb. 8.12): Neben der Programmcode-Zeilennummer wird die betreffende Variable mit originalem und mit relaxiertem Wertebereich angegeben.

⚑ Fehler	💬 Lösungen	⚡ Konflikte	⚡ **Relaxationen** ✖	⟳ Engi
Zeile	**Original**	**Relaxiert**	**Element (1)**	
2	[0,Infinity]	[-9,Infinity]	x[1]	

Abb. 8.12　Relaxationen-Fenster zu Beispiel 8.21 (nicht-benannte Nebenbedingungen)

Durch die Benennung der beiden Nebenbedingungen in Zeilen 6 und 7 („NB1" bzw. „NB2") in Beispiel 8.22 ändert sich die Ausgabe im Relaxationen-Fenster (siehe Abb. 8.13) und es werden zusätzlich zu den Variablen-Wertebereichen die Nebenbedingunen im `subject-to`-Block berücksichtigt.

Beispiel 8.22

```
1 range i = 1..2;
2 dvar float+ x[i];
3
4 maximize 3*x[1] + 2*x[2];
5 subject to {
6    NB1: (7/6)*x[1] + x[2] >= 9;
7    NB2: 1.5*x[1] + x[2] <= 6;
8 }
```

⚑ **Fehler**	💬 Lösungen	⚡ Konflikte	⚡ Relaxationen ✖
Zeile	**Original**	**Relaxiert**	**Element (1)**
6	[9,Infinity]	[6,Infinity]	NB1

Abb. 8.13　Relaxationen-Fenster zu Beispiel 8.22 (mit benannten Nebenbedingungen)

Insgesamt wird im Relaxationen-Fenster eine möglichst minimale Änderung für eine zulässige (relaxierte) Lösung des gesamten Modells vorgeschlagen. Für das erweiterte Beispiel 8.23 ist in Abb. 8.14 zu sehen, dass Relaxationen nicht nur jeweils eine Nebenbedingung (wie in Beispiel 8.21 und Beispiel 8.22), sondern mehrere Nebenbedingungen eines Modells gleichzeitig betreffen können.

Beispiel 8.23

```
 1 range i = 1..2;
 2 dvar float+ x[i];
 3
 4 maximize 3*x[1] + 2*x[2];
 5 subject to {
 6    NB1: 1.5*x[1] + x[2] >= 9;
 7    NB2: 1.5*x[1] + x[2] <= 6;
 8    NB3: x[2] <= 1;
 9    NB4: x[1] <= 1;
10    NB5: x[1] >= 10;
11 }
```

Auch logische Bedingungen bzw. Verknüpfungen werden im Relaxationen-Fenster aufgeführt. Allerdings wird der Anwender hier lediglich darauf hingewiesen, etwas an den entsprechend aufgeführten Nebenbedingungen zu ändern, ohne dass ein konkreter

⚫ Fehler	🗄 Lösungen	📄 Konflikte	📑 Relaxationen ✕	
Zeile	Original	Relaxiert	Element (3)	
6	[9,Infinity]	[6,Infinity]	NB1	
9	[-Infinity,1]	[-Infinity,4]	NB4	
10	[10,Infinity]	[4,Infinity]	NB5	

Abb. 8.14 Relaxationen-Fenster zu Beispiel 8.23

Änderungsvorschlag erfolgt. So führt die logische Verknüpfung der ersten beiden Nebenbedingungen in Beispiel 8.23 zu

```
   NB1: (1.5*x[1] + x[2] >= 9) && (1.5*x[1] + x[2] <= 6);
```

und zur Ausgabe in Abb. 8.15.

⚫ Fehler	🗄 Lösungen	📄 Konflikte	📑 Relaxationen ✕
Zeile	Original	Relaxiert	Element (3)
6		3	NB1
8	[-Infinity,1]	[-Infinity,4]	NB4
9	[10,Infinity]	[4,Infinity]	NB5

Abb. 8.15 Relaxationen-Fenster bei logischer Verknüpfung

Ist ein Problem unbeschränkt, erscheint im Relaxationen-Fenster eine leere Ausgabe und nicht etwa eine mögliche Einschränkung des Variablen-Wertebereichs – Anzeige im Problembrowser ist hier: „Keine Lösung".

Nach den unterschiedlichen Ausgaben im Relaxationen-Fenster soll nun der Fokus auf den Problembrowser und das Lösungen-Fenster gerichtet werden.

Betrachtet man nochmals Beispiel 8.21 und Beispiel 8.22, ist unabhängig von einer Benennung der Nebenbedingungen im Problembrowser „Relaxierte Lösung" abzulesen. Im Lösungen-Fenster erfolgt etwa bei Beispiel 8.21 die Ausgabe: „solution (feasible relaxed sum of infeasibilities) with objective 9". Der Wert 9 repräsentiert dabei jedoch nicht den Zielfunktionswert des relaxierten Problems – dieser hätte bei der relaxierten Lösung $x_1 = -9$ und $x_2 = 19.5$ den Wert 12 –, sondern die Veränderung des Wertebereichs von x_1 um 9 Einheiten.

Der Abruf des optimalen Zielfunktionswerts des relaxierten Problems ist durch den Befehl „cplex.feasoptmode = 1" in einem vorangestellten execute-Block möglich (siehe Beispiel 8.24, Zeile 4). Bei gleichbleibenden Ausgaben in den anderen Fenstern erscheint im Lösungen-Fenster nun: „solution (optimal relaxed sum of infeasibilities) with objective 18". (Die rechte Seite von NB2 wird auf 9 relaxiert, die relaxierte Lösung ist $x_1 = 6$ und $x_2 = 0$.)

Beispiel 8.24

```
1 range i = 1..2;
2 dvar float+ x[i];
3
4 execute{ cplex.feasoptmode = 1 }
5
6 maximize 3*x[1] + x[2];
7 subject to {
8    NB1: 1.5*x[1] + x[2] >= 9;
9    NB2: 1.5*x[1] + x[2] <= 6;
10 }
```

Die bis einschließlich Beispiel 8.23 beschriebene Vorgehensweise des CPLEX-Solvers entspricht den Standard-Einstellungen (feasoptmode = 0) und wurde in Beispiel 8.24 geändert (feasoptmode = 1). Zusätzliche Vorgehensweisen können durch andere Ausprägungen des feasoptmode eingestellt werden (siehe Tabelle 8.15).

Dabei kann der Anwender bestimmen, auf welcher Grundlage die im CPLEX-Solver hinterlegte Methode *FeasOpt* eine Relaxation vornimmt (erste Phase der Methode) und ob auf Basis der gewählten Relaxation zusätzlich der zugehörige Zielfunktionswert berechnet werden soll (zweite Phase der Methode). Der Anwender entscheidet also, ob lediglich die erste Phase oder beide Phasen ausgeführt werden sollen.

Tabelle 8.15 Werte von `feasoptmode`

Wert	ausgeführte Phasen	Beschreibung
0	erste	Standard-Einstellung: Minimierung der Summe aller benötigten Relaxationen, d. h. der aufaddierten Veränderungen aller rechten Seiten und aller Wertebereiche.
1	beide	Minimierung der Summe aller benötigten Relaxationen in der ersten Phase (siehe `feasoptmode = 0`) und Bestimmung einer optimalen Lösung für das relaxierte Modell in der zweiten Phase.
2	erste	Minimierung der für eine Relaxation nötigen Anzahl an Nebenbedingungen/Wertebereiche; d. h. möglichst wenige Nebenbedingungen/Wertebereiche verändern, um zu einer zulässigen Lösung zu gelangen.
3	beide	Minimierung der für eine Relaxation nötigen Anzahl an Nebenbedingungen/Wertebereiche (siehe `feasoptmode = 2`) und Bestimmung einer optimalen Lösung für das relaxierte Modell in der zweiten Phase.
4	erste	Minimierung der Summe der quadrierten Abweichungen über alle benötigten Relaxationen.
5	beide	Erste Phase siehe `feasoptmode = 4`; in zweiter Phase Bestimmung einer optimalen Lösung für das relaxierte Modell.

8.4 Lösung Fallbeispiel 6

Beispiel 8.25 ist die Lösung des Fallbeispiels mit den zu Kapitelbeginn beschriebenen Input-Daten.

Beispiel 8.25 (Lösung von Fallbeispiel 6)

```
1 //falls Modellinstanz unzulässig: Ausgabe des optimalen
2 // Zielfunktionswerts des relaxierten Modells im Fenster "Lösungen"
3 execute{ cplex.feasoptmode = 1};
4
5 //Modellparameter
6 int nProdukte = 3;
7 int nMaschinen = 3;
8 range produkte = 1..nProdukte;
9 range maschinen = 1..nMaschinen;
```

```
10 int bestellungMin[produkte] = [300, 200, 250];
11 int bestellungMax[produkte] = [350, 250, 300];
12 int erloes[produkte] = [350, 410, 460];
13 float maschinenbedarf[produkte, maschinen] = [  [0.2, 0.3, 0.5],
14                                                 [0.4, 0.2, 0.5],
15                                                 [0.3, 0.6, 0.7] ];
16 int lohnkostenWochenendzuschlag = 0;
17 int kapazitaet[maschinen] = [200, 400, 450];
18 //höhere Lohnkosten durch Wochenendzuschlaege und höhere Kapazitäten
19 // nach Umstrukturierung des Produktionsleiters:
20 //int lohnkostenWochenendzuschlag = 6000;
21 //int kapazitaet[maschinen] = [260, 410, 470];
22
23 int n = 1;
24 int funktionswert[produkte, 1..n+1] = [  [50000, 54000],
25                                          [30000, 33000],
26                                          [40000, 45000] ];
27 int intervallobergrenze[produkte, 1..n] = [  [320],
28                                              [220],
29                                              [270] ];
30
31 //Entscheidungsvariablen
32 dvar int+ menge[produkte];//Geplante Produktion je Fahrradtyp
33 dvar int+ mengeGesamt;     //Gesamtproduktion an Fahrrädern
34
35 //Entscheidungsausdrücke
36 dexpr float kostenProduktion =
37    sum (p in produkte) stepwise (i in 1..n) {
38       funktionswert[p, i] -> intervallobergrenze[p, i];
39       funktionswert[p, n+1]
40    } menge[p]; //Produktionskosten als Treppenfunktionen je Produkt
41
42 /* alternative Modellierungsmöglichkeit der Produktionskosten
43 dexpr float kostenProduktion =
44       stepwise { 50000 -> 320; 54000 } menge[1]
45     + stepwise { 30000 -> 220; 33000 } menge[2]
46     + stepwise { 40000 -> 270; 45000 } menge[3];
47 */
48
49 //Lieferkosten auf Gesamt-Liefermenge bezogen
50 dexpr float kostenLieferung = piecewise
51    {0 -> 1; 2000 -> 1; 0 -> 100; 10 -> 400; 15 -> 700; 20} mengeGesamt;
52
53
54 //Zielfunktion
55 maximize sum(p in produkte) erloes[p]*menge[p] - kostenLieferung
56    - kostenProduktion - lohnkostenWochenendzuschlag;
57
```

```
58 //Nebenbedingungen
59 subject to {
60    NB1: forall(m in maschinen) sum(p in produkte)
61             maschinenbedarf[p, m]*menge[p] <= kapazitaet[m];
62
63    NB2: forall(p in produkte)
64             bestellungMin[p] <= menge[p] <= bestellungMax[p];
65
66    //Mindestens eine Maschine soll voll ausgelastet sein:
67    NB3: sum(m in maschinen) (sum(p in produkte)
68             maschinenbedarf[p, m]*menge[p] == kapazitaet[m]) >= 1;
69 /* NB3 alternativ realisierbar mit logischen Disjuktionen:
70 (sum(p in produkte) maschinenbedarf[p,1]*menge[p] == kapazitaet[1]) ||
71 (sum(p in produkte) maschinenbedarf[p,2]*menge[p] == kapazitaet[2]) ||
72 (sum(p in produkte) maschinenbedarf[p,3]*menge[p] == kapazitaet[3]);
73 */
74    NB4: mengeGesamt == sum(p in produkte) menge[p];
75 }
```

Das Modell ist mit den regulären Maschinenkapazitäten (ohne Umstrukturierung: Zeilen 16 und 17 sind „scharf", Zeilen 20 und 21 sind auskommentiert) unzulässig. Für die im Problembrowser angegebene relaxierte Lösung `menge = [300, 200, 250]` ist durch den `feasoptmode`-Befehl (Zeile 3) im Lösungen-Fenster der zugehörige Zielfunktionswert der relaxierten Lösung von 171 500 zu sehen. Laut Konflikte-Fenster stehen NB1 und NB2 in Konflikt. Als Relaxation ist dem Relaxationen-Fenster eine Erhöhung der Maschinenkapazität von Maschine 1 von 200 auf 215 Stunden zu entnehmen (Relaxation von NB1).

Durch eine Umstrukturierung der Produktion (Auskommentieren von Zeilen 16 und 17 sowie Einkommentieren von Zeilen 20 und 21) kann der Produktionsleiter die Kapazitäts-Obergrenzen gemäß Tabelle 8.2 verändern zu: `kapazitaet[maschinen] = [260, 410, 470]`. Im gleichen Zuge werden die Lohnkosten für die Wochenendzuschläge in Höhe von 6000 EUR fällig.

Nach erneuter Programmausführung ergibt sich die (zulässige) optimale Lösung `menge = [319, 250, 265]` mit optimalem Zielfunktionswert 194 870 EUR.

Um die Zielfunktion (Zeilen 55 und 56) möglichst übersichtlich zu halten, wird mit Entscheidungsausdrücken (`dexpr`) gearbeitet. Zum einen fließen die Lieferkosten als abschnittsweise definierte Funktion in Abhängigkeit der Gesamt-Liefermenge ein (Zeilen 50 und 51). Zum anderen sind die Produktionskosten als Treppenfunktion umgesetzt (Zeilen 36 bis 40) mit zugehörigen Modellparametern in Zeilen 23 bis 29: Wird von einem Produkt eine bestimmte Produktionsmenge (Zeilen 27 bis 29) erreicht bzw. überschritten, fallen jeweils durch das zusätzliche Einrichten einer zugehörigen Verpackungsstation höhere Produktionskosten an. Eine alternative Modellierungsmöglichkeit der Produktionskosten als Treppenfunktion ist in den auskommentierten Zeilen 43 bis 46 dargestellt: Hier sind die Parameter der ursprünglichen Modellierung bereits integriert, wodurch diese alternative Darstellung zwar nicht generisch, aber kompakter ist.

NB3 (Zeilen 67 und 68) ist als Zählsumme umgesetzt. Genauso würden andere Umsetzungen mit logischen Operatoren funktionieren, wie z. B. mit logischen Disjunktionen (Zeilen 70 bis 72).

Auf NB4 (Zeile 74) könnte verzichtet werden, wenn in Zeile 51 die (dann unnötigen) Entscheidungsvariable `mengeGesamt` durch den Term `sum(p in produkte) menge[p]` ersetzt würde. Der Verzicht auf `mengeGesamt` und die vermeintliche Einsparung einer Nebenbedingung würde aber statt aktuell insgesamt 8 Nebenbedingungen und 11 Entscheidungsvariablen zur Folge haben, dass durch programminterne Umformungen 11 Nebenbedingungen und 14 Entscheidungsvariablen resultieren.

8.5 Aufgaben

1. Welche Zustände können Aussagen, die mithilfe logischer Operatoren formuliert sind, annehmen und was versteht man in diesem Zusammenhang unter dem *Prinzip des ausgeschlossenen Dritten* und dem *Prinzip des ausgeschlossenen Widerspruchs*?

2. Modellieren Sie folgende Aussagen in OPL-Programmcode mithilfe von logischen Operatoren:

   a) Die Aussage A darf nur wahr sein, wenn sowohl Aussage B als auch Aussage C wahr sind.

   b) Es soll entweder Aussage A wahr sein (und die Aussagen B und C falsch sein) oder die Aussagen B und C sollen wahr sein (und Aussage A falsch sein).

   c) Die Aussagen A, B und C dürfen nicht gleichzeitig wahr sein.

3. Inwiefern entsprechen die logischen Operatoren *Äquivalenz* und *Differenz* programmintern relationalen Operatoren?

4. Welche Vorteile kann es mit sich bringen, wenn man logische Ausdrücke selbständig im Modell in eine linearisierte Form transformiert?

5. Linearisieren Sie folgenden logischen Ausdruck:

```
1 ( (kunde[1] == 1) && (kunde[2] == 1) ) => (produktionsmenge >= 100);
2 !( (kunde[1] == 1) && (kunde[2] == 1) ) => (produktionsmenge == 0);
```

   Hinweis: Verwenden Sie hierzu eine hinreichend große Zahl M und eine zusätzliche Entscheidungsvariable `produktion` des Datentyps Boolean, die 1 wird, falls beide binären Entscheidungsvariablen `kunde[1]` und `kunde[2]` den Wert 1 annehmen, sonst 0.

6. Finden Sie alle Fehler in der folgenden Modell-Datei.

```
1 //1. Deklaration und Initialisierung der Modellparameter
2 int nProdukte = 4;
3 range produkte = 1..nProdukte;
4 float kosten[produkte] = [1, 1.5, 2, 2.55];
5
```

```
 6 //2. Deklaration der Gewinnfunktion
 7 int n = 5;
 8 int intervallobergrenze [1..n] = [10, 15, 22, 26, 30];
 9 float steigungSprung [1..3][1..n+1] =
10    [[0, 1.5, 0, -2, 0], [3, 0, 0, 0, -4]];
11 float letzteSteigung = -1;
12
13 pwlFunction gewinn = stepwise(i in 1..n, k in 1..2) {
14    steigungSprung[k][i] -> intervallobergrenze[i]; letzteSteigung;
15 }
16
17 //3. Deklaration der Entscheidungsvariablen
18 dvar int+ produktionsmenge[produkte];
19 dvar boolean lieferung[produkte]; //1, falls Produkte ausgeliefert
20                                   // werden sollen, 0 sonst
21
22 //4. Zielfunktion
23 maximize sum (p in produkte) gewinn[produktionsmenge[p]];
24
25 //5. Nebenbedingungen
26 subject to {
27    forall (p in produkte){
28       (lieferung[p] == 0) && (produktionsmenge[p] == 0);
29    }
30    sum (p in produkte) kosten[p]*lieferung[p] <= 6;
31    lieferung[1] == 1) => (lieferung[3] = 1) => lieferung[4] == 0);
32    (lieferung[4] != 1) =>
33       (produktionsmenge[2] >= 20 >= produktionsmenge[1]);
34    sum(p in produkte) (lieferung[p] > 1) >= 3;
35 }
```

7. Wofür werden die Ausdrücke `pwlFunction` und `stepFunction` in OPL verwendet und welche Befehle zur Initialisierung werden jeweils benötigt?

8. Formulieren Sie die Funktion des Grenzsteuersatzes der Bundesrepublik Deutschland aus Abb. 8.1 in OPL. Geben Sie dabei die Steigungen in den jeweiligen Funktionsabschnitten auf 10 Nachkommastellen genau an. Bestimmen Sie außerdem über einen **execute**-Block die Steuersätze (in Prozent) für folgende Brutto-Jahreseinkommenshöhen (in EUR) und geben Sie diese aus:

0, 5000, 9408, 9409, 10 000, 14 530, 14 533, 14 536, 57 000, 57 052, 270 500.999, 270 501, 1 000 000.

9. Geben Sie die Intervalle der im Nachfolgenden implementierten Funktionen und deren Funktionswerte in den jeweiligen Abschnitten an:

a) Treppenfunktion:

```
1 int n = 4;
2 stepFunction treppenfunktion = stepwise(k in 1..n) {
3    (-2)^k -> (4 + k*8); 5
4 };
```

b) Abschnittsweise lineare Funktion:

```
1 int n = 4;
2 int intervallobergrenze [j in 1..n] = (-2 + j)*5 + 3*j;
3 float steigung [i in 1..(n+1)] = 3 - i;
4 float sprung [k in 1..n] = -k*(-1)^k + 2;
5
6 pwlFunction grenzsteuersatz = piecewise {
7     steigung[1] -> intervallobergrenze[1];
8     sprung[1] -> intervallobergrenze[1];
9     steigung[2] -> intervallobergrenze[2];
10    sprung[2] -> intervallobergrenze[2];
11    steigung[3] -> intervallobergrenze[3];
12    sprung[3] -> intervallobergrenze[3];
13    steigung[n] -> intervallobergrenze[n];
14    sprung[n] -> intervallobergrenze[n];
15    steigung[n+1]
16 } (-3,-2);
```

10. Beantworten Sie die folgenden Fragen zum Konflikte-Fenster:

a) Was wird im Konflikte-Fenster angezeigt?

b) Welche Voraussetzungen sind hierzu nötig?

c) Beschreiben Sie, wie CPLEX die minimale Anzahl an sich widersprechenden Nebenbedingungen ermittelt.

11. Folgende Modell-Datei mit einem nicht lösbaren Optimierungsmodell ist gegeben:

```
1 range produkte = 1..2;
2 dvar int+ x[produkte];
3
4 maximize 2*x[1] + 5*x[2];
5
6 subject to {
7     NB1: x[1] >= 3;
8     NB2: x[2] >= 4;
9     NB3: 2*x[1] + 3*x[2] <= 15;
10 }
```

Die Unzulässigkeit des Modells ist durch die Anzeige „Relaxierte Lösung" im Problembrowser zuerkennen. Im Lösungen-Fenster erfolgt die Ausgabe: „solution (feasible relaxed sum of infeasibilities) with objective 1". Die Ausgaben im Konflikte- und Relaxationen-Fenster sind wie folgt dargestellt.

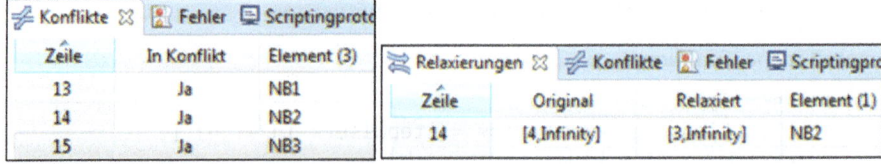

a) Welche Nebenbedingungen stehen miteinander in Konflikt? Begründen Sie dies.

b) In welcher Nebenbedingung soll eine Anpassung erfolgen, um die Lösbarkeit des Modells zu gewährleisten? Wieso schlägt CPLEX vor, genau diesen Wert und keine anderen Werte aus anderen Nebenbedingungen anzupassen?

c) Welche Veränderung tritt ein, wenn der Befehl „`cplex.feasoptmode = 1`" in einem `execute`-Block zu Beginn der Modelldatei eingefügt wird?

Aufbauend auf den Grundlagen der imperativen Programmierung mit ILOG Script aus Kapitel 5 wird in diesem Kapitel im Sinne von „Best Practices" eine Auswahl weiterer fortgeschrittener Anwendungen von ILOG Script behandelt. Diese betreffen zum einen Möglichkeiten zur Ein- und Ausgabe von Daten – etwa zum Lesen und Schreiben von Dateien. Dabei wird insbesondere das Einlesen aus CSV-Dateien demonstriert. Zum zweiten wird die Verwendung von ILOG Script im Rahmen von Pre- und Postprocessing skizziert. Ein Schwerpunkt sind hierbei die Möglichkeiten zum Zugriff auf Ergebnisdaten aus der Optimierung für die Weiterverwendung im Postprocessing. Neben dem Fokus auf die Datenverarbeitung wird in dem Kapitel außerdem erläutert, wie ILOG Script zur Festlegung von CPLEX-Einstellungen sowie zur Zeitmessung eingesetzt werden kann.

Zur anschaulichen Darstellung wird das folgende Fallbeispiel verwendet. Die vollständige Lösung dazu befindet sich in Kapitel 9.4.

RideEasy **Fallbeispiel 7: Datenanbindung im CSV-Format**

Es wird erneut die Problemstellung zur Produktionsplanung für das Nordamerika-Werk aus Fallbeispiel 3 in Kapitel 5 betrachtet. Dabei sollen drei Produkte (U-A, U-B, U-C) hergestellt werden, für die bereits entsprechende Bestellungen vorliegen (siehe Tabelle 4.2 bzw. Tabelle 9.1). Für die Herstellung stehen drei Maschinen zur Verfügung (M1, M2, M3). Je Maschine ist die verfügbare Kapazität gegeben (in Stunden) sowie für jedes Produkt, wie viel Zeit die jeweilige Maschine zur Herstellung einer Einheit benötigt (in Stunden pro Fahrrad, siehe Tabelle 4.2 bzw. Tabelle 9.2).

Wie dort sollen die Eingangsdaten von Euro in US-Dollar umgerechnet werden. Dazu soll nun aber der gültige Dollarkurs aus einer Text-Datei eingelesen werden.

© Springer-Verlag GmbH Deutschland, ein Teil von Springer Nature 2021
S. Nickel et al., *Angewandte Optimierung mit IBM ILOG CPLEX Optimization Studio*, https://doi.org/10.1007/978-3-662-62185-1_9

Außerdem sollen die Eingangsdaten zu Nachfrage, Stück-Deckungsbeitrag, Produktionskapazität und Maschinenbedarf aus Text-Dateien gelesen werden, die im sogenannten CSV-Format (vgl. Kapitel 7.3) vorliegen. Schließlich sollen die Optimierungsergebnisse zusammen mit Informationen zur Laufzeit-Analyse ausgegeben werden.

Tabelle 9.1 Nachfragemengen und Stück-Deckungsbeiträge für Fallbeispiel 2 und Fallbeispiel 7

Produkt	Nachfrage [Fahrräder]	DB [EUR/Fahrrad]
U-A	300	110
U-B	200	140
U-C	150	156

Tabelle 9.2 Maschinenkapazität und Maschinenzeitbedarfe für Fallbeispiel 2 und Fallbeispiel 7

Maschine	Kapazität [h]	Bedarf U-A [h/Fahrrad]	Bedarf U-B [h/Fahrrad]	Bedarf U-C [h/Fahrrad]
M1	120	0.2	0.4	0.3
M2	140	0.3	0.2	0.6
M3	110	0.5	0.5	0.7

9.1 Ein- und Ausgabe mit ILOG Script

9.1.1 Einlesen aus und Schreiben in Text-Dateien

Bereits in Kapitel 5 in Beispiel 5.1 wurde dargestellt, wie mit ILOG Script einfache Textausgaben in das Scriptingprotokoll des Studios mit den Funktionen `write()` und `writeln()` geschrieben werden können. Textausgaben können aber auch per ILOG Script direkt in eine Datei geschrieben werden, wie Beispiel 9.1.mod demonstriert. Hier wird zunächst die Datei „beispiel_9.01.txt" zum Schreiben geöffnet, indem ein Dateiobjekt mit der Bezeichnung `dateiobjekt` vom Typ `IloOplOutputFile` erzeugt wird (Zeile 4). Ein Dateiobjekt ist ein (intern) komplexes Datenelement, mit spezifischen Eigenschaften und Methoden (siehe Tabelle 9.3), auf die – ähnlich der entsprechenden Schreibweise für Tupel oder den oben diskutierten Zeichenketten – mithilfe des Punkt-Operators zugegriffen wird – also durch `dateiobjekt.eigenschaft` oder `dateiobjekt.methode()`. Im Rahmen der Objekterzeugung gibt der zweite Parameter (hier: `true`) an, dass die folgenden Ausgaben an die existierende Datei angehängt werden sollen. Würde hier `false` stehen, so würde eine ggf. existie-

Tabelle 9.3 ILOG-Script-Sprachelemente zum Einlesen von Daten sowie zur Ausgabe in das Scripting-protokoll und in weitere Dateien

Funktion / Eigenschaft	Beschreibung
`ein = new IloOplInputFile(pfad)`	Erzeugt ein neues Eingabe-Dateizugriffs-objekt für den Pfad `pfad`.
`ein.eof`	Eigenschaft: ist die Datei bereits vollstän-dig eingelesen?
`ein.exists`	Eigenschaft: existiert diese Datei?
`ein.close()`	Schließe das Dateiobjekt.
`s = ein.readline()`	Lese eine Zeile aus der Datei.
`write(s)`	Einfache Textausgabe in das Scriptingpro-tokoll des Studios
`writeln(s)`	Einfache Textausgabe mit anschließendem Zeilenumbruch in das Scriptingprotokoll des Studios
`aus = new IloOplOutputFile(pfad,anh)`	Erzeugt ein neues Ausgabe-Dateizugriffs-objekt für den Pfad `pfad`; anh gibt an, ob an die Datei angehängt werden soll.
`aus.exists`	Eigenschaft: existiert diese Datei?
`aus.close()`	Schließe das Dateiobjekt.
`aus.write(s)`	Schreibe in die Datei.
`aus.writeln(s)`	Schreibe in die Datei mit anschließendem Zeilenumbruch.

rende Datei überschrieben werden. Über das Dateiobjekt wird anschließend die Kommunikation mit der „echten" Datei gesteuert. Das Objekt bietet im Wesentlichen die bekannten Methoden `write()` und `writeln()` zur Textausgabe an (Zeile 5). Am Ende des Programmcodes wird dieser Dateizugriff geschlossen (Zeile 6).

Beispiel 9.1.mod

```
1 execute {
2     //Erzeugt und öffnet die Datei "beispiel_9.01.txt" zum Schreiben.
3     // true bedeutet, dass die Ausgabe in die neue Datei geschrieben
4     // wird (bzw. an eine bereits existierende Datei angehängt werden
5     // würde).
6     var dateiobjekt = new IloOplOutputFile("beispiel_9.01.txt", true);
7     dateiobjekt.writeln("1.25");
8     dateiobjekt.close();
9 }
```

Neben der Ausgabe können auch Daten aus einer Text-Datei eingelesen werden. In Beispiel 9.2.mod wird dazu wiederum ein Dateiobjekt erzeugt, diesmal vom Typ IloOplInputFile zum Lesen von Daten. Über das Objekt wird anschließend mit der Funktion readLine() eine Textzeile aus der Datei „beispiel_9.01.txt" eingelesen (besteht lediglich aus dem Eintrag 1.25), die dann mit der Zeichenkettenfunktion parseFloat() (vgl. Kapitel 5.3.4) in eine Zahl umgewandelt wird (ILOG-Script-Variable dollar-kurs). Diese wird schließlich per writeln() in das Scriptingprotokoll geschrieben.

Beispiel 9.2.mod

```
1 execute {
2    //Öffnet die Datei "beispiel_9.01.txt" zum Lesen.
3    var dateiobjekt = new IloOplInputFile("beispiel_9.01.txt");
4    var dollarkurs = parseFloat(dateiobjekt.readline());
5    writeln(dollarkurs);
6 }
```

9.1.2 Einlesen aus CSV-Dateien

ILOG Script kann verwendet werden, um CSV-Dateien als Datenquelle für OPL-Modelle einzusetzen – d. h. einzulesen und die erfassten Inhalte in OPL-Datenelemente zu schreiben. Somit existiert neben den in Kapitel 7.4 behandelten Möglichkeiten, aus OPL heraus Excel-Dateien zu verarbeiten, eine weitere Möglichkeit zur Datenanbindung. CSV-Dateien sind einfach strukturierte, universell und häufig eingesetzte Daten-Dateien, die von allen gängigen Tabellenkalkulationsprogrammen verarbeitet werden können. CSV steht dabei für *Comma Separated Values* (kommaseparierte Werte), weil die einzelnen Werte innerhalb des textbasierten Dateiformats durch Kommata voneinander abgetrennt werden. Die Funktionsweise wird im Folgenden anhand eines umfangreicheren Beispiels erläutert.

Gegeben seien dazu als Ausgangspunkt die Modellparameter aus dem OPL-Modell in Beispiel 9.3.mod. Nun soll die Initialisierung der Datenelemente typ, preis und gewicht nicht mehr im Modell selbst enthalten sein, sondern aus einer CSV-Datei erfolgen – die Menge der produkte bleibe zunächst der Einfachheit halber im Modell initialisiert. Beispiel 9.4.csv zeigt die entsprechende CSV-Datei, die eingelesen werden soll.

Die CSV-Datei ist eine spezielle Text-Datei mit festgelegter Struktur. Die erste Zeile beginnt mit den Kommentierungszeichen „//" und dient ausschließlich der Beschreibung

Beispiel 9.3.mod

```
1 {string} produkte = {"U-A", "U-B", "M-100", "M-200"};
2 string typ[produkte] = ["Spezial", "Spezial", "Mountain", "Mountain"];
3 float preis[produkte] = [1800, 2000, 600, 900];
4 float gewicht[produkte] = [20, 22, 11, 8];
```

Beispiel 9.4.csv

```
1 //Name,Typ,Preis,Gewicht
2 U-A,Spezial,1800,20
3 U-B,Spezial,2000,22
4 M-100,Mountain,600,11
5 M-200,Mountain,900,8
```

der kommenden Zeilen. Der ILOG-Script-Programmcode zum Lesen der Datei wird diese und etwaige weitere in einer einzulesenden CSV-Datei verwendete Kommentierungszeilen ignorieren. In der Beispieldatei enthalten alle folgenden Zeilen jeweils einen kompletten Datensatz für jeweils ein Produkt. Die Daten eines Datensatzes sind durch Kommata getrennt. Jeder Datensatz in der Beispieldatei besteht aus vier Elementen: dem Namen des jeweiligen Produkts, dem Produkt-Typ, dem Preis und dem Gewicht.

Beispiel 9.4.mod

```
 1 {string} produkte = {"U-A", "U-B", "M-100", "M-200"};
 2 string typ[produkte];
 3 float preis[produkte];
 4 float gewicht[produkte];
 5
 6 //Dateiname; kann auch den absoluten Pfad der Datei enthalten.
 7 string datei = "beispiel_9.04.csv";
 8
 9 execute {
10    var dateiobjekt = new IloOplInputFile(datei);
11    if (dateiobjekt.exists) {
12       writeln("Lese " + datei);
13       while (!dateiobjekt.eof) {
14          var zeile = dateiobjekt.readline();
15          writeln(zeile);
16          if ((zeile.length > 0) && (zeile.indexOf("//") != 0)) {
17             var feld = zeile.split(",");
18             var produkt = feld[0];
19             typ[produkt] = feld[1];     //Setzen des OPL-Feldes "typ"
20             preis[produkt] = feld[2];   //Setzen des OPL-Feldes "produkt"
21             gewicht[produkt] = feld[3]; //Setzen des OPL-Feldes "gewicht"
22             for (var i = 0; i <= 3; i++) {
23                   write("feld[" + i + "] = " + feld[i] + "; ");
24             }
25             writeln();
26          }
27       }
28       dateiobjekt.close();
29    } else {
30       writeln("Fehler: Die Datei '" + datei + "' existiert nicht!");
31    }
32 }
```

Ausgabe im Scriptingprotokoll-Fenster zu Beispiel 9.4.mod:

```
Lese beispiel_9.04.csv
//Name,Typ,Preis,Gewicht
U-A,Spezial,1800,20
feld[0] = U-A; feld[1] = Spezial; feld[2] = 1800; feld[3] = 20;
U-B,Spezial,2000,22
feld[0] = U-B; feld[1] = Spezial; feld[2] = 2000; feld[3] = 22;
M-100,Mountain,600,11
feld[0] = M-100; feld[1] = Mountain; feld[2] = 600; feld[3] = 11;
M-200,Mountain,900,8
feld[0] = M-200; feld[1] = Mountain; feld[2] = 900; feld[3] = 8;
```

Beispiel 9.4.mod zeigt den kompletten OPL- und ILOG-Script-Programmcode. Hier wird zunächst analog zu Beispiel 9.3.mod das Datenelement produkte deklariert und initialisiert (Zeile 1), womit dann die Deklaration der Datenelemente typ, preis und gewicht geschieht (Zeilen 2 bis 4). Hierfür wird jeweils die Menge der produkte als Indexmenge verwendet, weshalb diese bereits zu Beginn feststehen muss und nicht etwa im Laufe des Ladens der CSV-Datei erzeugt werden kann. In Beispiel 9.5.mod erfolgt die Diskussion einer erweiterten Version, die insbesondere diese Schwäche des aktuellen Beispiels behebt.

Im OPL-Datenelement datei wird der Name der zu lesenden CSV-Datei angegeben (Zeile 7). Im ILOG-Script-Block wird dann – wie in Beispiel 9.2.mod – zunächst zum Lesen der Datei ein Dateiobjekt mit der Bezeichnung dateiobjekt erzeugt (Zeile 10). Dann wird geprüft, ob diese Datei tatsächlich existiert (Zeile 11). Wenn nicht, wird eine entsprechende Fehlermeldung ausgegeben (Zeile 30). Wenn die Datei existiert, dann wird zunächst – zur Kontrolle als Debugging-Ausgabe (siehe Tipp 18) – der Name der nun zu lesenden Datei in das Scriptingprotokoll des Studios ausgegeben (Zeile 12). Die folgende while-Schleife wird solange durchlaufen, bis das Ende der zu lesenden Datei erreicht ist. Innerhalb der while-Schleife wird zunächst die nächste Zeile aus der Datei gelesen und wiederum zur Kontrolle als Debugging-Ausgabe in das Scriptingprotokoll geschrieben (Zeilen 14 und 15). Dann wird geprüft, ob die gelesene Zeile nicht leer ist und ob sie nicht mit der Zeichenkette „//" beginnt. Sollte beides zutreffen, wird die Zeile weiterverarbeitet (Zeile 16). Sie wird dann anhand der enthaltenen Komma-Zeichen zerteilt (zeile.split(",")) und das Ergebnis in das Feld feld geschrieben (Zeile 17). Da jede Zeile der CSV-Datei vier durch Kommata getrennte Werte enthält, sind nun die Elemente feld[0] bis feld[3] belegt. Mit diesen Werten werden die OPL-Felder typ, preis und gewicht gefüllt (Zeilen 18 bis 21), deren Inhalte wiederum – zur Kontrolle als Debugging-Ausgabe – im Scriptingprotokoll ausgegeben werden (Zeilen 22 bis 24). Sobald die letzte Zeile eingelesen wurde, ist das Abbruchkriterium der while-Schleife durch den negierten Wahrheitswert !dateiobjekt.eof == false erreicht. Anschließend wird die Datei geschlossen (Zeile 28).

> *Tipp 18   Debugging*
>
> Läuft ein Programm nicht oder liefert es nicht das vom Benutzer erwartete Ergebnis, ist eine Fehlersuche und -behebung (*Debugging*) nötig. Das Studio zeigt im Fehler-Reiter während der Eingabe auftretende Fehler (vor allem Syntax-Fehler) und während der Modelllösung auftretende Fehler (wie etwa Speicherüberlauf, Datenzugriffsfehler etc.) an. Darüber hinaus ist es zur eigenen besseren Nachvollziehbarkeit und Kontrolle oft sinnvoll, sich an einigen Stellen in ILOG-Script-Blöcken Textausgaben über das Scriptingprotokoll-Fenster zu erzeugen. So kann festgestellt werden, bis zu welchem Zeitpunkt das Programm „wunschgemäß" funktioniert bzw. von den „gewünschten Abläufen" abweicht.

Damit sämtliche Inputparameter aus der CSV-Datei kommen, sollen nun auch die Namen der Produkte von dort eingelesen werden, um damit die Menge produkte zu initialisieren und so die Größe der OPL-Felder typ, preis und gewicht festzulegen. Dazu muss ein entsprechender zweiter ILOG-Script-Block vor der eigentlichen Dateninitialisierung platziert werden. Dieser wäre jedoch mit dem Programmcode aus Beispiel 9.4.mod in weiten Teilen identisch. Im Folgenden soll daher gezeigt werden, wie der bisherige ILOG-Script-Programmcode durch Einführung und Integration einer allgemeinen (und wiederverwendbaren) Funktion zum Lesen und Verarbeiten von CSV-Dateien ergänzt wird (vgl. Kapitel 5.3.5 zur Definition von Funktionen). Gleichzeitig kann der Daten-spezifische Teil des Programmcodes durch die Verwendung sogenannter *Funktions-Variablen* später flexibel hinzugefügt werden.

Beispiel 9.5.mod

```
1 execute {
2 //ladeCSV wird in Beispiel 9.5 definiert und kommt in 9.6 zur Anwendung.
3 // Aufgabe der Funktion: "kommando" wird für jede Zeile der CSV-Datei
4 // mit dem Parameter "feld" (Feld der Elemente der Zeile) aufgerufen.
5    function ladeCSV(datei, kommando) {
6       var dateiobjekt = new IloOplInputFile(datei);
7       if (dateiobjekt.exists) {
8          writeln("Lese " + datei);
9          while (!dateiobjekt.eof) {
10             var zeile = dateiobjekt.readline();
11             writeln(zeile);
12             if ((zeile.length > 0) && (zeile.indexOf("//") != 0)) {
13                var feld = zeile.split(",");
14                kommando(feld);
15             }
16          }
17          dateiobjekt.close();
18       } else {
19          writeln("Fehler: Die Datei '" + datei + "' existiert nicht!");
20       }
21    }
22 }
```

Beispiel 9.5.mod zeigt die Implementierung der Funktion `ladeCSV()`. Der entscheidende Unterschied zu Beispiel 9.4.mod liegt in Zeile 14. `kommando` ist eine *Funktions-Variable*. Der Inhalt dieser Variable ist eine Funktion, die beim Aufruf von `ladeCSV()` von „Außen" als zweiter Parameter mit übergeben wird (Zeile 5).

Beispiel 9.6.mod zeigt nun die flexible Mehrfach- bzw. Wiederverwendung der in Beispiel 9.5.mod definierten Funktion. Im ersten ILOG-Script-Block wird die CSV-Datei „beispiel_9.04.csv" gelesen und damit die Menge `produkte` initialisiert. Hierfür implementiert die Funktion `func1()` den Daten-spezifischen Teil. Für jede Zeile der CSV-Datei wird aus dem eingelesenen Feld der erste Wert (`feld[0]`) als Produktname verwendet und der Menge `produkte` hinzugefügt. Anschließend kann im OPL-Programmcode die Deklaration der OPL-Felder `typ`, `preis` und `gewicht` erfolgen. Im zweiten ILOG-Script-Block wird dann nochmals „beispiel_9.04.csv" eingelesen und nun unter Verwendung der Funktion `func2()` verarbeitet, die entsprechend die OPL-Felder `typ`, `preis` und `gewicht` aus dem gelesenen `feld[]` füllt.

Beispiel 9.6.mod

```
1 include "beispiel_9.05.mod";
2
3 {string} produkte = {};
4
5 execute {
6     //Laden aller Produktnamen aus der Datei "beispiel_9.04.csv",
7     // und Schreiben in die Menge produkte
8     function func1(feld) {
9         produkte.add(feld[0]);
10    }
11    //Die Datei "beispiel_9.04.csv" wird geladen und für jede Zeile
12    // wird die Funktion func1() aufgerufen
13    ladeCSV("beispiel_9.04.csv", func1);
14 }
15
16 string typ[produkte];
17 float preis[produkte];
18 float gewicht[produkte];
19
20 execute {
21     //Laden aller weiteren Daten aus der CSV Datei
22     // und Schreiben in die jeweiligen Felder
23     function func2(feld) {
24         typ[feld[0]] = feld[1];
25         preis[feld[0]] = feld[2];
26         gewicht[feld[0]] = feld[3];
27     }
28     //Nochmal wird "beispiel_9.04.csv" geladen und für jede Zeile
29     // wird die Funktion func2() aufgerufen
30     ladeCSV("beispiel_9.04.csv", func2);
31 }
```

Ausgabe im Scriptingprotokoll-Fenster zu Beispiel 9.6.mod:

```
Lese beispiel_9.04.csv
//Name,Typ,Preis,Gewicht
U-A,Spezial,1800,20
U-B,Spezial,2000,22
M-100,Mountain,600,11
M-200,Mountain,900,8
Lese beispiel_9.04.csv
//Name,Typ,Preis,Gewicht
U-A,Spezial,1800,20
U-B,Spezial,2000,22
M-100,Mountain,600,11
M-200,Mountain,900,8
```

9.2 Pre- und Postprocessing mit ILOG Script

Ein häufiger Einsatzbereich von ILOG Script besteht in der Unterstützung der Vorverarbeitung von Daten und der Initialisierung der Datentypen im Rahmen des Preprocessings (vgl. einführender Text in Kapitel 3). Entsprechende ILOG-Script-Blöcke stehen dann in der Modell-Datei vor dem eigentlichen Modell. Einige Anwendungsbeispiele für Preprocessing unter Verwendung von ILOG Script wurden bereits behandelt – beispielsweise das Laden einer CSV-Datei und das Füllen von Datentypen (Beispiel 9.4.mod) oder das Berechnen von Produktpreisen (Beispiel 5.9).

Neben der Anwendung im Preprocessing kommt ILOG Script häufig im Postprocessing zur Ergebnisaufbereitung und Vorbereitung von Ausgaben (vgl. Kapitel 5) zur Anwendung. Entsprechende ILOG-Script-Blöcke folgen in der Modell-Datei nach dem eigentlichen Modell. Nach der Optimierung stehen im Rahmen des Postprocessings eine Reihe von Status-Funktionen bzw. Eigenschaften des cplex-Objekts (siehe Tabelle 9.4), von Entscheidungsvariablen (siehe Tabelle 9.5) und Nebenbedingungen (siehe Tabelle 9.6) zur Nutzung in ILOG Script zur Verfügung.

Beispiel 9.7.mod

```
1 {string} produkte = {"U-A", "U-B", "M-100", "M-200"};
2 int auftrag[produkte] = [100, 200, 300, 400];
3 dvar float+ produktion[produkte];
4 minimize sum (p in produkte) produktion[p];
5 subject to {
6    forall (p in produkte)
7    ct: produktion[p] >= auftrag[p];
8 }
9 execute {
10   writeln("Zielfunktionswert: " + cplex.getObjValue());
```

```
11   for (var p in produkte) {
12      writeln("Produkt " + p + ": Produktion " + produktion[p]);
13   }
14   for (var p in produkte) {
15      writeln(produktion[p].name + " " + produktion[p].LB + " " +
16         produktion[p].UB + " " + produktion[p].solutionValue +
17         " " + produktion[p].reducedCost);
18      writeln(ct[p].name + " " + ct[p].LB + " " + ct[p].UB + " " +
19         ct[p].dual + " " + ct[p].slack);
20   }
21 }
```

Ausgabe im Scriptingprotokoll-Fenster zu Beispiel 9.7.mod:

```
// solution (optimal) with objective 1000
Zielfunktionswert: 1000
Produkt U-A: Produktion 100
Produkt U-B: Produktion 200
Produkt M-100: Produktion 300
Produkt M-200: Produktion 400
produktion["U_A"] 0 Infinity 100 0
ct["U-A"] 100 Infinity 1 0
produktion["U_B"] 0 Infinity 200 0
ct["U-B"] 200 Infinity 1 0
produktion["M_100"] 0 Infinity 300 0
ct["M-100"] 300 Infinity 1 0
produktion["M_200"] 0 Infinity 400 0
ct["M-200"] 400 Infinity 1 0
```

Beispiel 9.7.mod beinhaltet einen ILOG-Script-Block, der nach dem Nebenbedingungs-block steht und daher im Postprocessing nach der Optimierung ausgeführt wird. In Zeile 10 wird der Wert der Zielfunktion ausgegeben. Die folgenden Schleifen iterieren über alle Produkte p. Ab Zeile 15 wird für jedes Produkt für die entsprechende Entscheidungsvariable produktion[p] der Name der Variable, die untere und obere Schranke des initialen Wertebereichs, der Wert der Variable in der Lösung und die reduzierten Kosten ausgegeben. Dann wird für jede entsprechende Nebenbedingung ct[p] der Name der Nebenbedingung, die initiale untere und obere Schranke der Nebenbedingung, der Schattenpreis sowie der Schlupf der Lösung ausgegeben. Man beachte, dass es für die Ausgabe der Nebenbedingungsinformationen notwendig ist, dass die Nebenbedingungen benannt werden (vgl. Kapitel 3.4, Beispiel 3.15). Im Beispiel wurden diese mit ct: benannt, sodass sie im ILOG-Script-Block im (gleichnamigen) Feld ct[] zur Verfügung stehen.

Tabelle 9.4 Funktionen des `cplex`-Objekts zur Abfrage von Statusinformationen im Postprocessing von ILOG Script

Funktion	Beschreibung
`cplex.getCplexStatus()`	Berechnungsstatus nach der Optimierung. Gibt den Wert 1 zurück, wenn die Optimierung erfolgreich war. Eine Übersicht aller Statuswerte ist in der Hilfe unter „Changing option values" aufgelistet.
`cplex.getObjValue()`	Wert der Zielfunktion nach der Optimierung.

Tabelle 9.5 Eigenschaften von OPL-Entscheidungsvariablen zur Verwendung im Postprocessing von ILOG Script

Eigenschaft	Beschreibung
`v.LB`	Untere Schranke des initialen Wertebereichs
`v.name`	Name der Variable
`v.reducedCost`	Reduzierte Kosten
`v.solutionValue`	Wert der Variable in der Lösung
`v.UB`	Obere Schranke des initialen Wertebereichs

Tabelle 9.6 Eigenschaften von OPL-Nebenbedingungen zur Verwendung im Postprocessing von ILOG Script

Eigenschaft bzw. Funktion	Beschreibung
`c.dual`	Schattenpreis
`c.LB`	Initiale untere Schranke der Nebenbedingung
`c.name`	Name der Nebenbedingung
`c.slack`	Unterschied zwischen linker und rechter Seite der Nebenbedingung in der Lösung (Schlupf)
`c.UB`	Initiale obere Schranke der Nebenbedingung

9.3 Zeitmessung und CPLEX-Einstellungen

Häufig besteht bei der Entwicklung eines Optimierungsmodells neben seiner Korrektheit die Anforderung, dass es sich für unterschiedliche Eingabedaten möglichst performant verhält. Um die Performanz eines Modells – etwa bzgl. des Aufbaus der Eingabedaten, der eigentlichen Optimierung in CPLEX oder der Daten-Nachverarbeitung – für unterschiedliche Daten zu bewerten, müssen Laufzeitmessungen vorgenommen werden. Mithilfe von ILOG Script können derartige Laufzeitmessungen durchgeführt werden. Tabelle 9.7 zeigt einen Überblick zu den verfügbaren Methoden zur Laufzeitmessung und zur Arbeit mit sogenannten Zeitstempeln.

Tabelle 9.7 Methoden zur Zeitmessung

Funktion	Beschreibung
`cplex.getCplexTime()`	Liefert einen Laufzeitstempel als Fließkommazahl in Sekunden.
`cplex.getDetTime()`	Liefert einen sogenannten *deterministischen* Laufzeitstempel der CPLEX-Optimierung (ohne OPL-Laufzeit) in Ticks.
`var jetzt = new Date()`	Liefert ein neues Datenobjekt vom Typ `Date` mit einem aktuellen Zeitstempel.
`jetzt.getTime()`	Aktueller Zeitstempel
`jetzt.getYear()`	Jahr des Zeitstempels
`jetzt.getMonth()`	Monat des Zeitstempels
`jetzt.getDate()`	Tag des Zeitstempels
`jetzt.getHours()`	Stunde des Zeitstempels
`jetzt.getMinutes()`	Minute des Zeitstempels
`jetzt.getSeconds()`	Sekunde des Zeitstempels
`jetzt.getMilliseconds()`	Millisekunde des Zeitstempels

Die Funktion `cplex.getCplexTime()` liefert einen Laufzeitstempel als Fließkommazahl inkl. Sekundenbruchteilen. Der absolute Wert ist unbedeutend, da bei der Laufzeitmessung eines Programms lediglich die Differenz von Zeitstempeln von Interesse ist.

Die Funktion `cplex.getDetTime()` liefert einen sogenannten *deterministischen* Laufzeitstempel, gemessen in *CPLEX-Ticks*. Ein Tick entspricht auf vielen Hardware-Plattformen ungefähr einer tausendstel Sekunde, kann aber auch gravierend davon abweichen. Die CPLEX-Laufzeit in Ticks ist unabhängig von der aktuellen Auslastung des Computers. Dies ist ein Versuch, von der aktuellen und zufälligen Belastung des ausführenden Computers zu abstrahieren und auf demselben Computer oder ähnlichen Computern für dasselbe Modell und dieselben Daten – bei gleicher Lösung – immer dieselbe „deterministische Zeit" zu erhalten und damit auch reproduzieren zu können. Eine Einschränkung besteht allerdings darin, dass damit nur die Zeit gemessen werden kann, die der CPLEX-Solver selbst benötigt, nicht aber die Zeit für Vor- bzw. Nachverarbeitungen in OPL. Die Funktion `cplex.getDetTime()` liefert mithin immer 0, wenn sie *vor* der Optimierung – d. h. vor dem Nebenbedingungsblock, aufgerufen wird – und liefert *nach* der Optimierung immer die „deterministische" Laufzeit der Optimierung. Für viele Zwecke ist diese Funktion somit nur bedingt geeignet, da damit nicht der Laufzeitbedarf der eigentlichen Modellbildung gemessen werden kann.

Im Folgenden wird die Anwendung von `cplex.getCplexTime()` demonstriert. Dazu wird eine eigene Funktion definiert, welche die Laufzeitmessung vereinfacht.

Beispiel 9.8.mod zeigt diese Funktion mit der Bezeichnung `time()` zur Zeitmessung in ILOG Script. Initial werden die Zeitstempel `timeInit` und `timeLeap` auf die Startzeit gesetzt (Zeile 5). Danach wird bei jedem Aufruf von `time()` die Rundenzeit (*leap*) auf die neue Zeit gesetzt, und anschließend wird als Zeichenkette eine Beschreibung der Gesamtlaufzeit und der Rundenzeit – die Zeit seit dem letzten Aufruf von `time()` – zurückgegeben (Zeile 12). So können im ILOG-Script-Programmcode und damit indirekt auch an vielen Stellen im OPL-Programmcode aktuelle Zeitstempel ausgegeben werden (siehe etwa Beispiel 9.9.mod, Zeile 5 und Zeile 10).

Beispiel 9.8.mod

```
1 float timeInit = 0;
2 float timeLeap = 0;
3 execute {
4     //getCplexTime() liefert einen aktuellen Zeitstempel in Sekunden
5     timeInit = timeLeap = cplex.getCplexTime();
6     //time() liefert eine Zeichenkette zurück, die die Laufzeit beschreibt
7     function time() {
8         var tt = cplex.getCplexTime();
9         var leap = tt - timeLeap; //Leap misst die Zeit zwischen Aufrufen
10        var total = tt - timeInit;//Total misst die Zeit seit dem Start
11        timeLeap = tt;
12        return "TIME total " + total + "sec leap " + leap + "sec";
13    }
14    writeln(time());
15 }
```

Beispiel 9.9.mod

```
1 include "beispiel_9.08.mod";
2
3 int auftrag = 10;
4 dvar int+ produktion;
5 execute {
6     for(var i=1; i<=1000000; i++) { i+=1 };
7     writeln(time());
8 }
9 minimize produktion;
10 subject to {
11     produktion >= auftrag;
12 }
13 execute { writeln(time()); }
```

Ausgabe im Scriptingprotokoll-Fenster zu Beispiel 9.9.mod:

```
TIME total 0sec leap 0sec
TIME total 0.219sec leap 0.219sec
// solution (optimal) with objective 10
TIME total 0.25sec leap 0.031sec
```

Ein weiteres wichtiges Anwendungsfeld für ILOG Script besteht darin, Werte für CPLEX-Parameter zur Steuerung des Optimierungsprozesses festzulegen. Wie bereits in Kapitel 2.3.2 ausgeführt, können diese CPLEX-Einstellungen auch in sogenannten OPS-Dateien vorgenommen werden. Teilweise möchte man aber die Parameter direkt im OPL-Modell festlegen, wenn sie beispielsweise dynamisch in Abhängigkeit von Eingabedaten gewählt werden sollen. Beispiel 9.10.mod zeigt, wie dazu ILOG Script verwendet werden kann. Man beachte, dass typischerweise nicht alle dort gezeigten Parameter gleichzeitig gesetzt werden, sondern etwa nur `cplex.tilim` *oder* `cplex.dettilim`.

Beispiel 9.10.mod

```
1 execute {
2    cplex.tilim = 10;         //CPLEX-Zeitlimit in Sekunden
3    cplex.dettilim = 10000;   //deterministisches Zeitlimit in Ticks
4    cplex.epgap = 0.1;        //relative MIP Gap Toleranz
5    cplex.epagap = 1;         //absolute MIP Gap Toleranz
6 }
```

Tabelle 9.8 CPLEX-Parameter

Parameter	Standardwert	Beschreibung
`tilim`	1 E75	CPLEX-Zeitlimit in Sekunden. Die Optimierung wird nach Überschreitung dieses Limits beendet.
`dettilim`	1 E75	Deterministisches CPLEX-Zeitlimit. Die Optimierung wird nach Überschreitung dieses Limits beendet.
`epagap`	1 E-6	Absolute MIP-Gap-Abbruchbedingung: Die Optimierung wird beendet, sobald eine ganzzahlige Lösung gefunden ist, deren Zielfunktionswert maximal diesen *absoluten* Abstand (*epagap*) vom bewiesenen Optimum entfernt ist.
`epgap`	1 E-4	Relative MIP-Gap-Abbruchbedingung: Die Optimierung wird beendet, sobald eine ganzzahlige Lösung gefunden ist, deren Zielfunktionswert maximal diesen *relativen* Abstand (*epgap*) vom bewiesenen Optimum entfernt ist.

Tabelle 9.8 führt einige wichtige CPLEX-Parameter auf, die mithilfe von ILOG Script gesetzt werden können. Eine vollständige Liste und ausführliche Beschreibung aller Parameter kann der Hilfe unter *„List of CPLEX parameters"* entnommen werden.

9.4 Lösung Fallbeispiel 7

Beispiel 9.11.mod zeigt eine vollständige Lösung des Fallbeispiels vom Kapitelanfang. Zunächst werden die CSV-Dateien aus Beispiel 9.11a.csv und aus Beispiel 9.11b.csv eingelesen und damit die entsprechende Struktur der Eingabedaten initialisiert. Dabei wird die Hilfsfunktion `ladeCSV()` aus Kapitel 9.1 (Beispiel 9.5.mod) verwendet. Dort ist auch beschrieben, warum zuerst die Mengen `produkte` und `maschinen` gefüllt werden und erst anschließend – durch nochmaliges Lesen der CSV-Dateien – die darauf aufbauenden Felder. Dem vorliegenden Beispiel kann man zusätzlich entnehmen, wie eine zweidimensionale Matrix (hier: `maschinenbedarf`) mit Daten aus einer CSV-Datei initialisiert werden kann.

Ab Zeile 45 wird der Dollarkurs aus der Text-Datei in „beispiel_9.11.txt" eingelesen. Dieser wird sodann verwendet, um den Stück-Deckungsbeitrag (im Feld `db`) von EUR in USD umzurechnen. Anschließend folgen Entscheidungsvariablen, Zielfunktion und Nebenbedingungen. Nach der Optimierung (bzw. hier nach dem Nebenbedingungsblock) werden die Optimierungsergebnisse ausgegeben. Dazwischen sowie am Schluss wird unter Verwendung der Funktion `time()` aus Beispiel 9.8.mod die jeweils aktuelle Laufzeit ausgegeben.

Abschließend sei darauf hingewiesen, dass die Lösung von Beispiel 9.11.mod exakt dasselbe Ergebnis wie die Lösung von Fallbeispiel 3 aus Kapitel 5 in Beispiel 5.11 liefert (optimale Lösung: `menge1` = 6, `menge2` = 200, `menge3` = 10; optimaler Zielfunktionswert: 37 775 [USD]). Der Unterschied besteht darin, dass nun alle Daten außerhalb des Modells definiert sind und das Modell somit vollständig datenunabhängig ist.

Beispiel 9.11.mod (Lösung von Fallbeispiel 7)

```
 1 include "beispiel_9.08.mod";    //Funktion time() zur Zeitmessung
 2 include "beispiel_9.05.mod";    //Funktion ladeCSV()
 3
 4 {string} produkte = {};
 5 execute { //fülle die Menge produkte aus beispiel_9.11a.csv
 6    function func1(feld) {
 7       produkte.add(feld[0]);
 8    }
 9    ladeCSV("beispiel_9.11a.csv", func1);
10 }
11
12 {string} maschinen = {};
13 execute { //fülle die Menge maschinen aus beispiel_9.11b.csv
14    function func2(feld) {
15       maschinen.add(feld[0]);
16    }
17    ladeCSV("beispiel_9.11b.csv", func2);
18 }
19
```

```
20 int nachfrage[produkte];
21 float db[produkte];
22 execute { //lese nachfrage und db aus beispiel_9.11a.csv
23    function func3(feld) {
24        nachfrage[feld[0]] = feld[1];
25        db[feld[0]] = feld[2];
26    }
27    ladeCSV("beispiel_9.11a.csv", func3);
28 }
29
30 int kapazitaet[maschinen];
31 float maschinenbedarf[maschinen,produkte];
32 execute { //lese kapazitaet und maschinenbedarf
33            // aus beispiel_9.11b.csv
34    function func4(feld) {
35        kapazitaet[feld[0]] = feld[1];
36        var i = 2;
37        //ab Spalte 2 kommt für jedes Produkt ein Maschinenbedarfswert
38        for (var p in produkte) {
39            maschinenbedarf[feld[0]][p] = feld[i];
40            i++;
41        }
42    }
43    ladeCSV("beispiel_9.11b.csv", func4);
44 }
45
46 float dollarkurs;
47 execute { //dollarkurs lesen aus Datei beispiel_9.11.txt
48    var dateiobjekt = new IloOplInputFile("beispiel_9.11.txt");
49    dollarkurs = parseFloat(dateiobjekt.readline());
50    writeln(dollarkurs);
51 }
52
53 execute { //Umrechnung DB von EUR in USD
54    for (var p in produkte) {
55        db[p] = dollarkurs*db[p];
56    }
57    writeln(time());
58 }
59
60 dvar int+ menge[produkte];//Geplante zu produzierende Mengeneinheiten
61
62 maximize sum(p in produkte) db[p]*menge[p];
63
64 subject to {
65    forall(m in maschinen)
66        sum(p in produkte) maschinenbedarf[m,p]*menge[p] <= kapazitaet[m];
67    forall(p in produkte)
68        menge[p] <= nachfrage[p];
69 }
70
```

```
71 execute { //Ausgabe Ergebnisse
72   writeln("Gesamt DB: $"+ cplex.getObjValue());
73   for (var p in produkte) {
74     writeln("Produkt: "+ p+ " Produktion: "+ menge[p]);
75   }
76   writeln("Gesamtlaufzeit: "+ time());
77 }
```

Beispiel 9.11a.csv

```
1 //Name,Nachfrage,DB
2 U-A,300,110
3 U-B,200,140
4 U-C,150,156
```

Beispiel 9.11b.csv

```
1 //Name,Kapazitaet,Maschinenbedarfe je Produkt
2 M1,120,0.2,0.4,0.3
3 M2,140,0.3,0.2,0.6
4 M3,110,0.5,0.5,0.7
```

Beispiel 9.11.txt

```
1 1.25
```

Ausgabe im Scriptingprotokoll-Fenster zu Beispiel 9.11.mod:

```
TIME total 0sec leap 0sec
Lese kap9-produkte.csv
//Name,Nachfrage,DB
U-A,300,110
U-B,200,140
U-C,150,156
Lese kap9-maschinen.csv
//Name,Kapazitaet,Maschinenbedarfe je Produkt
M1,120,0.2,0.4,0.3
M2,140,0.3,0.2,0.6
M3,110,0.5,0.5,0.7
Lese kap9-produkte.csv
//Name,Nachfrage,DB
U-A,300,110
U-B,200,140
U-C,150,156
Lese kap9-maschinen.csv
//Name,Kapazitaet,Maschinenbedarfe je Produkt
M1,120,0.2,0.4,0.3
M2,140,0.3,0.2,0.6
```

```
M3,110,0.5,0.5,0.7
1.25
TIME total 0.031sec leap 0.031sec
// solution (optimal) with objective 37775
Gesamt DB: $37775
Produkt: U-A Produktion: 6
Produkt: U-B Produktion: 200
Produkt: U-C Produktion: 10
Gesamtlaufzeit: TIME total 0.156sec leap 0.125sec
```

9.5 Aufgaben

1. Nennen Sie vier fortgeschrittene Anwendungen von ILOG Script.

2. Es soll die Textausgabe „Ausgabe" per ILOG Script direkt in eine Datei namens „ausgabe.txt" geschrieben werden. Finden Sie die Fehler im folgenden Programmcode:

```
1 execute{
2    var objekt = new IloOplInputFile ("ausgabe", true);
3    objekt.writeln("Ausgabe");
4    close();
5 }
```

3. Welche Möglichkeit besteht, neben Excel-Dateien, Daten an CPLEX anzubinden? Beschreiben Sie das Dateiformat.

4. Erklären Sie, wie CSV-Dateien an OPL-Modelle angebunden werden können.

5. Im Programmcode soll die folgende CSV-Datei zum Initialisieren der Produktmenge und der weiteren OPL-Felder preis, kosten, wichtigkeit und standort verwendet werden:

```
1 //Name,Preis,Kosten,Wichtigkeit,Standort
2 A,5,3,3,Berlin
3 B,3,2,1,Augsburg
4 C,7,4,2,Stuttgart
```

Finden Sie alle Fehler im folgenden Programmcode:

```
1 execute funktion {
2    function Fehlersuche(dateiname,variable) {
3       var datei = new IloOplInputFile(dateiname);
4       if (dateiname.exists) {
5          while (datei.eof) {
6             var zeile = datei.readline();
7             if (zeile.length>0 && zeile.indexOf("//")!=0) {
8                var array = zeile.split(" ");
9                variable(array);
10               }
```

```
11              }
12              datei.close();
13         } else {
14              writeln("Fehler: Datei '" + dateiname + "' existiert nicht!");
15         }
16     }
17 }
18
19 {string} produkte = {};
20 float preis[produkte];
21 float kosten[produkte];
22 float wichtigkeit[produkte];
23 string standort[produkte];
24
25 execute produktmenge {
26     function produktinitialisierung {
27         produkte.add(array[0]);
28     }
29     ladeFehlersuche("Fehlersuche.csv", produktinitialisierung);
30 }
31
32 execute daten {
33     function dateninitialisierung(array) {
34         preis[array[0]] = (array[1]);
35         kosten[array[0]] = (array[2]);
36         wichtigkeit[array[0]] = (array[3]);
37     }
38     Fehlersuche("Fehlersuche.csv", dateninitialisierung(array));
39 }
```

6. Was versteht man unter Pre- und Postprocessing mit ILOG Script?

7. Gegeben ist folgender OPL-Programmcode:

```
1 //Inputparameter
2 {string} produkt = {"Produkt1", "Produkt2"};
3 {int} preis = {10,12};
4 {int} tag = {1,2};
5
6 //Entscheidungsvariablen
7 dvar boolean x[produkt][preis][tag];
8
9 //Zielfunktion
10 maximize sum (p in produkt, q in preis, t in tag) x[p][q][t];
11
12 //Nebenbedingungen
13 subject to {};
```

Nach der Ausführung im Studio soll die Lösung der dreidimensionalen Entscheidungsvariablen x[produkt][preis][tag] in einer Excel-Datei ausgegeben werden. Da in Excel nur zweidimensionale Tabellen ausgegeben werden können, sollen

die Werte der Entscheidungsvariablen nun für jedes Produkt aus der Menge `pro-dukt (= {"Produkt1", "Produkt2"})` in je ein zweidimensionales Feld umgewandelt werden. Formulieren Sie in ILOG Script den Programmcode des `execute`-Blocks für die Überführung von einem dreidimensionalen Feld in zweidimensionale Felder, die später für eine Ausgabe in eine Excel-Datei verwendet werden können. Deklarieren Sie dazu zunächst für jedes Produkt ein zweidimensionales Feld, das im `execute`-Block mit den entsprechenden Werten befüllt wird.

8. Diese Aufgabe baut auf dem im Folgenden angegebenen Modell auf (Das Modell entspricht der Lösung von Aufgabe 8 in Kapitel 4.7):

```
1 int nMedien = 3;
2 range medien = 1..nMedien;
3 int reichweite[medien] = [20000, 120000, 9000];
4 int kosten[medien] = [15000, 6000, 4000];
5 int kapazitaetMedium[medien] = [4, 10, 7];
6 int kapazitaetAgentur = 15;
7 int budget = 100000;
8
9 dvar int+ nSchaltung[medien];
10
11 maximize sum(i in medien) reichweite[i]*nSchaltung[i];
12
13 subject to {
14     sum(i in medien) kosten[i]*nSchaltung[i] <= budget;
15     forall(i in medien){
16         nSchaltung[i] <= kapazitaetMedium[i];}
17     sum(i in medien) nSchaltung[i] <= kapazitaetAgentur;
18 }
```

Nach dem erfolgreichen Lösen des Modells sollen der Intervallbereich der Entscheidungsvariablen, die optimale Lösung sowie der Zielfunktionswert im Scriptingprotokoll-Fenster des Studios gemäß der folgenden Ausgabe dargestellt werden. Modellieren Sie einen passenden `execute`-Block in ILOG Script.

```
// solution (optimal) with objective 1258000
Die Anzahl zu schaltender Werbung auf Strassenbahnen
      liegt im Intervall zwischen 0 und 4.
Die optimale Anzahl für dieses Medium beträgt 2.

Die Anzahl zu schaltender Online-Werbung
      liegt im Intervall zwischen 0 und 10.
Die optimale Anzahl für dieses Medium beträgt 10.

Die Anzahl zu schaltender Radiospots
      liegt im Intervall zwischen 0 und 7.
Die optimale Anzahl für dieses Medium beträgt 2.

Damit ergibt sich eine Gesamtreichweite von 1258000 Personen.
```

9. Gegeben ist erneut das Modell aus Aufgabe 8 (entspricht der Lösung von Aufgabe 8 aus Kapitel 4.7).

a) Lösen Sie die Problemstellung erneut und initialisieren Sie die Felder `reichweite`, `kosten` und `kapazitaetMedium` mit einer selbst erzeugten CSV-Datei „RideEasy.csv" und alle restlichen Inputparameter durch eine Text-Datei „RideEasy.txt".

b) Die Werbeagentur will eine Ausgabe erzeugen, nach wie vielen Sekunden die Dateninitialisierung mittels der CSV- und der Text-Datei abgeschlossen ist. Außerdem soll der Zeitpunkt nach Ablauf des Solvers ausgegeben werden. Abschließend soll die reine Solver-Laufzeit ohne Dateninitialisierung ausgegeben werden. Erstellen Sie die nötigen ILOG-Script-Blöcke und geben Sie an, wo die Programmcode-Ausschnitte im Modell eingefügt werden müssen.

c) Aufgrund der Laufzeitschwankungen verschiedener Modellinstanzen möchte die Werbeagentur die Laufzeit ihres Modells beschränken. Die Solverlaufzeit soll dabei auf eine halbe Sekunde limitiert werden. Formulieren Sie die Programmcode-Ergänzung und geben Sie an, wo der Programmcode-Ausschnitt im Modell eingefügt werden muss.

10. Wozu dient die Funktion `cplex.getDetTime()` und inwiefern sind der Nutzung dieser Funktion Grenzen gesetzt?

In den Kapiteln 5 und 9 wurde ausgeführt, wie ILOG Script innerhalb von Modell-Dateien eingesetzt werden kann, insbesondere um Aufgaben der Datenvor- und -nachbereitung durchzuführen. Doch die Einsatzmöglichkeiten von ILOG Script gehen erheblich darüber hinaus. So kann es verwendet werden, um komplexe Abläufe zu steuern und dabei ggf. mehrmals automatisiert die Lösung von Optimierungsmodellen anzustoßen sowie die erhaltenen Ergebnisse automatisiert weiterzuverarbeiten. Man spricht in diesem Fall von der sogenannten Ablaufsteuerung (*flow control*) mit ILOG Script, deren Grundzüge in diesem Kapitel vermittelt werden.

Zur anschaulichen Darstellung wird das folgende Fallbeispiel verwendet. Die vollständige Lösung dazu befindet sich in Kapitel 10.3.

RideEasy **Fallbeispiel 8: Ablaufsteuerung für die Simulation von Produktions-Szenarien**

Es wird erneut die Problemstellung zur Produktionsplanung aus Fallbeispiel 5 in Kapitel 7 betrachtet und im Folgenden nochmals wiederholt. Dabei muss der Produktionsleiter der Firma RideEasy für die nächsten Jahre planen, welche Produktionskapazitäten er in den weltweit verteilten Werken vorhält. Nachdem nur vage Prognosen vorliegen, wie sich der Absatz der RideEasy-Produkte entwickeln könnte, möchte er seine Planung im Hinblick auf unterschiedliche Zukunftsszenarien bewerten. Das bereits vorliegende OPL-Optimierungsmodell berechnet eine optimale Produktionsbelegung für die Werke auf Basis prognostizierter Aufträge, wobei die Summe aus Produktionskosten und Transportkosten minimiert wird. Es ermittelt damit auch, welche Produktionskosten überhaupt entstehen, und ob auch wirklich alle Aufträge erfüllt werden können.

S. Nickel et al., *Angewandte Optimierung mit IBM ILOG CPLEX Optimization Studio*, https://doi.org/10.1007/978-3-662-62185-1_10

Die Werke von RideEasy befinden sich weiterhin in den fünf Regionen Nordamerika (NA), Südamerika (SA), Europa (EU), Afrika (AF) und Asien (AS). Die Werke in Nord- und Südamerika sowie in Afrika sollen jedoch vorübergehend geschlossen werden, sodass nur noch mit den beiden Werken in Europa und Asien geplant wird. Für die vorliegende Planung und Optimierung wird nicht zwischen unterschiedlichen Produkten unterschieden (aggregierter Ansatz). Für jedes der Werke sind eine maximale Produktionskapazität und der Produktionskostensatz gegeben. Diese betragen für das Europa-Werk 1000 Stück zu je 500 EUR und für das Asien-Werk 100 Stück zu je 400 EUR (siehe Tabelle 7.1 bzw. Tabelle 10.1). Die Transportkosten resultieren aus den zu veranschlagenden Frachtkosten. Dazu liegt RideEasy die Preistabelle eines Speditionsunternehmens vor, die für alle Paare von Regionen entsprechende Stückpreise ausweist (siehe Tabelle 7.2 bzw. Tabelle 10.2). Des Weiteren dienen als Datengrundlage die historischen Auftragsmengen der Regionen aus dem vergangenen Jahr (siehe Tabelle 7.3 bzw. Tabelle 10.3). Die Auftragsmengen sollen für die Zukunftsplanung überdies mit einem Prognosewert multipliziert werden. Dieser sei (für unterschiedliche Zukunftsszenarien) mit 80 %, 90 %, 100 %, 110 % und 120 % anzunehmen.

In Kapitel 7 wurden die Daten über eine Excel-Datei eingelesen und je Zukunftsszenario musste der Anwender manuell die entsprechende Berechnung starten. Im Gegensatz dazu sollen nun sämtliche Zukunftsszenarien im Rahmen einer Ablaufsteuerung gebündelt berechnet und deren Ergebnisse im Scriptingprotokoll-Fenster des Studios ausgegeben werden.

Tabelle 10.1   Daten für Werke in EU und AS

Region	Name	Kapazität	Produktionskostensatz
EU	Europa-Werk	1000	500
AS	Asien-Werk	100	400

Tabelle 10.2   Frachtkosten

Frachtkosten von \ nach	NA	SA	EU	AF	AS
EU	30	40	20	50	50
AS	50	50	60	60	20

Tabelle 10.3 Historische Auftragsmengen

Regionen	Historische Auftragsmengen
NA	200
SA	100
EU	300
AF	50
AS	200

10.1 Funktionsweise und Einsatzfelder

Die Ablaufsteuerung mit ILOG Script wird innerhalb eines `main`-Blocks in einer Modell-Datei umgesetzt. Analog zu den `execute`-Blöcken aus den Kapiteln 5 und 9 wird der im `main`-Block enthaltene Programmcode sequentiell abgearbeitet. Sobald ein solcher existiert, regelt er den gesamten Ablauf des auszuführenden Programmcodes – d. h. mit dem Start der Ausführungskonfiguration im Studio beginnt unmittelbar (und ausschließlich) die Abarbeitung des entsprechenden `main`-Blocks. Das bedeutet auch, dass bei Verwendung eines `main`-Blocks nur dann eine Modellinstanz gelöst wird, wenn dies ausdrücklich gefordert wird – ein leerer `main`-Block verursacht zwar keine Fehlerausgabe, stößt aber auch keinen Modelllösungsprozess an. Eine Modell-Datei darf maximal einen `main`-Block enthalten.

Im Rahmen eines `main`-Blocks ist es möglich, auf ein oder mehrere Optimierungsmodelle zuzugreifen – d. h. verschiedene Modelle bzw. Modellinstanzen in einer festgelegten Reihenfolge nacheinander zu durchlaufen. Durch die sequentielle Abarbeitung des Programmcodes innerhalb eines `main`-Blocks sind dort grundsätzlich auch rein sequentiell abzuarbeitende Lösungsverfahren umsetzbar (z. B. Heuristiken). Die Potentiale des Studios werden aber erst dann ausgeschöpft, wenn Optimierungsmodelle mit solchen Sequenzen kombiniert und als Teil des gesteuerten Lösungsprozesses eingesetzt werden.

Für die Ablaufsteuerung mit ILOG Script bestehen verschiedenste Einsatzmöglichkeiten. Zum einen kann sie zum Einsatz kommen, wenn ein Optimierungsmodell – wie im Fallbeispiel – mehrmals mit variierenden Input-Daten gelöst werden soll. So können etwa automatisiert Sensitivitätsanalysen durchgeführt werden, indem ein bestimmter Input-Parameter ceteris paribus verändert wird. Durch Betrachtung der Ergebnisse ist die Sensitivität des betrachteten Optimierungsmodells gegenüber dem veränderlichen Parameter beurteilbar.

Zum zweiten kann die Ablaufsteuerung zum Einsatz kommen, wenn Optimierungsmodelle nicht zentral zur Lösung verwendet, sondern „nur" zur Lösung von Teilproblemen in einen Lösungsprozess integriert werden sollen. Die Ablaufsteuerung regelt dann die Vorgehensweise des Lösungsverfahrens und steuert das Optimierungsmodell an bestimmten Stellen des Lösungsprozesses immer wieder mit veränderten Input-Daten und ggf. zusätzlichen oder veränderten Nebenbedingungen an. Somit werden die Output-Daten eines Optimierungsmodells im Lösungsprozess aufgegriffen und als Inputdaten für die nächste Verfahrensiteration wiederverwendet – ggf. in angepasster Form. Prominente Beispiele exakter Lösungsverfahren, die derartig umgesetzt werden können, sind problemspezifische Branch-and-Bound-Verfahren, Schnittebenenverfahren, Branch-and-Cut-Verfahren und Branch-and-Price-Verfahren. Gerade für kombinatorische Optimierungsmodelle, bei denen die Laufzeit im Verhältnis zur betrachteten Problemgröße exponentiell wächst, ist die Ermittlung einer optimalen Lösung ab einer bestimmten Problemgröße allerdings sehr zeitaufwändig bzw. praktisch unmöglich. Dem kann mit einer heuristischen Herangehensweise entgegengewirkt werden, indem nicht der komplette Lösungsraum, sondern eine „erfolgversprechende" Teilmenge betrachtet wird. Für diese auch als rein heuristische Lösungsverfahren implementierbaren Problemklassen werden oftmals Eröffnungs- in Verbindung mit Verbesserungsheuristiken oder auch Metaheuristiken angewendet. Seit den 2000er Jahren werden dazu sogenannte *hybride Metaheuristiken* verstärkt untersucht (vgl. z. B. Blum et al. (2011)). Im Rahmen dieses Forschungsstrangs stehen u. a. sogenannte *Matheuristics* im Fokus (vgl. z. B. Caserta und Voß (2010)). Diese integrieren die Lösung von (vereinfachten) Optimierungsmodellen im Rahmen von (Meta-)Heuristiken. Insbesondere solche Verfahren können ebenfalls mit ILOG Script umgesetzt werden. Ein Beispiel wäre ein iteratives Verfahren in einem `main`-Block, im Rahmen dessen die LP-Relaxation eines gemischt-ganzzahligen linearen Optimierungsmodells zu lösen ist, indem die Binärvariablen relaxiert werden. Von diesen werden anschließend sämtliche, für die sich in der Lösung ein binärer Wert ergeben hat, fixiert. Falls sämtliche ursprüngliche Binärvariablen fixiert wurden, ist das Abbruchkriterium erreicht. Von den übrigen Variablen wird eine ausgewählt, zusätzlich durch Rundung fixiert und anschließend erneut die LP-Relaxation des Problems gelöst usw. Die konkrete Umsetzung dieser und weiterer Matheuristics findet sich in Kapitel 16 im Rahmen der Anwendungsstudie „Losgrößenplanung".

Zum dritten kann die Ablaufsteuerung bei der Kombination mehrerer Optimierungsmodelle zum Einsatz kommen. Wie bereits oben erwähnt, ist es dabei auch möglich, die ursprünglichen Optimierungsmodelle im Rahmen der Ablaufsteuerung zu verändern bzw. zu ergänzen. Dies ist der Fall bei der Anwendung von sogenannten *Dekompositionstechniken* (vgl. z. B. Boschetti et al. (2010)). Dabei werden Optimierungsmodelle in Haupt- und Unterproblem (*Master Problem* und *Slave/Sub Problem*) zerlegt, die jeweils ebenfalls als Optimierungsmodelle notiert sind. Die Output-Daten des Hauptproblems dienen als Input-Daten des Unterproblems und dessen Output-Daten wiederum als Input-Daten des (ggf. dadurch erweiterten) Hauptproblems usw. Konkrete Beispiele sind die Dantzig-Wolfe-Dekomposition und die Benders-Zerlegung.

10.2 Zugriff auf Modell- und Daten-Dateien

Bei allen in Kapitel 10.1 beschriebenen Einsatzfeldern sollen im Rahmen der Ablaufsteuerung Optimierungsmodelle gelöst werden. Häufig ist es dabei zweckmäßig, Ergebnisse bzw. Zwischenergebnisse im Scriptingprotokoll festzuhalten. Als Grundgerüst für Ablaufsteuerungen werden deshalb in diesem Teilkapitel der Zugriff auf Modell- und Daten-Dateien, das Anstoßen der Modell-Lösung und die Ausgabe von Lösung und Zielfunktionswert im Scriptingprotokoll beschrieben.

Tabelle 10.4 ist eine Übersicht grundlegender ILOG-Script-Sprachelemente für eine Ablaufsteuerung, die im Rahmen der folgenden Beispiele zum Einsatz kommen.

Tabelle 10.4 Grundlegende ILOG-Script-Sprachelemente im Rahmen der Ablaufsteuerung

Sprachelement	Beschreibung
`IloOplModelSource` `("modelfile.mod")`	Konstruktor zur Erzeugung einer Modellquelle vom Typ `IloOplModelSource` aus einer Modell-Datei
`IloOplModelDefinition` `(source, settings)`	Konstruktor zur Erzeugung einer Modell-Definition vom Typ `IloOplModelDefinition` aus einer Modellquelle
`IloOplModel(def,cplex)`	Konstruktor zur Erzeugung einer Modell-Instanz vom Typ `IloOplModel` aus einer Modell-Definition
`IloOplDataSource` `("datafile.dat")`	Konstruktor zur Erzeugung einer Datenquelle vom Typ `IloOplDataSource` aus einer Daten-Datei
`meinOplModel` `.addDataSource(data)`	Methode zur Verknüpfung der Modell-Instanz `meinOplModel` mit einer zugehörigen Datenquelle `data`
`meinOplModel.generate()`	Methode zur Generierung eines für CPLEX verarbeitbaren Optimierungsmodellformats auf Basis der Modell-Instanz `meinOplModel`
`cplex.solve()`	Methode zur Lösung des generierten Optimierungsmodells durch eine CPLEX-Instanz

Der `main`-Block, der die Ablaufsteuerung beinhaltet, befindet sich stets in einer Modell-Datei, die der Ausführungskonfiguration hinzugefügt ist. Für die weitere Umsetzung der Ablaufsteuerung gibt es im Wesentlichen zwei verschiedene Möglichkeiten: Entweder befindet sich das OPL-Optimierungsmodell in derselben Modell-Datei wie der `main`-Block bzw. ist durch einen `include`-Befehl integriert, oder innerhalb des `main`-Blocks wird mithilfe von `new IloOplModelSource("modelfile.mod")` ein Modell aus einer separaten Modell-Datei eingebunden. Bei der ersten Möglichkeit sind ggf. vorhandene Daten-Dateien – analog der üblichen Vorgehensweise aus Kapitel 7 – in der Ausführungskonfiguration (abgekürzt AK) zu verknüpfen, bei der zweiten müssen sie über gesonderte Befehle eingebunden werden. Verschiedene „klassische" Varianten sind in Tabelle 10.5 aufgelistet und Verknüpfungen dieser Varianten sind zusätzlich denkbar.

Tabelle 10.5 Verschiedene Umsetzungsmöglichkeiten einer Ablaufsteuerung

Variante	Modell-datei mit `main`-Block	OPL-Optimierungsmodell	Daten-Datei(en), falls vorhanden	Beispiel
1	in AK	in selber Modell-Datei wie `main`-Block und oberhalb des `main`-Blocks formuliert	in AK	---
2	in AK	durch `include`-Befehl oberhalb des `main`-Blocks eingebunden; gesonderte Modell-Datei des OPL-Optimierungsmodells befindet sich *im selben OPL-Projekt* wie Modell-Datei des `main`-Blocks	in AK	Beispiel 10.2.mod
3	in AK	durch `include`-Befehl oberhalb des `main`-Blocks eingebunden; gesonderte Modell-Datei des OPL-Optimierungsmodells und Modell-Datei des `main`-Blocks befinden sich *in unterschiedlichen OPL-Projekten*	in AK	Beispiel 10.3.mod
4	in AK	Innerhalb des `main`-Blocks eingebunden mithilfe von `new IloOplModelSource("modelfile.mod")`; gesonderte Modell-Datei des OPL-Optimierungsmodells und Modell-Datei des `main`-Blocks befinden sich *im selben OPL-Projekt*	nicht in AK; im `main`-Block eingebunden mithilfe von `IloOplDataSource("datafile.dat")`	Beispiel 10.4.mod
5	in AK	Innerhalb des `main`-Blocks eingebunden mithilfe von `new IloOplModelSource("modelfile.mod")`; gesonderte Modell-Datei des OPL-Optimierungsmodells und Modell-Datei des `main`-Blocks befinden sich *in unterschiedlichen OPL-Projekten*	nicht in AK; im `main`-Block eingebunden mithilfe von `IloOplDataSource("datafile.dat")`	---

Als Ausgangsbeispiel dient erneut das OPL-Modell zu Fallbeispiel 2 aus Kapitel 4, das hier als Beispiel 10.1.mod wiederholt angegeben wird.

Beispiel 10.1.mod

```
 1 // Fallbeispiel 2
 2
 3 range produkte = 1..3;
 4 range maschinen = 1..3;
 5 int nachfrage[produkte] = [300, 200, 150];
 6 int db[produkte] = [110, 140, 156];
 7 int kapazitaet[maschinen] = [120, 140, 110];
 8 float maschinenbedarf[produkte, maschinen] = [[0.2, 0.3, 0.5],
 9                                               [0.4, 0.2, 0.5],
10                                               [0.3, 0.6, 0.7]];
11
12 dvar int+ menge[produkte];
13
14 maximize sum(p in produkte) db[p]*menge[p];
15 subject to {
16    forall(m in maschinen) sum(p in produkte)
17       maschinenbedarf[p, m]*menge[p] <= kapazitaet[m];
18    forall(p in produkte) menge[p] <= nachfrage[p];
19 }
```

Beispiel 10.2.mod

```
1 include "beispiel_10.01.mod";
2
3 main{
4    thisOplModel.generate();
5    cplex.solve();
6    writeln("Optimale Lösung: " + thisOplModel.menge);
7    writeln("Optimaler Zielfunktionswert: " + cplex.getObjValue());
8 }
```

Ausgabe im Scriptingprotokoll-Fenster zu Beispiel 10.2.mod:

```
Optimale Lösung: [6 200 10]
Optimaler Zielfunktionswert: 30220
```

Beispiel 10.2.mod setzt eine Ablaufsteuerung gemäß Variante 2 in Tabelle 10.5 um und stößt innerhalb des main-Blocks die Ausführung des OPL-Optimierungsmodells aus Beispiel 10.1.mod an. Da das OPL-Modell aufgrund des include-Befehls in Zeile 1 in die Modell-Datei des main-Blocks integriert wird, ist dies besonders einfach handhabbar. Denn es existiert in diesem Fall standardmäßig ein Objekt thisOplModel (vom Typ IloOplModel, siehe auch Tabelle 10.4), das eine Instanz des Optimierungsmodells repräsentiert (siehe Zeilen 4 und 6). Zugriffe auf die Eigenschaften und Methoden der Dateiobjekte erfolgen – wie in ILOG Script üblich und in Kapitel 9.1 ausgeführt – mithilfe des Punkt-Operators, also durch dateiobjekt.eigenschaft oder dateiobjekt.methode().

In Zeile 4 wird zunächst aus der Default-Modellinstanz `thisOplModel` durch die `generate()`-Methode ein für CPLEX verarbeitbares Optimierungsmodellformat generiert (siehe Tabelle 10.4). Die `solve()`-Methode der stets verfügbaren Default-Solver-Instanz `cplex` (siehe Tabelle 10.4) stößt anschließend in Zeile 5 dessen Lösung an. Datenelemente sind über die Default-Modellinstanz `thisOplModel` (siehe Zeile 6) und der Zielfunktionswert im Anschluss an die Lösung über die Solver-Instanz `cplex` mit der bereits aus Kapitel 5.1 bekannten Methode `getObjValue()` abrufbar (siehe Zeile 7).

In Beispiel 10.2.mod wären ggf. verwendete Daten-Dateien der Ausführungskonfiguration hinzuzufügen.

Beispiel 10.3.mod

```
 1 include "B:/OPL-Buch/OPL-Programmcode-Dateien\
 2    /Programmcode-Beispiele_OPL-Buch_Kap._04\
 3    /beispiel_4.27__fallbeispiel_2.mod";
 4 //include "../Programmcode-Beispiele_OPL-Buch_Kap.04\
 5 // /beispiel_4.27__fallbeispiel_2.mod";
 6
 7 main{
 8    thisOplModel.generate();
 9    cplex.solve();
10    writeln("Optimale Lösung: " + thisOplModel.menge);
11    writeln("Optimaler Zielfunktionswert: " + cplex.getObjValue());
12 }
```

Befinden sich Modell- und Daten-Dateien nicht im selben, sondern in unterschiedlichen Projekten (Variante 3 in Tabelle 10.5), sind die Datei-Pfade entsprechend anzupassen. Soll etwa der Zugriff auf eine Modell-Datei in einem anderen Projekt erfolgen, in der bereits sämtliche Modellparameter deklariert und initialisiert sind, kann ähnlich wie in Beispiel 10.2.mod vorgegangen werden. Wie Beispiel 10.3.mod zeigt, kann die Referenz auf den Datei-Pfad dabei absolut (Zeilen 1 bis 3) oder relativ (Zeilen 4 und 5) erfolgen. Zu beachten ist, dass im Gegensatz zu Windows-Pfadangaben jeweils ein Slash statt einem Backslash für die nächste Datei-Ebene zu verwenden ist. Lange Pfade können durch einen Backslash (siehe Zeilenenden 1, 2 und 4) umgebrochen werden (vgl. Kapitel 3.1.2).

Beispiel 10.4.mod

```
 1 main {
 2    var source = new IloOplModelSource("beispiel_10.01.mod");
 3    var def = new IloOplModelDefinition(source);
 4    var modelInstance = new IloOplModel(def, cplex);
 5    //var data = new IloOplDataSource("beispiel_10.1.dat");
 6    //modelInstance.addDataSource(data);
 7    modelInstance.generate();
 8    cplex.solve();
 9    writeln("Optimale Lösung: " + modelInstance.menge);
10    writeln("Optimaler Zielfunktionswert: " + cplex.getObjValue());
11 }
```

Beispiel 10.4.mod setzt Variante 4 aus Tabelle 10.5 als alternative, allgemeiner gehaltene Möglichkeit derselben Ablaufsteuerung um. Man sieht, dass hier – im Gegensatz zu Beispiel 10.2.mod (und Beispiel 10.3.mod) – der `main`-Block ohne vorangehendes OPL-Optimierungsmodell steht und deshalb insbesondere der Zugriff auf das Optimierungs-modell nicht mehr über die Default-Modellinstanz `thisOplModel` funktioniert. Zeilen 7 bis 10 von Beispiel 10.4.mod sind mit den Zeilen 4 bis 7 von Beispiel 10.2.mod (bzw. Zeilen 8 bis 11 in Beispiel 10.3.mod) bis auf eine kleine Abweichung identisch: Statt der Default-Modellinstanz `thisOplModel` wird die selbst erzeugte Modellinstanz `model-Instance` verwendet, deren Bestandteile in den Zeilen zuvor jedoch zu deklarieren und initialisieren sind, bevor sie zusammengefügt werden. So wird in Zeile 2 zunächst ein Objekt (`source`) für die Modellquelle erzeugt und damit das OPL-Modell aus der ur-sprünglichen, ebenfalls im Projekt befindlichen Modell-Datei angebunden. Zeile 3 er-zeugt ein Objekt (`def`) für die Modelldefinition des Optimierungsmodells, welches wie-derum in Zeile 4 unter dem Objekt `modelInstance` mit der CPLEX-Instanz verknüpft wird. Eine ggf. im Projekt vorhandene Daten-Datei muss als Datenquelle angelegt und diese dann mithilfe der Methode `addDataSource()` dem Objekt `modelInstance` hinzugefügt werden (Einkommentieren von Zeilen 5 und 6). Eine Verknüpfung über die Ausführungskonfiguration, wie in Beispiel 10.2.mod, ist hier nicht möglich. In der Aus-führungskonfiguration liegt lediglich die Ablaufsteuerung selbst – also die Modell-Datei, die den Beispielprogrammcode aus Beispiel 10.4.mod enthält.

Existieren Modell- und Daten-Datei(en) in einem anderen Projekt als die Ablaufsteu-erung (Variante 5 in Tabelle 10.5), sind die Datei-Pfade in den Zeilen 2 und ggf. 5 von Beispiel 10.4.mod entsprechend anzupassen.

10.3 Lösung Fallbeispiel 8

Nachdem die grundlegenden Befehle der Ablaufsteuerung in Kapitel 10.2 vermittelt wurden, ist nun das Fallbeispiel umsetzbar. Im Rahmen der Ablaufsteuerung soll das Modell aus Beispiel 10.5.mod mehrfach gelöst werden, wobei jeweils der Modellparame-ter `prognose` aus der Daten-Datei (Beispiel 10.5.dat, Zeile 23) zu verändern ist: ausge-hend vom Wert `0.8` auf die Werte `0.9`, `1.0`, `1.1` und `1.2`.

Beispiel 10.5.dat

```
1 regionen = {
2     <NA,"Nordamerika">,
3     <SA,"Südamerika">,
4     <EU,"Europa">,
5     <AF,"Afrika">,
6     <AS,"Asien">
7 };
```

```
 8 werke = {
 9    <EU,"Europa-Werk",1000,500>,
10    <AS,"Asien-Werk",100,400>
11 };
12 frachtkosten = #[
13    <EU>:[30, 40, 20, 50, 50],
14    <AS>:[50, 50, 60, 60, 20]
15 ]#;
16 bestellungen = {
17    <NA,200>,
18    <SA,100>,
19    <EU,300>,
20    <AF,50>,
21    <AS,200>
22 };
23 prognose = 0.8;
```

Beispiel 10.5.mod

```
 1 tuple Region {
 2    key string name;
 3    string beschreibung;
 4 }
 5 {Region} regionen = ...;
 6
 7 tuple Werk {
 8    key Region region;
 9    string name;
10    int kapazitaet;
11    float kosten;
12 }
13 {Werk} werke with region in regionen = ...;
14
15 float frachtkosten[regionen][regionen] = ...;
16
17 tuple Bestellung {
18    key Region region;
19    int anzahl;
20 }
21 {Bestellung} bestellungen with region in regionen = ...;
22
23 float prognose = ...;
24
25 dvar int+ produktion[werke][bestellungen];
26
27 dexpr float kostenProduktion = sum (w in werke, b in bestellungen)
28    w.kosten*produktion[w][b];
29
30 dexpr float kostenTransporte = sum (w in werke, b in bestellungen)
31    frachtkosten[w.region][b.region]*produktion[w][b];
32
```

```
33 minimize kostenProduktion + kostenTransporte;
34
35 subject to {
36    //Bestellungen
37    forall (b in bestellungen)
38       b.anzahl*prognose <= sum (w in werke) produktion[w][b];
39    //Produktions-Kapazitäten
40    forall (w in werke)
41       w.kapazitaet >= sum (b in bestellungen) produktion[w][b];
42 }
```

Beispiel 10.6.mod stellt eine einfache Umsetzungsmöglichkeit unter Verwendung des include-Befehls dar. Hier muss die Ausführungskonfiguration neben der Modell-Datei (Beispiel 10.6.mod) zusätzlich die zugehörige Daten-Datei (Beispiel 10.5.dat) beinhalten.

Im Rahmen der Ablaufsteuerung wird zunächst für den float-Wert prognose, der bei jedem folgenden Lösungsvorgang zu manipulieren ist, eine eigene ILOG-Script-Variable deklariert (prognoseTmp) und mit dem ursprünglichen Wert aus der Daten-Datei initialisiert (Zeile 4). Der Übersichtlichkeit halber wurde hier eine andere Bezeichnung gewählt – es wäre auch möglich, diese ebenfalls prognose zu nennen. Wegen des wechselnden Parameters ist für jeden neuen Lösungsvorgang eine veränderte Modellinstanz modelInstance zu lösen, die initial der Default-Instanz thisOplModel entspricht (Zeile 5).

Je Iteration der while-Schleife (Zeilen 7 bis 26) erfolgt die Lösung einer Modellinstanz. Dazu wird in Zeile 7 das Abbruchkriterium (prognoseTmp < 1.3) für die while-Schleife geprüft. In Zeile 8 wird das zur aktuellen Modellinstanz gehörige, für CPLEX verarbeitbare Optimierungsmodellformat generiert und in Zeile 9 die Modelllösung angestoßen. In Zeilen 11 bis 14 erfolgen die Ausgabebefehle für das Scriptingprotokoll: Dabei wird mit modelInstance.prognose bzw. modelInstance.produktion auf die Daten der aktuellen Instanz modelInstance zugegriffen.

Die Zeilen 17 bis 25 bereiten die nächste Iteration vor. Zunächst wird der momentane float-Wert prognoseTmp um 0.1 erhöht (Zeile 17) und anschließend (optional) durch eine bedingte Verzweigung sichergestellt, dass die Vorbereitung nur erfolgt, wenn tatsächlich noch eine weitere Iteration stattfinden wird. Ist dies der Fall, so werden zunächst die bisherige Modelldefinition sowie die bisherigen Daten zwischengespeichert (Zeilen 19 und 20). Dann wird das Objekt modelInstance durch ein neues Objekt überschrieben (Zeile 21), dem die zwischengespeicherte Modelldefinition aus Zeile 19 hinzugefügt wird. Der bereits angepasste float-Wert prognoseTmp überschreibt in Zeile 22 den bisherigen prognose-Wert. Man beachte, dass die Änderung des Modellparameters prognose nicht etwa mit dem Punkt-Operator direkt in der Modellinstanz vorgenommen werden kann, sondern über die Datenquelle erfolgen muss. Das Hinzufügen der aktuellen Daten zur neuen Modell-Instanz geschieht in Zeile 23.

Beispiel 10.6.mod (Lösung von Fallbeispiel 8)

```
 1 include "beispiel_10.05.mod";
 2
 3 main {
 4    var prognoseTmp = thisOplModel.prognose;
 5    var modelInstance = thisOplModel;
 6
 7    while (prognoseTmp < 1.3) {
 8       modelInstance.generate();
 9       cplex.solve()
10       //Ausgabe im Scriptingprotokoll-Fenster
11       writeln("Prognosewert: " + modelInstance.prognose);
12       writeln("opt. Lösung: produktion[[werke], [bestellungen]] = " +
13          modelInstance.produktion);
14       writeln("opt. ZF-Wert: " + cplex.getObjValue());
15
16       //Nächste Iteration vorbereiten
17       prognoseTmp += 0.1;
18       if (prognoseTmp < 1.3) {
19          var def = modelInstance.modelDefinition;
20          var data = modelInstance.dataElements;
21          modelInstance = new IloOplModel(def, cplex);
22          data.prognose = prognoseTmp;
23          modelInstance.addDataSource(data);
24          writeln();
25       }
26    }
27 }
```

Die Ausgabe im Scriptingprotokoll zu Fallbeispiel 8 (Beispiel 10.6.mod) enthält die Daten von fünf Iterationen der while-Schleife:

```
Prognosewert: 0.8
opt. Lösung: produktion[[werke], [bestellungen]] = [[160 80
        240 40 60] [0 0 0 0 100]]
opt. ZF-Wert: 349800

Prognosewert: 0.9
opt. Lösung: produktion[[werke], [bestellungen]] = [[180 90
        270 45 80] [0 0 0 0 100]]
opt. ZF-Wert: 395150

Prognosewert: 1
opt. Lösung: produktion[[werke], [bestellungen]] = [[200 100
        300 50 100] [0 0 0 0 100]]
opt. ZF-Wert: 440500
```

```
Prognosewert: 1.1
opt. Lösung: produktion[[werke], [bestellungen]] = [[220 110
        330 55 120] [0 0 0 0 100]]
opt. ZF-Wert: 485850

Prognosewert: 1.2
opt. Lösung: produktion[[werke], [bestellungen]] = [[240 120
        360 60 140] [0 0 0 0 100]]
opt. ZF-Wert: 531200
```

10.4 Verweis auf weiterführende Problemstellungen

Je nach Problem werden bei der Umsetzung der Ablaufsteuerung zusätzliche Sprachelemente von ILOG Script benötigt und die Implementierungen werden häufig schnell komplex und problemspezifisch. Daher wird für weitere in ILOG Script mögliche Sprachelemente im Rahmen der Ablaufsteuerung auf verschiedene Anwendungsstudien, Tutorials und Beispiele verwiesen.

In Teil II des Buches finden sich zwei Anwendungsstudien, die mithilfe der ILOG-Script-Ablaufsteuerung umgesetzt sind:

- Kapazitätssteuerung (Kapitel 15): Steuerungsstrategien für Buchungsanfragen mithilfe eines deterministischen linearen Programms (DLP).
- Losgrößenplanung (Kapitel 16): Losgrößen-Optimierungsmodell (Capacitated Lot Sizing Problem, CLSP) mithilfe von Matheuristics (vgl. Kapitel 10.1).

Diesbezüglich wird insbesondere auf die beiden ausführlichen Musterlösungen verwiesen.

Zudem beinhaltet die Studio-Hilfe in der zum Zeitpunkt der Manuskripterstellung aktuellen Version 12.9 zwei ausführliche Tutorials zur Anwendung der Ablaufsteuerung:

- Im Tutorial „Flow control and multiple searches" wird mehrmals das gleiche Modell mit veränderten Daten gelöst. Es handelt sich um ein mehrperiodisches Produktionsplanungsproblem mit dem zugehörigen Beispiel-Projekt mulprod.
- Das Tutorial „Flow control and column generation" löst im Rahmen eines Spaltengenerierungsansatzes zwei verschiedene Modelle iterativ mehrmals nacheinander, wobei die Output-Daten des einen Problems als Input-Daten des anderen Problems verwendet werden. Zugrunde liegt ein Zuschnitt-/Verschnittproblem mit dem zugehörigen Beispiel-Problem cutstock.

Des Weiteren finden sich viele Beispiel-Projekte im Studio, die mit der Ablaufsteuerung umgesetzt sind (vgl. Kapitel 2.3.1 zum Importieren eines Beispiel-Projekts). Eine Übersicht findet sich in Abb. 10.1.

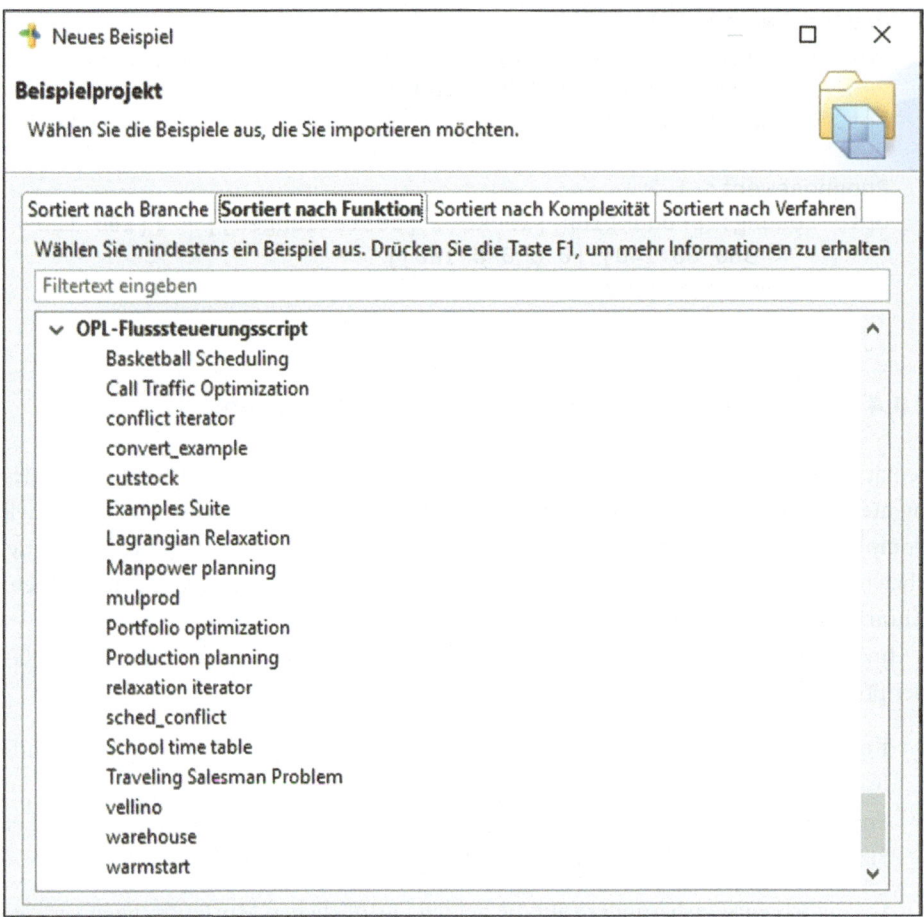

Abb. 10.1   In Studio-Version 12.9 verfügbare Beispiele mit Ablaufsteuerung

Bei der Einarbeitung kann man sich an dem Schwierigkeitsgrad der Projekte orientieren, der in die drei Stufen „grundlegend", „mittel" und „erweitert" unterteilt ist (siehe Reiter „Sortiert nach Komplexität" in Abb. 10.1). So ist z. B. das mehrperiodische Produktionsplanungsproblem (`mulprod`) als grundlegend und das Verschnittproblem (`cutstock`) als erweitert eingestuft.

10.5 Aufgaben

1. Nennen und beschreiben Sie mögliche Einsatzfelder von `main`-Blöcken.

2. Erläutern Sie die Unterschiede zwischen der programminternen Verarbeitung von OPL-Optimierungsmodellen und der Verarbeitung von `main`-Blöcken in Modell-Dateien.

3. In welchem Fall existiert in einem `main`-Block standardmäßig die Modellinstanz `thisOplModel` und wann muss eine individuelle Modellinstanz erzeugt werden?

4. Beschreiben Sie, wie eine von der Default-Instanz abweichende Modellinstanz in einem `main`-Block erzeugt wird.

5. Erzeugen Sie ein neues Projekt und kopieren Sie zunächst die Modell-Datei Beispiel 3.16 (Lösung von Fallbeispiel 1) als „beispiel_3.16.mod" in dieses Projekt. Legen Sie nun neue Modell-Dateien mit den Namen „aufgabe_10.5a.mod" und „aufgabe_10.5b. mod" an, die lediglich einen `main`-Block enthalten. In diesen soll jeweils eine Modellinstanz des Optimierungsmodells aus Beispiel 3.16 gelöst werden:

   a) mit vorangehendem `include`-Befehl;
   b) ohne `include`-Befehl, wobei eine Modellinstanz mit dem Namen „`exercise-Instance`" deklariert und initialisiert werden soll.

   Im Scriptingprotokoll sind der Zielfunktionswert sowie die Zeit, die zum Lösen des Modells benötigt wird, auszugeben (als Fließkommazahl in Sekunden). Formulieren Sie jeweils den entsprechenden ILOG-Script-Programmcode.

6. Betrachten Sie nochmals Aufgabe 5 und arbeiten Sie erneut in dem dort angelegten Projekt. Erzeugen Sie eine neue Modell-Datei „beispiel_3.16_ohneDaten.mod", in die Sie die Inhalte der Modell-Datei Beispiel 3.16 (Lösung von Fallbeispiel 1) ohne Daten-Initialisierung kopieren und legen Sie eine Daten-Datei („aufgabe_10.6.dat") an, in die Sie die Daten-Initialisierung von „beispiel_3.16_ohneDaten.mod" auslagern. In neuen Ausführungskonfigurationen soll das Optimierungsmodell aus „beispiel_3.16_ohneDaten.mod" mithilfe einer Ablaufsteuerung gelöst werden:

   a) mit `include`-Befehl (aufgabe_10.6a.mod) und
   b) ohne `include`-Befehl (aufgabe_10.6b.mod).

7. Vervollständigen Sie folgenden Lückentext:

   In einer Modell-Datei darf/dürfen maximal _____(1) `main`-Block/-Blöcke stehen. Existiert ein `main`-Block, so regelt er den gesamten _____(2). Um dann eine Modellinstanz zu lösen, muss dies ausdrücklich im `main`-Block gefordert sein. Dies geschieht durch die Methode _____(3). Wird diese Methode nicht aufgerufen, wird auch kein Lösungsprozess angestoßen. Möchte man anschließend den Zielfunktionswert ausgeben, so erfolgt dies über die bereits bekannte Methode _____(4). Bei der Implementierung von `main`-Blöcken ist dringend zu beachten, an welcher Position sich das verwendete OPL-Optimierungsmodell befindet. Befindet es sich in _____(5) Modell-Datei, existiert per Default eine Modellinstanz. Andernfalls muss eine individuelle Modellinstanz erzeugt werden. Befindet sich das OPL-Optimierungsmodell im gleichen Projekt, so kann auf dieses direkt verwiesen werden. Möchte man jedoch Optimierungsmodelle aus anderen Projekten einbinden, so muss der gesamte _____(6) angegeben werden. Dabei kann die Referenz auf diesen entweder _____(7) oder _____(8) erfolgen. Das Gleiche gilt auch für Daten-Dateien. Diese werden mit dem Konstruktor _____(9) als Datenquelle angelegt und anschließend der Modellinstanz hinzugefügt.

8. Betrachten Sie nochmals den ILOG-Script-Programmcode der Lösung des Fallbeispiels (Beispiel 10.6.mod).

   a) Welche Auswirkungen hätte das Auskommentieren von Zeile 17?
   b) Welche Auswirkungen hätte das Auskommentieren von Zeile 21?
   c) Welche Auswirkungen hätte das Auskommentieren von Zeile 22?

Teil 2

Anwendungsstudien

Versorgungsplanung

11

Um die Fahrräder von RideEasy bekannter zu machen, möchte der Nordamerika-Leiter Mr. Rent in der „Fahrradstadt" San Francisco ein stationsgebundenes Bike Sharing-System errichten. Er hat dazu die Innenstadt in 6 Stadtviertel, die grundsätzlich für die Errichtung von Stationen in Frage kommen, unterteilt (maximal eine Station pro Viertel, siehe Abb. 11.1). Auch wenn nicht in jedem Viertel eine Station errichtet wird, so ist es ihm wichtig, dass die nächstgelegene Station von jedem Viertel aus nicht weiter als 20 Minuten Fußweg entfernt ist. In Tabelle 11.1 sind die durchschnittlichen Laufzeiten t_{ij} zwischen einzelnen Vierteln i und j angegeben.

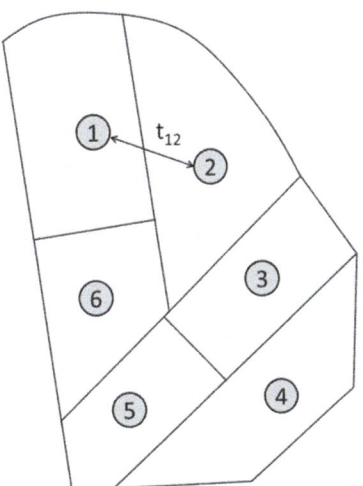

Abb. 11.1 Stadtviertel von San Francisco mit den möglichen Stationen als Mittelpunkte

S. Nickel et al., *Angewandte Optimierung mit IBM ILOG CPLEX Optimization Studio*, https://doi.org/10.1007/978-3-662-62185-1_11

Tabelle 11.1 Laufzeiten t_{ij} zwischen den Vierteln

t_{ij}	1	2	3	4	5	6
1	0	18	34	48	38	21
2	18	0	17	33	38	29
3	34	17	0	18	25	25
4	48	33	18	0	26	27
5	38	38	25	26	0	16
6	21	29	25	27	16	0

Helfen Sie Mr. Rent, die minimale Anzahl an Stationen einschließlich ihrer Standorte zu bestimmen, indem Sie ein ganzzahliges lineares Programm aufstellen. Modellieren Sie dieses anschließend in OPL und ermitteln Sie eine Lösung mit dem CPLEX Optimization Studio. Hinterlegen Sie die Daten des Problems in einer Daten-Datei.

Lösungsvorschlag

Ein erster, vermeintlich naheliegender Modellierungsversuch könnte darin bestehen, das Problem als *unkapazitiertes, einstufiges Warehouse Location Problem* (vgl. Domschke und Drexl (1996), S. 51 ff.; auch Facility Location Problem, Simple Plant Location Problem) aufzufassen. Dabei werden Entscheidungsvariablen y_i und x_{ij} für alle Stadtviertel $i = 1, ..., 6, j = 1, ..., 6$ wie folgt definiert:

$$y_i = \begin{cases} 1 & \text{falls in Stadtviertel } i \text{ eine Station errichtet wird} \\ 0 & \text{sonst} \end{cases}$$

$$x_{ij} = \begin{cases} 1 & \text{falls Stadtviertel } j \text{ von einer Station in Stadtviertel } i \text{ „versorgt" wird} \\ 0 & \text{sonst} \end{cases}$$

Das Optimierungsmodell lautet damit:

$$\text{Minimiere } F(x,y) = \sum_{i=1}^{6} y_i \tag{11.1}$$

unter den Nebenbedingungen

$$\sum_{i=1}^{6} x_{ij} = 1 \qquad\qquad \text{für } j = 1, ..., 6 \tag{11.2}$$

$$x_{ij} \leq y_i \qquad\qquad \text{für } i = 1, ..., 6; j = 1, ..., 6 \tag{11.3}$$

$$t_{ij} x_{ij} \leq 20 \qquad\qquad \text{für } i = 1, ..., 6; j = 1, ..., 6 \tag{11.4}$$

$$x_{ij}, y_i \in \{0, 1\} \qquad\qquad \text{für } i = 1, ..., 6; j = 1, ..., 6 \tag{11.5}$$

Die Zielfunktion (11.1) minimiert die Gesamtzahl der zu errichtenden Stationen. Durch die Nebenbedingungen (11.2) wird jedes Viertel genau einer Station zugeordnet. Die Nebenbedingungen (11.3) stellen sicher, dass eine Station errichtet sein muss, wenn von ihr aus Stadtviertel abgedeckt werden sollen, indem die zugehörige Variable y_i in diesem Fall auf den Wert 1 gezwungen wird. Aufgrund der Nebenbedingungen (11.4) kann eine Station i ein Stadtviertel j nur dann versorgen, wenn die zugehörige Laufdistanz nicht mehr als 20 Minuten beträgt.

Man beachte, dass die Nebenbedingungen (11.2) auch als $\geq$-Bedingung formuliert werden können, da aufgrund der Zielfunktion ohnehin keine Zuordnung mehrerer Stationen zu einem Stadtviertel erfolgen würde, falls dies die Gesamtzahl zu errichtender Stationen erhöhen würde.

Ferner ist es möglich, anstelle der Bedingungen (11.3) eine *aggregierte Formulierung* unter Verwendung der Bedingungen $\sum_{j=1}^{6} x_{ij} \leq 6y_i$ für $i = 1, \ldots, 6$ zu verwenden, was zwar die Gesamtzahl der Nebenbedingungen verringert, dennoch aber in der Regel nicht zu einer verbesserten Lösungszeit führt (vgl. Domschke und Drexl (1996), S. 78 ff. sowie Williams (2013), S. 211 ff. zum theoretischen Hintergrund).

Bei der Umsetzung in OPL ergibt sich die folgende Modell-Datei:

```
1 //Datenvariablen
2 int nStadtviertel = ...;
3 range stadtviertel = 1..nStadtviertel;
4 int t[stadtviertel][stadtviertel] = ...;
5
6 //Entscheidungsvariablen
7 dvar boolean x[stadtviertel][stadtviertel];  //Entscheidung, welche
8    // Station welches Stadtviertel bedient
9 dvar boolean y[stadtviertel];                //Entscheidung, ob eine
10    // Station in einem Stadtviertel errichtet wird
11
12 //Zielfunktion
13 minimize sum(i in stadtviertel) y[i];       //entspricht (11.1)
14
15 //Nebenbedingungen
16 subject to {
17    forall(j in stadtviertel)
18       sum(i in stadtviertel) x[i][j] >= 1;   //entspricht (11.2) als
19                                               // >= Bedingung
20
21    forall(i,j in stadtviertel){
22       x[i][j] <= y[i];                        //entspricht (11.3)
23       t[i][j]*x[i][j] <= 20;                  //entspricht (11.4)
24    }
25 }
```

Die den Beispieldaten entsprechende Daten-Datei ist wie folgt anzulegen:

```
1 nStadtviertel = 6;
2 t = [[0, 18, 34, 48, 38, 21], [18, 0, 17, 33, 38, 29],
3     [34, 17, 0, 18, 25, 25], [48, 33, 18, 0, 26, 27],
4     [38, 38, 25, 26, 0, 16], [21, 29, 25, 27, 16, 0]];
```

Die Optimierung ergibt den y-Vektor $[0\ 1\ 0\ 1\ 1\ 0]^T$ mit Zielfunktionswert 3. Das bedeutet, dass insgesamt drei Stationen zu errichten sind (jeweils eine in den Stadtvierteln 2, 4 und 5). Die zugehörige Lösungsmatrix X mit der Angabe, welche Station welches Stadtviertel bedient, ist:

$$
X = \begin{pmatrix}
0 & 0 & 0 & 0 & 0 & 0 \\
1 & 1 & 1 & 0 & 0 & 0 \\
0 & 0 & 0 & 0 & 0 & 0 \\
0 & 0 & 1 & 1 & 0 & 0 \\
0 & 0 & 0 & 0 & 1 & 1 \\
0 & 0 & 0 & 0 & 0 & 0
\end{pmatrix}
$$

Es fällt auf, dass obige Formulierung und OPL-Umsetzung für dieses kleine Beispiel bereits insgesamt 42 Binärvariablen erfordert. Eine wesentlich kompaktere Formulierung ergibt sich, wenn bedacht wird, dass es für die Problemlösung unerheblich ist, welche Station welches Stadtviertel abdeckt. Es muss lediglich sichergestellt werden, dass für jedes Stadtviertel mindestens eine Station im Umkreis von 20 Minuten existiert. Dazu werden zunächst neue Modellparameter $\tilde{t}_{ij}$ für alle Stadtviertelkombinationen mit $i = 1, \dots, 6, j = 1, \dots, 6$ wie folgt definiert:

$$
\tilde{t}_{ij} = \begin{cases} 1 & \text{falls } t_{ij} \leq 20 \\ 0 & \text{sonst} \end{cases}
$$

Anschaulich gibt $\tilde{t}_{ij}$ die Erreichbarkeit an – d. h., ob eine Station in Stadtviertel i aufgrund der Laufzeit Stadtviertel j abdecken kann oder nicht. Abb. 11.2 illustriert die paarweisen Erreichbarkeiten.

Auf dieser Basis kann das Optimierungsmodell ohne Verwendung der Entscheidungsvariablen x_{ij} wie folgt formuliert werden:

$$
\text{Minimiere } F(y) = \sum_{i=1}^{6} y_i \tag{11.6}
$$

unter den Nebenbedingungen

$$
\sum_{i=1}^{6} \tilde{t}_{ij} y_i \geq 1 \qquad\qquad \text{für } j = 1, \dots, 6 \tag{11.7}
$$

$$
y_i \in \{0, 1\} \qquad\qquad \text{für } i = 1, \dots, 6 \tag{11.8}
$$

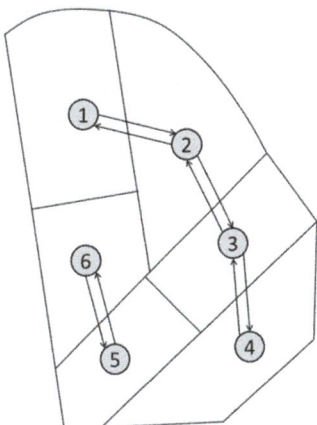

Abb. 11.2 Paarweise Erreichbarkeiten

Die Zielfunktion (11.6) ist identisch zu (11.1). Durch die Nebenbedingungen (11.7) wird sichergestellt, dass jedes Stadtviertel von mindestens einer in Reichweite errichteten Station abgedeckt wird. Bei der Formulierung (11.6) bis (11.8) handelt es sich um eine Instanz eines *Set-Covering-Problems* (vgl. Williams (2013), S. 189 f.).

Die Umsetzung in OPL ergibt die folgende Modell-Datei:

```
1 //Datenvariablen
2 int nStadtviertel = ...;
3 range stadtviertel = 1.. nStadtviertel;
4 int t[stadtviertel][stadtviertel] = ...;
5
6 //Deklaration und generische Initialisierung
7 // Feld für die neuen Eingabeparameter
8 int erreichbarkeit[stadtviertel][stadtviertel] =
9     [i:[j:1] | i,j in stadtviertel: t[i][j] <= 20];
10    //Für Stadtviertel, die bis zu 20 Minuten entfernt liegen,
11    // wird der Wert auf 1 gesetzt
12
13 //Entscheidungsvariablen
14 dvar boolean y[stadtviertel];   //Entscheidung, ob eine Station in
15                                 // einem Stadtviertel errichtet wird
16
17 //Zielfunktion
18 minimize sum(i in stadtviertel) y[i];
19
20 //Nebenbedingungen
21 subject to {
22    forall(j in stadtviertel)
23       sum(i in stadtviertel) erreichbarkeit[i][j]*y[i] >= 1; //vgl. (11.7)
24 }
```

Es ist zweckmäßig, die Erzeugung der neuen Modellparameter `erreichbarkeit` (entspricht $\tilde{t}_{ij}$ in Modell (11.6) bis (11.8)), die eine Binärmatrix darstellen, vollständig in der Modell-Datei vorzunehmen. Dabei handelt es sich um ein reines Preprocessing für die Eingabeparameter. Dieser Schritt hat noch nichts mit der eigentlichen Optimierung zu tun. In obiger Formulierung geschieht dies über die generische, indexbasierte Feldinitialisierung (*generic indexed array*, vgl. Kapitel 4.2.4) in den Zeilen 8 und 9.

Alternativ dazu könnte man das Feld zunächst nur deklarieren und anschließend in einem `execute`-Block mithilfe von ILOG Script initialisieren, was jedoch in der Regel zu längeren Laufzeiten führt:

```
1  //Deklaration Feld für die neuen Eingabeparameter
2  int erreichbarkeit[stadtviertel][stadtviertel];
3
4  //Preprocessing: Generierung der Erreichbarkeits-Daten
5  execute preprocessing{
6     for (var i in stadtviertel)
7        for (var j in stadtviertel)
8           if (t[i][j] <= 20)
9              erreichbarkeit[i][j] = 1;
10 }
```

Man beachte, dass keine Vorab-Initialisierung des Feldes `erreichbarkeit` etwa über die Daten-Datei erforderlich ist, da alle Feldeinträge standardmäßig automatisch von ILOG mit dem Wert 0 belegt werden. Gleiches gilt für die Einträge des Feldes, die in der ersten Formulierungsvariante über die generische Initialisierung nicht auf den Wert 1 gesetzt werden. Die Initialisierung des Feldes `erreichbarkeit` in der Modell-Datei hat den Vorteil, dass kein separates, manuelles Preprocessing erforderlich ist und die „Schnittstelle nach außen" weiterhin sachlogisch definiert bleibt.

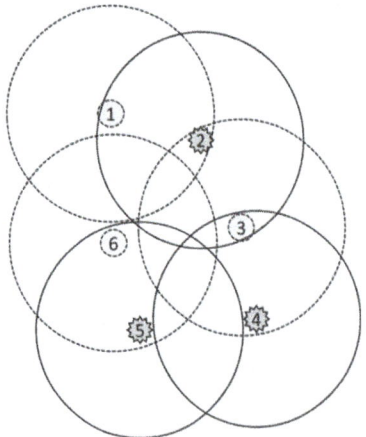

Abb. 11.3 Optimale Lösung der Set-Covering-Formulierung

Das Modell kann mit derselben Daten-Datei gestartet werden wie die zuvor formulierte Variante. Insgesamt erfordert die Modellierung nur 6 Binärvariablen. Bei größeren Modellinstanzen spiegelt sich diese Vereinfachung gegenüber Formulierung (11.1) bis (11.5) auch deutlich in der Lösungszeit wider.

Die optimale Lösung des Modells ($y = [0\ 1\ 0\ 1\ 1\ 0]^T$), die der optimalen Lösung der ersten Modellierungsvariante entspricht, ist in Abb. 11.3 dargestellt.

Eine noch elegantere Formulierung ergibt sich, wenn anstelle der Erreichbarkeits-Binärmatrix Indexmengen $\mathcal{A}_j$ verwendet werden, die für jedes Stadtviertel $j = 1, ..., 6$ angeben, durch welche potentiellen Stationen sie abgedeckt würden. Im Beispiel ergäbe sich somit $\mathcal{A}_1 = \{1, 2\}$, $\mathcal{A}_2 = \{1, 2, 3\}$ usw. (siehe auch Kasten „Hinweise zur mathematischen Modellierung" in Kapitel 6.4.3 zur Verwendung von Indexmengen). Auf Basis dieser Mengen lässt sich (11.7) reformulieren zu:

$$\sum_{i \in \mathcal{A}_j} y_i \geq 1 \qquad\qquad \text{für } j = 1, ..., 6 \qquad (11.7^*)$$

Die Zielfunktion (11.6) sowie die Bedingungen (11.8) bleiben unverändert.

Der Vorteil dieser Formulierung besteht darin, dass bei der Umsetzung mit OPL die Indexmengen $\mathcal{A}_j$ nicht im Vorhinein berechnet werden müssen, sondern „on-the-fly" im Rahmen der Nebenbedingungen durch einen entsprechenden Filter die jeweils abdeckenden Standorte herausgesucht werden können (vgl. Kapitel 4.2.5). Es ergibt sich die folgende Modell-Datei:

```
 1 //Datenvariablen
 2 int nStadtviertel = ...;
 3 range stadtviertel = 1..nStadtviertel;
 4 int t[stadtviertel][stadtviertel] = ...;
 5
 6 //Entscheidungsvariablen
 7 dvar boolean y[stadtviertel];
 8
 9 //Zielfunktion
10 minimize sum(i in stadtviertel) y[i];
11
12 //Nebenbedingungen
13 subject to {
14    forall(j in stadtviertel)
15       sum(i in stadtviertel: t[i][j] <= 20) y[i] >= 1; //entspricht (11.7*)
16 }
```

Fuhrparkplanung

12

Die Firma Lamp'n'Bulb stellt Lampen für verschiedene Anwendungsbereiche her und beliefert täglich ihre Kunden in der Region, unter denen sich auch RideEasy befindet. Im Rahmen von Kostensenkungsprojekten hinterfragt Lamp'n'Bulb die Größe der eigenen Lieferwagenflotte. Die Logistik-Abteilung hat hierfür folgenden Distributionsplan aus Tabelle 12.1 aufgestellt, der angibt, wie viele Auslieferungen pro Tag zu erledigen sind. Es kann angenommen werden, dass sich dieser Plan monatlich wiederholt (ein Monat entspricht 4 Wochen à 5 Tage).

Tabelle 12.1 Auslieferungen an den 20 Arbeitstagen

Arbeitstag	1	2	3	4	5	6	7	8	9	10
Auslieferungen	6	9	8	13	3	7	5	10	8	6
Arbeitstag	11	12	13	14	15	16	17	18	19	20
Auslieferungen	4	7	1	6	3	8	2	7	9	4

Da eine Auslieferungstour in der Regel den ganzen Tag dauert, kann ein Lieferwagen immer nur eine Auslieferung pro Tag erledigen. Die Fixkosten für einen Lieferwagen belaufen sich auf $ 90 pro Tag – auch wenn er nicht genutzt wird – und die variablen Kosten auf $ 50 pro Auslieferung. Kann Lamp'n'Bulb einmal nicht alle täglichen Auslieferungen mit den eigenen Lieferwagen erledigen, so beauftragt die Firma eine externe Speditionsfirma, um einer Vertragsstrafe zu entgehen. Die Spedition kostet allerdings $ 200 pro Auslieferung.

Abb. 12.1 illustriert exemplarisch die Kostenstruktur bei einer aktuellen Flottengröße von 5 eigenen Lieferwagen. Die Gesamtkosten belaufen sich dabei auf $ 21 150 (Fixkosten:

© Springer-Verlag GmbH Deutschland, ein Teil von Springer Nature 2021
S. Nickel et al., *Angewandte Optimierung mit IBM ILOG CPLEX
Optimization Studio*, https://doi.org/10.1007/978-3-662-62185-1_12

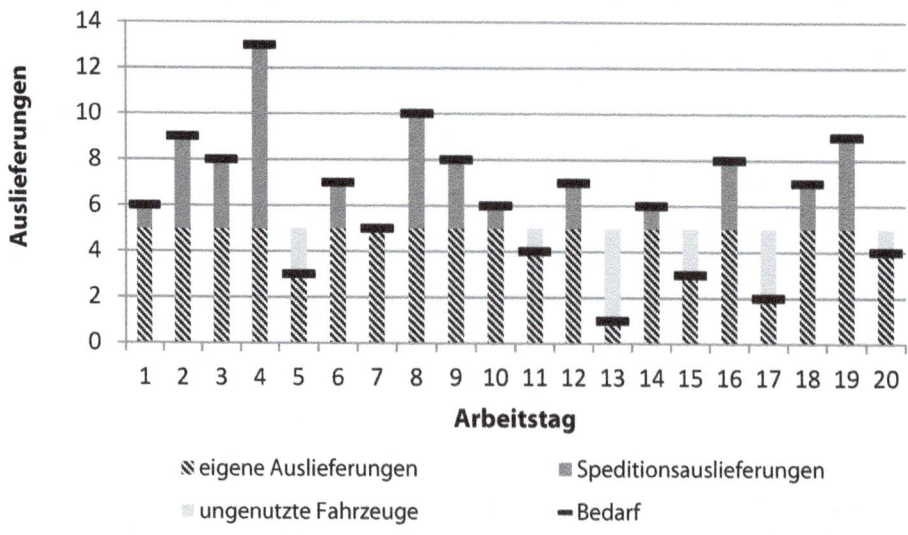

Abb. 12.1 Kostenstruktur bei einem Bestand von 5 Lieferwagen

$90 \cdot 5 \cdot 20\,\text{Tage} = \$\,9000$, variable Kosten: $\$\,50 \cdot 87\,\text{eigene Auslieferungen} = \$\,4350$, Kosten für Speditionsauslieferungen: $\$\,200 \cdot 39 = \$\,7800$).

Helfen Sie Lamp'n'Bulb bei der Optimierung des Lieferwagenfuhrparks. Ermitteln Sie dazu die kostenminimale Anzahl an Lieferwagen – die dann über den gesamten Monat konstant gehalten werden muss –, indem Sie ein entsprechendes Modell in OPL aufstellen und mit dem CPLEX Optimization Studio lösen. Lesen Sie dabei den Distributionsplan (Tabelle 12.1) sowie die Kostenparameter aus einer Excel-Datei ein.

Lösungsvorschlag

Die Eingabedaten werden durch das Tabellenblatt „Eingabedaten" in der Datei „Anwendungsstudie2.xlsx" abgebildet, was in Abb. 12.2 dargestellt wird.

Dabei werden für den Distributionsplan die Zellenbereiche C4:V4 und C5:V5 mit „Arbeitstag" bzw. „Auslieferungen" benannt (vgl. Tipp 13 in Kapitel 7.3). Auch für die variablen Kosten-, Fixkosten- sowie Fremdkostensätze werden benannte Zellenbereiche eingeführt. Die Zellen AA4, AA5 und AA6 erhalten daher die Bezeichnungen „Fixkosten", „Variable_Kosten" bzw. „Fremdkosten".

A	B	C D E F G H I J K L M N O P Q R S T U V W X Y	Z	AA	AB
1					
2	Distributionsplan:		Kostenparameter:		
3					
4	Arbeitstag	1 2 3 4 5 6 7 8 9 10 11 12 13 14 15 16 17 18 19 20	Fixkosten	90	
5	Auslieferungen	6 9 8 13 3 7 5 10 8 6 4 7 1 6 3 8 2 7 9 4	variable Kosten	50	
6			Fremdkosten	200	
7					

Abb. 12.2 Ausschnitt des Tabellenblatts „Eingabedaten" aus der Excel-Datei „Anwendungsstudie2.xlsx"

Am Anfang des Modells steht zunächst die Eingabe der Modellparameter. Diese wird über die folgenden Zeilen realisiert:

```
1 //Einlesen des Distributionsplans
2 {int} tage = ...;
3 int auslieferungen[tage] = ...;
4
5 //Einlesen der Kostenparameter
6 int fixKosten = ...;      //fixe Kosten für jeden
7                           // eigenen Lieferwagen pro Tag
8 int varKosten = ...;      //var. Kosten eigene Lieferwagen
9                           // pro Auslieferung
10 int fremdKosten = ...;   //var. Kosten Fremdauslieferung
11                          // durch Speditionsfirma
```

Die Verknüpfung von Modell- und Excel-Datei erfolgt in der Daten-Datei. Der entsprechende Teil lautet:

```
1 //Aufbau der Verbindung zur Excel-Datei
2 SheetConnection connex ("Anwendungsstudie2.xlsx");
3
4 //Dateneingabe
5 // Distributionsplan
6 tage from SheetRead(connex, "'Eingabedaten'!Arbeitstag");
7 auslieferungen from SheetRead(connex, "'Eingabedaten'!Auslieferungen");
8
9 // Kostenparameter
10 fixKosten from SheetRead(connex, "'Eingabedaten'!Fixkosten");
11 varKosten from SheetRead(connex, "'Eingabedaten'!Variable_Kosten");
12 fremdKosten from SheetRead(connex, "'Eingabedaten'!Fremdkosten");
```

Der Vorteil der Verwendung der benannten Zellenbereiche bei der Excel-Anbindung besteht darin, dass neben der Modell-Datei auch die Daten-Datei generisch gehalten werden kann. So wäre etwa auch bei einer Änderung der Länge des Planungsturnus keinerlei Anpassung außerhalb der Excel-Datei nötig (vgl. Kapitel 7.3). Man beachte weiter, dass im o. g. Modell die Tage dabei als Menge eingelesen werden. Die alternative klassische Modellierung bestünde darin, anstelle der Menge einen Zahlenbereich zu verwenden, also die erste Zeile der o. g. Modell-Datei durch

```
1 int nTage = ...;
2 range tage = 1..nTage;
```

zu ersetzen. In diesem Fall müsste allerdings im Excel-Tabellenblatt zusätzlich eine Zelle die Gesamtzahl der Tage beschreiben – bzw. den letzten Eintrag des benannten Zellenbereichs „Arbeitstag" wiedergeben – und in die Daten-Datei eingebunden werden.

Auf Basis der Eingabedaten ergibt sich das weitere Modell wie folgt:

```
12 //Entscheidungsvariablen
13 dvar int+ eigeneLieferwagen;      // Anzahl eigener Lieferwagen
14 dvar int+ fremdvergabe[tage];     // Anzahl Speditionsauslieferungen
15
16 //Entscheidungsausdrücke
17 dexpr int fixKostenGesamt = card(tage)*eigeneLieferwagen*fixKosten;
18 dexpr int varKostenGesamt =
19    sum(t in tage) (auslieferungen[t] - fremdvergabe[t])*varKosten;
20 dexpr int fremdKostenGesamt =
21    sum(t in tage) fremdvergabe[t]*fremdKosten;
22
23 //Zielfunktion
24 minimize fixKostenGesamt + varKostenGesamt + fremdKostenGesamt;
25
26 //Nebenbedingungen
27 subject to {
28    forall(t in tage){
29       eigeneLieferwagen + fremdvergabe[t] >= auslieferungen[t];
30    }
31 }
32
33 //Postprocessing
34 int eigeneAuslieferungen[t in tage] =
35    auslieferungen[t] - fremdvergabe[t];
```

Die Entscheidungsvariable `eigeneLieferwagen` aus Zeile 13 gibt an, wie viele Lieferwagen angeschafft werden sollen. Das Feld `fremdvergabe[tage]` (Zeile 14) ermittelt für jeden Tag, wie viele Lieferungen an die Spedition vergeben werden. Zur Erhöhung der Übersichtlichkeit und zur Verdeutlichung der verschiedenen Kostenkomponenten werden auf Basis der Entscheidungsvariablen zunächst die Entscheidungsausdrücke `fixKosten-Gesamt`, `varKostenGesamt` sowie `fremdKostenGesamt` in den Zeilen 17 bis 21 definiert (vgl. Kapitel 3.3). Die Zielfunktion minimiert die Summe dieser Ausdrücke. Man beachte, dass die für `fixKostenGesamt` erforderliche Gesamtzahl der Tage über die Mengenkardinalität von `tage` dynamisch bestimmt wird. Im Nebenbedingungsblock ab Zeile 27 muss anschließend sichergestellt werden, dass an jedem Tag die eigenen Lieferwagen sowie die Fremdvergaben in Summe ausreichen, um alle Auslieferungen durchzuführen. Man beachte das „>="-Zeichen, das notwendig ist, da es in der finalen Lösung durchaus Tage geben kann, an denen die Anzahl der durchzuführenden Auslieferungen geringer ausfällt als die Zahl der vorhandenen eigenen Lieferwagen.

Alternativ zur Formulierung mithilfe von `dexpr` kann für die Deklaration der Kostenkomponenten auch `dvar` verwendet werden. In diesem Fall werden die Berechnungsvorschriften für die Entscheidungsvariablen `fixKostenGesamt`, `varKostenGe-samt` sowie `fremdKostenGesamt` im Nebenbedingungsblock angegeben. Dies führt allerdings zu einer Erhöhung der Variablenzahl von 21 auf 24. Die Verwendung von Entscheidungsausdrücken mittels `dexpr` ist in diesem Fall also etwas kompakter. Als dritte Variante ist es natürlich auch möglich, die gesamte Berechnungsvorschrift für die

Zielfunktion direkt hinter dem Schlüsselwort `minimize` anzugeben. Diese etwas unübersichtlichere Formulierung bringt jedoch im Vergleich zur Formulierung mit `dexpr` weder eine Einsparung bei der Variablenzahl noch eine Laufzeitverbesserung. Auch die Zusammenfassung aller Kostenkomponenten der Zielfunktion in einer Summe führt angesichts der überschaubaren Modellgröße zu keiner deutlichen Laufzeitverbesserung. Die Zielfunktion würde in diesem Fall wie folgt aussehen:

```
24 minimize sum(t in tage) (fixKosten*eigeneLieferwagen +
25    (auslieferungen[t] - fremdvergabe[t])*varKosten +
26    fremdvergabe[t]*fremdKosten);
```

Für die Ausgabe der Anzahl eigener Auslieferungen in die Excel-Datei muss das Feld `eigeneAuslieferungen[tage]` gefüllt werden. Dies geschieht in einem Postprocessing-Schritt in den Zeilen 34 und 35 der Modell-Datei. Die Verknüpfung mit Excel erfolgt am Ende der Daten-Datei wie folgt:

```
13 //Ausgabe in Excel
14 eigeneAuslieferungen to SheetWrite(connex,
15    "'Ausgabe'!eigene_Auslieferungen");
16 fremdvergabe to SheetWrite(connex, "'Ausgabe'!fremdvergabe");
```

Die verwendeten benannten Zellenbereiche müssen dafür entsprechend im Tabellenblatt „Ausgabe" eingerichtet werden. Die Optimierung ergibt eine kostenoptimale Anzahl von 6 Lieferwagen mit Gesamtkosten in Höhe von \$ 21 000. Im Tabellenblatt „Ausgabe" findet sich nach der Optimierung neben der optimalen Anzahl an Lieferwagen eine Auflistung, an welchem Tag wie viele Auslieferungen von Lamp'n'Bulp bzw. von der Spedition durchgeführt werden (vgl. Abb. 12.3). Man beachte, dass dabei die Zeile mit den Gesamtauslieferungen wie auch die Anzahl der eigenen Lieferwagen als Excel-Formel umgesetzt ist.

Es zeigt sich, dass es trotz der vermeintlich hohen Fremdvergabe-Kosten in der Gesamtsicht sinnvoll sein kann, in einigen Perioden die Dienste der Spedition in Anspruch zu nehmen – insbesonde an Tagen mit einer außerordentlich hohen Nachfrage wie beispielsweise an Tag 4. Auf der anderen Seite ist es sinnvoll, gelegentlich einige eigene Lieferwagen ungenutzt zu lassen, wenn die Nachfrage unter deren optimaler Anzahl liegt – beispielsweise an Tag 13.

	A	B	C	D	E	F	G	H	I	J	K	L	M	N	O	P	Q	R	S	T	U	V	W
1																							
2		Anzahl eigene Lieferwagen	6																				
3																							
4		Arbeitstag	1	2	3	4	5	6	7	8	9	10	11	12	13	14	15	16	17	18	19	20	
5		eigene Auslieferungen	6	6	6	6	3	6	5	6	6	6	4	6	1	6	3	6	2	6	6	4	
6		Speditionsauslieferungen	0	3	2	7	0	1	0	4	2	0	0	1	0	0	0	2	0	1	3	0	
7		Auslieferungen (gesamt)	6	9	8	13	3	7	5	10	8	6	4	7	1	6	3	8	2	7	9	4	
8																							

Abb. 12.3 Ausschnitt des Tabellenblatts „Ausgabe" aus der Excel-Datei „Anwendungsstudie2.xlsx"

Eine alternative Modellierung ergibt sich, wenn man bedenkt, dass die optimale Lösung eine bestimmte Struktur aufweisen wird. So ergibt sich aus der Kostenminimierung, dass an Tagen, an denen die Anzahl durchzuführender Auslieferungen die Anzahl der eigenen Lieferwagen übersteigt, genau die entsprechende Differenz durch Fremdvergabe zu bedienen ist. Reichen die Lieferwagen hingegen aus, erfolgt keine Fremdvergabe. Durch Ausnutzen dieser Überlegung kann auf die Entscheidungsvariablen `fremdvergabe[tage]` verzichtet werden. Die Werte für dieses Feld werden erst nach der Optimierung im Rahmen des Postprocessings berechnet. Durch diese Vereinfachung entfallen nun die einzigen Nebenbedingungen (Zeilen 28 und 29), sodass das Modell vollständig ohne Nebenbedingungen auskommt. Normalerweise könnte damit auch der `subject-to`-Block entfallen. Im Fall eines nachfolgenden Postprocessings muss allerdings ein leerer Nebenbedingungsblock (`subject to {}`) definiert werden, da andernfalls durch die Software nicht erkannt wird, wo die Modellformulierung endet. Es ergibt sich das folgende Modell:

```
 1 //Einlesen des Distributionsplans
 2 {int} tage = ...;
 3 int auslieferungen[tage] = ...;
 4
 5 //Einlesen der Kostenparamter
 6 int fixKosten = ...;   //fixe Kosten für jeden eigenen Lieferwagen pro Tag
 7 int varKosten = ...;   //var. Kosten eigene Lieferwagen pro Auslieferung
 8 int fremdKosten = ...; //var. Kosten Fremdauslieferung durch Spedition
 9
10 //Entscheidungsvariablen
11 dvar int+ eigeneLieferwagen;      //Anzahl eigener Lieferwagen
12
13 //Entscheidungsausdrücke
14 dexpr int fixkostenGesamt = card(tage)*eigeneLieferwagen*fixKosten;
15 dexpr int varKostenGesamt =
16    sum(t in tage) minl(auslieferungen[t],
17       eigeneLieferwagen)*varKosten;
18 dexpr int fremdkostenGesamt =
19    sum(t in tage) (maxl(auslieferungen[t] - eigeneLieferwagen,
20       0))*fremdKosten;
21
22 //Zielfunktion
23 minimize fixkostenGesamt + varKostenGesamt + fremdkostenGesamt;
24
25 //Nebenbedingungen
26 subject to {}
27
28 //Postprocessing
29 int eigeneAuslieferungen[t in tage] =
30    minl(auslieferungen[t], eigeneLieferwagen);
31 int fremdvergabe[t in tage] =
32    maxl(auslieferungen[t] - eigeneLieferwagen, 0);
```

Die Formulierung verwendet die von OPL bereitgestellten Operatoren `minl(x1,...,
xn)` und `maxl(x1,...,xn)`, mit denen aus einer expliziten Liste von reellwertigen oder
ganzzahligen Ausdrücken das Minimum bzw. Maximum ermittelt werden kann (vgl.
Kapitel 3.1.2). Im Gegensatz zu den Aggregatoperatoren `min` und `max` handelt es sich
hierbei um eine explizit anzugebende Liste – nicht um Felder oder Tupel (vgl. Kapitel 3.3
und 4.4).

Die Operatoren `minl` und `maxl` sind nichtlinear, können aber verwendet werden, da
sie im Rahmen der Optimierung von ILOG intern linearisiert werden (vgl. Kapitel 3.3).
Ein Blick in die Statistik zeigt, dass die Linearisierung dieser Operatoren dazu führt, dass
insgesamt 101 Variablen (1 „echte" Entscheidungsvariable plus 100 Hilfsvariablen) verwendet werden und die Anzahl an Nebenbedingungen von 20 auf 40 steigt. Möchte man
auf die Operatoren verzichten, so ist es möglich, stattdessen die entsprechenden Fakto-
ren durch das Hinzufügen eigener Nebenbedingungen zum Modell auf den Wert des
Minimums bzw. Maximums zu zwingen. Hierzu sind im Allgemeinen die Bedingungen
aus Tabelle 12.2 notwendig – `M` entspricht dabei einer hinreichend großen Zahl, `y` einer
binären Entscheidungsvariablen).

Tabelle 12.2 Maximum-/Minimumbildung durch Hilfsvariablen und Nebenbedingungen

z = max{a,b}	z = min{a,b}

z >= a;
z >= b;
z <= a + M*y;
z <= b + M*(1 - y);
	z <= a;
	z <= b;
	z >= a - M*y;
	z >= b - M*(1 - y);

Aufgrund der vorliegenden Problemstruktur und unter Berücksichtigung der Optimierungsrichtung kann auf einen Großteil dieser Bedingungen hier jedoch verzichtet
werden. Für die Implementierung in OPL muss lediglich ein zusätzliches Feld für die
Anzahl der Auslieferungen durch die Spedition (`nFremde[tage]`) als weitere Entscheidungsvariablen zur Ersetzung der Maximumbildung definiert werden, welche
angeben, wie viele fremde LKWs pro Tag benötigt werden. Die Anzahl der eigenen
LKWs ergibt sich dann als Maximum der Differenz `auslieferungen[t] -
nFremde[t]` und 0. Man beachte, dass aufgrund der Optimierungsrichtung die dritte
und vierte der in Tabelle 12.2 für die Maximumbildung angeführten Bedingungen und
somit auch die zusätzliche Binärvariable nicht benötigt werden, da man sich überlegen
kann, dass die Gesamtkostenminimierung ohnehin dafür sorgt, dass diese eingehalten
werden. Die zweite angeführte Bedingung ist ebenfalls nicht erforderlich, da die
Nichtnegativität des zusätzlichen Feldes bereits über dessen Deklaration sichergestellt
ist. Insgesamt ergibt sich daher das folgende Modell:

```
 1 //Einlesen des Distributionsplans
 2 {int} tage = ...;
 3 int auslieferungen[tage] = ...;
 4
 5 //Einlesen der Kostenparamter
 6 int fixKosten = ...;    //fixe Kosten für jeden eigenen Lieferwagen pro Tag
 7 int varKosten = ...;    //var. Kosten eigene Lieferwagen pro Auslieferung
 8 int fremdKosten = ...; //var. Kosten Fremdauslieferung durch Spedition
 9
10 //Entscheidungsvariablen
11 dvar int+ eigeneLieferwagen;      //Anzahl eigener Lieferwagen
12
13 //Hilfsvariablen für den Verzicht auf minl und maxl
14 dvar int+ nFremde[t in tage];
15
16 //Entscheidungsausdrücke
17 dexpr int fixkostenGesamt = card(tage)*eigeneLieferwagen*fixKosten;
18 dexpr int varKostenGesamt =
19      sum(t in tage) (auslieferungen[t] - nFremde[t])*varKosten;
20 dexpr int fremdkostenGesamt = sum(t in tage) nFremde[t]*fremdKosten;
21
22 //Zielfunktion
23 minimize fixkostenGesamt + varKostenGesamt + fremdkostenGesamt;
24
25 subject to {
26    forall (t in tage)
27       nFremde[t] >= auslieferungen[t] - eigeneLieferwagen;
28 }
29
30 //Postprocessing
31 int eigeneAuslieferungen[t in tage] =
32    minl(auslieferungen[t], eigeneLieferwagen);
33 int fremdvergabe[t in tage] =
34    maxl(auslieferungen[t] - eigeneLieferwagen, 0);
```

Ein Blick in die Statistik zeigt, dass im Vergleich zur „automatischen Linearisierung" –
d. h. zur Lösung mithilfe von `minl` und `maxl` – die Anzahl der Variablen auf 21 verringert wurde. Die Anzahl der Nebenbedingungen sinkt gleichzeitig wieder auf 20, wie im
ursprünglichen Modell.

Standortplanung 13

RideEasy hat im vergangenen Jahr in Manhattan vier Verkaufsfilialen für den Direktvertrieb eröffnet. Da sich die Belieferung dieser Filialen aus dem weiter entfernten Brooklyn als sehr kostenintensiv herausgestellt hat, möchte das Unternehmen nun ein eigenes Auslieferungslager in Manhattan einrichten und sucht nach einem geeigneten Standort. Von dort aus sollen künftig einmal wöchentlich Fahrräder an die vier Filialen ausgeliefert werden. Legt man über Manhattan ein Koordinatensystem mit der Einheit „Kilometer", so können die Standorte der vier bestehenden Filialen durch die Koordinaten $(x_A, y_A) = (5, 4)$ für die Filiale A sowie $(2, 6)$, $(4, 13)$ und $(1, 17)$ für die übrigen Filialen B bis D angegeben werden (siehe Abb. 13.1, x bezieht sich dabei auf die waagrechte Achse, y auf die senkrechte). Die zugehörigen Nachfragen an Fahrrädern unterscheiden sich und betragen 70, 40, 60 bzw. 30 Stück pro Woche. RideEasy schätzt die Auslieferungskosten pro Stück und Kilometer zurückzulegender Wegstrecke auf 15 Cent. Bei der Entfernungsmessung ist zu berücksichtigen, dass in Manhattan bekanntermaßen (fast) alle Straßen ausschließlich parallel oder rechtwinklig zueinander liegen (horizontal / vertikal im Hinblick auf das Koordinatensystem).

Bestimmen Sie durch die Angabe der (x, y)-Koordinaten einen optimalen Standort für das neue Auslieferungslager von RideEasy, welcher die Summe der Kosten für die Auslieferung minimiert. Wie hoch sind die wöchentlichen Gesamtkosten? Formulieren Sie dazu ein entsprechendes Modell in OPL und lösen Sie es mit dem CPLEX Optimization Studio.

Lösungsvorschlag

Entsprechend der Angabe erfolgt die Messung der Entfernung rechtwinklig. Diese Art der Entfernungsmessung nennt man auch l_1-Metrik – andere geläufige Bezeichnungen sind Taxifahrer-Metrik, City-Block-Metrik oder Manhattan-Metrik. Bildlich gesprochen wird durch diese Metrik die Entfernung zwischen zwei Orten unter der Annahme

© Springer-Verlag GmbH Deutschland, ein Teil von Springer Nature 2021
S. Nickel et al., *Angewandte Optimierung mit IBM ILOG CPLEX Optimization Studio*, https://doi.org/10.1007/978-3-662-62185-1_13

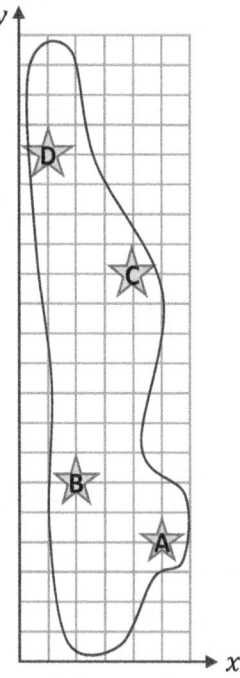

Abb. 13.1 Abstrahierte Darstellung von Manhattan mit den möglichen Standorten

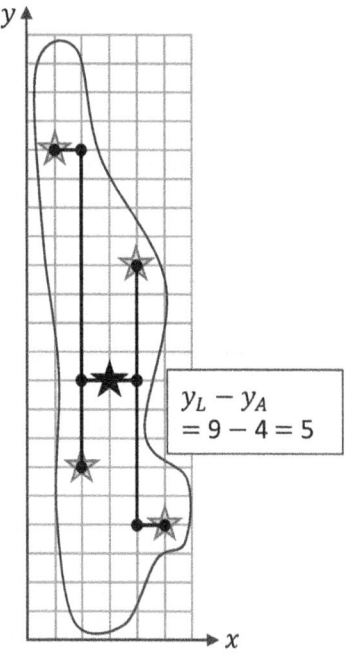

Abb. 13.2 Beispielhafte Darstellung der Routen aufgrund des gewählten Standorts

gemessen, dass ausschließlich vertikale und horizontale „Schritte" erlaubt sind. Demnach berechnet sich die Entfernung zwischen zwei Standorten mit den Koordinaten
(u_i, v_i) und (u_j, v_j) durch $d(i, j) = |u_i - u_j| + |v_i - v_j|$ (vgl. Domschke und Scholl
(2008), S. 175).

Würde im vorliegenden Beispiel das Lager an Position $(3, 9)$ errichtet, ergäbe sich das
in Abb. 13.2 dargestellte Bild. Die eingezeichneten Wege stellen dabei nur beispielhafte
Routen dar, da alle anderen rechtwinkligen Wege ebenso zulässig sind. Misst man nun
die Entfernungen zu den Filialen, ergeben sich $|3 - x_A| + |9 - y_A| = 2 + 5 = 7$ (zu
Standort A), 4 (zu B), 5 (zu C) und 10 (zu D). Gewichtet mit den Nachfragen und multipliziert mit dem Kostensatz erhält man Gesamtkosten in Höhe von \$ 187.50.

Die Besonderheit des resultierenden Optimierungsmodells besteht darin, dass die Betragsfunktion erforderlich ist. Wie in Kapitel 3.1.2 erläutert, ist diese in OPL unter der
Bezeichnung abs() (für „absoluter Wert") verfügbar und kann auch auf Entscheidungsvariablen angewendet werden, da CPLEX-intern eine automatische Linearisierung
erfolgt.

Eine entsprechende Modellierung in OPL kann wie folgt angegeben werden:

```
1 //Indizes
2 int nFilialen = 4;
3 range filialen = 1..nFilialen;
4 {string} koordinaten = {"x", "y"};
5
6 //Inputparameter
7 int auslieferungskosten = 15;      //Auslieferkosten pro Kilometer
8 int filiale[filialen][koordinaten] = [[5,4], [2,6], [4,13], [1,17]];
9                          //Koordinaten der existierenden Filialen
10 int nachfrage[filialen] = [70, 40, 60, 30];//Nachfrage der Filialen
11
12 //Entscheidungsvariablen
13 dvar int lager[koordinaten];//zu ermittelnde Koordinaten des optimalen
14                          // Standortes für das neue Lager
15
16 //Zielfunktion - Minimierung der Auslieferungskosten
17 minimize auslieferungskosten*sum(f in filialen, k in koordinaten)
18      (nachfrage[f]*abs(filiale[f][k] - lager[k]));
```

Die Modellierung erfolgt an dieser Stelle „klassisch" auf Basis von Feldern. Eine Modellierung unter Verwendung von Tupeln und Tupelmengen bringt an dieser Stelle
keine Vorteile, ist aber ebenfalls denkbar. Im Rahmen der Modellierung werden zunächst in den Zeilen 2 bis 4 filialen und koordinaten zur Indexierung definiert.
Für die Koordinaten kann etwa eine range oder wie hier eine Menge mit den expliziten Elementen „x" und „y" verwendet werden. Auf dieser Basis werden die Koordinaten der einzelnen Verkaufsfilialen in Zeile 8 in einem zweidimensionalen Feld

`filiale[filialen][koordinaten]` abgelegt. Die Liefernachfragen werden entsprechend in einem eindimensionalen Feld `nachfrage[filialen]` (Zeile 10) abgelegt. Die Entscheidungsvariablen des Modells sind die x- und y-Koordinate des gesuchten Standorts für das Auslieferungslager (Zeile 13). Dazu wird ein eindimensionales Feld eingesetzt, welches für die beiden Koordinatenachsen je einen Eintrag enthält. Alternativ können an dieser Stelle natürlich auch separat zwei elementare skalare Variablen definiert werden. Die Zielfunktion in den Zeilen 17 und 18 summiert über alle Filialen für beide Koordinatenachsen die jeweiligen absoluten Abstände und gewichtet diese mit den Nachfragen. Das Modell hat keine Nebenbedingungen. Die Lösung durch CPLEX ermittelt die Koordinaten $(4, 6)$ als optimalen Standort für das Lager mit entstehenden minimalen Gesamtkosten in Höhe von \$ 169.50 (siehe Abb. 13.3, auch hier stellen die eingezeichneten Wege nur Beispiele dar).

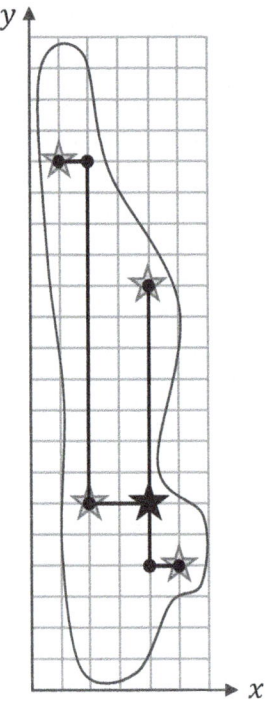

Abb. 13.3 Routen für den gewählten Standort $(4, 6)$

Alternativ zu der Modellierung unter Verwendung der Betragsfunktion kann es zweckmäßig sein, auf diese zu verzichten, um die automatisierte Einführung von Variablen durch OPL zu verhindern, und diese selbst zu steuern. Das folgende Modell zeigt eine entsprechende Umsetzung.

```
 1 //Indizes
 2 int nFilialen = 4;
 3 range filialen = 1..nFilialen;
 4 {string} koordinaten = {"x", "y"};
 5
 6 //Inputparameter
 7 int auslieferungskosten = 15;  //Auslieferkosten pro Kilometer
 8 int filiale[filialen][koordinaten] = [[5, 4], [2, 6], [4, 13], [1, 17]];
 9                               //Koordinaten der existierenden Filialen
10 int nachfrage[filialen] = [70, 40, 60, 30];   //Nachfrage der Filialen
11
12 //Entscheidungsvariablen
13 dvar int lager[koordinaten];   //zu ermittelnde Koordinaten des
14                                // optimalen Standortes für das neue Lager
15 dvar int+ entfernung[filialen][koordinaten];
16
17 //Zielfunktion - Minimierung der Auslieferungskosten
18 minimize auslieferungskosten*
19     sum(f in filialen, k in koordinaten) (nachfrage[f]*entfernung[f][k]);
20
21 //Nebenbedingungen: entfernung[f][k] entspricht
22 // abs(filiale[f][k] - lager[k])
23 subject to {
24     forall(f in filialen, k in koordinaten){
25         filiale[f][k] - lager[k] <= entfernung[f][k];
26         lager[k] - filiale[f][k] <= entfernung[f][k];
27     }
28 }
```

Die Idee der Modellierung besteht darin, für jede Verkaufsfiliale f und jede Koordinatenachse k eine zusätzliche Hilfs-Entscheidungsvariable entfernung[f][k] zu definieren, was in Zeile 15 geschieht. Diese ersetzt den Ausdruck in der Zielfunktion (abs(filiale[f][k] - lager[k])) und gibt die Entfernung von der Filiale f zum potentiellen Auslieferungslager auf der k-Achse an. Die korrekte Belegung der Werte der Hilfsvariablen wird für jede Filiale und jede Koordinatenachse durch zwei neue Nebenbedingungen (Zeilen 24 bis 27) und die Minimierung der Zielfunktion (Zeilen 18 und 19) sichergestellt. Am Beispiel der ersten Filiale (A) mit der x-Koordinate 5 wird dies verdeutlicht. Angenommen OPL ermittelt für lager["x"] einen Wert von 3. Dann wird durch die Nebenbedingungen erzwungen, dass der Betrag der x-Differenz mindestens so groß ist wie $5 - 3 = 2$ – andererseits aber auch mindestens so groß wie $3 - 5 = -2$. Da durch die Zielfunktion die Gesamtkosten minimiert werden, wird der kleinstmögliche Wert gewählt und entfernung[1]["x"] genau auf den Wert 2 gesetzt. Dies entspricht dem tatsächlichen Abstand der beiden Standorte im Hinblick auf die x-Achse (siehe Abb. 13.4).

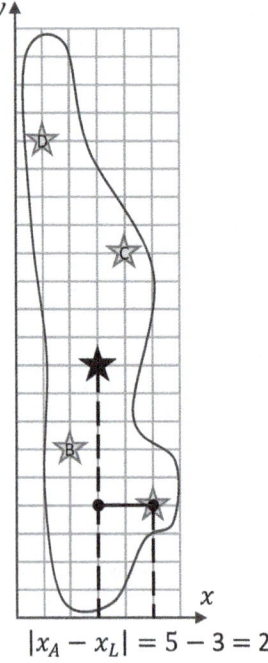

$$|x_A - x_L| = 5 - 3 = 2$$

Abb. 13.4 Tatsächlicher Abstand der Standorte

Vergleicht man nach der Lösung die Statistiken in CPLEX Optimization Studio, so ergibt sich, dass hier insgesamt 10 Variablen verwendet werden, während in der ersten Variante mit der Betragsfunktion 18 Variablen eingeführt werden. Allerdings werden mehr Nebenbedingungen ausgewiesen. Eine alternative Möglichkeit der Linearisierung, die zu weniger Nebenbedingungen führt (und der automatischen Linearisierung der Betragsfunktion entspricht), besteht darin, für positive und negative Werte von (`filiale[f][k] - lager[k]`) separate Hilfevariablen einzuführen. Das folgende Modell zeigt eine entsprechende Umsetzung.

```
1 //Indizes
2 int nFilialen = 4;
3 range filialen = 1..nFilialen;
4 {string} koordinaten = {"x", "y"};
5
6 //Inputparameter
7 int auslieferungskosten = 15;  //Auslieferkosten pro Kilometer
8 int filiale[filialen][koordinaten] = [[5, 4], [2, 6], [4, 13], [1, 17]];
9                                 //Koordinaten der existierenden Filialen
10 int nachfrage[filialen] = [70, 40, 60, 30];  //Nachfrage der Filialen
11
12 //Entscheidungsvariablen
13 dvar int lager[koordinaten];  //zu ermittelnde Koordinaten des
14                               // optimalen Standortes für das neue Lager
```

```
15 dvar int+ entfernungPos[filialen][koordinaten];
16 dvar int+ entfernungNeg[filialen][koordinaten];
17
18 //Zielfunktion - Minimierung der Auslieferungskosten
19 minimize auslieferungskosten*sum(f in filialen, k in koordinaten)
20     (nachfrage[f]*(entfernungPos[f][k] + entfernungNeg[f][k]));
21
22 //Nebenbedingungen: entfernung[f][k] entspricht
23 // abs(filiale[f][k] - lager[k])
24 subject to {
25    forall(f in filialen, k in koordinaten)
26       filiale[f][k] - lager[k] + entfernungNeg[f][k] -
27          entfernungPos[f][k] == 0;
28 }
```

Aufgrund der Minimierung der Zielfunktion wird nach der Optimierung je Filiale f und Koordinate k eine der beiden zugehörigen Variablen entfernungNeg[f][k] und entfernungPos[f][k] den gesuchten Betrag, die andere den Wert 0 erhalten.

Die dargestellte Problemstellung ist eine Instanz des bekannten *Steiner-Weber-Modells* bei rechtwinkliger Entfernungsmessung. Dieses kann leicht auch algorithmisch gelöst werden (vgl. Domschke und Scholl (2008), S. 174 ff.). Hierzu wird in einem ersten Schritt die Gesamtnachfrage über alle Filialen berechnet (*totalDem*). Die Nachfrage einer einzelnen Filiale f sei mit dem_f bezeichnet. Anschließend werden die bestehenden Filialen nach aufsteigenden x-Koordinaten sortiert ($x_{n_1} \leq x_{n_2} \leq \cdots \leq x_{n_{nFilialen}}$). Dann kann der optimale Wert für die x-Koordinate des Lagers x^* berechnet werden, indem das h gesucht wird, welches die Ungleichungen $\sum_{k=1}^{h-1} dem_{n_k} < 0.5 \cdot totalDem$ und $\sum_{k=1}^{h} dem_{n_k} \geq 0.5 \cdot totalDem$ erfüllt und anschließend $x^* = x_{n_h}$ gesetzt wird.

Im vorliegenden Fall gilt: $totalDem = 70 + 40 + 60 + 30 = 200$ und $n_1 = D$, $n_2 = B$, $n_3 = C$ und $n_4 = A$. Die Schwelle berechnet sich durch $dem_{n_1} + dem_{n_2} = dem_D + dem_B = 30 + 40 = 70 < 100$ sowie $dem_{n_1} + dem_{n_2} + dem_{n_3} = dem_D + dem_B + dem_C = 30 + 40 + 60 = 130 \geq 100$, sodass $x^* = x_{n_3} = x_C = 4$ ist. Für die optimale y-Koordinate y^* wird analog vorgegangen und es ergibt sich der Optimalpunkt $(x^*, y^*) = (4, 6)$. Abbildung 13.5 illustriert die Vorgehensweise. An den Achsen sind dazu jeweils die kumulierten Nachfragen notiert.

Zur weiteren Illustration ist der Algorithmus im Folgenden in ILOG Script implementiert, ohne Anspruch auf Effizienz (z. B. wurde für ein leichtes Verständnis *Bubble-Sort* zum Sortieren eingesetzt, vgl. z. B. Gumm und Sommer (2012), S. 320 ff. oder Deck und Neuendorf (2010), S. 306 f.). Der Algorithmus ist in vier Schritten implementiert. Zunächst wird im Rahmen der Initialisierungen eine Variable gesamtnachfrage in Zeile 16 eingeführt und ihr Wert als Summe der Einzelnachfragen berechnet (Zeilen 17 und 18). Außerdem wird in Zeile 20 ein Feld rang[koordinaten][filialen] generiert und mit disjunkten Default-Werten belegt, in welchem später die Reihenfolge der Filialen in Richtung der jeweiligen Achse gespeichert wird. Im zweiten Schritt werden

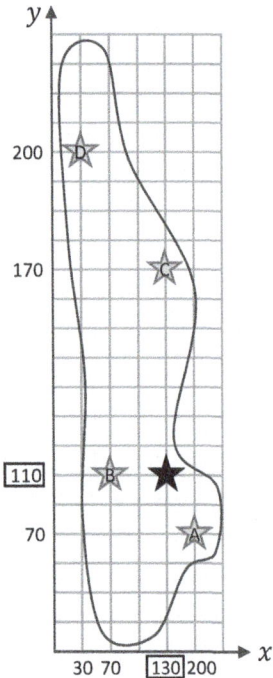

Abb. 13.5 Darstellung der optimalen Lösung

die Filialen mithilfe des BubbleSort-Algorithmus ab Zeile 23 entlang der zwei Koordinatenachsen sortiert. Der folgende dritte Schritt ab Zeile 34 definiert eine Funktion zur Schwellenberechnung. Abschließend wird diese Funktion in Zeile 46 aufgerufen und dem Feld `optAlg[koordinaten]` werden die optimalen Koordinaten für das neue Lager übergeben. Als Lösung ergibt sich mit den Koordinaten (4, 6) dieselbe Lösung wie zuvor. Man beachte, dass der Algorithmus die Gesamtkosten nicht berechnen muss, da sein Ablauf unabhängig von den Auslieferungskosten ist.

```
1 //Indizes
2 int nFilialen = 4;
3 range filialen = 1..nFilialen;
4 {string} koordinaten = {"x", "y"};
5
6 int filiale[filialen][koordinaten] = [[5, 4], [2, 6], [4, 13], [1, 17]];
7                                 //Koordinaten der existierenden Filialen
8 int nachfrage[filialen] = [70, 40, 60, 30];  //Nachfrage der Filialen
9
10 int rang[koordinaten][filialen]; //Rang der Filiale bezogen auf eine
11                                  // Koordinate
12 int optAlg[koordinaten];
13
```

```
14 execute{
15 //1. Initialisierungen:
16    var gesamtnachfrage = 0;
17    for (var i = 1; i <= nFilialen; i++) {
18        gesamtnachfrage += nachfrage[i];//Nachfrage über alle Filialen
19        for (var koord in koordinaten)
20            rang[koord][i] = i;//jede Filiale bekommt Defaultrang (disjunkt)
21    }
22
23 //2. Sortierung der Filialen, getrennt nach Achsen (BubbleSort)
24    for (var i = 1; i < nFilialen; i++)
25        for (var j = 1; j <= nFilialen-i; j++)
26            for (var koord in koordinaten)
27                if (filiale[rang[koord][j]][koord] >
28                    filiale[rang[koord][j+1]][koord]){
29                        var temp = rang[koord][j];
30                        rang[koord][j] = rang[koord][j+1];
31                        rang[koord][j+1] = temp;
32                }
33
34 //3. Funktion zur Schwellensuche definieren (wird für 4. benötigt):
35    function sucheSchwelle(koord){
36        var kumuliert = 0;
37        for (var i = 1; i <= nFilialen; i++) {
38            kumuliert += nachfrage[rang[koord][i]];
39            if (kumuliert > gesamtnachfrage/2)
40                return filiale[rang[koord][i]][koord];
41        }
42    }
43
44 //4. Schwellenwerte finden, indem Funktion aus 3. aufgerufen wird:
45    for (var koord in koordinaten)
46        optAlg[koord] = sucheSchwelle(koord);
47 }
```

Abschließend sei auf den alternativen Fall hingewiesen, dass anstelle der rechtwinkligen Entfernungsmessung die „Luftlinienentfernung" verwendet werden soll. Hierzu würde die l_2-Metrik Anwendung finden, welche die euklidische Distanz mithilfe des Satzes des Pythagoras $d(i,j) = \sqrt{(u_i - u_j)^2 + (v_i - v_j)^2}$ berechnet (vgl. Domschke und Scholl (2008), S. 174). Wird diese Entfernungsmessung im Steiner-Weber-Modell verwendet, so ist das resultierende Modell nichtlinear. Überdies können die Bedingungen erster Ordnung nicht nach allen Variablen aufgelöst werden, sodass das Modell analytisch nicht lösbar ist. Allerdings kann durch numerische Verfahren wie beispielsweise das bekannte Verfahren von Miehle eine Lösung ermittelt werden. Für nähere Informationen hierzu sei auf Domschke und Scholl (2008), S. 175 f. verwiesen. Eine physikalisch-experimentelle Herleitung der optimalen Lösung ist indes leicht mit dem sogenannten Varignon'schen

Apparat möglich (siehe Abb. 13.6). Hierzu wird eine maßstabsgerechte Karte auf eine Tischplatte projiziert und an den Orten der Filialen jeweils ein Loch gebohrt. Durch diese Löcher wird jeweils ein Seil geführt, an dessen Ende ein zu der jeweiligen Nachfrage proportionales Gewicht hängt. Auf der Oberseite der Tischplatte werden diese Seile nun verknotet. Der optimale Standort für das Lager ergibt sich im Kräftegleichgewicht der Seile (vgl. Domschke und Drexl (1996), S. 168).

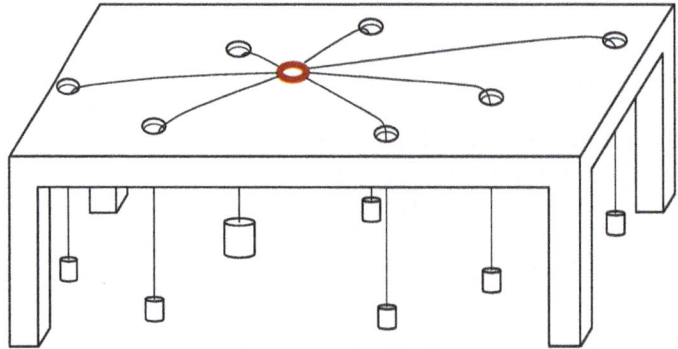

Abb. 13.6 Illustration des Varignon'schen Apparats

Transportplanung

14

Die von RideEasy produzierten Fahrräder werden in speziell auf diesen Zweck zugeschnittenen Containern zwischen den verschiedenen Produktions- und Kundenstandorten in Nordamerika transportiert. Da Angebot und Nachfrage der einzelnen Standorte nicht ausgeglichen sind, müssen die leeren Container regelmäßig umplatziert werden, was sehr teuer ist. Zwischen den einzelnen Standorten gibt es definierte Strecken (Highways), über die die Container auf LKWs transportiert werden.

Abb. 14.1 zeigt die Problemstellung. Positive bzw. negative Zahlen an den Standorten (Knoten) stehen für Überschuss- bzw. Fehlmengen. Die Zahlen an den Verbindungsstrecken (Kantenbewertungen) geben die Transportentfernung in Meilen auf der jeweiligen Strecke an. Es kann angenommen werden, dass die Transportkosten proportional zur Anzahl der gefahrenen Meilen sind.

Bestimmen Sie einen transportkostenminimalen Plan für die Umplatzierung der Container. Modellieren Sie dazu zunächst das Problem und implementieren Sie es anschließend mit dem CPLEX Optimization Studio. Lesen Sie dabei die Daten aus einer Excel-Datei ein. Beachten Sie, dass Container auch über einen Knoten hinweg transportiert werden können.

Lösungsvorschlag

Das beschriebene Problem ist in der Literatur auch als *Minimalkostennetzwerkflussproblem* oder *Umladeproblem* bekannt (vgl. z. B. Domschke et al. (2015), S. 100). Hierbei sei die Menge der Knoten mit V bezeichnet, wobei V sich aus der Menge der Angebotsknoten – hier Knoten mit Überschuss – V_a, der Menge der Nachfrageknoten – Knoten mit Fehlmenge – V_n sowie der Menge der reinen Umladeknoten V_u zusammensetzt. Die Parameter a_i beschreiben das Angebot im Knoten $i \in V_a$ und n_i die Nachfrage im Knoten $i \in V_n$. Für jede Kante von Knoten $i \in V$ nach $j \in V$ aus der Kantenmenge E wird hierbei ein Parameter c_{ij} für die Transportkosten je transportierter Einheit sowie

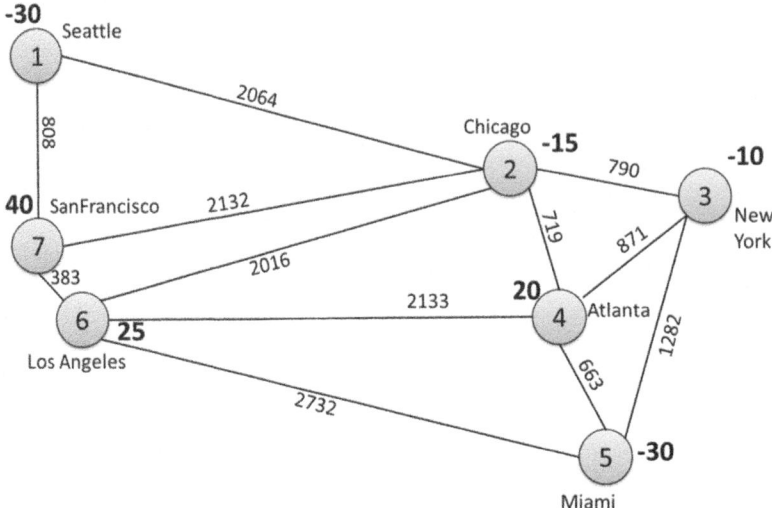

Abb. 14.1 Darstellung des Distanzgraphen

eine Entscheidungsvariable x_{ij} für die Anzahl der zu transportierenden Container erstellt. Das mathematische Modell ergibt sich daraufhin wie folgt:

$$\text{Minimiere} \sum_{(i,j)\in E} c_{ij}x_{ij} \tag{14.1}$$

unter den Nebenbedingungen

$$-\sum_{(h,i)\in E} x_{hi} + \sum_{(i,j)\in E} x_{ij} = \begin{cases} a_i & \text{für } i \in V_a \\ -n_i & \text{für } i \in V_u \\ 0 & \text{für } (i,j) \in E \end{cases} \tag{14.2}$$

$$x_{ij} \geq 0 \qquad\qquad\qquad\qquad\qquad\qquad\qquad \text{für} \tag{14.3}$$

Die Zielfunktion (14.1) minimiert die durch die Containertransporte entstehenden Gesamtkosten. Der erste Fall der Nebenbedingungen (14.2) besagt, dass die Anzahl der aus einem Angebotsknoten i transportierten Container abzüglich der Anzahl der in den Knoten i transportierten Container genau der Anzahl der angebotenen Container an Knoten i entspricht. Analog dazu muss im zweiten Fall für alle Nachfrageknoten die Anzahl der in den jeweiligen Knoten hineintransportierten Container abzüglich der heraustransportierten gleich der Nachfrage in dem jeweiligen Knoten sein. In einem reinen Umladeknoten muss genauso viel hinein- wie heraustransportiert werden – was durch den dritten Fall der Nebenbedingungen (14.2) sichergestellt wird. Nebenbedingungen (14.3) legen fest, dass keine negativen Transportmengen entstehen dürfen und jede Entscheidungsvariable somit nicht kleiner als 0 sein darf (Nichtnegativitätsbedingung).

Im vorliegenden Fall ist jeder Knoten entweder Angebots- oder Nachfrageknoten. Es gibt somit keinen ausschließlichen Umladeknoten. Daher kann vom dritten Fall der Fallunterscheidung abgesehen werden.

Da eine Nachfrage in einem Knoten auch als negatives Angebot aufgefasst werden kann, lässt sich das oben beschriebene Modell noch kompakter darstellen, indem für jeden Knoten $i \in V$ der Parameter a_i für das Angebot bzw. die Nachfrage in dem jeweiligen Knoten steht. Ist a_i positiv, so ist der Knoten i Angebotsknoten, wogegen ein anderer Knoten j – sofern a_j negativ ist – einen Nachfrageknoten mit Nachfrage $n_j = -a_j$ darstellt. Das modifizierte Modell ergibt sich dann wie folgt:

$$\text{Minimiere} \sum_{(i,j)\in E} c_{ij} x_{ij} \tag{14.4}$$

unter den Nebenbedingungen

$$-\sum_{(h,i)\in E} x_{hi} + \sum_{(i,j)\in E} x_{ij} = a_i \qquad\qquad \text{für } i \in V \tag{14.5}$$

$$x_{ij} \geq 0 \qquad\qquad \text{für } (i,j) \in E \tag{14.6}$$

Die Umsetzung mit dem CPLEX Optimization Studio unter Verwendung von Feldern ist im Folgenden dargestellt:

```
1 int anzahl = ...;
2 range knoten = 1..anzahl;
3
4 //Inputparameter
5 int angebot[knoten] = ...;
6 int kosten[knoten][knoten] = ...;
7
8 //Entscheidungsvariable
9 dvar int+ x[knoten][knoten];
10
11 //Zielfunktion
12 minimize sum(i,j in knoten) kosten[i][j]*x[i][j];
13
14 subject to {
15    forall(i in knoten)
16       sum(j in knoten) x[i][j] - sum(k in knoten) x[k][i] == angebot[i];
17 }
```

In der zugehörigen, nachfolgend abgedruckten Daten-Datei werden die Parameterwerte aus einer Excel-Datei gelesen. Durch die Parameter soll auch sichergestellt werden, dass faktisch nicht existente Kanten mit „unendlich großen" Kostenbewertungen bestraft und somit entsprechende Transporte in der Optimierung verhindert werden (vgl. Kapitel 6.4). Da aus einer Excel-Datei die Konstante maxint technisch nicht eingelesen werden kann, werden die Kosten für Knotenpaare in Zeile 7, die keine Nachbarn sind, „händisch" auf einen hinreichend großen Wert *Big M* gesetzt. Im vorliegenden Fall wurde der Wert 999 999 gewählt.

```
1 //Verbindungsaufbau zu Excel-Datei
2 SheetConnection connect ("Anwendungsstudie4.xlsx");
3
4 //Dateneingabe
5 anzahl from SheetRead(connect, "anzahl");
6 angebot from SheetRead(connect, "angebot");
7 kosten from SheetRead(connect, "kosten");
8
9 //Datenausgabe
10 x to SheetWrite (connect, "Transportmenge");
```

Ein Auszug aus der Excel-Datei mit den Eingabedaten lässt sich Abb. 14.2 entnehmen.

▲	A	B	C	D	E	F	G	H
1	Distanzmatrix	1	2	3	4	5	6	7
2	1	0	2064	999999	999999	999999	999999	808
3	2	2064	0	790	719	999999	2016	2132
4	3	999999	790	0	871	1282	999999	999999
5	4	999999	719	871	0	663	2133	999999
6	5	999999	999999	1282	663	0	2732	999999
7	6	999999	2016	999999	2133	2732	0	383
8	7	808	2132	999999	999999	999999	383	0
9								
10	Knoten	1	2	3	4	5	6	7
11	Überschuss/Fehlmenge	-30	-15	-10	20	-30	25	40
12								
13	Anzahl Knoten:	7						
14								

Abb. 14.2   Eingabedaten aus der Excel-Datei „Anwendungsstudie4.xlsx"

Nach Ausführung der Konfiguration im Studio werden die Werte der Entscheidungsvariablen in der Excel-Datei ausgegeben, wie Abb. 14.3 zu entnehmen ist. Der optimale
Zielfunktionswert ist 124 280.

	Lösung von/nach	1	2	3	4	5	6	7
18		1	2	3	4	5	6	7
19	1	0	0	0	0	0	0	0
20	2	0	0	10	0	0	0	0
21	3	0	0	0	0	0	0	0
22	4	0	0	0	0	20	0	0
23	5	0	0	0	0	0	0	0
24	6	0	15	0	0	10	0	0
25	7	30	10	0	0	0	0	0
26								

Abb. 14.3   Abbildung der Entscheidungsvariablen in der Excel-Datei „Anwendungsstudie4.xlsx"

Wie im Output in Excel zu erkennen ist, werden beispielsweise 15 Container von Knoten 6 zu Knoten 2 transportiert.

Da die Matrix der Entscheidungsvariablen aufgrund der vielen nicht existenten Transportverbindungen offensichtlich dünn besetzt ist (vgl. Kapitel 6.4), kann hier alternativ ein tupelbasierter Ansatz genutzt werden, um die Anzahl der Entscheidungsvariablen zu verringern und somit etwa die Laufzeit-Performanz zu verbessern. Hierzu werden in der nachfolgenden Modell-Datei, analog zum bisherigen Vorgehen, zunächst die Parameter `anzahl`, `angebot` und `kosten` in den Zeilen 2 bis 5 eingelesen. Als Daten- und Excel-Datei können erneut die obigen Dateien verwendet werden (die Ausgabe der Lösung in Excel muss zuvor in Zeile 10 der Daten-Datei auskommentiert werden). Daraufhin wird ein Tupeltyp – bestehend aus dem Startknoten, dem Endknoten sowie den Kosten des Transports auf dieser Kante – definiert (Zeilen 8 bis 12). Die Befüllung einer Tupelmenge, bestehend aus Tupeln des soeben erstellten Typs, erfolgt im Anschluss, indem ein Tupel für jeden Eintrag in der Kostenmatrix erstellt wird, für den die Kosten größer als 0 aber kleiner als der Big-M-Wert 999 999 sind (Zeilen 15 bis 17). Ein Tupel entspricht somit einer Kante des Graphen. Nun wird für jedes erstellte Tupel in Zeile 20 eine Entscheidungsvariable deklariert, die nach der Optimierung angibt, wie viele Container auf dieser Kante zu transportieren sind.

```
1 //Parameter
2 int anzahl = ...;              //Anzahl Standorte
3 range knoten = 1..anzahl;
4 int angebot[knoten] = ...;
5 int kosten[knoten][knoten] = ...;
6
7 //Tupeldefinition
8 tuple TransportOption{
9     int knoten1;
10    int knoten2;
11    int kosten;
12 }
13
14 //Befüllen der Tupelmenge
15 {TransportOption} transportOptionen =
16    {<k1,k2,kosten[k1, k2]> | k1 in knoten,
17    k2 in knoten: 0 < kosten[k1, k2] < 999999};
18
19 //Entscheidungsvariablen
20 dvar int+ x[transportOptionen];
21
22 //Zielfunktion
23 minimize sum(t in transportOptionen) x[t]*t.kosten;
24
25 subject to {
26    forall(k in knoten)
27       sum(t in transportOptionen: t.knoten1 == k) x[t]
28     - sum(t in transportOptionen: t.knoten2 == k) x[t] == angebot[k];
29 }
```

Durch Ausführen der Konfiguration ergibt sich somit für jede Kante die entsprechende Menge der zu transportierenden Container sowie der optimale Zielfunktionswert, welcher natürlich identisch zur vorherigen Lösung ist. Die Anzahl der Variablen wurde durch diese Formulierung von 49 auf 24 reduziert und vergleichende Tests lassen eine Laufzeitverbesserung erkennen.

Um nicht zunächst die Kostenmatrix zur Generierung der Tupel einlesen zu müssen, könnten die Tupel selbst auch unmittelbar aus einer Excel-Datei eingelesen werden (vgl. Beispiel 6.29 in Kapitel 6.4.2). In diesem Fall würde in der Modell-Datei die Parameterinitialisierung der Kostenmatrix entfallen und die Tupelmenge würde mittels „= ...;“ (Zeile 15) über die Daten-Datei initialisiert werden (Zeilen 16 und 17 wären entsprechend auszukommentieren). Der Rest der Modell-Datei wäre analog zu vorher. Die entsprechende Daten-Datei sähe daraufhin wie folgt aus:

```
1 //Verbindungsaufbau zu Excel-Datei
2 SheetConnection connex ("Anwendungsstudie4_Tupel.xlsx");
3
4 //Dateneingabe
5 anzahl from SheetRead(connex, "anzahl");
6 angebot from SheetRead(connex, "angebot");
7 kosten from SheetRead(connex, "kosten");
8 transportOptionen from SheetRead(connex, "transportOptionen");
```

Die zugehörige Excel-Datei ist Abb. 14.4 zu entnehmen. Der benannte Zellenbereich „transportOptionen“ umfasst dabei die Spalten J bis L ab Zeile 3. Die resultierende Lösung ist identisch zu der zuvor berechneten.

	A	B	C	D	E	F	G	H	I	J	K	L
1	Distanzmatrix	1	2	3	4	5	6	7		Tupel:		
2	1	0	2064	999999	999999	999999	999999	808		von	nach	Kosten
3	2	2064	0	790	719	999999	2016	2132		1	2	2064
4	3	999999	790	0	871	1282	999999	999999		1	7	808
5	4	999999	719	871	0	663	2133	999999		2	1	2064
6	5	999999	999999	1282	663	0	2732	999999		2	3	790
7	6	999999	2016	999999	2133	2732	0	383		2	4	719
8	7	808	2132	999999	999999	999999	383	0		2	6	2016
9										2	7	2132
10	Knoten	1	2	3	4	5	6	7		3	2	790
11	Überschuss/Fehlmenge	-30	-15	-10	20	-30	25	40		3	4	871
12										3	5	1282
13	Anzahl Knoten:	7								4	2	719
14										4	3	871
15										4	5	663
16										4	6	2133
17										5	3	1282
18										5	4	663
19										5	6	2732
20										6	2	2016
21										6	4	2133
22										6	5	2732
23										6	7	383
24										7	1	808
25										7	2	2132
26										7	6	383

Abb. 14.4 Auszug aus der Excel-Datei "Anwendungsstudie4_Tupel.xlsx" zum Einlesen der Tupelmenge

Die vorliegende Problemstellung eines Umladeproblems lässt sich alternativ durch eine vorgeschaltete Reformulierung auch als *klassisches Transportproblem* (vgl. Domschke et al. (2015), S. 87 f.) lösen. Hierzu muss zunächst die vollständige Distanzmatrix – Distanzen entsprechen hierbei Kosten – gebildet werden. Dazu sind im ersten Schritt die kürzesten Wege zwischen allen Knotenpaaren zu bestimmen. Diese können beispielsweise mit dem *Tripel-Algorithmus* berechnet werden (vgl. Domschke et al. (2015), S. 82). Folgende Eingabe-Matrizen werden dabei benötigt:

$$\text{Kostenmatrix } C(G) = \left(c_{ij}\right) \text{ mit } c_{ij} = \begin{cases} 0, & \text{für } i = j \\ c(i,j), & \text{für } (i,j) \in E \\ \infty, & \text{sonst} \end{cases}$$

$$\text{Vorgängermatrix } P(G) = \left(p_{ij}\right) \text{ mit } p_{ij} = \begin{cases} i, & \text{wenn } i = j \text{ oder } (i,j) \in E \\ 0, & \text{sonst} \end{cases}$$

Der Algorithmus berechnet daraufhin für jedes Knotentripel (i,j,k) mit $i,j,k \in V$, ob der Weg von i nach k direkt kürzer ausfällt als über den Knoten j. Der genaue Ablauf gestaltet sich gemäß Domschke et al. (2015), S. 82 oder Nickel et. al. (2014), S. 129 wie folgt:

Input: Digraph $G = (V, E, C)$ mit $|V| = n$ ohne Zyklen negativer Länge, Kostenmatrix $C(G)$, Vorgängermatrix $P(G)$

begin

    for $j = 1$ **to** n **do**

        for $i = 1$ **to** n **do**

            for $k = 1$ **to** n **do**

                if $c_{ij} + c_{jk} < c_{ik}$ **then**

                    $c_{ik} := c_{ij} + c_{jk}, \quad p_{ik} := p_{jk}$

                end

            end

        end

    end

end

Output: $C(G)$ enthält Kostenmatrix und $P(G)$ enthält Vorgängermatrix

---

Die aus der Durchführung des Tripel-Algorithmus erhaltene Matrix repräsentiert nun einen vollständigen Graphen, der für jedes Knotenpaar die kürzeste Entfernung aus dem Ursprungsgraphen enthält. Es muss im Rahmen der anschließenden Optimierung somit nur noch über die Nutzung der direkten Transportverbindungen aus dem vollständigen Graphen entschieden werden (hinter denen in der Realität jeweils kürzeste Wege stehen).

Es ergibt sich somit eine Instanz des klassischen Transportproblems. Im Folgenden wird das zugehörige mathematische Modell angegeben (vgl. Domschke et al. (2015), S. 87 f.), wobei $\bar{c}_{ij}$ den Transportkosten für den Transport einer Einheit von Anbieter i zu Nachfrager j und $\bar{E}$ allen nun direkten Kanten zwischen Angebots-und Nachfrageknoten entsprechen, die sich auf Basis der zuvor gebildeten kürzesten Wege ergeben:

$$\text{Minimiere} \sum_{(i,j)\in\bar{E}} \bar{c}_{ij}x_{ij} \tag{14.7}$$

unter den Nebenbedingungen

$$\sum_{(i,j)\in\bar{E}} x_{ij} = a_i \qquad \text{für } i \in V_a \tag{14.8}$$

$$\sum_{(j,i)\in\bar{E}} x_{ji} = n_i \qquad \text{für } i \in V_n \tag{14.9}$$

$$x_{ij} \geq 0 \qquad \text{für } (i,j) \in \bar{E} \tag{14.10}$$

Analog zum Umladeproblem ist die Summe der gefahrenen Distanzen zu minimieren (14.7). Die ersten Nebenbedingungen (14.8) legt fest, dass in jedem Knoten die Summe der abtransportierten Container zu den Nachfrageknoten gleich dem Angebot in diesem Knoten entspricht. Analog dazu legen die darauffolgenden Nebenbedingungen (14.9) fest, dass die Summe der in jeden Knoten gelieferten Container gleich seiner Nachfrage ist. Die letzten Nebenbedingungen (14.10) sagen aus, dass die Entscheidungsvariablen jeweils nur positive Werte annehmen können (Nichtnegativitätsbedingung).

Im Rahmen der Implementierung kann der Tripel-Algorithmus mithilfe von ILOG Script in einem Preprocessing vor die Lösung des Transportproblems gestellt werden. Hierzu muss zunächst die Vorgängermatrix $P(G)$ mit Werten belegt werden. Anschließend kann der Algorithmus angewendet werden. Um die bereits vorhandene Daten-Datei zu verwenden (ursprüngliche Daten-Datei in Verbindung mit der Excel-Datei „Anwendungsstudie4.xlsx"), werden durch einen weiteren Preprocessing-Block die Felder **angebot** und **nachfrage** korrekt befüllt. Ein entsprechendes OPL-Modell sieht wie folgt aus:

```
 1 int anzahl = ...;                    //Anzahl Standorte
 2 range standorte = 1..anzahl;
 3
 4 //Einlesen der Daten
 5 int angebot[standorte] = ...;
 6 int nachfrage[standorte];
 7
 8 //Preprocessing 1 - korrektes Befüllen der Felder
 9 // angebot und nachfrage
10 execute{
11    for (var i in standorte) {
12       if (angebot[i] < 0) {
```

```
13            nachfrage[i] = -angebot[i];
14            angebot[i] = 0;
15        }
16    }
17 }
18
19 int kosten[standorte][standorte] = ...;
20
21 //Vorgängermatrix für Tripel-Algorithmus
22 int p[standorte][standorte];
23
24 //Preprocessing 2 - Tripel-Algorithmus
25 execute{
26 //Konstruktion von Vorgängermatrix
27    for (var a in standorte) {
28        for (var b in standorte) {
29            if (a=b || kosten[a][b]!=999999)
30                p[a][b] = a;
31            else
32                p[a][b] = 0;
33        }
34    }
35 //Bestimmung der kürzesten Wege über alle Triplets
36    for (var j in standorte) {
37        for (var i in standorte) {
38            for (var k in standorte) {
39                if (kosten[i][j] + kosten[j][k] < kosten[i][k]) {
40                    kosten[i][k] = kosten[i][j] + kosten[j][k];
41                    p[i][k] = p[j][k];
42                }
43            }
44        }
45    }
46 }
47
48 //Entscheidungsvariablen
49 dvar int+ x[standorte][standorte];
50
51 //Zielfunktion
52 minimize sum(i,j in standorte) x[i][j]*kosten[i][j];
53
54 //Nebenbedingungen
55 subject to {
56    forall(i in standorte) {
57        sum(j in standorte) x[i][j] == angebot[i];
58    }
59
60    forall(j in standorte) {
61        sum(i in standorte) x[i][j] == nachfrage[j];
62    }
63 }
```

Durch Ausführung des Modells ergibt sich mit 124 280 derselbe (optimale) Zielfunktionswert wie in Variante 1. Die genaue Anzahl der transportierten Container von Knoten i nach j lässt sich wiederum der Excel-Datei aus Abb. 14.3 entnehmen.

Kapazitätssteuerung

RideEasy plant eine Änderung der Tarifstruktur für seine Bike-Sharing-Stationen in San Francisco und hat hierfür die Daten der Anmietungen in den vergangenen Monaten ausgewertet. Die Zahlen belegen, dass die Kunden vermehrt Fahrräder für ein komplettes Wochenende – Samstag und Sonntag – ausleihen. Da außerdem die Nachfrage nach Leihrädern am Sonntag deutlich höher als am Samstag ist, geht der Geschäftsführer Mr. Rent davon aus, dass er an diesem Tag einen höheren Preis verlangen kann. Um möglichst früh Gewissheit über den zu erwartenden Umsatz zu haben, plant Mr. Rent zusätzlich die Einführung eines ermäßigten Frühbucher-Tarifs. Die geplante Tarifstruktur für das aktuelle Jahr ist Tabelle 15.1 zu entnehmen.

Tabelle 15.1 Tarifstruktur RideEasy

	Standard-Tarif	Ermäßigter Frühbucher-Tarif
Samstag	40	28
Sonntag	56	38
Wochenende (Samstag + Sonntag)	86	56

Als Folge dieser Preisdifferenzierung steht Mr. Rent nun vor der Herausforderung, den Absatz im Hinblick auf die innerhalb eines Reservierungszeitraums eintreffende Nachfrage nach den unterschiedlichen Tarifen für dieselbe Kernleistung (ein Leihfahrrad an einem oder an zwei Wochenendtagen) zu steuern. Das Grundproblem besteht darin, dass Reservierungsanfragen nach den ermäßigten Tarifen zeitlich tendenziell vor denen nach den regulären Tarifen eintreffen. Dies bedeutet, dass RideEasy bereits über die Annahme oder Ablehnung einer ermäßigten Reservierungsanfrage entscheiden muss, bevor die genaue Nachfrage nach den regulären Tarifen bekannt ist. Dabei ist die Nachfrage mit den zur

© Springer-Verlag GmbH Deutschland, ein Teil von Springer Nature 2021
S. Nickel et al., *Angewandte Optimierung mit IBM ILOG CPLEX Optimization Studio*, https://doi.org/10.1007/978-3-662-62185-1_15

Verfügung stehenden Leihrädern so zu befriedigen, dass der erwartete Gesamtumsatz möglichst maximiert wird.

Aus seinem Studium weiß Mr. Rent, dass es zur Lösung dieses Entscheidungsproblems im Revenue Management verschiedene Modelle gibt und entscheidet sich das bekannteste einzusetzen, das *Deterministic Linear Program* (DLP) (vgl. Klein und Steinhardt (2008), S. 109 ff.). Verallgemeinert formuliert bietet RideEasy seinen Bike-Sharing-Service an den Tagen $h = 1, \dots, m$ an. An einem Tag stehen insgesamt C_h Fahrräder zum Ausleihen zur Verfügung. Die Kunden können dabei aus den Tarifen $i = 1, \dots, n$ zu einem Preis r_i auswählen, wobei ein Produkt i – im konkreten Fall – eine Kombination aus einer Tarifgruppe (Standard oder ermäßigt) und einem oder zwei Ausleihtagen ist. Der Bedarfskoeffizient a_{hi} beträgt 1 (Fahrrad), falls der Tarif i den Verleih eines Fahrrads am Tag h enthält und 0 sonst. Die Länge des Reservierungszeitraums ist T. Zu Beginn des Reservierungszeitraums prognostiziert RideEasy eine Nachfrage nach Produkt i in Höhe von D_{iT}. Im DLP entscheidet RideEasy über das für jeden Tarif i zu reservierende Rad-Kontingent x_i.

Das DLP lässt sich auf Basis dieser Annahmen und Notation wie folgt formulieren:

$$\text{Maximiere } V(C, T) = \sum_{i=1}^{n} r_i x_i \tag{15.1}$$

unter den Nebenbedingungen

$$\sum_{i=1}^{n} a_{hi} x_i \leq C_h \qquad\qquad \forall\, h = 1, \dots, m \tag{15.2}$$

$$x_i \leq D_{iT} \qquad\qquad \forall\, i = 1, \dots, n \tag{15.3}$$

$$x_i \geq 0 \qquad\qquad \forall\, i = 1, \dots, n \tag{15.4}$$

Die Zielfunktion (15.1) maximiert den Gesamterlös. Die Nebenbedingungen (15.2) stellen sicher, dass an jedem Tag nicht mehr Fahrräder verliehen werden als verfügbar sind. Die Nebenbedingungen (15.3) stellen sicher, dass die Kontingente die prognostizierte Nachfrage nicht überschreiten.

Unter Zuhilfenahme des aufgestellten DLP will Mr. Rent nun über die eintreffenden Reservierungsanfragen für das kommende Wochenende entscheiden. Zu diesem Zweck unterteilt er den Reservierungshorizont in T (rückwärts nummerierte) Mikroperioden, sodass in jeder Mikroperiode $t = T, \dots, 1$ genau eine Reservierungsanfrage eintrifft; $t = 0$ markiert das festgelegte Ende des Reservierungszeitraums (Freitagabend). Die tatsächliche Anfrage kann sich dabei von der für t zuvor prognostizierten unterscheiden. Für die Lösung des DLP stehen Mr. Rent selbstverständlich nur die prognostizierten Anfragen zur Verfügung. Zur Berechnung der (Rest-)Nachfrage D_{it}, die insgesamt in den Perioden $t, \dots, 1$ für das Produkt i zu erwarten ist, aggregiert Mr. Rent die für den (Rest-)Zeitraum prognostizierten Einzelanfragen entsprechend.

Mr. Rent ist der Meinung, dass er den maximalen Gesamterlös erzielen kann, wenn er die im DLP ermittelten Kontingente zur Steuerung verwendet. Hierfür will er zunächst zu Beginn des Reservierungszeitraums das DLP-Modell lösen, um die optimale Kontingentierung zu bestimmen. Danach werden die eintreffenden Reservierungsanfragen (tatsächliche Anfragen) der Reihe nach abgearbeitet. Eine Anfrage nach Tarif i wird dabei genau dann angenommen, wenn das entsprechende Kontingent x_i noch nicht erschöpft ist. Bei Annahme verbleibt ein um eine Einheit reduziertes Restkontingent.

Da sich Mr. Rent seiner Sache nicht sicher ist, fragt er seinen Mitarbeiter Mr. Hire um Unterstützung. Mr. Hire ist der Meinung, dass Reservierungsanfragen nur angenommen werden sollten, falls der produktspezifische Erlös die ermittelten *Opportunitätskosten* der Anfrage nicht unterschreitet. Er erklärt Mr. Rent, dass sich durch die Annahme der Anfrage die Restkapazitäten $c = (c_1, \dots, c_m)^T$ um den Produktbedarf $a_i = (a_{1i}, \dots, a_{mi})^T$ verringern. Um die Opportunitätskosten zu bestimmen, sei das DLP in jeder Mikroperiode t zweimal zu lösen – einmal mit gleich bleibenden Restkapazitäten an Rädern, was einer Ablehnung der aktuellen Anfrage entspräche, und einmal mit um den Bedarf a_i reduzierten Kapazitäten $c - a_i$, für den Fall, dass die Anfrage angenommen werden würde. Da über die tatsächlichen Anfragen in den folgenden Perioden noch nichts bekannt ist, seien in beiden Fällen die prognostizierten Restnachfragen der verbleibenden Perioden $t - 1, \dots, 1$ einzubeziehen ($D_{i,t-1}$). Aus den beiden Zielfunktionswerten ließen sich die Opportunitätskosten einer Anfrage dann als $\Delta_i = V(c, t) - V(c - a_i, t)$ errechnen, so Mr. Hire weiter. Eine Reservierungsanfrage sei schließlich anzunehmen, falls $r_i \geq \Delta_i$. Sind bereits alle Fahrräder an einem Tag verliehen, ist die Anfrage aufgrund unzureichender Kapazitäten abzulehnen – das DLP würde in diesem Fall ohnehin keine zulässige Lösung finden.

Mr. Rent entschließt sich, beide Steuerungsstrategien auf Basis der Buchungsanfragen aus Tabelle 15.2 zu testen.

Tabelle 15.2 Darstellung der prognostizierten und tatsächlichen Anfragen

t	Prognostizierte Anfrage	Tatsächliche Anfrage
12	Sonntag (ermäßigt)	Sonntag (ermäßigt)
11	Wochenende (ermäßigt)	Wochenende (ermäßigt)
10	Samstag (ermäßigt)	Samstag (ermäßigt)
9	Sonntag (ermäßigt)	Sonntag (ermäßigt)
8	Samstag (ermäßigt)	Samstag (ermäßigt)
7	Sonntag (ermäßigt)	Sonntag (ermäßigt)
6	Wochenende (ermäßigt)	Wochenende (ermäßigt)
5	**Samstag (ermäßigt)**	**Sonntag (Standard)**
4	**Wochenende (Standard)**	**Samstag (ermäßigt)**
3	Samstag (Standard)	Samstag (Standard)
2	Wochenende (Standard)	Wochenende (Standard)
1	Sonntag (Standard)	Sonntag (Standard)

Helfen Sie Mr. Rent bei der Bewertung der beiden Strategien, indem Sie zunächst das generische Problem (DLP) in OPL modellieren und anschließend unter Verwendung von main-Blöcken die beiden vorgestellten Strategien implementieren. Mr. Rent stehen hierbei für den Samstag noch 5 Fahrräder und für den Sonntag noch 6 Fahrräder zur Verfügung.

Lösungsvorschlag
Zunächst wird der Lösungsansatz von Mr. Rent betrachtet. Hierzu ist das in der Aufgabenstellung angegebene DLP in CPLEX Optimization Studio in der Modelldatei „A5_DLP.mod" mit zugehöriger Daten-Datei „A5_DLP.dat" darzustellen.

```
 1 //Modelldatei "A5_DLP.mod"
 2
 3 //Indizes
 4 int nTarife = ...;
 5 range tarife = 1..nTarife;
 6 int nTage = ...;
 7 range tage = 1..nTage;
 8 int nPerioden = ...;
 9 range perioden = 1..nPerioden;
10
11 //Inputparameter
12 int anfragePrognose[perioden] = ...;     //Feld mit prognostizierten
13                                          // Anfragen
14 int anfrageTatsaechlich[perioden] = ...; //Feld mit tatsächlichen
15                                          // Anfragen
16
17 int erloes[tarife] = ...;        //Erlös je Tarif i
18 int bedarf[tarife][tage]= ...;   //Benötigt Tarif i ein Fahrrad an
19                                  // Tag h (ja/nein)
20 int kapazitaet[tage] = ...;      //Zur Verfügung stehende Kapazität
21                                  // an Tag h
22 int nachfrage[tarife] = ...;     //Geschätzte Restnachfrage nach
23                                  // Tarif i
24
25 //Entscheidungsvariablen
26 dvar int+ x[tarife];
27
28 //Zielfunktion: Maximiere Erlös
29 maximize sum(i in tarife) erloes[i]*x[i];
30
31 subject to {
32    forall (h in tage)
33       sum(i in tarife) bedarf[i][h]*x[i] <= kapazitaet[h];
34                                  //Kapazitätsbedingung
35
36    forall(i in tarife)
37       x[i] <= nachfrage[i];      //Nachfragebedingung
38 }
```

```
1 //Datendatei "A5_DLP.dat"
2
3 nTarife = 6;
4 nTage = 2;
5 nPerioden = 12;
6
7 anfragePrognose = [3, 5, 1, 5, 2, 6, 4, 2, 4, 2, 6, 4];
8 anfrageTatsaechlich = [3, 5, 1, 2, 3, 6, 4, 2, 4, 2, 6, 4];
9
10 erloes = [40, 28, 56, 38, 86, 56];
11 bedarf = [[1, 0], [1, 0], [0, 1], [0, 1], [1, 1], [1, 1]];
12 kapazitaet = [5, 6];
13 nachfrage = [0, 0, 0, 0, 0, 0];
```

Um nun nach dem von Mr. Rent vorgeschlagenen Verfahren über die Annahme der tatsächlich eintreffenden Reservierungen zu entscheiden, ist ein main-Block zu verfassen. Zur eindeutigen Trennung von Modell und main-Block wird dieser in einer eigenen OPL-Datei angelegt. Bevor das Modell im main-Block gelöst werden kann, ist eine entsprechende Instanz im main-Block zu erzeugen – was in den folgenden Zeilen 3 bis 5 passiert – und die Datenquelle hinzuzufügen (Zeilen 8 und 9). Bevor das Modell in Zeile 17 generiert werden kann, ist noch die kumulierte Nachfrage je Tarif auf Basis der prognostizierten Nachfrage je Periode zu bestimmen, da die Variable nachfrage in der Daten-Datei lediglich als „Null-Feld" initialisiert ist. Dies erfolgt in den Zeilen 12 bis 14.

```
1 main { //Ablaufsteuerung
2    //Modell erzeugen
3    var source = new IloOplModelSource("A5_DLP.mod");
4    var def = new IloOplModelDefinition(source);
5    var opl = new IloOplModel(def, cplex);
6
7    //Datenquelle hinzufügen
8    var data = new IloOplDataSource("A5_DLP.dat");
9    opl.addDataSource(data);
10
11   //Bestimmen der kumulierten prognostizierten Nachfrage je Tarif
12   for (var t = 1; t <= opl.dataElements.nPerioden; t++) {
13      opl.dataElements.nachfrage[opl.dataElements.anfragePrognose[t]]++;
14   }
15
16   //Modell generieren
17   opl.generate();
```

Anschließend wird das DLP einmalig gelöst (Zeile 19) und die optimale Lösungsmenge x aus Gründen der Übersichtlichkeit in einem separaten Feld abgespeichert (Zeilen 25 bis 29).

```
18    //Einmaliges Lösen des DLP
19    if (cplex.solve()) {
20       writeln("Optimale Kontingentierung: " + opl.x.solutionValue);
21       writeln("Optimaler Gesamterlös: " + cplex.getObjValue());
22       writeln();
23
24       //Sichern des optimalen Tarifkontingents
25       var optKontingent = new Array(opl.dataElements.nTarife);
26
27       for (var i = 1; i <= opl.dataElements.nTarife; i++) {
28          optKontingent[i] = opl.x[i].solutionValue;
29       }
```

Im Folgenden ist nun in einer absteigenden for-Schleife in den Zeilen 32 bis 41 für jede Periode zu prüfen, ob die tatsächlich eingehende Anfrage aus dem optimalen Kontingent bedient werden kann. Ist dies der Fall, wird eine entsprechende Nachricht im Scriptingprotokoll ausgegeben, die Variable gesamtErloes wird um den erzielten Umsatz erhöht und das noch zur Verfügung stehende Kontingent optKontingent wird bestimmt (Reduzierung um 1). Wird die Anfrage abgelehnt, wird dies im Scriptingprotokoll angezeigt. Nach Ablauf aller Perioden wird der Gesamterlös in Zeile 43 ausgegeben.

```
30    var gesamtErloes = 0;
31
32    for (var t = opl.dataElements.nPerioden; t > 0; t--) {
33       if (optKontingent[opl.dataElements.anfrageTatsaechlich[t]] > 0) {
34          writeln("Anfrage in Periode " + t + " wird angenommen!");
35          gesamtErloes = gesamtErloes +
36    opl.dataElements.erloes[opl.dataElements.anfrageTatsaechlich[t]];
37          optKontingent[opl.dataElements.anfrageTatsaechlich[t]]--;
38       } else {
39          writeln("Anfrage in Periode " + t + " wird abgelehnt!!");
40       }
41    }
42    writeln();
43    writeln("Gesamterlös: " + gesamtErloes);
44 }
45 }
```

Ausgabe im Scriptingprotokoll nach Ausführung des main-Blocks:

```
Optimale Kontingentierung: [1 2 1 3 2 0]
Optimaler Gesamterlös: 438

Anfrage in Periode 12 wird angenommen!
Anfrage in Periode 11 wird abgelehnt!
Anfrage in Periode 10 wird angenommen!
Anfrage in Periode 9 wird angenommen!
```

```
Anfrage in Periode 8 wird angenommen!
Anfrage in Periode 7 wird angenommen!
Anfrage in Periode 6 wird abgelehnt!
Anfrage in Periode 5 wird angenommen!
Anfrage in Periode 4 wird abgelehnt!
Anfrage in Periode 3 wird angenommen!
Anfrage in Periode 2 wird angenommen!
Anfrage in Periode 1 wird abgelehnt!

Gesamterlös: 352
```

Der optimale Gesamterlös aus dem DLP würde 438 EUR bei der Kontingentierung $x = [1\ 2\ 1\ 3\ 2\ 0]$ betragen. Da allerdings die Nachfrageprognose nicht vollständig zutrifft, liegt der tatsächlich erzielte Gesamterlös bei Anwendung des Verfahrens von Mr. Rent mit 352 EUR deutlich darunter. Schaut man sich genauer an, welche Anfragen abgelehnt werden, zeigt sich, dass z. B. zwei Anfragen für ermäßigte Wochenendleihen abgelehnt worden sind. Zur gleichen Zeit stehen in der optimalen Kontingentierung zwei Standard-Wochenendvermietungen „zur Verfügung", für die allerdings nur eine Anfrage in Periode 2 eingeht. Die Kapazitäten (Räder) für die zweite Standard-Wochenendvermietung bleiben unbenutzt und tragen somit nicht zum Umsatz bei. Obwohl damit noch ein Fahrrad am Sonntag zur Verfügung steht, wird die Anfrage in Periode 1 abgelehnt, da keine Verschiebungen der Räder zwischen Kontingenten im aktuellen Lösungsverfahren möglich sind. Hätte man im Nachhinein – also unter Kenntnis der tatsächlich eintreffenden Nachfrage – entscheiden können, hätte sich ein Gesamterlös von 436 EUR bei einer Kontingentierung $x = [1\ 3\ 2\ 3\ 1\ 0]$ ergeben (*ExPost*-Erlös).

Das von Mr. Hire vorgeschlagene Lösungsverfahren weist eine deutlich höhere Komplexität auf und bedingt ein zweifaches Lösen des DLP in jeder Mikroperiode im Gegensatz zum einmaligen Lösen im Lösungsvorschlag von Mr. Rent. Um die gewählte Aktion (Annahme/Ablehnung) jeder Periode festzuhalten, wird im main-Block zunächst ein Feld entscheidung deklariert und initialisiert (Zeilen 3 bis 6).

```
1 main { //Ablaufsteuerung
2     //Lösungsvektor
3     var entscheidung = new Array(12);
4
5     for (var i = 1; i <= 12; i++)
6         entscheidung[i] = 0;
7
8     //Gesamterlös
9     var gesamterloes = 0;
```

Die Syntax zur Modellerzeugung (Zeilen 11, 12 und 17), zum Erzeugen und Hinzufügen der Datenquelle (Zeilen 13 und 18) sowie zur Modellgenerierung (Zeile 36) wird „getrennt": Sie liegt teilweise außerhalb und teilweise innerhalb der for-Schleife, welche ausgehend von t = 12 die einzelnen Mikroperioden simuliert. Da sich in jeder Iteration der for-Schleife Daten (z. B. verfügbare Kapazitäten) ändern, ist ein erneutes Generieren des Modells unabdingbar, da Änderungen in den dataElements die Zuweisung im zu lösenden Modell ansonsten nicht überschreiben. Modelldefinition und die Quelle der Daten ("A5_DLP.dat") sind allerdings identisch und sollten daher außerhalb der Schleife erzeugt werden. Zu Beginn jeder Iteration der Schleife wird dann das OPL-Modell neu erzeugt und die Datenquelle hinzugefügt (Zeilen 17 und 18).

```
10    //Modelldefinition erzeugen
11    var source = new IloOplModelSource("A5_DLP.mod");
12    var def = new IloOplModelDefinition(source);
13    var data = new IloOplDataSource("A5_DLP.dat");
14
15    //Schleife zum Durchlauf der Mikroperioden
16    for (var t=12; t>0; t--) {
17        var opl = new IloOplModel(def, cplex);
18        opl.addDataSource(data);
```

Ausgehend von den Daten in der Daten-Datei sind nun in jeder Iteration drei Anpassungen vorzunehmen:

1. Bestimmung der verfügbaren Restkapazität: Hierfür ist die Initialkapazität an Fahrrädern (Daten-Datei) um bereits in vorherigen Perioden zugesagte Räder zu verringern.
2. Bestimmung der prognostizierten Nachfrage in den verbleibenden Perioden: Die aktuelle Periode ist dabei nicht zu berücksichtigen, da Kenntnis über die tatsächliche Anfrage besteht und diese nicht zur (potentiell verdrängbaren) Restnachfrage zählt.
3. Bestimmung der verfügbaren Restkapazität, falls die aktuelle Anfrage angenommen wird: Die in 1. bestimmte verfügbare Restkapazität ist um den Kapazitätsbedarf der aktuellen Anfrage zu verringern.

Die ersten beiden Anpassungen sind unabhängig von der Entscheidung über die aktuell vorliegende Anfrage vorzunehmen, um das DLP in jeder Periode korrekt an die gegebene Situation anzupassen (Zeilen 20 bis 27 bzw. 32 bis 34).

```
19    //Bestimmung der verfügbaren Kapazitäten zum Zeitpunkt t
20    for (var o = t+1; o <= 12; o++) {
21        if (entscheidung[o] != 0) {
22            for (var s = 1; s <= 2; s++) {
23                opl.dataElements.kapazitaet[s] -=
24                    opl.dataElements.bedarf[entscheidung[o]][s];
25            }
26        }
27    }
28    writeln("Kapazität: ", opl.dataElements.kapazitaet);
29
```

```
30        //Bestimmung der kumulierten prognostizierten Nachfrage in den
31        // nächsten Perioden
32        for (var p = t-1; p > 0; p--) {
33        opl.dataElements.nachfrage[opl.dataElements.anfragePrognose[p]]++;
34        }
35        writeln("Prognostizierte Nachfrage: ", opl.dataElements.nachfrage);
```

Nun wird zunächst das DLP mit den Anpassungen 1. und 2. in Zeile 42 gelöst. Da die aktuelle Anfrage dabei nicht betrachtet wird, entspricht dies der Simulation einer Ablehnung der Reservierungsanfrage.

```
36        opl.generate();
37
38        writeln("--- Periode " + t + " ---- nachgefragter Tarif: " +
39            opl.dataElements.anfrageTatsaechlich[t] + " ----");
40
41        //Lösen des Modells für den Fall einer Ablehnung der Anfrage
42        if (cplex.solve()) {
43            var optAblehnung = cplex.getObjValue();
44            writeln("Gesamterlös bei Ablehnung: " + optAblehnung);
```

Mit der Umsetzung der dritten Anpassung wird eine Annahme der aktuellen Anfrage simuliert. Zur Bestimmung des optimalen Gesamterlöses für diese Entscheidung ist eine neue Instanz des DLP-Modells zu erzeugen. Dies geschieht in den Zeilen 46 bis 48. Um nicht erneut die Anpassungen 1. und 2. vornehmen zu müssen, wird mit `opl.dataElements` in den Zeilen 52 bis 55 auf die Daten des bereits gelösten OPL-Modells zurückgegriffen. Nach der Korrektur der Restkapazitäten um die Nachfrage der aktuell vorliegenden Anfrage kann das Modell in den Zeilen 57 und 59 generiert und gelöst werden.

```
45        //Erzeugen eines neuen OPL-Modells
46        var opl2 = new IloOplModel(def, cplex);
47        var data2 = opl.dataElements;
48        opl2.addDataSource(data2);
49
50        //Bestimmen der Kapazitäten für die Zukunft im Falle einer
51        // Annahme der Anfrage
52        for (var s = 1; s <= 2; s++) {
53            opl.dataElements.kapazitaet[s] -= opl.dataElements.bedarf
54                [opl.dataElements.anfrageTatsaechlich[t]][s];
55        }
56
57        opl2.generate();
58
59        if (cplex.solve()) {
60            var optAnnahme = cplex.getObjValue();
61            writeln("Gesamterlös bei Annahme: " + optAnnahme);
```

Haben beide Modelle zulässige Lösungen, können die Opportunitätskosten `optKosten` als Differenz der Variablen `optAblehnung` und `optAnnahme` bestimmt (Zeile 63) und anschließend mit dem Erlös der aktuellen Anfrage verglichen werden (Zeilen 68 und 69). Übersteigen die Opportunitätskosten den zusätzlichen Erlös der Anfrage wird diese abgelehnt (Zeilen 75 und 76), da die Kapazitäten in der Zukunft evtl. (Unsicherheit der Anfrage-Prognose) zu höheren Erlösen führen können. Ist dies nicht der Fall, wird die Anfrage angenommen, indem der Entscheidungsvektor den soeben verkauften Tarif zugewiesen bekommt, und der Gesamterlös um den zusätzlichen Erlös erhöht wird (Zeilen 70 bis 74).

```
62          //Bestimmung der Opportunitätskosten
63          var optKosten = optAblehnung - optAnnahme;
64          writeln("Opportunitätskosten: "+ optKosten);
65
66          //Erlös ist größer/gleich Opportunitätskosten
67          // --> Annahme der Anfrage
68          if (opl.dataElements.erloes[opl.dataElements
69              .anfrageTatsaechlich[t]] >= optKosten) {
70              writeln("Entscheidung: Annahme der Anfrage");
71              entscheidung[t] = opl.dataElements.anfrageTatsaechlich[t];
72              gesamterloes += opl.dataElements.erloes[opl.dataElements
73                  .anfrageTatsaechlich[t]];
74          } else {
75              writeln("Entscheidung: Ablehnung der Anfrage");
76          }
77          }
```

Falls die restlichen Kapazitäten nicht ausreichen, um die aktuelle Anfrage zu erfüllen, wird das DLP keine zulässige Lösung finden. Diesem Fall ist durch eine entsprechende `else`-Anweisung Rechnung zu tragen (Zeile 78).

```
78          else {
79              writeln("Unzureichende Kapazitäten!");
80              writeln("Entscheidung: Ablehnung der Anfrage");
81          }
82      }
83      writeln();
84  }
85  writeln("Gesamterlös: ", gesamterloes);
86 }
```

Der Gesamterlös liegt bei 436 EUR – und damit 84 EUR oberhalb des Gesamterlöses auf Basis des von Mr. Rent vorgeschlagenen Verfahrens – und entspricht damit in diesem Fall sogar dem weiter oben berechneten hypothetischen ExPost-Erlös. Dies liegt insbesondere daran, dass die Ressourcen (Fahrräder) nicht fix an bestimmte Produkte (Tarife) gebunden sind, welche einmalig auf Basis der Nachfrageprognose erstellt worden sind.

Auf diesem Weg kann auf Unterschiede zwischen der prognostizierten und der tatsächlichen Nachfrage reagiert werden.

Losgrößenplanung

16

Die Nachfrage nach Fahrrädern in den vier Verkaufsfilialen in Manhattan ist so stark angestiegen, dass RideEasy sich entschlossen hat, eine besonders hochwertige, speziell auf den New Yorker Markt bezogene Sonderedition *CycleMe* auf den Markt zu bringen. Die CycleMe-Räder werden in einer eigenen Werkstatt am Stadtrand ausschließlich auf Bestellung gefertigt.

Der Werkstattleiter Mr. Wire hat soeben die Bestelldaten d_t für die nächsten 20 Tage (Planungshorizont T) aus den Filialen erhalten. Da die CycleMe-Räder noch ganz neu auf dem Markt sind, muss RideEasy unbedingt die in der Bestellung angegebenen Abholtermine durch die Kunden einhalten, um eine hohe Kundenzufriedenheit zu erreichen.

Mr. Wire steht nun vor der Aufgabe, den Produktionsplan für die kommenden 20 Tage zu erstellen, und muss dabei vor allem die zur Fertigung verfügbaren Kapazitäten je Periode c_t beachten. Er strebt dabei ein Gesamtkostenminimum an, wobei sich die Kosten aus drei unterschiedlichen Kostenarten zusammensetzen, die je nach Tag t unterschiedlich ausfallen können:

- Rüstkosten s_t, die für die Inbetriebnahme der Maschinen anfallen (falls am entsprechenden Tag t produziert wird)
- Produktionskosten für jedes produzierte CycleMe-Rad p_t
- Lagerhaltungskosten h_t

Die genauen Daten sind Tabelle 16.1 zu entnehmen.

Um die Entscheidung über die Fertigungstage (Entscheidungsvariable z_t) und -menge (Entscheidungsvariable q_t) sowie den Lagerbestand (Entscheidungsvariable i_t) zu treffen, hat er Unterstützung von Mr. Rent bekommen, der ihm das passende Losgrößen-Optimierungsmodell (*Capacitated Lot Sizing Problem – CLSP*, vgl. Domschke et al. (1997), S. 134 f.) sowie Beschreibungen einiger heuristischer Lösungsverfahren bereitgestellt hat:

© Springer-Verlag GmbH Deutschland, ein Teil von Springer Nature 2021
S. Nickel et al., *Angewandte Optimierung mit IBM ILOG CPLEX Optimization Studio*, https://doi.org/10.1007/978-3-662-62185-1_16

Tabelle 16.1 Daten zur Losgrößenplanung

t	1	2	3	4	5	6	7	8	9	10	11	12	13	14	15	16	17	18	19	20
d_t	12	6	20	5	7	25	0	5	5	21	9	5	27	0	5	20	5	10	5	25
c_t	20	15	5	30	20	20	21	10	10	5	0	12	20	5	20	5	40	20	10	20
s_t	25	30	40	20	80	80	150	30	45	60	30	90	80	150	25	20	30	40	20	80
h_t	6	5	4	5	6	9	9	6	5	4	5	6	9	9	6	5	4	5	6	9
p_t	5	3	7	2	1	10	15	2	1	5	1	10	15	2	1	10	1	5	1	10

$$\text{Minimiere } \sum_{t=1}^{T}(s_t \cdot z_t + h_t \cdot i_t + p_t \cdot q_t) \tag{16.1}$$

unter den Nebenbedingungen:

$$i_0 = 0 \tag{16.2}$$

$$i_t = i_{t-1} + q_t - d_t \qquad\qquad \forall\, t = 1, \dots, T \tag{16.3}$$

$$q_t \leq c_t \cdot z_t \qquad\qquad \forall\, t = 1, \dots, T \tag{16.4}$$

$$q_t, i_t \geq 0 \qquad\qquad \forall\, t = 1, \dots, T \tag{16.5}$$

$$z_t \in \{0; 1\} \qquad\qquad \forall\, t = 1, \dots, T \tag{16.6}$$

Die Zielfunktion (16.1) minimiert die Gesamtkosten. Die Nebenbedingung (16.2) bildet ab, dass das Lager zu Beginn des Planungshorizonts leer ist, die Nebenbedingungen (16.3) werden als Lagerbilanzgleichungen bezeichnet. Durch die Nebenbedingungen (16.4) wird zum einen sichergestellt, dass in einer Periode nur dann produziert werden kann, wenn die zugehörige binäre Entscheidungsvariable entsprechend gewählt wurde ($z_t = 1$), und zum anderen, dass nur höchstens so viel produziert wird, dass die Produktionskapazität c_t nicht überschritten wird.

Nachdem Mr. Wire das Optimierungsmodell im CPLEX Optimization Studio implementiert und damit gelöst hat, stellt er fest, dass sein Computer für die Lösung des exakten Modells sehr viel Zeit benötigt. Deshalb will er nun testen, ob die vier Heuristiken, die

---

„LP-and-Fix"-Heuristik (vgl. Pochet und Wolsey 2006, S. 108 f.)

1) Löse die LP-Relaxation des gemischt-ganzzahligen Optimierungsproblems, indem die Binärvariablen $z_t \in \{0; 1\}$ durch die Variablen $z_t \in [0; 1]$ ersetzt werden.
2) Fixiere von diesen anschließend sämtliche mit binärem Wert.
3) Löse abschließend das Optimierungsmodell mit den fixierten Variablen.

Abb. 16.1 „LP-and-Fix"-Heuristik

Modifizierte „LP-and-Fix"-Heuristik

Modifiziere Schritt 2 der „LP-and-Fix"-Heuristik wie folgt: Fixiere von diesen anschließend alle mit Wert 0 auf den Wert 0 und alle, die größer als 0.5 sind, auf 1.

Abb. 16.2 Modifizierte „LP-and-Fix"-Heuristik

„Dive-and-Fix"-Heuristik (vgl. Wolsey 1998, S. 214 f.)

1) Löse die LP-Relaxation des gemischt-ganzzahligen Optimierungsproblems, indem die Binärvariablen $z_t \in \{0; 1\}$ durch die Variablen $z_t \in [0; 1]$ ersetzt werden.
2) Fixiere von diesen anschließend sämtliche mit binärem Wert. Falls sämtliche ursprünglichen Binärvariablen fixiert wurden, stoppe.
3) Wähle von den übrigen Variablen eine Variable, deren Wert den geringsten Abstand zur nächsten ganzen Zahl (hier 0 oder 1) hat. Fixiere diese Variable auf 0, falls sie kleiner als 0.5 ist, und andernfalls auf 1.
4) Löse erneut die LP-Relaxation und gehe zu Schritt 2), falls die Lösung der LP-Relaxation zulässig ist.

Abb. 16.3 „Dive-and-Fix"-Heuristik

„Relax-and-Fix"-Heuristik (vgl. Pochet und Wolsey 2006, S. 109 ff.)

1) Unterteile die Binärvariablen z_t des Optimierungsmodells in 4 disjunkte und gleichgroße Mengen: Menge 1 $\{z_1, \dots, z_{T/4}\}$, Menge 2 $\{z_{T/4+1}, \dots, z_{T/2}\}$ etc.
2) Belasse in der 1. Iteration die Variablen der ersten beiden Mengen als Binärvariablen, aber relaxiere die Binärvariablen für die anderen beiden Mengen und löse das entstandene Optimierungsmodell.
3) Fixiere in der 2. Iteration die Werte der Binärvariablen der ersten Menge, belasse die Variablen der zweiten und dritten Mengen als Binärvariablen, relaxiere die Binärvariablen für die vierte Menge und löse das entstandene Optimierungsmodell.
4) Fixiere in der 3. Iteration die Werte der Binärvariablen der ersten beiden Mengen, belasse die Variablen für die anderen beiden Mengen als Binärvariablen und löse das entstandene Optimierungsmodell (d. h. ohne LP-Relaxation).

Abb. 16.4 „Relax-and-Fix"-Heuristik

ihm Mr. Rent zusätzlich geschickt hat und die in Abb. 16.1 bis Abb. 16.4 beschrieben werden, zum gleichen Ergebnis kommen. Helfen Sie ihm dabei. Unterstützen Sie Mr. Wire beim Testen der Heuristiken und vergleichen Sie deren Güte mit derjenigen der optimalen Lösung des Losgrößen-Modells. Beachten Sie hierbei, dass es durchaus sein kann, dass es durchaus sein kann, dass die Heuristiken zu einer unzulässigen Lösung führen.

Lösungsvorschlag

Zunächst wird das CLSP mit OPL implementiert (siehe A6_CLSP.mod mit A6_CLSP.dat). Zu beachten ist, dass sich der Index des Entscheidungsfeldes *i* von 0 bis 20 erstreckt, während alle anderen Variablen lediglich einen Index von 1 bis 20 haben.

A6_CLSP.mod

```
 1 //Indizes
 2 int nPerioden = ...;
 3 range perioden = 1..nPerioden;
 4
 5 //Inputparameter
 6 int ruestkosten[perioden] = ...;
 7 int lagerhaltungskosten[perioden] = ...;
 8 int produktionskosten[perioden] = ...;
 9 int nachfrage[perioden] = ...;
10 int kapazitaet[perioden] = ...;
11
12 //Entscheidungsvariablen
13 dvar boolean z[perioden];
14 dvar int+ i[0..nPerioden];
15 dvar int+ q[perioden];
16
17 //Zielfunktion: Kostenminimierung
18 minimize sum(t in perioden) (ruestkosten[t]*z[t] +
19    lagerhaltungskosten[t]*i[t] + produktionskosten[t]*q[t]);
20
21 subject to {
22    i[0] == 0;
23
24    forall(t in perioden)
25       i[t] == i[t-1] + q[t] - nachfrage[t];
26
27    forall(t in perioden)
28       q[t] <= kapazitaet[t]*z[t];
29 }
```

A6_CLSP.dat

```
1 nPerioden = 20;
2
3 ruestkosten = [25, 30, 40, 20, 80, 80, 150, 30, 45, 60,
4                30, 90, 80, 150, 25, 20, 30, 40, 20, 80];
5 lagerhaltungskosten = [6, 5, 4, 5, 6, 9, 9, 6, 5, 4,
6                        5, 6, 9, 9, 6, 5, 4, 5, 6, 9];
7 produktionskosten = [5, 3, 7, 2, 1, 10, 15, 2, 1, 5,
8                      1, 10, 15, 2, 1, 10, 1, 5, 1, 10];
9 nachfrage = [12, 6, 20, 5, 7, 25, 0, 5, 5, 21,
10             9, 5, 27, 0, 5, 20, 5, 10, 5, 25];
11 kapazitaet = [20, 15, 5, 30, 20, 20, 21, 10, 10, 5,
12              0, 12, 20, 5, 20, 5, 40, 20, 10, 20];
```

LP-and-Fix-Heuristik (siehe Abb. 16.1)

Nach der Modellerzeugung und dem Erstellen der Verbindung zur Daten-Datei wird die Ganzzahligkeitsbedingung für die Entscheidungsvariable z mit dem Aufruf der Methode convertAllIntVars() vor der Generierung des Modells relaxiert (Zeile 12).

```
1 main {
2     //Modell erzeugen
3     var source = new IloOplModelSource("A6_CLSP.mod");
4     var def = new IloOplModelDefinition(source);
5     var opl = new IloOplModel(def, cplex);
6
7     //Datenquelle hinzufügen
8     var data = new IloOplDataSource("A6_CLSP.dat");
9     opl.addDataSource(data);
10
11    //Relaxieren der Ganzzahligkeitsbedingung
12    opl.convertAllIntVars();
13
14    //Modell generieren
15    opl.generate();
```

Das relaxierte Modell wird nun gelöst (Zeile 16) und eine zweite Modell-Instanz mit einer eigenen CPLEX-Engine erzeugt, um in dieser Instanz die Fixierung der binären Werte vorzunehmen (Zeilen 18 bis 21). Dies ist erforderlich, da das Fixieren von Werten in einem bereits gelösten Modell nicht möglich ist. In einer for-Schleife wird über alle Planungsperioden iteriert und bei Auftreten eines binären Werts dieser im zweiten Modell fixiert (Zeilen 24 bis 29). Die Fixierung erfolgt durch das Setzen der Lower bzw. Upper Bounds mit der Syntax LB bzw. UB auf den binären Wert (Zeile 26 bzw. 27). Anschließend werden das zweite Modell gelöst und die Werte der Entscheidungsvariablen im Scriptingprotokoll ausgegeben (Zeilen 32 bis 39).

```
16   if (cplex.solve()) {
17       //Zweite Modellinstanz erzeugen und generieren
18       var cplex2 = new IloCplex();
19       var opl2 = new IloOplModel(def, cplex2);
20       opl2.addDataSource(data);
21       opl2.generate();
22
23       //Fixieren der binären Werte
24       for (var t = 1; t <= opl.dataElements.nPerioden; t++) {
25           if (opl.z[t].solutionValue==0 || opl.z[t].solutionValue==1) {
26               opl2.z[t].LB = opl.z[t].solutionValue;
27               opl2.z[t].UB = opl.z[t].solutionValue;
28           }
29       }
30
31       //Lösen des zweiten Modells
32       if (cplex2.solve()) {
33           writeln("LP-and-Fix-Heuristik");
34           writeln();
35           writeln("Produktionstage: " + opl2.z.solutionValue);
36           writeln("Lagerbestand: " + opl2.i.solutionValue);
37           writeln("Losgröße: " + opl2.q.solutionValue);
38           writeln("Gesamtkosten: " + cplex2.getObjValue());
39       }
40   }
41 }
```

Die Scriptingprotokoll-Ausgabe mit der sich ergebenden Lösung sowie den zugehörigen Gesamtkosten lautet:

```
LP-and-Fix-Heuristik

Produktionstage: [1 1 1 1 1 0 0 1 1 1 0 1 1 0 1 1 1 0 1 1]
Lagerbestand: [0 8 17 2 27 40 15 15 20 25 9 0 7 0 0 15 0 10 0 5 0]
Losgröße: [20 15 5 30 20 0 0 10 10 5 0 12 20 0 20 5 15 0 10 20]
Gesamtkosten: 2974
```

Modifizierte LP-and-Fix-Heuristik (siehe Abb. 16.2)
Im Vergleich zum vorherigen main-Block ist lediglich die for-Schleife, welche die binären Werte fixiert, anzupassen und eine else-if-Anweisung zu ergänzen, welche für z-Werte größer 0.5 diesen Wert auf 1 fixiert. In obiger Modell-Datei werden somit die Zeilen 23 bis 29 durch die folgenden ersetzt:

```
23       //Fixieren der binären Werte
24       for (var t = 1; t <= opl.dataElements.nPerioden; t++) {
25           if (opl.z[t].solutionValue == 0) {
26               opl2.z[t].LB = 0;
27               opl2.z[t].UB = 0;
```

```
28        } else if (opl.z[t].solutionValue > 0.5) {
29            opl2.z[t].LB = 1;
30            opl2.z[t].UB = 1;
31        }
32    }
```

Für die vorliegende Instanz fällt das im Scriptingprotokoll ausgegebene Ergebnis mit der modifizierten LP-and-Fix-Heuristik etwas schlechter aus als das der ursprünglichen LP-and-Fix-Heuristik:

```
LP-and-Fix-Heuristik (mod)

Produktionstage: [1 1 1 1 1 0 1 1 1 1 0 1 1 0 1 1 1 0 1 1]
Lagerbestand: [0 6 15 0 12 25 0 15 20 25 9 0 7 0 0 15 0 10 0 5 0]
Losgröße: [18 15 5 17 20 0 15 10 10 5 0 12 20 0 20 5 15 0 10 20]
Gesamtkosten: 2983
```

Dive-and-Fix-Heuristik (siehe Abb. 16.3)
Nach Modellerzeugung und Hinzufügen der Datenquelle wird die Ganzzahligkeitsbedingung in Zeile 12 für die Entscheidungsvariable z relaxiert und das Modell in Zeile 15 generiert.

```
1 main {
2     //Modell erzeugen
3     var source = new IloOplModelSource("A6_CLSP.mod");
4     var def = new IloOplModelDefinition(source);
5     var opl = new IloOplModel(def, cplex);
6
7     //Datenquelle hinzufügen
8     var data = new IloOplDataSource("A6_CLSP.dat");
9     opl.addDataSource(data);
10
11    //Relaxieren der Ganzzahligkeitsbedingung
12    opl.convertAllIntVars();
13
14    //Modell generieren
15    opl.generate();
```

Anschließend wird das relaxierte Modell – wie in Schritt 1 der Dive-and-Fix-Heuristik beschrieben – gelöst. Die Lösungsmenge z wird in einem Daten-Feld zRelax in den Zeilen 21 bis 23 zwischengespeichert.

```
16    //Lösen des relaxierten Modells (Schritt 1)
17    if (cplex.solve()) {
18        //Zwischenspeichern des Lösungsfeldes
19        var zRelax = new Array();
20
```

```
21        for (var i = 1; i <= opl.dataElements.nPerioden; i++) {
22            zRelax[i] = opl.z[i].solutionValue;
23        }
24
25        writeln("Dive-and-Fix-Heuristik");
26        writeln();
27        writeln("z =" + opl.z.solutionValue);
```

Im Folgenden werden die Schritte 2 bis 4 iterativ solange ausgeführt, bis eines der zwei Abbruchkriterien – alle Werte von z sind binär oder die gefundene Lösung ist unzulässig – erfüllt ist. Im main-Block lässt sich dies durch die Deklaration eines boolean-Flags (abbrechen) und einer while-Schleife, welche bei einer Änderung des Flags abbricht, realisieren. Zu Beginn jeder Iteration der Schleife in Zeile 31 wird in Zeile 32 eine Variable nBinaer deklariert, welche die Anzahl der Variablen mit binären Werten zählt und somit zur Überprüfung des ersten Abbruchkriteriums herangezogen wird. Das aktuelle OPL-Modell wird in Zeile 34 beendet und eine neue Modell-Instanz wird anschließend in den Zeilen 36 bis 41 erzeugt sowie generiert.

```
28        var abbrechen = false;
29
30        //Schleife (Schritt 2 bis 4)
31        while (!abbrechen) {
32            var nBinaer = 0;
33
34            opl.end();
35
36            opl = new IloOplModel(def, cplex);
37            var data = new IloOplDataSource("A6_CLSP.dat");
38            opl.addDataSource(data);
39
40            opl.convertAllIntVars();
41            opl.generate();
```

Nun können die binären Werte aus der letzten Lösung des Modells für den nächsten Lösungsvorgang fixiert werden (Zeile 43 bis 50). Parallel wird die Variable nBinaer für jede fixierte Entscheidungsvariable um 1 erhöht und im Folgenden mit der Dimension des Entscheidungsfeldes z verglichen. Haben beide Variablen den gleichen Wert (Zeile 53), ist das erste Abbruchkriterium erfüllt – abbrechen wird auf true gesetzt – und die Lösung wird im Scriptingprotokoll ausgegeben.

```
42        //Fixieren aller binären Werte aus letzter Lösung (Schritt 2)
43        for (var t = 1; t <= opl.dataElements.nPerioden; t++) {
44            if (zRelax[t]==0 || zRelax[t]==1) {
45                opl.z[t].LB = zRelax[t];
46                opl.z[t].UB = zRelax[t];
47
```

```
48                 nBinaer++;
49             }
50         }
51
52         //Alle Werte sind binär --> Abbruch der Heuristik (Schritt 2)
53         if (nBinaer == opl.dataElements.nPerioden) {
54             writeln("Alle Variablen sind binär!");
55
56             if (cplex.solve()) {
57                 writeln();
58                 writeln("Produktionstage: " + opl.z.solutionValue);
59                 writeln("Lagerbestand: " + opl.i.solutionValue);
60                 writeln("Losgröße: " + opl.q.solutionValue);
61                 writeln("Gesamtkosten: " + cplex.getObjValue());
62             }
63             abbrechen = true;
64             continue;
65         }
```

Ist das Abbruchkriterium in Schritt 2 nicht erfüllt, ist eine nicht-binäre Variable mit dem geringsten Abstand zum nächsten binären Wert zu bestimmen und auf den entsprechenden binären Wert zu fixieren. Zunächst werden hierzu die Variablen `minAbstand` und `minIndex` initialisiert und auf 1 bzw. 0 gesetzt (Zeile 68 und 69). In einer `for`-Schleife werden in den Zeilen 70 bis 79 dann alle Werte des Feldes `z` durchlaufen und für nicht binäre Werte überprüft, ob ihr Abstand zum nächsten binären Wert geringer ist als der aktuell kleinste Abstand. Ist dies der Fall, wird die Variable `minAbstand` in Zeile 72 aktualisiert und der aktuelle Index des Feldes in der Variablen `minIndex` gespeichert. Nachdem alle nicht-binären Werte betrachtet worden sind, kann die (erste gefundene) Variable mit dem geringsten Abstand auf den nächsten gelegenen binären Wert fixiert werden, was in den Zeilen 83 bis 91 geschieht.

```
66         //Ermitteln der nicht-binären Variable mit geringstem Abstand
67         // zum nächsten binären Wert (Schritt 3)
68         var minAbstand = 1;
69         var minIndex = 0;
70         for (var t = 1; t <= opl.dataElements.nPerioden; t++) {
71             if (zRelax[t]!=0 && zRelax[t]<=0.5 && zRelax[t]<minAbstand) {
72                 minAbstand = zRelax[t];
73                 minIndex = t;
74             } else if (zRelax[t]!=1 &&
75                 zRelax[t]>0.5 && (1-zRelax[t])<minAbstand) {
76                 minAbstand = 1 - zRelax[t];
77                 minIndex = t;
78             }
79         }
80
```

```
81        //Fixierung der ermittelten Variable mit geringstem Abstand
82        // zum nächsten binären Wert (Schritt 3)
83        if (zRelax[minIndex] < 0.5) {
84            opl.z[minIndex].LB = 0;
85            opl.z[minIndex].UB = 0;
86            writeln("z[" + minIndex + "] auf 0 fixiert.");
87        } else {
88            opl.z[minIndex].LB = 1;
89            opl.z[minIndex].UB = 1;
90            writeln("z[" + minIndex + "] auf 1 fixiert.");
91        }
92
93        writeln();
```

Schritt 3 ist damit vollständig implementiert und das Modell kann nun – wie in Schritt 4 beschrieben – erneut gelöst werden (Zeile 95). Ist die gefundene Lösung zulässig, wird das aktuelle Ergebnis des Entscheidungsfeldes z im Feld zRelax in den Zeilen 98 bis 100 zwischengespeichert. Sollte die Lösung unzulässig sein, ist das zweite Abbruchkriterium erfüllt und das Flag abbrechen wird in Zeile 106 auf true gesetzt, sodass die while-Schleife abgebrochen wird.

```
94        //Erneutes Lösen des relaxierten Modells (Schritt 4)
95        if (cplex.solve()) {
96            writeln("z =" + opl.z.solutionValue);
97
98            for (var i = 1; i <= opl.dataElements.nPerioden; i++) {
99                zRelax[i] = opl.z[i].solutionValue;
100           }
101       }
102
103       //Lösung des relaxierten Modells ist unzulässig (Schritt 4)
104       else {
105           writeln("Heuristische Lösung ist unzulässig!");
106           abbrechen = true;
107       }
108   }
109 }
110 }
```

Im Scriptingprotokoll werden die Lösung der Heuristik sowie die Zwischenergebnisse der einzelnen Iterationen der while-Schleife ausgegeben. Offensichtlich ist der Zielfunktionswert für die im Beispiel vorliegende Instanz mit der Dive-and-Fix-Heuristik im Verhältnis zu den bisherigen Heuristiken sehr schlecht.

```
Dive-and-Fix-Heuristik

z = [0.9 1 1 0.56667 1 0 0.71429 1 1 1 0 1 1 0 1 1 0.375 0 1 1]
z[1] auf 1 fixiert.
```

```
z = [1 1 1 0.56667 1 0 0.71429 1 1 1 0 1 1 0 1 1 0.375 0 1 1]
z[7] auf 1 fixiert.

z = [1 1 1 0.56667 1 0 1 1 1 1 0 1 1 0 1 1 0.375 0 1 1]
z[17] auf 0 fixiert.

z = [1 1 1 0.86667 1 0 1 1 1 1 0 1 1 0 1 1 0 0 1 1]
z[4] auf 1 fixiert.

z = [1 1 1 1 1 0 1 1 1 1 0 1 1 0 1 1 0 0 1 1]
Alle Variablen sind binär!

Produktionstage: [1 1 1 1 1 0 1 1 1 1 0 1 1 0 1 1 0 0 1 1]
Lagerbestand: [0 6 15 0 21 34 9 30 35 40 24 15 22 15 15 30 15
               10 0 5 0]
Losgröße: [18 15 5 26 20 0 21 10 10 5 0 12 20 0 20 5 0 0 10 20]
Gesamtkosten: 4186
```

Relax-and-Fix-Heuristik (siehe Abb. 16.4)

Während in den vorherigen Heuristiken durch den Aufruf des Befehls convert-AllIntVars() jeweils das „ganze" Entscheidungsvariablen-Feld z relaxiert wurde, werden bei der Relax-and-Fix-Heuristik einzelne Elemente des Feldes relaxiert. Der Befehl convertAllIntVars() kann somit in dieser Heuristik nicht verwendet werden. Stattdessen ist ein Feld variableRelaxiert der Größe 20 in der Daten-Datei zu initialisieren – wobei alle Elemente zunächst den Wert 0 aufweisen (siehe Zeilen 13 und 14 in A6_CLSP-Relax-and-Fix.dat). In der Modell-Datei ist dieses Feld zu deklarieren (siehe Zeile 11 in A6_CLSP-Relax-and-Fix.mod). Mithilfe einer zusätzlichen Nebenbedingung für jeden Tag, welche nur erfüllt sein muss, wenn das entsprechende Element des Feldes variableRelaxiert den Wert 0 hat, wird sichergestellt, dass die Entscheidungsvariable z nur die Werte 0 und 1 annehmen kann (Zeilen 31 und 32).

A6_CLSP-Relax-and-Fix.dat

```
 1 nPerioden = 20;
 2
 3 ruestkosten =        [25, 30, 40, 20, 80, 80, 150, 30, 45, 60,
 4                       30, 90, 80, 150, 25, 20, 30, 40, 20, 80];
 5 lagerhaltungskosten = [6, 5, 4, 5, 6, 9, 9, 6, 5, 4,
 6                        5, 6, 9, 9, 6, 5, 4, 5, 6, 9];
 7 produktionskosten =  [5, 3, 7, 2, 1, 10, 15, 2, 1, 5,
 8                       1, 10, 15, 2, 1, 10, 1, 5, 1, 10];
 9 nachfrage =          [12, 6, 20, 5, 7, 25, 0, 5, 5, 21,
10                       9, 5, 27, 0, 5, 20, 5, 10, 5, 25];
11 kapazitaet =         [20, 15, 5, 30, 20, 20, 21, 10, 10, 5,
12                       0, 12, 20, 5, 20, 5, 40, 20, 10, 20];
13 variableRelaxiert =  [0, 0, 0, 0, 0, 0, 0, 0, 0, 0, 0, 0, 0, 0, 0, 0,
14                       0, 0, 0, 0];
```

A6_CLSP-Relax-and-Fix.mod

```
1 //Indizes
2 int nPerioden = ...;
3 range perioden = 1..nPerioden;
4
5 //Inputparameter
6 int ruestkosten[perioden] = ...;
7 int lagerhaltungskosten[perioden] = ...;
8 int produktionskosten[perioden] = ...;
9 int nachfrage[perioden] = ...;
10 int kapazitaet[perioden] = ...;
11 int variableRelaxiert[perioden] = ...; //Erweiterung
12
13 //Entscheidungsvariablen
14 dvar boolean z[perioden];
15 dvar int+ i[0..nPerioden];
16 dvar int+ q[perioden];
17
18 //Zielfunktion: Kostenminimierung
19 minimize sum(t in perioden) (ruestkosten[t]*z[t] +
20    lagerhaltungskosten[t]*i[t] + produktionskosten[t]*q[t]);
21
22 subject to {
23    i[0] == 0;
24
25    forall(t in perioden)
26       i[t] == i[t-1] + q[t] - nachfrage[t];
27
28    forall(t in perioden)
29       q[t] <= kapazitaet[t]*z[t];
30
31    forall(t in perioden: variableRelaxiert[t] == 0) //Erweiterung
32       (z[t] == 0 || z[t] == 1) == 1;                //Erweiterung
33 }
```

Im main-Block sind nun entsprechend der Heuristik-Beschreibung die Nebenbedingungen für verschiedene Teilmengen der Entscheidungsvariable z zu aktivieren. Zusätzlich sind wie in den vorangegangenen Heuristiken binäre Werte zu fixieren.

Nach der Modellerzeugung und dem Hinzufügen der Datenquelle wird ein Feld maxIndex der Größe 4 in Zeile 11 deklariert, in welchem jeweils der höchste Index der einzelnen Teilmengen abgespeichert wird. In der ersten Iteration sind die Variablen der Teilmengen 3 und 4 relaxiert – somit sind die neuen Nebenbedingungen für diese Variablen zu deaktivieren, was in den Zeilen 19 bis 21 geschieht.

```
 1 main {
 2     //Modell erzeugen
 3     var source = new IloOplModelSource("A6_CLSP-Relax-and-Fix.mod");
 4     var def = new IloOplModelDefinition(source);
 5     var opl1 = new IloOplModel(def, cplex);
 6
 7     //Datenquelle hinzufügen
 8     var data1 = new IloOplDataSource("A6_CLSP-Relax-and-Fix.dat");
 9     opl1.addDataSource(data1);
10
11     var maxIndex = new Array(4);
12
13     //Aufteilen in 4 disjunkte Mengen
14     for (var i = 1; i <= 4; i++) {
15         maxIndex[i] = (i*opl1.dataElements.nPerioden) / 4;
16     }
17
18     //Für Mengen 3 und 4 Binär-NB "deaktivieren"
19     for (var i = maxIndex[2]+1; i <= maxIndex[4]; i++) {
20         opl1.dataElements.variableRelaxiert[i] = 1;
21     }
```

Das Modell kann nun zum ersten Mal generiert und gelöst werden. Für die zweite Iteration ist eine neue Modellinstanz erforderlich. Da für die Fixierung der Variablen in Menge 1 auf die aktuelle Lösung zugegriffen werden muss, wird eine neue Instanz von **IloCplex** ab Zeile 34 deklariert und initialisiert. Als Datenquelle wird die Datenquelle aus der vorherigen Modellinstanz genutzt, wodurch die zugewiesenen Werte von **variableRelaxiert** übernommen werden. Entsprechend dem Algorithmus muss nun die zusätzliche Nebenbedingung für alle Variablen der Teilmenge 3 ab Zeile 42 wieder aktiviert werden. Das neue Modell wird generiert und die Binärvariablen der Menge 1 werden auf ihren Wert aus Iteration 1 gemäß den Zeilen 50 bis 53 fixiert.

```
22     //Modell generieren
23     opl1.generate();
24
25     //Lösung 1. Iteration
26     if (cplex.solve()) {
27         writeln("Relax-and-Fix-Heuristik");
28         writeln();
29         writeln("Iteration 1");
30         writeln("z = "+ opl1.z.solutionValue);
31         writeln();
32
33         //Modell erzeugen
34         var cplex2 = new IloCplex();
35         var opl2 = new IloOplModel(def, cplex2);
36
37         //Datenquelle hinzufügen
38         var data2 = opl1.dataElements;
```

```
39        opl2.addDataSource(data2);
40
41        //Für Menge 3 Binär-NB "aktivieren"
42        for (var i = maxIndex[2]+1; i <= maxIndex[3]; i++) {
43            opl2.dataElements.variableRelaxiert[i] = 0;
44        }
45
46        //Modell generieren
47        opl2.generate();
48
49        //Fixieren der binären Werte in Menge 1
50        for (var i = 1; i <= maxIndex[1]; i++) {
51            opl2.z[i].LB = opl1.z[i].solutionValue;
52            opl2.z[i].LB = opl1.z[i].solutionValue;
53        }
```

Nach dem zweiten Lösen des Modells wird die dritte Iteration vorbereitet, indem eine neue Modellinstanz erzeugt und die dataElements der zweiten Iteration dieser Instanz zugewiesen werden (siehe Zeile 61 bis 66). Die Binär-Nebenbedingung wird für die Menge 4 aktiviert, sodass die Nebenbedingung nun von allen Elementen im Feld z erfüllt werden muss. Das Modell wird in Zeile 74 generiert und die binären Werte der Menge 2 aus der zweiten Iteration werden in den Zeilen 77 bis 80 fixiert.

```
54        //Lösung 2. Iteration
55        if (cplex2.solve()) {
56            writeln("Iteration 2");
57            writeln("z = "+ opl2.z.solutionValue);
58            writeln();
59
60            //Modell erzeugen
61            var cplex3 = new IloCplex();
62            var opl3 = new IloOplModel(def, cplex3);
63
64            //Datenquelle hinzufügen
65            var data3 = opl2.dataElements;
66            opl3.addDataSource(data3);
67
68            //Für Menge 4 Binär-NB "aktivieren"
69            for (var i = maxIndex[3]+1; i <= maxIndex[4]; i++) {
70                opl3.dataElements.variableRelaxiert[i] = 0;
71            }
72
73            //Modell generieren
74            opl3.generate();
75
76            //Fixieren der binären Werte in Menge 2
77            for (var i = maxIndex[1]+1; i <= maxIndex[2]; i++) {
78                opl3.z[i].LB = opl2.z[i].solutionValue;
79                opl3.z[i].UB = opl2.z[i].solutionValue;
80            }
```

Das Modell wird zum dritten und letzten Mal gelöst (Zeile 82) und falls eine Lösung gefunden wird, ist diese zulässig, da die binären Werte in den Mengen 1 und 2 fixiert und die Binär-Nebenbedingungen für die Mengen 3 und 4 aktiv sind. Die Lösung wird im Scriptingprotokoll ausgegeben. Für jeden Lösungsvorgang ist eine else-Anweisung ab Zeile 89 erforderlich, welche im Falle eines unlösbaren Modells ausgeführt wird.

```
81          //Lösung 3. Iteration
82          if (cplex3.solve()) {
83              writeln("Iteration 3");
84              writeln("Alle z-Werte fixiert oder Binär-NB \"aktiv\".");
85              writeln("Produktionstage: " + opl3.z.solutionValue);
86              writeln("Lagerbestand: " + opl3.i.solutionValue);
87              writeln("Losgröße: " + opl3.q.solutionValue);
88              writeln("Gesamtkosten: " + cplex3.getObjValue());
89          } else {
90              writeln("Keine Lösung in Iteration 3.")
91          }
92      } else {
93          writeln("Keine Lösung in Iteration 2.")
94      }
95  } else {
96      writeln("Keine Lösung in Iteration 1.")
97  }
98 }
```

Die Gesamtkosten betragen – wie in nachfolgender Ausgabe zu sehen ist – 2958 EUR und liegen damit unter den Kosten der bisherigen Heuristiken.

```
Relax-and-Fix-Heuristik

Iteration 1
z = [1 1 1 1 1 1 0 1 1 1 0 1 1 0 1 1 1 0 1 1]

Iteration 2
z = [1 1 1 1 1 1 0 1 1 1 0 1 1 0 1 1 1 0 1 1]

Iteration 3
Alle z-Werte fixiert oder Binär-NB "aktiv".
Produktionstag: [1 1 1 1 1 1 0 1 1 1 0 1 1 0 1 1 1 0 1 1]
Lagerbestand: [0 6 15 0 7 20 15 15 20 25 9 0 7 0 0 15 0 10 0 5 0]
Losgröße: [18 15 5 12 20 20 0 10 10 5 0 12 20 0 20 5 15 0 10 20]
Gesamtkosten: 2958
```

Optimale Lösung

Um die Güte der vier Heuristiken einzuordnen, ist die optimale Lösung zu bestimmen. Dies kann ohne einen `main`-Block erfolgen, indem die Modell-Datei und die Daten-Datei in eine Ausführungskonfiguration zusammengeführt werden. Alternativ kann ein kurzer `main`-Block programmiert werden und somit eine benutzerspezifische Ausgabe der Lösung erfolgen.

```
1 main {
2    //Modell erzeugen
3    var source = new IloOplModelSource("A6_CLSP.mod");
4    var def = new IloOplModelDefinition(source);
5    var opl = new IloOplModel(def, cplex);
6
7    //Datenquelle hinzufügen
8    var data = new IloOplDataSource("A6_CLSP.dat");
9    opl.addDataSource(data);
10
11   opl.generate();
12
13   if (cplex.solve()) {
14      writeln("Optimale Lösung");
15      writeln();
16      writeln("Produktionstage: " + opl.z.solutionValue);
17      writeln("Lagerbestand: " + opl.i.solutionValue);
18      writeln("Losgröße: " + opl.q.solutionValue);
19      writeln("Gesamtkosten: " + cplex.getObjValue());
20   }
21
22   else {
23      writeln("Keine Lösung gefunden!");
24   }
25 }
```

Die optimale Lösung weist gemäß der nachfolgenden Ausgabe Kosten von 2958 EUR aus. Die Relax-and-Fix-Heuristik erzeugt somit (für die vorliegende Instanz) eine kostenoptimale Lösung.

```
Optimale Lösung

Produktionstage: [1 1 1 1 1 1 0 1 1 1 0 1 1 0 1 1 1 0 1 1]
Lagerbestand: [0 6 15 0 7 20 15 15 20 25 9 0 7 0 0 15 0 10 0 5 0]
Losgröße: [18 15 5 12 20 20 0 10 10 5 0 12 20 0 20 5 15 0 10 20]
Gesamterlös: 2958
```

Literaturverzeichnis

Blum, C., J. Puchinger, G. R. Raidl und A. Roli (2011): *Hybrid metaheuristics in combinatorial optimization: A survey.* Applied Soft Computing 11, 4135–4151.

Boschetti, M., V. Maniezzo und M. Roffilli (2010): *Decomposition techniques as metaheuristic frameworks.* In: Maniezzo, V., T. Stützle und S. Voß (Hrsg.), *Matheuristics: Hybridizing metaheuristics and mathematical programming.* Annals of Information Systems 10, Springer, New York. Kapitel 5.

Caserta, M. und S. Voß (2010): *Hybrids with exact methods.* In: Maniezzo, V., T. Stützle und S. Voß (Hrsg.), *Matheuristics: Hybridizing metaheuristics and mathematical programming.* Annals of Information Systems 10, Springer, New York. Kapitel 1.4.

Chen, D.-S., R. G. Batson und Y. Dang (2010): *Applied integer programming.* Wiley, Hoboken.

Deck, K.-G. und H. Neuendorf (2010): *Java-Grundkurs für Wirtschaftsinformatiker.* 2. Aufl., Vieweg + Teubner, Wiesbaden.

Dietz, H. M. (2019): *Mathematik für Wirtschaftswissenschaftler. Band 1: Grundlagen und eindimensionale Analysis.* 3. Aufl., Springer, Berlin.

Domschke, W. und A. Drexl (1996): *Logistik: Standorte.* 4. Aufl., Oldenbourg, München.

Domschke, W., A. Drexl, R. Klein und A. Scholl (2015): *Einführung in Operations Research.* 9. Aufl., Springer, Berlin.

Domschke, W. und A. Scholl (2008): *Grundlagen der Betriebswirtschaftslehre: Eine Einführung aus entscheidungstheoretischer Sicht.* 4. Aufl., Springer, Berlin.

Domschke, W., A. Scholl und S. Voß (1997): *Produktionsplanung: Ablauforganisatorische Aspekte.* 2. Aufl., Springer, Berlin.

Gumm, H. P. und M. Sommer (2012): *Einführung in die Informatik.* 10. Aufl., Oldenbourg, München.

© Springer-Verlag GmbH Deutschland, ein Teil von Springer Nature 2021
S. Nickel et al., *Angewandte Optimierung mit IBM ILOG CPLEX Optimization Studio*, https://doi.org/10.1007/978-3-662-62185-1

Kallrath, J. (2013): *Gemischt-ganzzahlige Optimierung: Modellierung in der Praxis*. 2. Aufl., Springer, Wiesbaden.

Klein, R. und C. Steinhardt (2008): *Revenue Management*. Springer, Berlin.

Merz, M. und M. V. Wüthrich (2013): *Mathematik für Wirtschaftswissenschaftler: Die Einführung mit vielen ökonomischen Beispielen*. Vahlen, München.

Nickel, S., O. Stein und K.-H. Waldmann (2014): *Operations Research*. 2. Aufl., Springer, Berlin.

Opitz, O., S. Etschberger, W. R. Burkart und R. Klein (2017): *Mathematik: Lehrbuch für das Studium der Wirtschaftswissenschaften*. 12. Aufl., De Gruyter Oldenbourg, München.

Pochet, Y. und L. A. Wolsey (2006): *Production planning by mixed integer programming*. Springer, New York.

Popp, A. (2016): *Modellierung und Optimierung mit OPL: Grundlagen, Modellierungstechniken, Modell- und Implementierungsbeispiele*. 2. Aufl., epubli, Berlin.

Sherali, H. D. (2001): *On mixed-integer zero-one representations for separable programming lower-semicontinuous piecewise-linear functions*. Operations Research Letters 28, 155–160.

Van Hentenryck, P. (1999): *The OPL optimization programming language*. MIT, Cambridge.

Williams, H. P. (2013): *Model building in mathematical programming*. 5. Aufl., Wiley, Chichester.

Winston, W. L. (2004): *Operations Research: Applications and algorithms*. 4. Aufl., Thomson, Belmont.

Wolsey, L. A. (1998): *Integer programming*. Wiley, New York.

Stichwortverzeichnis

© Springer-Verlag GmbH Deutschland, ein Teil von Springer Nature 2021
S. Nickel et al., *Angewandte Optimierung mit IBM ILOG CPLEX Optimization Studio*, https://doi.org/10.1007/978-3-662-62185-1

The manufacturer's authorised representative in the EU is Springer
Nature Customer Service Centre GmbH, Europaplatz 3, 69115 Heidelberg,
Germany. If you have any concerns regarding our products, please
contact ProductSafety@springernature.com

Printed and bound by CPI Group (UK) Ltd, Croydon, CR0 4YY
28/04/2026 ·
02098478-0008